高等院校会计与财务管理系列教材
上海市教委重点课程

成 本 会 计

（第二版）

丁小云　王秀春　主编

上海财经大学出版社

图书在版编目(CIP)数据

成本会计/丁小云,王秀春主编.—2版.—上海:上海财经大学出版社,2015.4
(高等院校会计与财务管理系列教材)
ISBN 978-7-5642-1558-3/F·1558

Ⅰ.成…　Ⅱ.①丁…②王…　Ⅲ.①成本会计-高等学校-教材
Ⅳ.①F234.2

中国版本图书馆 CIP 数据核字(2013)第 011216 号

□ 责任编辑　秦　茗
□ 封面设计　张克瑶

CHENGBEN KUAIJI
成　本　会　计
(第二版)

丁小云　王秀春　主编

上海财经大学出版社出版发行
(上海市武东路 321 号乙　邮编 200434)
网　　址:http://www.sufep.com
电子邮箱:webmaster @ sufep.com
全国新华书店经销
上海华教印务有限公司印刷装订
2015 年 4 月第 2 版　2015 年 4 月第 1 次印刷

787mm×1092mm　1/16　12.75 印张　326 千字
(练习册　8.75 印张　235 千字)
印数:4 001—7 000　定价:48.00 元
(本书免费赠送练习册)

总　序

本系列教材是专为教学型大学会计本科所编写的专业课程教材，其编写奉行“在探讨会计理论的同时，更注重会计实务的交融；在考虑内容更新的同时，更关心应用案例的联动”的原则。自2007年以来，围绕学校人才培养目标，我们一直注重本系列教材的体系完善、内容更新，力求有所创新。我们坚持每次加印前的“小修订”，每4～5年的“大修订”，以使教材既有连续性和继承性，又具有时代气息。

上海金融学院是一所以经济、管理学科为主，工、法、文、理协同发展的教育型高等院校，会计学科是其学科体系中重要的组成部分。我们深刻认识到学校在高校分类发展中教学型类别的专业建设，力求使本系列教材的建设具有培养以应用为重、兼具诚信素养和国际化视野的会计专业人才的特色。

财政部在《会计行业中长期人才发展规划(2010—2020年)》中指出：“随着经济全球化深入发展，企业跨国经营、资本跨境流动日益频繁，科技进步日新月异，知识经济方兴未艾，会计人才在经济社会发展中的基础性、战略性、关键性作用更加凸显，会计人才的竞争已经成为国家、地区和单位间竞争的焦点之一。”制定并实施此规划，是深入贯彻人才强国战略的重大举措，是推动会计行业科学发展的必然要求，是会计行业在激烈的国际竞争中赢得主动的战略选择，对于促进加快经济发展方式转变，更好地服务经济社会发展，具有重大意义。

高等院校承担了会计教育的主要部分，是会计人才培养的最重要部门。会计是国际通用的商业语言，会计行业的发展对中国快速市场化、国际化有重要影响。中国要在世界经济大家庭中发挥作用，会计专业人员肩负历史责任，培养符合现代社会经济发展需要的会计人才就是会计教育界的首要任务，而编写符合会计教学要求的教材就是提高会计教学质量的具体措施之一。

编写适用于培养高素质应用型人才的高水平、高质量的会计系列教材，是我们多年的心愿。本系列教材在强调应用型会计人才的要求，强调会计应用技能、创新能力、会计知识的复合面、会计的国际化视野等方面，做了多方位的尝试，凸现教材编写特色，具体表现在：

1.本系列教材强调在专业知识内容编排体系上有所创新，引用最新教学和科研成果。

2.本系列教材增加了案例分析内容，培养学生解决实际问题的能力，学生参与讨论和撰写讨论分析报告。

3.本系列教材以会计岗位职业能力需求为切入点，以岗位调查和素质、知识、能力的分析为依托，对传统会计知识优化整合，把知识点、能力要素落实到具体课程中，建立与会计岗位相互对应的实务与实践相结合的教学模块，弥补传统课程重理论、轻实践的缺陷，培养学生的应用能力。

4.本系列教材编写了课程实习内容，对掌握和理解有难度的内容，安排学生开展实习和实验，以提高学习效果，使会计理论与会计实务密切衔接。同时，将会计岗位的基本技能逐一分解，安排专项的实践课题，通过实践检验会计理论知识的学习效果。

本系列教材自2007年初版以来，已出版包括《基础会计》、《会计学》、《中级财务会计》、《成本会计》、《管理会计》、《金融会计》、《税务会计》、《国际会计》、《财务管理》、《审计学》、《会计信息系统》、《财务报表分析》、《预算会计》、《会计伦理》等十四本教材，有的教材已再版并累计印刷多次。此次全部修订再版，为便于教学，每本教材都配有练习册。

我们为自己规定的编写本系列教材的任务，以及教材要达到的教学目的，很可能超越了我们的人力、教学经验及学识水平所容许的范围。因此，本系列教材可能在安排和表述方面不十分妥当，甚至某些错误恐亦难以避免，恳请读者批评指正。

编委会

2015年3月

第二版前言

成本会计作为会计学的一个分支，是以成本资料为依据，采用成本预测、成本决策、成本规划、成本控制、成本核算及成本分析的专门方法，对成本资料进行加工整理，为企业管理当局和其他方面提供财务成本信息为主的一个管理信息系统。其中，成本核算是基础也是重点，是本教材的主要内容。

在编写本教材的过程中，编者结合了最新会计准则以及成本会计教学的实践经验，系统地阐述了成本会计的理论和方法，注重实用性和科学性，力求做到内容科学、体系完整、条理清晰、范例翔实。本书是以会计专业本科学生为对象编写的，非本科会计专业学生和非会计专业的财经类专业学生在使用本书时，可以选择重点章节讲授。本书也可作为企业经济管理人员、会计人员培训和自学之用。

为了更好地掌握本教材的内容，编者还编写了题型多样、内容丰富的配套练习册。

本教材由上海金融学院会计学院丁小云老师、王秀春老师主编，其中第一、五、六、八、九章由丁小云编写，第二、三、四、七章由王秀春老师编写，最后由丁小云修改、补充和定稿。

在第二版修订过程中，根据四年来讲授这本教材的教学经验的累积和成本会计的发展变化进行了修改。与第一版相比，更强调教材内容与经济发展相适应，与实际相适合。

在本教材编写过程中，为博取众家之长，参考了国内外的优秀教材，在此向这些教材的作者一并致以谢意。由于作者理论水平和业务能力所限，本书中的缺点乃至错误恐难避免，恳请读者批评指正，以便再版时修订。

作　者

2015年3月

目　录

第一章

总　论

本章首先从经济学和会计学两方面解释了成本的含义，再从成本的经济用途、产品的可归属性、可控性、成本的习性等方面对成本进行了分类，并阐述了成本会计的基本职能和任务，以及成本会计工作的组织。

第一节　成本的含义及其分类

一、成本的含义

成本是经济管理工作中的一个重要概念，也是会计人员应当掌握并能熟练运用的一个会计术语。在现实的经济管理工作中，成本问题是无所不在、无时不有的。要正确理解成本的含义，需要从以下两个方面去认识：

（一）政治经济学中的成本概念

在政治经济学中，成本是属于价值范畴的一个概念。根据马克思的成本价格理论，商品价值（W）＝物化劳动价值（C）＋活劳动价值（V）＋剩余价值（M）。在此表述中，马克思从耗费角度指明了成本是由物化劳动和活劳动中必要劳动的价值组成，所以，产品成本是为了生产某一种产品（获得某一使用价值）而在生产要素上耗用的资金价值——个别的物化劳动和个别生产者必要的活劳动，并应从其销售收入中得到补偿的价值。其经济内容包括三个方面：首先是产品生产过程中消耗的劳动对象的转移价值，如材料耗费、燃料耗费、动力耗费等；其次是产品生产过程中劳动资料磨损转移的价值，如机器设备、厂房等固定资产的折旧费，工具、器具等低值易耗品的摊销费；最后是劳动者的社会必要劳动转移的价值，表现为工资及其他工资性支出。上述三个方面的内容也正是产品“理论成本”的构成。

（二）会计学中的成本概念

在会计学中，成本是一个既简单又复杂的概念。有关成本含义的争论由来已久，如源于对成本构成内容的不同认识所形成的成本耗费观和支出观，从成本计算对象方面考虑所形成的产品成本观和目的物成本观等。美国会计学会在《成本概念与标准》报告中将成本定义为：成本是为了实现一定目的而付出（或可能付出）的用货币测定的价值牺牲。美国注册会计师委员会在《成本费用与损失》公报中将成本理解为：为得到或将要得到的物资或劳务费而以货币计量其数额所支出的现金、转让的其他财产、发行的股票、可提供的劳务费或发生的负债。

在财务会计中，使用成本概念的目的有两个：一是资产计价，即成本是为取得资产或某种利益发生的资金耗费，如将各种资产的购置支出定义为资产的取得成本；二是将成本同费用区别开来。成本的实质是价值牺牲或利益放弃,主要表现为资金的耗费,目的是为了形成资产。费用是企业在销售商品、提供劳务等日常活动中所发生的经济利益的流出,是需要在利润表中与收入进行配比的要素项目。费用也可以理解为是伴随资产的减少而由成本转化来的。在财务会计中一般只考虑明显成本(生产者在生产要素市场上购买或租用所需要的生产要素的实际支出),这是为满足货币计量假设与权责发生制假设的要求。

在管理会计中,成本是用于企业内部经营管理的各种成本的总称,主要包括变动成本、固定成本、机会成本、边际成本、差别成本、沉没成本、责任成本、质量成本等。由于要借助成本信息进行各种经营决策,管理会计中的成本概念更接近于经济学的概念,既考虑从货币支出层面上界定的明显成本,也考虑隐含成本。隐含成本是指生产者自己所拥有的且被用于该企业生产过程中的那些生产要素的总价格。

因此,会计学成本的一般含义应该是对成本的高度概括,不仅能用来解释产品成本,而且能用来解释实际工作中遇到的各种成本。会计学成本的一般含义应该是:特定会计主体为了达到一定目的而发生的可以用货币计量的代价。具体包括以下几层含义:

第一,成本必须发生于某一特定的会计主体。

第二,成本的发生是为了达到一定目的;如果成本的发生没有明确的目的,则只能算是一种浪费。

第三,成本能够或应该能够用货币来加以计量。

第四,为了满足经营管理的实际需要,管理者应使用不同的成本概念。

二、成本的分类

由于人们对成本的认识不同,经营管理决策中对成本指标的需要也不一样。作为重要的会计信息,成本可以按照不同的标准进行分类,以满足企业成本管理的不同需要。

(一)成本按其经济用途分类

在制造业中,成本按其经济用途划分,可以分为制造成本和非制造成本。

1. 制造成本

制造成本是指产品在制造过程中所发生的各项耗费,也就是生产成本(或生产费用),一般包括直接材料成本、直接人工成本和制造费用三个项目。

(1)直接材料成本,是指在生产过程中直接用来构成产品主要部分的各种材料的成本,包括原料、主要材料、外购半成品以及有助于产品形成的辅助材料成本等,例如制造家具用的木材成本、生产棉纱用的原棉成本等。但应注意的是,某些有助于产品形成的材料,如生产家具用的铁钉、胶剂,由于占产品成本比重较小,为简化产品成本核算,可将其并入制造费用中。

(2)直接人工成本,是指在生产过程中直接从事产品加工的人工成本,包括生产工人的工资、奖金和各种津贴等。直接人工成本的基本特征与材料相同,即该项成本能直接归属到某一产品。

(3)制造费用,是指在生产过程中除直接材料、直接人工以外所发生的各种生产耗费,包括生产单位固定资产的折旧费、设备租赁费(不包括融资租赁费)、修理费、机物料消耗、劳动保护费、季节性和修理期间的停工损失等费用。

由于各企业生产特点不同,可根据各项费用支出的比重和成本管理的要求不同,在上述统一成本项目的基础上,按需要适当增加项目,如“外部加工费”、“废品损失”等。另外,随着生产自动化水平的不断提高,制造费用在产品生产成本总额中所占的比重将不断增大,而生产工人往往必须完成多种产品的生产工作，因而直接人工成本很难归属到各产品中去。这些会使得产品成本结构产生重大的变化。

2. 非制造成本

非制造成本是指与产品制造过程没有联系的非生产性成本耗费，包括销售费用、管理费用和财务费用三类。该项成本的发生是为生产产品提供必要的条件，与产品生产本身并不直接相关。

(1)销售费用是指企业在销售商品过程中发生的各项费用以及为销售本企业商品而专设的销售机构的经营费用，如商品促销费用、销售部门的费用、委托代销费用和商品流通企业的进货费用等。

(2)管理费用是指企业为组织和管理生产经营活动所发生的各种费用，如公司经费、职工保险费、咨询费、诉讼费等。

(3)财务费用是指企业为筹集生产经营所需资金等融资活动而发生的费用，如利息支出、汇兑损失以及相关的手续费等。

成本按经济用途的分类是最基本的分类。按照这种分类，可以了解制造成本中各成本项目的金额，分析各成本项目的金额是否合理，以寻求降低成本的途径。制造成本与非制造成本的划分，对于正确确定产品成本和当期损益具有重要的意义。

(二)成本按其对产品的可归属性分类

成本按其对产品的可归属性，可以分为直接成本和间接成本两大类。

直接成本通常是指与某一特定产品的生产有直接联系，能够合理地确认成本发生与成本计算对象的明显联系，因而可将有关生产耗费直接计入该产品的成本，如产品的直接材料成本、直接人工成本等。

间接成本则是指与某一特定产品的生产不具有明显的直接联系，不便于或不能合理确定其中有多少是由该种产品所发生的，因而必须先按其发生的地点或用途进行归集，然后再按适当的标准分配到各有关产品的成本，如制造费用的大部分内容。

将成本划分为直接成本和间接成本，可以使成本计算更加准确、简便。但同时应注意成本项目占产品成本比重的大小、生产设备布局、生产工人工资制度、原材料利用方式、企业生产特点等因素，以合理确定直接成本和间接成本。

(三)成本按可控性进行分类

成本按其可控性进行分类，可以分为可控成本与不可控成本。从理论上说，任何成本都是可以被人们在一定程度上加以控制的，但由于控制主体的责任范围有限，控制手段和控制方法还存在一定的局限。因此，从实际工作出发，从特定主体和特定时期来看，成本有可控成本与不可控成本之分。可控成本是在一个会计期间内能合理地计量，而且为控制主体所能控制的，可以用来衡量负责该项成本的管理人员的业绩好坏的成本。与此相反的就是不可控成本。这里的控制主体通常是指企业内部的一个成本“责任中心”。

(四)成本按其习性分类

成本按其习性分类，就是根据成本总额与业务量的关系将成本划分为以下三类：

1. 固定成本

固定成本是指在一定的相关范围内，成本总额不受业务量增减变动的影响而保持固定不变的成本。但就单位固定成本而言，却随着业务量的增减变动呈反比例变动。一般来说，按直线法计提的固定资产折旧费、房屋设备的租金、保险费等都属于固定成本。

2. 变动成本

变动成本是指在一定的相关范围内，成本总额随着业务量的增减变化成正比例增减变动的成本。就单位变动成本而言，却不随着业务量的增减变动而变动。一般来说，企业的直接材料、计件工资制下的直接人工、按销售额计提的推销人员工资等都属于变动成本。

3. 混合成本

混合成本是指同时兼有固定成本和变动成本性质的成本。实际上，现实经济生活中的大多数成本是混合成本。混合成本的总成本虽然受业务量变动的影响，但其变动的幅度并不与业务量的变动保持严格的比例关系。

成本按其习性进行分类，可以有助于企业管理人员从定性与定量两个方面把握成本的各个组成部分与业务量之间的相互依存关系和变动规律，从而为有效地进行成本管理和控制奠定基础。

（五）成本的其他分类

成本除按上述标准进行分类外，还可按其他多种不同标志进行分类，以满足管理上的各种需要。

如按成本与决策的关系，可以将其分为相关成本与无关成本。简言之，相关成本是与某一决策方案有关的成本；反之，与该决策方案无关的成本即为无关成本。

如按成本的发生时间，可以将其分为历史成本和预计成本。历史成本是指已经实际发生的成本，用于反映已发生的支出。预计成本属于未来发生的成本，是在特定条件下合理地预测将在未来某个时期或某几个时期发生的成本。

第二节　成本会计的演变及其学科定位

成本会计是为了适应特定的经济发展的要求而产生的，并在与外部环境的相互作用中发展。从产生、发展至今，在其演变的历史长河里，先后经历过计算型成本会计、核算型成本会计、管理型成本会计和增值型成本会计四个阶段。成本会计的学科定位，其所表现的方式和理论体系，也随着发展阶段的不同而有所不同。

一、计算型成本会计阶段

早在工场手工业生产初期，雇主要支付手工业者工资，需要计算工人生产产品发生的各项费用。由于手工作坊式生产极为简单，相应的各项费用的计算汇总和归集也十分简单。与此同时，独立的工厂在接受顾客订货时需要定价，于是出现了满足定价的估计成本，并用统计方法计算和汇总生产中发生的直接费用，对数额不大的间接费用则作为损失处理，这种极为粗略的匡算为早期的成本计算奠定了基础。

18 世纪中期，英国的纺织业、制鞋业较为发达，其成本计算有了新的进展。1750 年，英国人 James Dodsom 为他的制鞋厂制定了一套会计记录，按产品的批别计算成本，从而形成分批成本计算的雏形。1777 年，Wirdhamgh Jhompson 为他的亚麻制补袜厂设计了存货、纺麻、漂白、染色、织袜、整理等步序的记录，能够计算每双棕色长筒袜的分步成本，从而形成分步成本计算的雏形。

19 世纪中期，德国推进了成本计算方法的研究。1843 年，福特在莱比锡再版的《单式和复式簿记在工业企业中的应用》一书中，设置了“工厂经营”账户汇总间接费用，并对费用的分配标准进行估计。

19 世纪产业革命前，以计算为导向所形成的成本会计主要用于计算成本，其方法简单，属于早期计算型成本会计模式。

这种早期的成本计算系统方法简易，具有独立计算的特点，其主要贡献是为早期计算型成本会计模式的形成奠定了基础，同时也为核算型成本会计模式进行了铺垫。

二、核算型成本会计阶段

计算型成本会计模式的成本计算是一套独立的方法，它并未与会计方法相结合。产业革命之后，随着大机器生产的采用，产业规模逐渐扩大，企业数量不断增加，企业之间出现竞争，生产成本受到重视，成本计算有了新的发展。此时英国已经开始将成本会计与复式簿记结合，但这个结合的过程甚为缓慢，正如美国教授 Gittleton 在其《20 世纪以前的会计发展》一书中所说的："英国人只是把成本会计科目引入复式会计系统就费了许多年。"成本计算与复式簿记的结合方式是将成本计算纳入复式簿记的核算框架，通过设置成本账户，在复式簿记的账务程序中记录成本费用的发生和结果，使成本计算与复式簿记的账务处理程序融为一体，从而形成以核算为导向的核算型成本会计模式，主要用于事后的成本核算。在这个时期的 1885 年，H.梅特卡夫（H. Metcalfe）出版了《制造成本》的第一本成本会计著作。1887 年，E.加克（E.Garcke）与 J.M.费尔斯（J.M.Fells）合作出版了《工厂会计》，建立了与复式簿记相结合的成本会计模式。该书建立了"生产"、"产成品"、"营业"等账户，并用于结转成本和计算营业利润。

核算型成本会计模式的主要特点是将成本计算融入普通会计的核算程序之中，使成本会计与复式簿记紧密结合。其主要贡献在于：(1)构建了一套与普通会计相结合的产品成本核算的程序和方法；(2)完善了分批成本计算和分步成本计算制度，并以分批和分步成本计算方法作为主要的成本核算方法；(3)建立了材料核算、人工成本核算、间接费用归集和分配的核算方法。

20 世纪 30 年代以前，成本会计形成的主要标志是复式簿记与成本计算的结合，其学科定位于财务会计的学科领域。30 年代以后，成本会计的理论与方法日臻完善，它通过与管理结合，从财务会计中分离出来，形成一门独立的会计学科。

三、管理型成本会计阶段

20 世纪初，资本主义经济迅速发展，市场竞争日趋激烈，企业为了提高盈利，增强竞争能力，需要千方百计地控制耗费，降低成本，以事后核算为主的成本会计已经不能满足这种需求，变革事后核算为事中控制为主的成本会计模式势在必行。1911 年，美国会计师卡特·哈里森在泰罗制的推动下，设计出一套完整的标准成本会计制度，并在 1918 年发表了一系列论文，其中对成本差异分析公式及有关账务处理叙述得非常详细。标准成本会计的问世，使成本会计在原有的成本核算基础上增加事中控制的管理职能，把成本会计从事后核算转向事中控制，促进了核算型成本会计模式向管理型成本会计模式的过渡。

第二次世界大战以后，随着资本主义垄断经济、跨国公司的迅猛发展，企业规模越来越大，生产经营更加复杂化，科学技术迅猛发展并大量用于生产。美国开创的装配式制造系统促进了成本会计与管理的全面结合，使成本会计由事后核算与控制发展到事前控制和规划，成本会计提供的信息从单纯用于盈亏确定，发展到服务于管理当局的决策。第二次世界大战以后，企业外部环境发生了重大变化，企业之间的竞争更加激烈，因竞争不力而破产的企业数量不断增加，企业为了在竞争中求得生存和发展，必然要求大幅度降低产品成本，并把目光放在生产经营过程之前，注重成本的事前预测、决策和规划控制。成本会计与预测、决策、事前规划控制的现代管理的全面结合，已经成为一种发展趋势。正如美国成本会计学家查尔斯·T.霍恩格伦所说："成本会计目前涉及收集和提供各种决策所需的信息，从经常反复出现业务的经营管理直至制定非经常性的战略决策以及制定组织机构重要的方针。重要的是把现代成本会计制度的着眼点放在帮助经理们解决好目前和将来出现的问题上，它关心过去，这只有在帮助预测未来后满足对外报告需求的情况下，才是合适的。"

正是在这种情况下，形成了以管理为导向，包括成本预测、决策、规划、控制、核算、分析和考核的管理型成本会计模式。

管理型成本会计模式的主要特点是以管理为导向，将现代管理融入成本会计，构建以成本核算为基础、以管理为重点的新成本会计模式，其主要贡献在于：

(1)扩大了成本会计的管理职能，完善了成本会计的管理职能体系，提高了成本会计在管理科学中的地位。

(2)推进了成本会计与成本管理的结合，丰富和完善了成本会计的理论和方法。

(3)增强了成本信息的决策有用性，强化了成本信息的质量特征。

四、增值型成本会计阶段

20世纪末，随着科学技术的进步，企业所处的经济环境发生了巨大的变化，主要表现在以下几个方面：

(1)经济的全球化。新经济时代，由于知识密集型和资本密集型的企业迅速发展，经济资源在全球范围内的自由流动和组合，要求企业在全球范围内寻找更为便宜的资源，资源的配置不再受体制、国界的限制，这种情况导致了全球范围内企业间的重组、行业间的重组、跨行业间的重组，实现生产经营的全球化。与此一致的是，包括物质资本、人力资本、知识资本的流动化，企业经营活动将突破空间限制，成为虚拟性经济组织，在网络技术的支持下，"全球采购"、"全球分工"和"全球性资源优化配置"可以使同样多的物质投入取得更佳的经济效益，从而加速了全球经济一体化的进程。

(2)生产方式的复杂化。随着人们生活条件的不断改善，消费者的价值观念变化很快，消费需求日趋主体化、个性化和多样化，市场环境由简单、静态向复杂、动态转化。大批量生产方式难以适应消费者的价值观念变化，便逐渐丧失其优势。因此，很多制造厂家竞相推出一些生产间隔短而生产数量小的产品。这一生产方式被称为"多品种、中小批量的生产方式"，即按订货组织生产。到了20世纪80年代，这一多品种、中小批量的生产方式成了主流，一方面满足了市场需求，另一方面不但增加了管理难度，也使通过传统的大批量生产方式提高效率、单一地降低成本的技法已经无法解决人们所面临的各种成本管理问题。为此，人们进行了大量探索，提出了一些先进生产技术与管理方法(如CAD、CAM、CAPP、MRP、CT、CE以及FMS)。而进入90年代，多品种、中小批量的生产方式下企业的市场环境愈加呈现复杂化、动态化。

(3)信息的网络化。由于网络技术和数字计算技术的大规模运用，技术信息和管理信息相互结合，形成了有效的信息网络，信息的生成、使用、交流与管理能在极短的时间内完成。随着经济信息的高效流动，企业的首席执行官、首席财务官可以随时随地将全球企业的信息掌握在手中，进行网络化操作，对企业的生产经营管理进行适时决策。随着电子商务的应用和普及，企业的众多业务处理活动都将在网上进行，交易逐步智能化。企业经营活动越来越多地依赖客户、供应商、合作伙伴及各种虚拟企业。由于网络的技术支持，为企业提供搜索工具，可以使企业按照市场需求量提供生产量，通过电子广告、电子合同实现网上交易、网上结算，从而降低交易成本。

(4)消费者需求的个性化。由于人们对个性化产品的追求，企业应根据每个顾客的“特殊需求”量身定做(包括产品的性能、功能、质量、外观、造型、数量、价格等)，产品的研制开发模式发生了根本性的变化，改变了过去生产厂家提供什么样的产品、经销商就卖什么样产品的旧模式，由经销商根据消费者的需求以签订产品协议的方式要求生产厂家进行生产，通过互联网达到与经销商的零距离，实现与用户的零距离，满足人们对个性化产品的追求。

经济环境的变化对成本会计提出了新的要求，在新经济环境下，成本会计如何为管理创造价值已成为一种客观需求。“许多组织在这种假设下经营：其开发、生产及销售过程的每一步都可为产品和服务增加价值。”成本会计以其信息优势服务于管理决策并为组织增加价值，这种以价值为导向的成本会计模式具有以下特点：

(1)以增值为目的的突出决策功能。增值型成本会计模式采用的方法是帮助为组织及其员工、顾客、股东和社会增加价值的工具，为了有利增值，所采用的工具需要不断改进，通过增强决策功能为管理创造价值。

(2)利用价值链增加价值。价值链是增加一个组织的产品或劳务的实用性(或价值)的一系列作业活动。增值型成本会计模式能够通过价值链分析，找出并消除非增值活动，增加增值活动，为顾客增加更多的效用(或价值)。

(3)利用成本信息增加价值。增值型成本会计模式一方面把成本计算和报告作为一种增值活动，另一方面又把成本信息作为制定决策的信息依据，以提高成本信息的增值功能。与其他成本会计模式比较而言，增值型成本会计模式的主要特点是强调利用成本信息为组织增加价值。

(4)利用战略成本分析增加价值。增值型成本会计模式从战略高度，利用价值链和有关经营活动成本的信息，分析和确定竞争战略，形成竞争优势。增值型成本会计模式的一个重要特点是强调“活动生产成本”，减少和消除非增值活动便可减少和消除相应的成本，并为组织增加价值。“美国西南航空公司缩短了飞机的检修时间意味着降低了每位乘客的运输成本，这使得西南航空公司获得了低票价的竞争优势。”“获得战略优势的另一种方法是确定把公司的资源投到价值链的那一部分，以使竞争对手难以与你竞争。”

(5)利用作业成本(ABC)法为管理创造价值。作业成本(ABC)法是先计算作业成本，并以此为基础，利用成本动因分配到产品，再计算产品成本的方法。ABC 不仅能够提供更准确、详细的成本信息，而且更有助于管理决策。以 ABC 为基础的作业成本管理(ABM)有助于消除非增值作业，增加组织的价值。增值型成本会计模式通过广泛应用 ABC 和 ABM 为管理创造价值，从而构成与传统模式相区别的又一特点。

此外，增值型成本会计通过与准时化(just in time，JIT)、精益生产、全面质量管理(TQM)、非财务业绩计量等相配合，体现了现代化管理的重要特点。

在此阶段，成本会计在“突破原有关于会计的束缚，扩大会计的研究领域和研究对象，改革原有的会计研究方法，力争使会计学者完成的研究成果具有更广泛的社会影响”。在这种理念的影响下，成本会计正向一些新兴领域延伸和扩展，从而形成资本成本会计、质量成本会计、社会责任成本会计、人力资源成本会计、环境成本会计、战略成本会计、风险成本会计和宏观成本会计。

第三节 成本会计的职能和任务

一、成本会计的职能

成本会计是会计的一个重要分支，是以成本资料为依据，采用成本预测、成本决策、成本规划、成本控制、成本核算及成本分析的专门方法，对成本资料进行加工整理，为企业管理当局和其他有关方面提供财务成本信息为主的一个管理信息系统。

同会计一样，成本会计具有核算和监督两大基本职能。随着经济的发展，生产过程日趋复杂，成本会计核算和监督的内涵也在不断发展，其职能逐渐演变为包括成本预测、成本决策、成本计划、成本控制、成本核算、成本分析和成本考核在内的七项内容。

（一）成本预测

成本预测，是指依据成本的有关数据及其与各种技术经济因素之间的依存关系，结合企业发展前景及应采取的各种措施，通过一定程序、方法和模型，对未来成本水平及其变化趋势作出的科学估计。

成本预测是成本决策的前提。企业不仅应该在成本决策之前进行成本预测，为成本决策提供依据，而且还应该在成本计划执行过程中进行成本预测，以便及时掌握成本变化趋势，为进行成本事中控制提供帮助，从而保证企业完成成本计划。进行成本预测有助于企业减少生产经营的盲目性，有利于选择最优方案，并可以提高企业降低成本的自觉性。

（二）成本决策

成本决策，是指在成本预测的基础上，按照既定目标要求，运用专门方法，对有关生产经营的成本方案进行计算分析，从中选择最优方案。

企业可以根据市场需求和其他方面的要求，通过成本预测，确定生产经营的几个备选方案。对这些备选方案，必须运用专门方法进行认真的分析论证。通过从技术上、经济上的分析论证，可以确定各备选方案的可行性，从而进行成本决策，确定最优方案，制定目标成本。做好成本决策，对于企业正确制定成本计划、促进企业提高经济效益，具有十分重要的意义。

（三）成本计划

成本计划，是指根据成本决策所确定的方案和目标，具体规定计划期内各种生产耗费水平和各种产品成本水平，并提出实现规定成本水平所应采取的具体措施。

成本计划执行的过程也是进行成本控制的过程。成本计划是建立成本管理责任制的基础，对于企业进行成本控制、挖掘降低成本的潜力具有重要作用。会计期末，当企业计算出实际消耗的各种生产费用后，可以与计划成本进行对比，以分析企业成本计划的实际完成情况。

（四）成本控制

成本控制，是指预先制定成本标准作为各项费用消耗的限额，在生产经营过程中，将实际发生的费用严格控制在限额标准之内，随时揭示和及时反馈实际费用与限额标准之间的差异，并系统分析成本差异原因，以便采取措施，消除生产中的损失和浪费。

企业应在规定的成本费用开支范围内，分别制定有关成本标准，包括原材料、燃料、工资等的费用消耗标准和数量消耗标准，并根据制定的标准控制生产过程中实际发生的各项费用（或数量），以保证完成成本目标和成本计划水平。成本控制包括事前控制、事中控制和事后控制。在进行成本预测、成本决策和成本计划过程中进行的成本控制，属于成本的事前控制。在生产经营过程中,将实际发生的费用(或数量)控制在限额标准之内,为成本的事中控制。成本核算和成本事后分析,都属于成本的事后控制。进行成本控制,有利于实现预期的成本目标和不断降低成本。

(五)成本核算

成本核算,是指对生产经营过程中所发生的各项费用进行审核,按照一定的程序,采用适当的方法,归集和分配各成本计算对象所应负担的成本费用,以计算出各该对象的总成本和单位成本。

成本核算是对成本计划执行结果的反映,也是对成本控制结果的反映。通过成本核算,不仅可以考核和分析成本计划的执行情况,揭露企业生产经营中存在的问题,还可以为制定产品价格提供依据。

(六)成本分析

成本分析,是指利用成本核算资料和其他有关资料,全面分析成本水平与构成的变动情况,系统地研究影响成本变动的因素和原因,挖掘降低成本的潜力。

成本分析包括的具体内容很广泛,如产品成本分析、技术经济指标对成本影响的分析、成本效益分析等。具体进行成本分析时,可以将实际成本核算资料与计划成本、上年同期实际成本、本企业的历史先进水平等进行对比分析。通过成本分析,可以正确认识和掌握成本变动的规律,明确影响成本升降的责任,以便采取措施,从而实现降低成本的目标,并为编制成本计划和制定新的经营决策提供依据,也为成本考核提供依据。

(七)成本考核

成本考核,是指将报告期的成本、成本效益的各项实际完成指标同计划指标、定额指标和预算指标进行对比,评价企业成本管理工作的成绩及存在问题的一项工作。

在经济活动完成之后,将成本、成本效益的实际指标同计划指标进行比较,可以评价企业成本计划的完成情况,以提高企业的成本管理水平,提高企业的经济效益。需要强调的是,成本考核要与一定的奖惩制度相结合,通过成本考核,用经济、行政手段进行激励,可以调动各成本责任单位与全体员工更好地完成成本计划的积极性。

成本会计的各种职能是相互联系的,它们互为条件、相辅相成,放松或削弱任何一种职能都不利于加强成本会计工作。成本预测是成本会计的第一个环节,它是进行成本决策的前提;成本决策是成本会计的重要环节,在成本会计中居中心地位,它既是成本预测的结果,又是制定成本计划的依据;成本计划是成本决策的具体化;成本控制是对成本计划的实施进行监督,是实现成本决策既定目标的保证;成本核算是成本会计最基本的职能,它提供企业管理所需的成本信息资料,是发挥其他职能的基础,同时也是对成本计划能否得到实现的最后检验;成本分析和成本考核是实现成本决策目标和成本计划的有效手段,只有通过成本分析,查明影响成本高低的原因,制定和执行改进和完善企业管理的措施,才能有效降低成本;通过正确评价和考核各责任单位的工作业绩,才能调动各部门和全体职工的积极性,进行有效控制,为切实执行成本计划、实现企业既定目标提供动力。

二、成本会计的任务

成本会计的任务是成本会计职能的具体化,也是人们期望成本会计应达到的目的和对成本会计的要求。根据我国现时经济发展的客观要求,成本会计的根本任务是在保证产品质量的前提下,促进企业尽可能节约产品生产经营过程中的物化劳动和活劳动消耗,不断提高经济效益。成本会计的具体任务包括以下几个方面：

（一）正确进行成本核算，及时提供成本信息

进行成本的核算，是成本会计的基础。企业只有正确进行成本核算，及时提供成本信息，才能保证盈亏计算和存货计价的正确性，有效地考核成本计划的完成情况，为成本的预测、决策和成本目标的规划以及财务报表的编制提供成本信息。为此，企业要严格遵守成本开支范围规定，依据会计准则和成本管理规定的有关要求，根据企业生产特点采用相应的成本计算方法，正确、及时地进行成本核算。这也是做好成本会计工作的最基本要求。

（二）进行成本预测，参与成本决策

进行成本预测，不仅要在生产过程中进行成本预测，而且要在产品投产前进行预测；要充分占有资料，采用科学的计算方法，提高成本预测的准确度。同时要收集有关信息资料，通过经济评价、合理判断，作出正确的成本决策。决策的结果必须经济上合理，技术上先进，资源上充足，并有具体行动规划做保证。

做好成本预测和决策工作，是成本会计适应社会生产发展而承担的新任务。把二者有机地结合起来，可为企业挖掘降低成本的潜力从而提高企业经济效益指明方向。

（三）制定目标成本，加强成本控制

目标成本是企业在一定时期内为保证实现目标利润而制定的成本控制指标。目标成本制定得正确与否，直接影响着成本控制的有效性。因此，目标成本的制定必须以可靠的数据为依据，必须切实可行，既能激发职工的积极性，又是经过主观努力可以实现的。这样制定的目标成本才能真正起到成本控制的作用。

成本控制是在目标成本分解的基础上进行的，是目标成本的实施过程。加强成本控制，必须对目标成本的分指标进行归口分级控制，以产品成本形成的全过程为对象，结合生产经营各阶段的特点进行有效控制，从人力、物力和财力的使用效果出发，立足于成本效益的提高。

（四）做好成本分析，严格成本考核

成本分析是在成本核算的基础上进行的。将实际成本与计划成本、上期实际成本、本企业的历史先进成本水平等进行对比，可以确定差异、分析原因，以便采取措施，消除不利差异，扩大有利差异，保证成本目标实现。

现代企业应建立成本责任制，把成本责任指标分解落实到各部门、各层次和各相关人员，实行责权利相结合，以提高全体职工降低成本的责任心和积极性，从而增强企业活力。成本考核是成本责任制顺利进行的保证，通过考核，可以分清责任，正确评价各责任单位工作成绩，起到鼓励先进、鞭策落后的作用。只有通过成本考核，把成本管理的好坏同每个人的切身利益紧密结合起来，才能保证促使企业全员改进工作，努力降低成本，不断增加效益。

第四节　成本会计工作的组织

为了充分发挥成本会计的职能作用，圆满完成成本会计的任务，企业必须科学地组织成本会计工作。科学、合理地组织成本会计工作对建立成本会计工作的有效运行机制、保证成本会计目标的实现具有重要的意义。成本会计工作的组织主要包括：建立健全成本会计机构，配备必要的成本会计师，制定和实施科学的成本会计制度。

一、设置成本会计机构

企业的成本会计机构是处理和完成成本会计工作的主要职能部门。设置成本会计的组织机构，必须符合企业生产经营管理的特点，适应成本会计工作的内容和目标，贯彻落实成本责任制，做到成本与经济效益相结合，有利于全面成本管理工作的开展。

在大中型企业，通常需要单独设置专门的成本会计机构，如成本会计处或成本会计科，也有的企业在会计机构中设置成本会计组。在规模较小、会计人员不多的企业，一般是在会计机构中指定部分岗位专门负责成本会计工作。

成本会计机构的设置及业务分工与企业组织管理体制有密切的联系，通常有集中核算和非集中核算两种组织形式。

所谓集中核算组织形式，是指企业的成本会计工作主要由厂部成本会计机构集中进行，车间等其他单位的成本会计机构或人员只负责原始记录和原始凭证的填制以及初步的审核、整理和汇总，为厂部成本会计机构进一步工作提供基础资料。具体包括：制定成本会计制度；负责成本的集中统一管理，为企业领导提供各种成本信息；进行成本预测和决策，编制企业成本计划，并分解下达给各部门和车间；实行成本控制，监督生产费用支出；准确地核算全厂产品成本；分析和考核成本计划执行情况；加强对车间、班组成本核算的指导和管理；总结和推广降低成本方面的先进做法和经验。这种组织形式可以使成本会计工作集中在厂部成本会计部门，减少核算层次，保证工作质量，但不利于企业内部其他单位及时掌握成本或费用支出情况，影响了企业内部其他单位成本管理的积极性。

所谓非集中核算组织形式，是指厂部成本会计部门主要负责组织、领导、协调企业内部各单位的成本会计工作，负责成本数据的汇总以及对各级成本会计部门的工作进行业务指导和监督。各级成本会计职能机构负责本单位、车间或部门的成本费用计划的编制、成本核算和分析等。采用非集中核算组织形式，可以使成本会计工作更好地与各单位、车间、部门的生产经营管理结合起来，使它们能够及时了解本单位、本部门的成本水平及其升降情况，从而更加直接有效地进行成本管理，但增加了成本会计工作层次和工作人员。

企业究竟应采用哪一种组织形式，要从有利于更好地实现成本会计的目标出发，并根据企业规模的大小和经营管理水平等实际情况来决定。

二、配备成本会计人员

成本会计工作是一项涉及面宽、综合性强的管理工作，必须配备专门的成本会计人员去完成这项工作。成本会计工作是企业管理工作的重要方面，要不断根据市场变化和竞争要求进行更新，从成本管理的内容、方法到手段都必须适应激烈的市场竞争的要求。因此，成本会计人员要立足企业，放眼市场，树立起强烈的成本经营意识和成本竞争意识，积极参与各项经营决策活动，在提高企业竞争力的基础上把成本降下来，更好地促进企业发展。

成本会计工作的重要性和特殊性要求从事该项业务的会计人员必须具备较强的业务能力和高水平的职业道德。比如，熟悉成本会计的一般原理和方法；熟悉企业成本的形成过程，对生产流程有比较全面的了解；通过持续学习提高自身的知识技能。同时，成本会计人员应具备脚踏实地、实事求是、敢于坚持原则的作风和敬业精神，严格遵守国家的有关法规、制度和财经纪律，深入了解本企业生产经营的实际情况，注意发现成本管理中存在的问题，并提出改进成本管理的意见和建议。

三、建立和健全成本会计制度

成本会计制度是成本会计工作的规范，是会计法规和企业会计制度的一个重要组成部分。

企业应遵循国家有关法律、法规、准则的规定，制定适应企业生产经营特点和管理要求的内部成本会计制度。

由于各行业的生产经营特点和管理的要求不同，所制定的成本会计制度也有所不同。但就工业企业来说，成本会计制度一般包括以下几个方面的内容：

1. 成本预测和决策制度；
2. 成本计划、费用预算编制制度；
3. 成本控制制度；
4. 成本核算制度；
5. 成本信息提供和相关报表编制制度；
6. 成本分析和改善成本措施的落实制度；
7. 成本考核和奖励制度；
8. 其他有关成本会计制度。

其中，建立和健全成本核算制度是做好企业成本会计工作的前提。由于通过成本核算产生的信息既用于存货计价和损益确定，又用于生产经营决策和管理业绩评价，因此，成本核算制度的制定要以国家统一会计制度的有关规定为依据，既能体现成本信息可比性的要求，满足宏观调控需要，同时要适应企业的生产经营特点和管理要求。

对于成本会计制度的其他内容，包括成本预测、决策、计划、控制、分析和考核等制度的制定，一般应综合考虑企业最高管理当局对成本重视的程度、现有的管理能力和管理水平、员工的素质等方面的因素，评价企业是否具有实施成本管理的动力机制，以及同其他有关管理制度的相互协调。

成本会计制度的制定是一项复杂而细致的工作。在成本会计制度的制定过程中，有关人员不仅应熟悉国家有关法规、制度的规定，而且应深入基层做广泛、深入的调查和研究，在反复试点、具备充分依据的基础上进行成本会计制度的制定工作。成本会计制度一旦制定，并经最高管理当局批准，就要认真严格执行，而不能随意更改，应保持相对稳定。但是，随着企业竞争环境的变化、最高管理当局的调整以及企业管理水平的提高，成本会计制度也需要适当地修改和完善，以保证成本会计制度的科学性和先进性。

第二章

工业企业成本核算概述

本章从工业企业进行成本核算具有重要意义入手，阐述了成本核算的基本要求，并进一步阐明了成本核算的基本程序，介绍了成本核算的主要账户。通过本章的学习，应掌握各种成本费用划分的界限，熟悉成本核算的基本程序及主要成本费用账户。

第一节　工业企业成本核算的意义和基本要求

一、工业企业成本核算的意义

成本核算是对工业企业生产经营过程中生产费用的发生和产品成本的形成所进行的核算。成本核算既是成本会计的核心内容，也是成本会计的基本环节。

成本核算首先要对各项生产费用进行审核和控制，然后根据应计入产品成本的生产费用的用途和地点加以归集和分配，计算产品的总成本和单位成本。因此，成本核算应包括生产费用核算和产品成本计算两个基本环节。生产费用核算是运用专门的账户，核算和监督企业在一定时期内耗费了哪些费用，并按经济内容的性质或发生的地点加以归集和分配。它是产品成本计算的前提，是整个成本核算的基础环节。产品成本计算是运用专门的方法，反映按产品品种、类别、批别和生产步骤归集和分配的生产费用，并计算出各产品的总成本和单位成本。它和生产费用的核算同时进行，是生产费用的对象化过程，是整个成本核算的关键环节。

工业企业组织产品成本核算工作具有非常重要的意义，主要表现在以下三个方面：

1. 通过成本核算，提供成本信息资料，是确定企业盈利、制定产品价格和编制财务成本报表的依据。

2. 通过成本核算，反映和监督各项消耗定额及成本计划的执行情况，可以控制生产过程中人力、物力和财力的耗费，从而改善经营管理，促使企业进一步降低产品成本。

3. 通过成本核算，反映和监督在产品占用资金的增减变动和结存情况，为加强在产品资金的管理、提高资金周转速度和有效地使用资金提供资料。

二、工业企业成本核算的基本要求

企业由于生产类型的特点和管理要求等方面的不同，其成本核算也具有不同的特点。但是，对所有企业来说，成本核算提供的信息应具备相关、及时、准确的特征。成本核算提供的信息只有符合以上特征才能充分发挥其应有的作用。为此，各个工业企业进行成本核算既要严格遵循《企业会计准则》、《企业财务通则》对会计核算的基本要求，也要符合企业生产特点和成本管理的特定要求。具体表现在以下几个方面：

（一）正确划分各种成本费用的界限

为了正确进行成本核算、计算产品成本，必须正确划分以下各种费用支出的界限：

1. 正确划分生产经营支出与营业外支出的界限

生产经营支出是指企业发生的与其生产经营活动直接相关的各项支出，包括资产购置支出、产品制造支出以及各种费用支出。

营业外支出是指企业发生的与其生产经营活动无直接关系的各项支出，包括固定资产盘亏、处置固定资产净损失、处置无形资产净损失、债务重组损失、罚款支出、公益性捐赠支出、非常损失等。

营业外支出与企业生产经营活动没有直接关系，不能作为企业的成本或费用。

2. 正确划分产品成本与期间费用的界限

产品成本是产品在制造过程中所发生的各项成本，包括一切与产品生产有关的直接和间接生产成本。产品成本通常由直接材料、直接人工和制造费用构成。企业的期间费用包括销售费用、管理费用和财务费用。

企业发生的生产费用应计入产品的制造成本。产品成本要在产品销售以后才计入当期损益，而期间费用在发生时直接计入当期损益。划分产品成本与期间费用的界限，也就是要防止混淆成本和费用的界限，将应计入产品成本的生产耗费计入了期间费用，或者将应计入期间费用的支出计入了制造成本，借以调节各期产品成本和利润的错误做法。

3. 正确划分不同产品成本的界限

如果企业生产的产品不止一种，为正确计算各种产品的成本，必须将当期发生的生产费用在各种产品之间进行正确的划分。如果是为生产某种产品而单独发生的生产费用，应直接计入所属产品成本中；如果是几种产品生产过程中共同发生的生产费用，应选择合理的分配方法分配后计入各相关产品成本中。分清不同产品的成本，并与它们的计划成本、标准成本相对比，能揭示产品成本的超支或节约情况，防止在盈利产品与亏损产品之间随意转移生产费用的错误行为。

4. 正确划分不同会计期间成本费用的界限

为了按期分析和考核成本计划的执行情况和结果，正确计算各期损益，还必须正确划分不同会计期间的成本费用界限。当期发生的成本费用应在当期全部入账，不能延至下期。《企业会计准则》要求企业的会计核算应当以权责发生制为基础。凡是当期已经实现的收入和当期已经发生的或应当负担的费用，不论款项是否收付，都应当作为当期的收入和费用；凡是不属于当期的收入和费用，即使款项已在当期收付，也不应当作为当期的收入和费用。正确划分各期成本费用的界限，是保证成本核算正确的重要环节，可以防止人为调节各期损益的错误行为。

5. 正确划分在产品和完工产品成本的界限

在月末计算产品成本时，如果某种产品已全部完工，那么，这种产品的各项生产费用之和就是该产品的完工产品成本；如果某种产品没有完工，那么，这种产品的各项生产费用之和就是该产品的月末在产品成本；如果某种产品既有完工产品又有在产品，则应将这种产品的各项生产费用采用适当的分配方法在完工产品与月末在产品之间进行分配，分别计算该产品的完工产品成本和月末在产品成本。

（二）做好成本核算的各项基础工作

为了规范企业的成本核算工作，确保成本信息质量，企业必须重视成本核算的各项基础工作。没有健全的基础工作，成本核算就不能顺利进行而达不到预期的目的。

1. 制定合理的消耗定额，加强定额管理

定额是企业进行生产经营活动中在一定生产技术、组织管理条件下，对人力、物力、财力的配备、利用和消耗以及获得的成果等方面所应遵循的标准或应达到的水平，如产品的材料消耗定额（生产每单位产品或完成每单位工作的材料消耗量）、工时消耗定额等。成本会计人员应积极配合生产技术、设备和动力管理、人力资源管理、材料供应等部门人员，采用科学、有效的方法共同制定或修订定额。

利用定额，可以查明生产过程中实际消耗量与定额的差异及其原因，明确责任人员，同时定额的制定有利于企业实行例外管理原则，对产生重大差异的重点管理，解决生产中发生差异的关键问题，从而加强成本的控制，进一步降低产品成本。定额既要先进，又要切合实际，并应随生产技术水平的提高而不断修订。如果某种定额与实际的差异经常在5%以上，就应及时调整。各种定额制定后必须认真执行，使定额成为企业提高经济效益的有效手段。

2. 建立和健全原始记录工作和凭证制度

正确的成本核算离不开可靠的原始记录和凭证。原始记录和凭证是反映生产经营活动的原始资料，是进行成本预测、编制成本计划、进行成本核算、分析成本计划执行情况的依据。工业企业产品生产过程中材料及动力的消耗、工时的消耗、设备的运转、费用的开支、在产品的内部转移、废品的发生与返修、完工产品及自制半成品的检验与入库等，都必须有原始记录并填制必要的原始凭证，制定原始记录与凭证的合理传递流程，及时为成本核算提供可靠的依据。成本会计人员应会同生产技术、劳动工资、设备动力、材料供应等部门，根据企业生产类型和内部管理的需要，制定与成本核算有关的原始凭证传递流程，便于执行和检查。

3. 建立和健全材料物资的计量、交接和盘存制度

建立和健全材料物资的计量、交接和盘存制度，是正确计算产品成本的首要环节。材料物资的收发、领退，在产品、半成品的内部转移，完工产品的入库等，均要配备齐全的计量设备、工具和仪表，填制相应的凭证，办理审批手续，严格进行计量和验收。库存的各种材料物资、车间的在产品、车间和仓库的半成品、完工产品均应按规定进行清查盘点。只有这样，才能保证成本核算的正确性，才能加强生产管理和物资管理。

4. 制定内部结算价格和内部结算制度

企业内部各部门、单位之间在生产经营过程中经常会互相提供产品、劳务费等，如加工部门将产出的半成品转移到下一步骤继续加工，修理、运输部门向其他生产、管理部门提供劳务等。这种由于相互提供产品和劳务，企业内部各责任单位之间进行相互结算或转账所采用的计价标准，称为内部结算价格。采用内部结算价格在部门、车间之间相互进行结算，可以明确经济责任，简化和减少核算工作，并便于考核厂内各单位的成本计划完成情况。一般在实际工作中，常以计划成本、成本加成或市场价格来确定内部结算价格。合理的结算价格必须为转出和转入双方都能接受，必须有利于企业整体。企业制定的内部结算价格应相对稳定，由企业统一颁布，各部门、车间遵照执行。当然，内部结算价格也应根据市场的变化和生产技术的发展予以修订。

（三）选择适当的成本计算方法

企业在进行成本核算时，应根据本企业的具体情况，选择适合本企业生产经营特点和管理

要求的成本计算方法进行成本计算。由于产品生产工艺和生产组织不同,所采用的成本计算方法也应该有所不同。在同一个企业里,可以采用一种成本计算方法,也可以多种成本计算方法同时使用,但一经选定,一般不能经常变动。只有按照产品生产特点和管理要求,选用适当的成本计算方法,才能正确、及时地计算各产品成本,为成本管理提供有用的成本信息。

第二节　工业企业成本核算的基本程序

成本核算的基本程序是指对企业在生产经营过程中发生的各项费用,按照成本核算的要求,逐步进行归集和分配,最后计算出各种产品的成本和各项期间费用的基本过程。虽然工业企业的成本核算涉及的内容多,采用的核算方法也有所不同,但都遵循一个基本程序,即确定成本核算对象、确定成本项目、设置成本核算账户、归集和分配生产费用、计算完工产品成本和月末在产品成本。

一、确定成本核算对象

进行成本核算,必须首先确定成本核算对象。成本核算对象是为计算产品成本而确定的归集生产费用的各个对象,即成本的承担者。确定成本核算对象是设置产品成本明细账、分配生产费用和计算产品成本的前提。一般情况下,成本核算对象都是产品,但因为不同企业产品的生产特点不同,管理要求不同,因而具体的成本核算对象也就不同。如对于制造企业,成本核算对象有产品品种、产品批别、产品生产步骤三种。

二、确定成本项目

成本项目是成本费用按经济用途划分成的若干项目。一般产品成本项目至少应设置"直接材料"、"直接人工"和"制造费用"三种。如管理上需要了解废品损失、停工损失的数额,可增设"废品损失"、"停工损失"成本项目;采用分步法核算产品成本的企业,为考核各步骤半成品成本,可增设"自制半成品"成本项目;根据管理的要求,可增设"燃料及动力"、"外部加工费"等成本项目;"制造费用"项目可根据管理需要进行合并或分拆。

三、设置成本核算账户

进行成本核算需要设置的相关账户,主要包括"生产成本"、"制造费用"、"销售费用"、"管理费用"、"财务费用"、"长期待摊费用"、"废品损失"、"停工损失"等总分类账户。具体内容将在第三节加以介绍。

四、归集和分配生产费用

归集和分配生产费用时,首先必须对支出的费用进行审核,确定各项费用是否应该开支,已开支的费用是否应该计入产品成本。

其次,按照权责发生制原则确定应计入本月产品成本的费用。

最后,将应计入本月产品成本的原材料、燃料、动力、工资、折旧费等各种要素费用在各有关产品之间,按照成本项目进行归集和分配。把各种成本费用的原始凭证及其他的有关资料,分别按生产费用要素进行汇总,然后编制各种要素费用分配表,按其用途记入有关的生产成本明细账。直接费用在产品成本明细账中直接以单独的成本项目列示。辅助生产车间发生的费用记入"生产成本"账户的辅助生产成本明细账，各基本生产车间所发生的制造费用记入"制造费用"账户。

基本生产成本明细账，按成本计算对象设置，并按成本项目汇总登记产品的成本；辅助生产成本明细账，按辅助生产车间分别设置，归集于辅助生产成本明细账中的费用，按其所服务的对象，编制辅助生产费用分配表，按一定标准分配记入"生产成本"账户的基本生产成本明细账和其他有关的总分类账；制造费用明细账按基本生产车间分别设置，归集于制造费用明细账中的费用，编制制造费用分配表，按一定标准分配记入"生产成本"账户的基本生产成本明细账。

五、计算完工产品成本和月末在产品成本

完工产品是指已经完成全部生产过程，随时可供销售的产成品和对外销售的自制半成品。在产品是指正停留在生产车间进行加工制造的在制品，正在生产车间返修的废品和虽已完成了本车间生产但尚未送验入库的产品，以及已经完成一个或几个生产步骤但还需继续加工的半成品。

大多数工业生产企业中，在一个成本计算期内一般都有完工产品，期末也或多或少有在产品结存。将生产费用计入各产品成本计算对象后，对于既有完工产品又有月末在产品的产品，应采用适当的方法，把生产费用在其完工产品和月末在产品之间进行分配，求出完工产品和月末在产品的成本，计算出完工产品的总成本和单位成本。

第三节　工业企业成本核算的主要账户

企业通过设置有关账户登记生产过程中发生的各种生产费用，以便提供各种产品成本信息资料。成本核算包括总分类核算和明细分类核算两个方面。为了正确进行成本核算，工业企业必须设置相应的总分类账户和明细分类账户。

一、"生产成本"账户

"生产成本"账户属于成本类账户，是用来核算企业进行工业性生产，包括生产各种产品（包括产成品、自制半成品）、自制材料、自制工具、自制设备等，所发生的各项生产费用。该账户的借方登记生产过程中发生的直接材料、直接人工等直接费用以及分配转入的制造费用，贷方登记完工入库的产成品、自制半成品的实际成本以及分配转出的辅助生产费用。期末余额在借方，表示尚未完工的各在产品成本。"生产成本"账户应当设置"基本生产成本"和"辅助生产成本"两个明细分类账户进行明细核算。账内按产品品种或辅助生产部门名称分设专户，并按成本项目设置专栏进行明细核算。

企业发生各项直接生产费用时，应借记本账户（"基本生产成本"、"辅助生产成本"），贷记"原材料"、"库存现金"、"银行存款"、"应付职工薪酬"等账户；发生的间接生产费用应先在"制造费用"账户的借方归集，月末按一定的分配方法，分配计入各有关的产品成本，借记本账户（"基本生产成本"、"辅助生产成本"），贷记"制造费用"账户。

企业辅助生产车间为基本生产车间、企业管理部门和其他部门提供的劳务和产品，月份终了，按照一定的分配标准分配给各受益对象，借记本账户（"基本生产成本"）、"管理费用"、"销售费用"、"其他业务成本"、"在建工程"等账户，贷记本账户（"辅助生产成本"）。

企业已经生产完工并已验收入库的产成品以及入库的自制半成品，应于月份终了，按实际成本，借记“库存商品”、“自制半成品”账户，贷记本账户（“基本生产成本”）。

二、“制造费用”账户

“制造费用”账户属于成本类账户，是用来核算企业生产车间、部门为生产产品和提供劳务费而发生的各项间接生产费用，如生产车间发生的机物料消耗、车间管理人员工资、计提的固定资产折旧、修理费、办公费、水电费、季节性停工损失等。该账户的借方登记实际发生的制造费用，贷方登记分配转到各成本核算对象的制造费用，除季节性生产企业或采用累计分配率分配制造费用的企业外，本账户月末应无余额。“制造费用”账户应按不同的车间、部门设置明细账，并按费用项目设置专栏，进行明细核算。

“制造费用” 账户先在借方归集间接生产费用，月份终了，再按企业成本核算办法的规定，按一定的分配标准，分配计入有关的成本核算对象，借记“生产成本”、“劳务成本”账户，贷记本账户。制造费用的分配标准一般有：生产工人工资、生产工人工时、机器工时、耗用原材料的数量或成本、直接成本（原材料、燃料、动力、生产工人工资及应提取的福利费之和）和产品产量几种。企业具体采用哪种分配标准，由企业自行决定。分配方法一经确定，不得随意变更。如需变更，应当在会计报表附注中予以说明。

季节性生产企业发生的制造费用，全年实际发生数与分配数的差额，除其中属于为明年开工生产做准备的可留待明年分配外，其余都应当在本年内调整产品成本：发生数大于分配数的差额，借记“生产成本——基本生产成本”账户，贷记“制造费用”账户；实际发生数小于分配数的差额，用红字登记。

三、“长期待摊费用”账户

“长期待摊费用”账户是资产类账户，是用来核算企业已经发生但应由本期和以后各期负担的分摊期限在一年以上的各项费用，如以经营租赁方式租入的固定资产发生的改良支出等。该账户的借方登记发生的各项长期待摊费用，贷方登记摊销的长期待摊费用，期末余额在借方表示企业尚未摊销完毕的长期待摊费用。“长期待摊费用”账户应按费用项目进行明细核算。

四、“废品损失”账户

需要单独核算废品损失的企业，可以设置“废品损失”账户，以汇集和分配基本生产车间所发生的废品损失。该账户的借方登记不可修复废品的生产成本和可修复废品的修复费用，贷方登记废品回收的价值、应收的赔款以及转出的废品净损失；该账户月末应无余额。“废品损失”账户下应按生产车间设置明细分类账，账内按产品品种分设专户，并按成本项目设置专栏或专行进行明细核算。

废品损失包括在生产过程中发现的、入库后发现的各种废品的报废损失和修复费用。废品的报废损失，是指不可修复的废品的实际成本减去回收材料和废料价值后的净损失。废品的修复费用，是指可以修复的废品在返修过程中所发生的修理费用。应由造成废品的过失人负担的赔款，应从废品损失中减去。

经检验部门鉴定不需要返修而可以降价出售的不合格品，其成本与合格品相同；其售价低于合格品售价所发生的损失，应在计算销售损益中体现，不做废品损失处理。产品入库后由于保管不善等原因而损坏变质的损失，应作为管理费用处理，也不列作废品损失。

五、“停工损失”账户

需要单独核算停工损失的企业，可以设置“停工损失”账户，以汇集和分配基本生产车间因停工而发生的各种费用。该账户的借方登记停工期内所支付的生产工人薪酬、所耗用的燃料及动力费以及应负担的制造费用等损失，贷方登记予以转销的停工损失；该账户转销后应无余额。“停工损失”账户下应按生产车间设置明细分类账，账内按产品品种分设专户，并按成本项目设置专栏或专行进行明细核算。

在工业企业生产经营过程中发生的不应计入产品成本的期间费用，应分清费用的界限，分配计入。

六、“销售费用”账户

“销售费用”账户是损益类账户，是用来核算企业在销售产品、提供劳务过程中发生的各种费用，包括保险费、包装费、展览费和广告费、产品维修费、预计产品质量保证损失、运输费、装卸费等以及为销售本企业产品而专设的销售机构(含销售网点、售后服务网点等)的职工薪酬、业务费、折旧费等经营费用。该账户的借方登记企业发生的各种销售费用，贷方登记期末转入“本年利润”账户的销售费用，结转后本账户应无余额。“销售费用”账户应按费用项目进行明细核算。

七、“管理费用”账户

“管理费用”账户是损益类账户，是用来核算企业为组织和管理生产经营所发生的管理费用，包括企业在筹建期间内发生的开办费、董事会和行政管理部门在企业的经营管理中发生的或者应由企业统一负担的公司经费(包括行政管理部门职工薪酬、物料消耗、低值易耗品摊销、办公费、差旅费等)、工会经费、董事会费、聘请中介机构费、咨询费、诉讼费、业务招待费、房产税、车船税、土地使用税、印花税、技术转让费、矿产资源补偿费、研究费用、排污费等。该账户的借方登记企业发生的各种管理费用，贷方登记期末转入“本年利润”账户的管理费用，结转后本账户应无余额。“管理费用”账户应按费用项目进行明细核算。

八、“财务费用”账户

“财务费用”账户是损益类账户，是用来核算企业为筹集生产经营所需资金等而发生的筹资费用，包括利息支出(减利息收入)、汇兑损益以及相关的手续费、企业发生的现金折扣或收到的现金折扣等。该账户的借方登记企业发生的各种财务费用，贷方登记期末转入“本年利润”账户的财务费用，结转后本账户应无余额。“财务费用”账户应按费用项目进行明细核算。

结合本章所讲述的成本核算的基本程序以及成本核算的主要账户，下面以图2－1列示成本核算的基本程序。

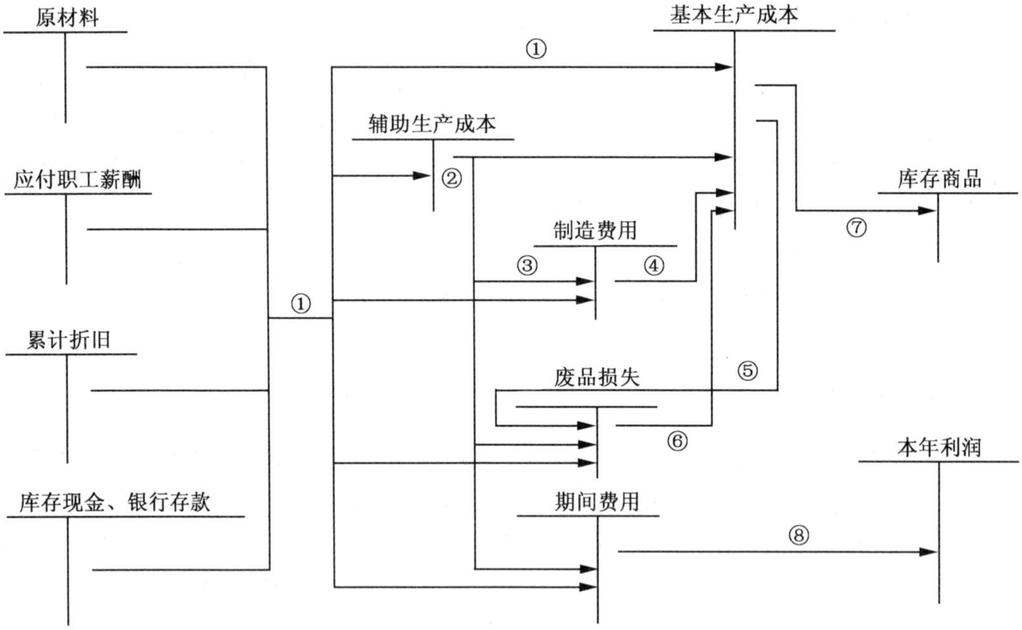

说明:①各项要素费用的分配;②辅助生产费用的分配;③制造费用的归集;④制造费用的分配;⑤结转不可修复废品成本;⑥结转废品净损失;⑦结转完工产品成本;⑧结转各项期间费用。

图 2－1　成本核算的基本程序

第三章

生产费用的核算

本章以工业企业产品成本的形成过程为主线，按照产品成本核算的程序，分别阐述了要素费用、辅助生产费用、制造费用、生产损失等生产费用的基本核算原理和具体方法。

第一节　要素费用的核算

一、要素费用概述

要素费用是指生产费用按照其经济内容不同进行分类的项目。企业在生产过程中所发生的生产费用，按其经济内容或性质的不同，可分为劳动对象方面的费用、劳动手段方面的费用和活劳动方面的费用三大类，在此基础上，可以进一步划分为六个生产费用要素。

1. 外购材料，是指企业进行产品生产所耗用的各种从外单位购入的原料及主要材料、辅助材料、半成品、包装物、修理用备件、低值易耗品和其他材料。

2. 外购燃料，是指企业进行产品生产所耗用的各种从外单位购入的各种固体、液体和气体燃料等。

3. 外购动力，是指企业进行产品生产所耗用的各种从外单位购入的电力、蒸气等动力。

4. 职工薪酬，是指企业进行产品生产所发生的应计入生产费用的职工薪酬（包括计时工资、计件工资、工资性津贴和补贴、奖金、加班加点工资和其他报酬等）。

5. 折旧费，是指企业根据其拥有或控制的固定资产，按规定计算提取的固定资产折旧费。

6. 其他费用，是指企业为生产产品而发生的不属于以上各项费用要素，但是按规定应计入生产费用的各项支出，如办公费、差旅费、修理费、租赁费、外部加工费、劳动保护费、检验费等。

以下将分别介绍各项要素费用的核算。

二、材料费用的核算

材料费用包括企业生产经营过程中耗费原材料、燃料、低值易耗品、包装物等而发生的费用。材料费用的核算包括材料费用的归集和分配两个方面。加强材料费用的核算对于企业降低产品成本、节约使用资金有着十分重要的作用。

（一）材料费用的归集

企业应根据全部领料凭证汇总编制“发出材料汇总表”，归集材料费用，具体包括入库材料成本的计价和发出材料成本的确定。

1. 入库材料成本的计价

对入库材料进行正确的计价，是正确计算产品成本中材料成本的前提。一般在实际工作中，如果企业的规模较小，材料的品种规格不多且收发不太频繁，材料可按实际成本计价；如果企业的规模较大，材料的品种规格繁多且收发频繁，则材料应按计划成本计价。

2. 发出材料成本的确定

企业在生产过程中领用材料时，为明确经济责任、便于分配材料费用，领用材料必须办理必要的手续，并填制相关的原始凭证，如领料单、限额领料单、领料登记表及退料单等。到了月末，将各种领料凭证按车间、部门进行汇总，计算出各车间、部门消耗材料的数量和金额，通过编制"材料费用分配表"进行材料费用分配的核算。

采用实际成本进行材料日常核算的企业，发出材料的成本可采用先进先出法、个别计价法、月末一次加权平均法、移动加权平均法等计算确定；若采用计划成本计价，则发出材料的成本除按计划成本进行分类汇总外，还要计算应负担的材料成本差异，将计划成本调整为实际成本。

（二）材料费用的分配

不管材料是按实际成本核算还是按计划成本核算，对于发出材料的成本一般是根据各种发料凭证编制"材料费用分配表"进行材料费用的分配。

对于用于产品生产并构成产品主要实体或有助于产品形成的各种材料，其分配原则是直接材料费用直接计入、间接材料费用分配计入各成本计算对象的"直接材料"成本项目中。如果数量较少、金额较小，根据重要性要求，可以简化分配方法，全部计入制造费用中；对于生产车间和行政管理部门一般耗用的材料，应分别计入制造费用和管理费用的相关项目中；对于发出的其他用途的材料，应根据其发生的具体用途，分别记入"其他业务成本"、"在建工程"等相关账户中。

需要分配计入各成本计算对象的材料费用在选择分配方法时，在遵循合理和简便易行原则的基础上，通过以下分配方法进行计算分配：

1. 重量分配法

重量分配法是按照各种产品的重量为标准来分配材料费用的方法。如果企业生产的几种产品共同耗用同种材料，而且耗用量的多少又与产品重量有直接联系，可以选用这种分配法。重量分配法的计算公式如下：

$$\text{材料费用分配率}=\frac{\text{各种产品共同耗用的材料费用}}{\text{各种产品的重量之和}}$$

$$\text{某产品应分配的材料费用}=\text{该产品总重量}\times\text{材料费用分配率}$$

【例 3－1】 某企业本月生产甲、乙两种产品共同耗用 A 材料4 000千克，每千克 18 元。甲产品的重量为2 000千克，乙产品的重量为1 600千克。采用重量分配法计算分配如下：

$$\text{费用分配率}=\frac{4\ 000\times18}{2\ 000+1\ 600}=20$$

甲产品应分配的材料费用＝2 000×20＝40 000(元)

乙产品应分配的材料费用＝1 600×20＝32 000(元)

与重量分配法类似的还有产量分配法、产品体积分配法等。

2. 定额耗用量比例分配法

定额耗用量比例分配法是指按照各种产品的材料消耗定额为标准来分配材料费用的方法。它一般在材料消耗定额比较准确的情况下采用。这种方法的计算公式是：

$$材料费用分配率=\frac{各种产品共同耗用的材料费用}{各种产品材料定额耗用量之和}$$

某产品应分配的材料费用=该产品材料定额耗用量×材料费用分配率

【例3－2】 某企业生产A、B、C三种产品，本月共耗用甲材料3 060千克，每千克3.50元。A、B、C三种产品的实际产量分别为120件、180件和240件，单位产品材料定额耗用量分别为3千克、2千克、4千克。甲材料费用分配如下：

$$甲材料费用分配率=\frac{3\ 060\times 3.5}{1\ 680}=6.375$$

具体的甲材料费用分配见表3－1。

表3－1　　甲材料费用分配表

2015年7月

产品名称	投产数量	单位产品消耗定额	材料消耗总定额	材料费用分配率	材料费用分配额
A	120	3	360		2 295
B	180	2	360		2 295
C	240	4	960		6 120
合计	—	—	1 680	6.375	10 710

3. 系数分配法

系数分配法是指将各种产品的产量按系数折算成标准产量，并按标准产品产量的比例分配材料费用的一种方法，又称标准产量法。这里的系数是标准产量与各种产品在量上的一种比例关系，如消耗定额、实际产量、体积的比例等。这种方法一般在各种产品的工艺过程基本相同的企业采用。具体计算如下：

$$某产品折合系数=\frac{该产品折合量}{标准产品折合量}$$

某产品的标准产量=该产品的实际产量×该产品的折合系数

$$材料费用分配率=\frac{材料费用总额}{各种产品的标准产量之和}$$

某产品应分配的材料费用=该产品的标准产量×材料费用分配率

(1)标准产品可选用企业大量的、正常生产的产品

【例3－3】 某企业生产甲、乙、丙三种产品，共同耗用材料费用32 860元。实际产量分别为：甲产品300件，乙产品400件，丙产品200件。其中，乙产品为标准产品，以材料费用定额作为折合标准，甲、乙、丙三种产品的材料费用定额分别为120元、100元、150元。根据上述资料，计算并编制材料费用分配表，如表3－2所示。

表3－2　　材料费用分配表

2015年7月

产品名称	实际产量	材料费用定额	折合系数	标准产量(总系数)	分配率	材料费用分配额
甲	300	120	1.2	360		11 160
乙	400	100	1	400		12 400
丙	200	150	1.5	300		9 300
合计				1 060	31	32 860

(2)标准产品也可以选择系列产品中规格型号(或者定额耗用量)居中的产品作为标准产品

【例3－4】 某企业本月生产101、102、103、104、105五种产品，共耗用A材料422 800元；

五种产品单位产品A材料消耗定额分别为16.5、19.8、22、24.2和33千克;本月实际投产产量分别为2 000、4 000、3 000、5 000和1 000件。A材料费用采用标准产量法分配。

本例中可以选择正常生产和大量生产且系列产品中的中间产品103产品为标准产品。

根据上述资料,计算并编制A材料费用分配表,如表3—3所示。

表3—3 **A材料费用分配表**

2015年6月 单位:元

产品名称	单位消耗定额数	系数	实际产量	标准产量(总系数)	费用分配率	应分配材料费用
101	16.5	0.75	2 000	1 500		42 000
102	19.8	0.9	4 000	3 600		100 800
103	22	1	3 000	3 000		84 000
104	24.2	1.1	5 000	5 500		154 000
105	33	1.5	1 000	1 500		42 000
合计	—	—	—	15 100	28	422 800

(三)材料费用的账务处理

发料凭证汇总表是进行材料费用归集和分配的原始凭证。发料凭证汇总表一般分车间按月编制。根据材料日常核算采用的计价方法,发出材料可采用实际成本计价,也可以采用计划成本计价。

1. 按实际成本计价的材料费用的归集与分配

材料在日常核算时,其明细账均采用数量金额式,由于每次入库材料的实际成本不同,故每次发出材料的单位成本即单价的确认需选择一定的方法,并保持相对稳定。《企业会计准则》规定,企业采用实际成本计价时,可根据实际情况选择采用先进先出法、月末一次加权平均法、移动平均法、个别计价法等方法确定其成本。

【例3—5】 某企业2015年6月根据发料凭证编制发料凭证汇总表,见表3—4。

表3—4 **发料凭证汇总表**

2015年6月 单位:元

分配对象	明细项目	原料及主要材料			辅助材料	燃料及动力	低值易耗品	合计
		分配计入	直接计入	小计				
甲产品	直接材料	49 920	376 080	426 000	12 000			438 000
乙产品	直接材料	34 320	212 000	246 320	10 000			256 320
丙产品	直接材料		104 000	104 000	4 000			108 000
废品修复(甲)	直接材料				1 200			1 200
一车间	机物料消耗				2 000			2 000
	劳动保护费						1 200	1 200
	低值易耗品摊销						2 000	2 000
二车间	劳动保护费						800	800
	机物料消耗				4 800			4 800
供水车间	燃料及动力					48 000		48 000
	劳动保护费						1 200	1 200
变电车间	机物料消耗				1 200			1 200
行政管理部门	修理费				800			800
合计		84 240	692 080	776 320	36 000	48 000	5 200	865 520

根据发料凭证汇总表，编制转账凭证，据以登记总账和明细账，做如下会计分录：

(1)分配原材料费用

借：生产成本——基本生产成本——甲产品	438 000	
——乙产品	256 320	
——丙产品	108 000	
废品损失——甲产品——直接材料	1 200	
制造费用——一车间	2 000	
——二车间	4 800	
生产成本——辅助生产成本——供水车间	48 000	
——变电车间	1 200	
管理费用	800	
贷：原材料		860 320

(2)摊销低值易耗品

借：制造费用	4 000	
生产成本——辅助生产成本——供水车间	1 200	
贷：低值易耗品		5 200

并将上述业务登记到有关的总账和明细账。

2. 按计划成本计价的材料费用的归集与分配

产品成本核算的目的是要计算出各种产品的实际总成本和单位成本。在采用计划成本计价核算时，发出材料全部采用计划单价计价。制造成本中材料费用的确认计量工作分以下两步进行：

(1)根据当月发料凭证编制发料凭证汇总表，据以编制转账凭证登记入账；

(2)根据有关材料总账和明细账的资料，分配材料成本差异，编制材料成本差异分配表，据以编制转账凭证登记入账。

在实际工作中，材料成本差异分配表可单独编制，也可与发料凭证汇总表结合编制。

分配材料成本差异的关键是计算材料成本差异率。其计算公式如下：

$$\text{发出材料实际成本}=\text{发出材料计划成本}\pm\text{发出材料应分配的差异额}$$

$$\text{发出材料应分配的差异额}=\text{发出材料计划成本}\times\text{材料成本差异率}$$

$$\text{材料成本差异率}=\frac{\text{月初结存材料成本差异额}+\text{本月收入材料成本差异额}}{\text{月初结存材料计划成本}+\text{本月收入材料计划成本}}\times 100\%$$

当材料成本差异额在“材料成本差异”账户借方时，分配材料成本差异的会计分录与发出材料的会计分录所用账户方向相同；当材料成本差异额在“材料成本差异”账户贷方时，分配材料成本差异的会计分录与发出材料的会计分录所用账户、方向相同，但金额用红字。材料成本差异应按材料类别核算。

【例 3－6】 某企业 2015 年 7 月根据发料凭证编制的发料凭证汇总表见表 3－5。

表 3-5 **发料凭证汇总表**

2015 年 7 月 单位:元

材料类别 材料用途	原材料						包装物	合计
	原料及主要材料	外购半成品	辅助材料	修理用备件	燃料	小计		
甲产品生产用	468 000	56 000	6 000			530 000	2 500	532 500
基本生产车间管理用	5 100		1 300	1 100		7 500		7 500
辅助生产用			500	300	5 000	5 800		5 800
企业行政管理用	3 000		200			3 200		3 200
合　计	476 100	56 000	8 000	1 400	5 000	546 500	2 500	549 000

根据发料凭证汇总表编制转账凭证,并据以登记总账和有关二级账,应做会计分录如下:

(1)结转原材料

借:生产成本——基本生产成本——甲产品 530 000

制造费用 7 500

生产成本——辅助生产成本 5 800

管理费用 3 200

贷:原材料 546 500

(2)结转包装物

借:生产成本——基本生产成本——甲产品 2 500

贷:包装物 2 500

从材料和材料成本差异账户的一级账和二级账获得基础资料,计算成本差异率,并计算发出材料应分配的材料成本差异,计算结果见表 3-6。

表 3-6 **发出材料成本差异分配表**

2015 年 7 月 单位:元

成本差异率 材料用途	原料及主要材料 3%	外购半成品 -1%	辅助材料 2%	修理用备件 3%	燃料 -10.8696%	包装物 5%	合计
产品生产用	14 040	-560	120			125	13 725
基本生产车间管理用	153		26	33			212
辅助生产用			10	9	-543.48		-524.48
企业行政管理用	90		4				94
合计	14 283	-560	160	42	-543.48	125	13 506.52

根据发出材料成本差异分配表,编制转账凭证,做会计分录如下:

借:生产成本——基本生产成本 13 725

制造费用 212

生产成本——辅助生产成本 524.48

管理费用 94

贷:材料成本差异 13 506.52

根据转账凭证登记总账,根据发出材料成本差异分配表登记有关明细账。

3. 包装物和低值易耗品发出和摊销的核算

包装物是指为包装企业产品而储备,随同产品出售、出租或出借的各种包装容器,如箱、瓶、桶、坛、袋等。按其用途可分为：(1)生产过程中用于包装产品作为产品组成部分的包装物；(2)随同产品出售不单独计价的包装物；(3)随同产品出售而单独计价的包装物；(4)出租或出借给购买单位使用的包装物。这种分类与包装物发出和摊销的核算有关。如果是用于生产过程包装产品的包装物，作为产品组成部分，属于直接用于产品生产、构成产品实体的主要材料费用，应借记“生产成本——基本生产成本”账户，同时直接计入或分配计入有关产品成本明细账的“原材料”成本项目中。关于包装物的核算，2006 年《企业会计准则》规定，单位可以设置“周转材料”账户核算，也可以单独设置“包装物”账户进行核算。

低值易耗品是劳动手段中单位价值和使用年限在规定限额以下的物品，包括工具、管理用具、玻璃器皿以及在经营过程中周转使用的包装容器等。关于低值易耗品的核算，按照 2006 年《企业会计准则》的规定，单位可以设置“周转材料”账户核算，也可以单独设置“低值易耗品”账户进行核算。低值易耗品可分为在库和在用两个阶段进行核算。在库阶段核算与原材料核算相同。在用低值易耗品是指车间、部门从仓库领用直到报废以前整个使用过程中的低值易耗品。由于低值易耗品摊销额在产品成本中所占比重较小，又没有专设成本项目，因此，用于生产计入产品成本的低值易耗品摊销应计入制造费用。

三、人工费用的核算

人工费用是指各单位在一定时期内直接支付给本单位职工的全部劳动报酬。企业必须按照国家规定的工资总额的组成内容进行工资费用的核算。

（一）人工费用的归集

1. 人工费用总额的组成

为便于宏观调控，国家在综合平衡中合理控制与个人收入有关的成本费用，对工资总额的组成内容做了统一规定。国家统计局规定，工资总额由以下六个部分组成：

(1)计时工资；

(2)计件工资；

(3)奖金；

(4)津贴和补贴；

(5)加班加点工资；

(6)特殊情况下支付的工资(工伤、产假、婚丧假、探亲假、定期休假等)。

2006 年，财政部在《企业会计准则第 9 号——职工薪酬》应用指南中对职工薪酬做了进一步规定，明确了职工薪酬是指企业职工在职期间和离职后提供的全部货币性薪酬和非货币性福利，包括提供给职工本人的薪酬，以及提供给职工配偶、子女或其他被赡养人的福利等。其内容主要包括以下几个方面：

(1)工资、奖金、津贴和补贴；

(2)福利费(包括货币性福利和非货币性福利)；

(3)“五险一金”，指企业为职工支付给有关部门的社会性保险费(包括养老保险、医疗保险、失业保险、工伤保险和生育保险)，以及为职工缴纳的住房公积金；

(4)工会经费和职工教育经费，指有工会组织的企业按规定应提取的工会经费以及职工接受教育应由企业负担的各种培训费用；

(5)补偿及相关支出。

2. 人工费用计算的原始资料

企业的人工费用核算必须有一定的原始记录作为依据，如工资档案记录、考勤记录、产量记录和工时记录等。这些原始记录是计算应付工资、归集工资费用、分配工资费用和进行产品成本计算的基础，也是企业考核劳动消耗定额执行情况、加强劳动纪律、提高出勤率和工时利用率的有效手段。此外，它们还可为企业进行成本分析和成本决策提供有用信息。因此，每个企业都应根据自身生产组织、生产工艺的特点及管理的需要，合理设计考勤记录、产量记录和工时记录的表格，认真做好各项原始记录的统计工作。

(1)工资档案记录

一般采用工资卡的形式，是企业为每个职工设置的，用于记载职工姓名、职务、工资等级、工资标准、转移工作单位日期等情况的卡片。它是企业掌握职工人数增减变动、编制“职工工资单”时填列标准工资、享受补贴等的依据。

(2)考勤记录

考勤记录是对职工出勤和缺勤的记录。它是分析、考核职工出勤和缺勤等工作时间利用情况的原始记录，也是计算职工工资的原始凭证。为了正确地计算工资总额及产品成本中的人工费用，企业应该科学地组织考勤工作，做好考勤的原始记录，如实反映职工的出勤、请假、旷工、迟到、早退以及加班加点等情况。在企业中，生产班组工人的考勤记录，多由负责考勤的工人登记；车间人员的考勤记录，由专业人员担任；科室人员的考勤记录，则由科室指定专人负责。

车间和部门的考勤核算可以采用考勤簿的形式，也可以采用考勤卡片的形式。考勤簿一般按车间、部门或小组设置，每月一份，由考勤人员每月按上月考勤簿所列人员开设。遇有人员变动，如职工的录用、调离和内部调动时，应根据人事或劳动部门的通知进行变动。考勤卡片按人设置，每年一张，在每年年初或职工调入时开设。年内人员变动时，则根据有关部门的通知，将卡片注销。考勤簿与考勤卡片的登记项目相同。

登记职工出、缺勤的方法，可以采用不同的形式。例如，可以采用考勤号牌的方法，在上下班时由工人自己挂、摘号牌或移动号牌的地点，表示工人的出、缺勤情况，也可以利用卡片代替号牌，并将出、缺勤时间登记在卡片上。考勤员根据上下班的挂牌情况和卡片的记录，即可将职工的出、缺勤情况逐日登记在考勤簿或考勤卡片上。职工因工伤、疾病、生育等原因缺勤时，应取得医疗部门的证明；因公出差或探亲等原因缺勤时，应取得有关部门批准的出差证明或探亲证明；加班加点、夜班工作等也应取得经有关部门签证的证明。考勤员必须根据上述有关证明，把加班加点、夜班工时以及公、伤、病、产、探亲假等天数注明在考勤簿或考勤卡片上。每月月末，应在考勤记录上总计每人的全月出勤、缺勤情况，经车间、部门负责人签章后，连同必要的证明资料送交会计部门或车间核算员。

会计部门对于考勤记录应该认真加以审核，查明其中的签章是否完备，出勤和缺勤天数的计算是否正确，加班加点、夜班工时以及公、伤、病、产、探亲假等是否经过有关部门批准或取得合法证明，等等。考勤记录经会计部门审核后，即可据以计算职工应得的各种工资。例如，根据出勤和缺勤天数，计算每人每月应得的计时工资；根据夜班次数、加班加点时数，计算每人应得的夜班津贴和加班加点津贴；根据伤、病、产假天数，计算每人应得的伤、病、产假工资。

(3)产量和工时记录

产量和工时记录是登记工人或生产班组在出勤时完成产品数量、质量和生产这些产品所耗费的工时数量的原始记录。它是统计产量和工时、监督生产作业计划完成情况以及考核劳动生产率的依据，也是计算计件工资和计算产品成本的依据。

在不同行业、不同生产类型和不同劳动组织的企业或车间里，产量记录的格式和登记程序也不完全一样。但是，产量记录和工时记录应该分别提供生产班组或个人生产产品的数量和质量情况及生产所耗实际工时数、应耗定额工时数。产量和工时记录的形式主要有生产日报、工作通知单、工序进程单和工作班产量记录。生产日报是车间、班组或个人按日编制的产量记录。工作通知单，也称派工单或工票，是以每个工人(或生产小组)从事的各项工作为对象开设的产量原始记录。它适用于加工产品经常变动的生产车间以及偶然发生的一些加工任务。根据生产作业计划的安排，在工作开始前就要开出工作通知单，通知工人按照单内指定的任务进行工作。加工完成后，将送检产品数量和实用工时填写在单内，据以计算个人应得的计件工资。如果单内的任务是由小组集体完成的，还应根据工人工资等级和实际工时数计算小组成员每人应得的计件工资。

工作通知单是以工人所做的每项工作为对象开设的，因而采用这一形式就要开出大量的凭证，加大了核算工作量。另外，工作通知单只能反映零件在个别工序上的加工过程，而不能连续反映零件在整个工艺过程中的加工动态。因此，在成批生产的产品核算中还采用工序进程单和工作班产量记录的形式。

工序进程单也称加工路线单或跟单，是以加工产品(如一批零件)为对象开设的产量原始记录。在加工过程中，零件要经过若干道工序。采用工序进程单的形式，就要随着零件的加工进程，在单内顺序记录每道工序的实际产量和实用工时以及工序之间零件的交接数量，因而有利于监督工艺纪律的遵守情况，控制各道工序加工产品的数量，保证成套、均衡地组织生产，并可防止零件的丢失。采用工序进程单，由于一批零件往往要经过几个班组、工段，因而在一张单内就记录了几个班组工人的产量；但一个班组个人的产量有时也可能记录在几张进程单中。为了集中反映一个班组个人的产量和便于工资的计算，还必须按照班组设置产量凭证，按班组填制工作班产量记录。

工作班产量记录也称生产班报，是按班组设置的产量记录，反映了一个班组在工作班内所生产的产品数量。工作班产量记录和工序进程单结合起来使用，就能更加全面地提供核算所需的资料。但是，在生产周期较短、加工工序不多的生产中，也可以只使用工序进程单，根据各个进程单汇总求得每个工人的产量，据以计算工资。在某些不需要按照工序反映零件加工过程的生产中(如流水线生产)，也可以只使用工作班产量记录。工作班产量记录也是根据工人送检的产品数量经验收后登记的。

在工资核算中，会计部门应对有关产量凭证认真进行审核，查明工作通知单等凭证的填发是否取得负责人的签证，送检的产品是否经过质量检验人员的验收和签证，合格品和废品数量及计件单价的填写是否正确，等等。产量凭证经审核后，可作为计算计件工资和计算产品成本的依据。例如，根据工作通知单或工作班产量记录提供的每个工人或小组的合格品产量和废品数量，按计件单价计算每人或小组应得的计件工资；根据工作通知单或工作班产量记录提供的各种产品应负担的计件工资额，计算各种产品的工资费用；根据工作通知单或工序进程单等产量记录，还可以为分配生产费用和计算产品成本提供有关产量和工时的统计资料。

在工资核算中，除上述考勤记录和产量记录外，还可以利用其他一些原始凭证，如：反映停工时间和停工原因的停工单，是在计件工资制下据以计算停工工资的原始凭证；反映废品数量和废品产生原因的废品通知单，是在计件工资制下计算废品工资的原始凭证；等等。

3. 人工费用计算的方法

人工费用的计算是企业归集和分配直接人工费用的基础，是进行工资结算和分配的前提。

它主要包括计时工资的计算和计件工资的计算。

(1)计时工资的计算

计时工资是根据考勤记录登记的实际出勤日数和职工的工资标准计算的工资。工资标准按其计算的时间不同,有按月计算的月薪、按日计算的日薪或按小时计算的小时工资等。企业固定职工的计时工资一般按月薪计算;临时职工的计时工资大多按日薪计算,也有按小时工资计算的。采用月薪制,不管各月日历天数是多少,每月的标准工资相同。为了按照职工出勤或缺勤天数计算应付的月工资,还应根据月工资标准计算出每日平均工资。采用日薪制时,每日工作时数是 8 小时。如果有出勤不满 8 小时的情况,还应根据标准工资计算出每小时平均工资。

在月薪制下,虽然每位职工各自的月工资标准相同,但由于每位职工的月出勤和缺勤情况不同,每月的应得计时工资也就不尽相同。在职工有缺勤的情况下,计算有缺勤情况的职工应得计时工资有两种基本方法:其一,按月标准工资扣除缺勤天数应扣工资额计算;其二,直接根据职工的出勤天数计算。

月标准工资扣除缺勤工资下的计时工资计算公式是:

应得计时工资=月标准工资-(事假、旷工天数+病假天数×病假扣款率)×日标准工资

按出勤天数直接计算下的计时工资计算公式是:

应得计时工资=[月出勤天数+病假天数×(1-病假扣款率)]×日标准工资

从上可见,不论采用哪种方法,都应首先计算出职工的日标准工资。由于各月份的日历天数不同(有的月份 31 天,有的月份 30 天,2 月份只有 28 天或 29 天),因此,如果按每月实际日历天数计算日标准工资,则同一职工各月份的日标准工资就不尽相同,从而使工资计算工作复杂化。为了简化工资计算,日标准工资可按以下两种方法计算:

第一,每年总天数按国家统计口径 360 天计算,每月平均 30 天。

第二,按每年日历天数 365 减去 11 个法定节日和 104 天(全年 52 个星期,每星期休息 2 天,共 104 天)之后,再除以 12 个月,每月平均工作日为 20.83 天。

在按 30 天计算日标准工资情况下,由于日标准工资的计算没有扣除星期休假日和法定节假日,所以星期休假日和法定节假日与出勤日一样,也要计算工资。但如果在连续缺勤的期间内含有星期休假日和法定节假日,则星期休假日或法定节假日应按缺勤计算,扣发工资。

在按 20.83 天计算日标准工资的情况下,由于日标准工资的计算扣除了星期休假日和法定节假日,所以星期休假日和法定节假日不计算工资,也不存在扣发工资的情况。此外,按国家规定支付的特殊情况下的工资也与计时工资合并计算,即可将应付工资的非工作时间作为出勤计算。

综上所述,应付月工资一般有以下四种计算方法:

①按 30 日计算日工资率,按缺勤日数扣月工资;

②按 30 日计算日工资率,按出勤日数计算月工资;

③按 20.83 日计算日工资率,按缺勤日数扣月工资;

④按 20.83 日计算日工资率,按出勤日数计算月工资。

采用哪一种方法,企业可以自行确定;但确定以后,不应任意变动。

【例 3-7】 假定大地公司职工李一月工资标准为 3 600 元。10 月份 31 天,病假 1 天,事假 2 天,星期休假 8 天,法定节日 3 天,出勤 17 天。根据该职工的工龄,其病假工资按工资标准的 90%计算。该职工的病假和事假期间没有节假日。按上述四种方法分别计算该职工 10

月份的标准工资如下：

①按 30 日计算日工资率，按缺勤日数扣月工资：

日工资率 $=\frac{3\ 600}{30}=120$

应扣缺勤病假工资＝120×1×(1－90％)＝12(元)

应扣缺勤事假工资＝120×2＝240(元)

应付工资＝3 600－12－240＝3 348(元)

②按 30 日计算日工资率，按出勤日数计算月工资：

应付出勤工资＝120×(17＋8＋3)＝3 360(元)

应付病假工资＝120×1×90％＝108(元)

应付工资＝3 360＋108＝3 468(元)

③按 20.83 日计算日工资率，按缺勤日数扣月工资：

日工资率 $=\frac{3\ 600}{20.83}=172.83$

应扣缺勤病假工资＝172.83×1×(1－90％)＝17.28(元)

应扣缺勤事假工资＝172.83×2＝345.66(元)

应付工资＝3 600－17.28－345.66＝3 237.06(元)

④按 20.83 日计算日工资率，按出勤日数计算月工资：

应付出勤工资＝172.83×17＝2 938.11(元)

应付病假工资＝172.83×1×90％＝155.55(元)

应付工资＝2 938.11＋155.55＝3 093.66(元)

(2)计件工资的计算

计件工资是根据产量记录登记的实际合格品数量，乘以规定的计件单价求得的工资。其计算公式如下：

应付计件工资＝合格品数量×计件单价

生产过程中出现的废品要分清原因，工废不付工资，料废照付工资。

计件工资的计算区分为个人计件和集体计件。

①个人计件工资的计算

职工的计件工资应根据产量记录中登记的每个职工的产品数量，乘以规定的计件单价。

$$\text{应付工资} = \sum(\text{月内每种产品的产量} \times \text{该种产品的计件单价})$$

【例 3－8】 某工业企业车工刘刚 1 月份加工甲零件 520 个，经验收发现其中工废 5 个，由于材料缺陷发生料废 3 个，合格品 512 个，每个计件单价 4.20 元；加工乙零件 700 个，经验收全部合格，每件单价 0.40 元。其计件工资计算如下：

(520－5)×4.20＋700×0.40＝2 443(元)

同一职工如果生产计件单价不同的各种产品，为了简化计算工作，也可以根据每个职工完成的产品定额工时总数和工人所属等级的小时工资率计算计件工资。

②集体计件工资的计算

当生产工人集体从事某项工作且不易分清每个工人的经济责任时，可采取集体计件工资的计算方式。采用集体计件工资时，应先按集体完成合格品的数量乘以计件单价，计算出集体计件工资总额，再采用一定的方法，将集体计件工资总额在集体成员内部进行分配。由于职工的级别或工资标准一般体现职工劳动的质量和技术水平，工作日数一般体现劳动数量，因此，集体内部大多按每人的工资标准（日工资率或小时工资率）与月工作日数（或工时数）的乘积为比例进行分配。

【例3—9】 假定大地公司第二生产车间第一小组集体完成若干项生产任务，按照一般计件工资的计算方法得出集体工资12 426元。该小组由3个不同等级的职工组成，每人的姓名、等级、日工资率、出勤日数以及按日工资率和出勤日数计算的工资额（即集体计件工资内部的分配标准）如表3—7所示。

表3—7 **集体计件工资分配标准**

集体单位：第一小组 2015年5月 单位：元

姓　名	等　级	日工资率	出勤天数	标准工资额
赵立	6	120	23	2 760
钱军	4	100	22	2 200
孙强	5	110	24	2 640
合计				7 600

根据表3—7，计算如下：

$$生产小组内部工资分配率=\frac{12\ 426}{7\ 600}=1.635$$

赵立应分工资＝2 760×1.635＝4 512.6（元）

钱军应分工资＝2 200×1.635＝3 597（元）

孙强应分工资＝2 640×1.635＝4 316.4（元）

（3）其他工资的计算

奖金、津贴和补贴、加班加点工资及特殊情况下工资的计算，应严格遵守国家及单位的有关规定进行。

（4）“五险一金”和职工福利费的计算

工资费用从广义角度讲，还应包括企业为职工缴纳的各种保险费及职工福利费用。企业除了根据按劳分配的原则支付给每一职工工资外，还应承担职工个人福利方面的义务。企业承担的福利义务主要包括：支付职工的医疗保险、养老保险、失业保险、工伤保险、生育保险等社会保险，为职工向住房公积金机构缴纳住房公积金，企业的医务经费，职工因公负伤赴外地就医的路费，职工生活困难补助费，医护人员、福利人员的工资，以及按照国家规定开支的其他职工福利支出。

根据2007年1月1日开始施行的《企业财务通则》第43条的规定，企业应当依法为职工支付医疗、基本养老、失业、工伤等社会保险费，所需费用直接作为成本（费用）列支，不再按工资总额的14%计算提取。

（二）直接人工费用的分配

由于企业职工在产品生产中起的作用不同，故支付给不同职工的工资以不同的方式计入产品成本或费用中。其中，生产车间直接从事产品生产的生产工人工资，应记入“生产成本”账户中的“直接人工”成本项目；生产车间管理人员的工资，应记入“制造费用”账户；行政管理人员的工资，应记入“管理费用”账户；固定资产大修理等工程人员的工资，应记入“在建工程”账户；专设销售机构人员的工资，则应记入“销售费用”账户。

基本生产车间工人的人工费用如果采用计件工资结算，可直接计入各种产品成本；如果采用计时工资结算，若只生产一种产品，也可直接计入该产品成本；如果生产多种产品，需按一定的标准分配计入各种产品成本。分配标准一般是产品的实际生产工时、定额工时或产品产量等。如果企业生产多种产品，而且各种产品的单件生产工时存在较大的差异，则按各种产品产量分配生产工人工资的结果必然脱离各种产品生产过程中实际消耗的生产工人劳动数量，因此按照生产工时或定额工时分配人工费用比较合理。而且，生产各种产品的工时可以直接相加，计算过程也相对简单。其分配率计算公式如下：

$$\text{人工费用分配率}=\frac{\text{本期发生的直接人工费用}}{\text{各种产品耗用的实际工时（或定额工时）}}$$

$$\text{某种产品应分配的直接人工费用}=\text{该产品耗用的实际工时（或定额工时）}\times\text{直接人工费用分配率}$$

人工费用的分配可通过编制人工费用分配表（见表 3—8）进行，该表应根据工资结算单等有关资料编制。

表 3—8　　**人工费用分配表**

单位：大地公司　　2015 年 6 月　　单位：元

应借科目			直接计入	分配计入		人工费用合计
				生产工时	分配金额（分配率＝50）	
生产成本	基本生产成本	A 产品	67 500	900	45 000	112 500
		B 产品	57 000	675	33 750	90 750
	辅助生产成本	机修车间	19 800			19 800
		运输车间	10 050			10 050
制造费用	人工费用		12 900			12 900
管理费用	人工费用		33 000			33 000
在建工程	人工费用		8 100			8 100
合　计			208 350	1 575	78 750	287 100

对于人工费用的支付、计提、分配情况，企业应专设“应付职工薪酬”账户。该账户的贷方登记已分配计入有关成本费用项目的职工薪酬数额，借方登记实际发放职工薪酬的数额，期末贷方余额反映企业应付未付的职工薪酬。“应付职工薪酬”账户应当按照“工资”、“职工福利”、“社会保险费”、“住房公积金”、“工会经费”、“职工教育经费”、“非货币性福利”、“辞退福利”等应付职工薪酬项目设置明细账户，进行明细核算。

根据表 3—8，编制会计分录如下：

借：生产成本——基本生产成本——A 产品　　112 500
　　　　　　　　　　　　　　——B 产品　　90 750
　　生产成本——辅助生产成本——机修车间　　19 800
　　　　　　　　　　　　　　——运输车间　　10 050
　　制造费用　　12 900
　　管理费用　　33 000
　　在建工程　　8 100
　贷：应付职工薪酬　　287 100

四、燃料及动力费用的核算

(一)燃料费用的核算

生产过程中使用的燃料实际上也属于材料,因此,燃料费用的归集与分配方法与材料费用的归集与分配方法大致相同。如果燃料费用在产品成本中比重较大,可以与动力费用一起专设“燃料及动力”成本项目,归集生产中使用的燃料费用。这时,对于直接用于产品生产的燃料,能分清是由哪种产品耗用的,则应根据有关的原始凭证,直接计入该产品的成本计算单中的“燃料及动力”成本项目;若企业不设置“燃料及动力”成本项目,则应将其直接计入“制造费用”成本项目。几种产品共同耗用而分不清哪种产品耗用的燃料费用时,则应采用适当的分配标准,在各种产品间进行分配。采用的分配标准一般为产品的重量、体积、定额耗用量等。如果在生产产品过程中燃料使用不多时,企业可不设置专门的成本项目,而将其列入“制造费用”成本项目中。

(二)动力费用的核算

动力费用是指企业外购和自制的电力、热力等费用。这些费用有的直接用于产品生产,有的用于照明、取暖等。如只为一种产品耗用的动力,则可根据仪器所示的耗用数量和单价计算后直接计入该产品制造成本;如工艺用动力费用是为多种产品共同耗用的,则可按各产品耗用工艺动力的定额比例进行分配后,计入各产品制造成本。当该部分动力费用在产品制造成本中所占比重较大时,可在产品成本明细账中单独设置“工艺用动力”成本项目加以列示;如果所占比重不大,也可并入“直接材料”成本项目内;如果所占比重小时,可作为间接费用处理,记入“制造费用”账户。组织和管理生产用动力费用,如照明用电等,其性质属一般费用,应先在制造费用中归集。

在实际工作中,一般通过编制动力费用分配表进行动力费用的分配,并编制会计分录,据以登记有关总账和明细账。

现以外购动力费用为例,介绍动力费用的核算。

【例 3—10】 某企业 2015 年 4 月份共支付外购动力费用120 000元,根据各车间、部门电表计量的用电度数为300 000度。根据各车间、部门用电的数量及有关产品的工时资料,编制“外购动力费用分配表”,见表 3—9。

表 3—9 外购动力费用分配表

2015 年 4 月

分配对象		成本项目	耗用数量(度)	分配标准(定额工时)	分配率	分配金额(元)
基本生产车间	A 产品	燃料及动力		30 000		60 000
	B 产品	燃料及动力		20 000		40 000
	小计		250 000	50 000	2	100 000
	车间一般耗用	水电费	25 000			10 000
辅助生产车间		水电费	15 000			6 000
行政管理部门		水电费	10 000			4 000
合计		—	300 000			120 000

根据“动力费用分配表”中的数字,编制会计分录如下:

借:生产成本——基本生产成本——A产品	60 000
——B产品	40 000
——辅助生产成本	6 000
制造费用	10 000
管理费用	4 000
贷:银行存款等科目	120 000

五、折旧费的核算

固定资产在使用过程中,其实物形态保持不变,但其价值随着磨损程度逐渐转移到产品成本中去,成为产品成本的组成部分。固定资产损耗价值的转移在会计上称为折旧,按月将其计入产品成本(或费用)的数额则称为折旧费。影响计算折旧费的因素主要有固定资产原始价值、预计使用年限、预计的残值和预计的清理费用。折旧费的计算方法包括平均使用年限法、工作量法、双倍余额递减法和年限总和法,而大多数企业固定资产的折旧费一般采用平均使用年限法计算。

折旧费的归集是通过编制各车间、部门折旧计算明细表而汇总编制全厂的折旧计算汇总表进行的。各车间、部门折旧计算明细表是根据月初应计提折旧的固定资产的有关资料和确定的折旧计算方法计算编制的。根据规定,某月开始使用的固定资产,当月不提折旧,从下月开始计提;某月份内减少或停用的固定资产,当月仍提折旧,从下月起停止计提。

某企业2015年7月固定资产折旧计算额如表3—10所示。

表3—10　　固定资产折旧计算汇总表

2015年7月　　单位:元

使用单位(部门)	固定资产类别	月初应计折旧的固定资产金额	月折旧率(%)	月折旧额
第一基本生产车间	厂房	420 000	0.25	1 050
	工作机器及设备	360 000	0.8	2 880
	仪器	120 000	1	1 200
	其他	4 000	0.6	24
	小计	904 000		5 154
第二基本生产车间	厂房	480 000	0.25	1 200
	工作机器及设备	336 000	0.8	2 688
	仪器	108 000	1	1 080
	其他	60 000	0.6	360
	小计	984 000		5 328
供水车间	厂房	300 000	0.25	750
	动力设备	240 000	1.5	3 600
	传导设备	180 000	1.5	2 700
	小计	720 000		7 050
变电车间	厂房	240 000	0.25	600
	工作机器及设备	420 000	0.8	3 360
	仪器	120 000	1	1 200
	小计	780 000		5 160

续表

使用单位（部门）	固定资产类别	月初应计折旧的固定资产金额	月折旧率（%）	月折旧额
厂部	办公楼	480 000	0.25	1 200
	建筑物	240 000	0.4	960
	运输设备	360 000	0.67	2 412
	管理用具	180 000	1	1 800
	小计	1 260 000		6 372
合　计		4 648 000		29 064

每月计提折旧时，应按固定资产在生产经营中的用途分别计入成本或费用。基本生产车间和辅助生产车间使用的固定资产折旧，借记“制造费用”账户；厂部及各行政科室使用的固定资产折旧，借记“管理费用”账户；专设销售机构使用的固定资产折旧，借记“销售费用”账户，贷记“累计折旧”账户。

根据表3－10，编制会计分录如下：

借：制造费用——基本生产车间　　10 482
　　　　　　——辅助生产车间　　12 210
　　管理费用　　6 372
　　贷：累计折旧　　29 064

六、其他费用的核算

（一）固定资产修理费的核算

固定资产修理费是指为了维护和保持固定资产正常工作状态所进行的日常修理的费用。其主要特点是：修理范围小，费用支出少，修理次数较频繁。因此，经常修理费的支出一般直接计入当月生产费用。费用发生时，借记“制造费用”、“管理费用”等账户，贷记“原材料”、“银行存款”等有关账户。

（二）长期待摊费用的核算

长期待摊费用是指企业已经发生但应由本期和以后各期负担的分摊期限在1年以上的各项费用。对于企业已经发生且摊销期在1年以下的费用，如属于预付款性质的支出计入“预付账款”中，如预付租金；属于沉没成本的计入当期费用，如固定资产的修理费用等。如果摊销期在1年以上，则应列入“长期待摊费用”中。

【例3－11】 某企业基本生产车间本月份发生租入的固定资产改良支出60 000元，用银行存款支付，准备分两年平均摊销。具体会计分录如下：

（1）发生费用支出时：

借：在建工程——待摊支出　　60 000
　　贷：银行存款　　60 000

（2）改良工程完工达到预定可使用状态时：

借：长期待摊费用　　60 000
　　贷：在建工程——待摊支出　　60 000

（3）以后2年内每月摊销时：

借：制造费用　　2 500
　　贷：长期待摊费用　　2 500

第二节 辅助生产费用的核算

一、辅助生产部门的特点

工业企业的生产车间按其生产职能不同，可以分为基本生产车间和辅助生产车间。基本生产车间是指从事产品生产的车间，如纺织厂的纺纱、织布车间，机器制造厂的铸造、锻压、装配车间，钢铁联合企业的炼铁、炼钢和轧钢车间等。基本生产车间发生的费用称为基本生产费用。辅助生产车间是指为保证企业产品生产正常进行而向基本生产车间、行政管理部门提供服务的生产车间，如为基本生产车间提供修理作业、运输劳务、供水、供电、供气等服务，以及为基本生产车间提供工具、刀具、刃具、模具、夹具等的辅助生产车间。辅助生产车间发生的费用称为辅助生产费用。由于辅助生产是为基本生产服务而进行的生产，所以辅助生产费用最终由基本生产车间所产产品负担，作为制造费用的一部分计入产品制造成本。除少数为基本生产工艺过程直接提供服务的辅助生产费用（如工艺过程用动力）可作为基本生产的直接费用计入产品成本，列入"直接材料"或"其他直接费用"成本项目外，大多数辅助生产费用不能作为基本生产产品的直接费用，而是通过制造费用账户归集分配后计入产品制造成本。可见，产品制造费用中除了基本生产车间发生的制造费用外，还包括消耗辅助生产车间提供的产品和劳务的耗费。

当然，辅助生产车间为企业行政管理部门提供的产品和劳务不能计入产品制造费用，而列为管理费用和销售费用。

由于辅助生产费用是制造费用的组成部分，制造费用又是产品生产成本的重要组成部分，因此，辅助生产费用归集和分配的正确与否将影响制造费用归集的正确性。辅助生产费用和制造费用应分别车间进行归集，并采用适当的方法进行分配。同时，也只有在辅助生产的劳务、作业成本确定后，才能归集出各种基本生产车间发生的全部制造费用，从而才能着手基本生产成本的计算。因此，正确、及时地归集和分配辅助生产费用对正确计算产品成本有着重要意义。

二、辅助生产费用的归集

为了正确计算产品或劳务的成本，企业应设置"生产成本——辅助生产成本"账户进行辅助生产费用的归集和分配。该账户一般按车间以及产品和劳务的种类设立明细分类账，账户中按照成本项目设立专栏，进行明细分类核算。辅助生产发生的各项费用，应记入该账户的借方进行归集。其中，单设成本项目的费用，直接记入"生产成本——辅助生产成本"账户的借方；辅助生产车间的各项共同费用，应先记入"制造费用"账户的借方进行归集，然后再从该账户的贷方分配转入"生产成本——辅助生产成本"账户的借方。如果辅助生产车间不对外提供商品产品，而且车间规模很小，共同性费用很少，为了简化核算工作，其制造费用也可以直接记入"生产成本——辅助生产成本"账户的借方，不通过"制造费用"账户核算。对于各个辅助生产车间相互提供产品或劳务费的情况，从提供产品或劳务费的辅助生产车间分配转入受益的辅助生产车间的产品或劳务费的成本也应该计入该账户的借方。该账户的贷方反映辅助生产成本的分配，即辅助生产车间向受益的基本生产车间、其他辅助生产车间、行政管理部门分配其提供的产品或劳务费的成本或辅助产品完工后转入"原材料"或"低值易耗品"等账户。"生产成本——辅助生产成本”账户一般无期末余额；如有，则表示期末辅助生产的在产品成本。

辅助生产费用的归集与辅助生产的类型密切相关。在生产单品种的辅助生产车间里，其生产费用都是直接费用，一般按成本项目直接归集计入所生产产品或劳务费成本中。

在多品种辅助生产车间里，所有费用应区分直接费用和间接费用，因产品生产直接消耗的材料、生产工人人工费用应直接记入按产品品种设置的明细账中“直接材料”、“直接人工”项目内。至于发生的间接费用应先记入按车间分别设置的制造费用明细账中各相应的专栏内，月终将归集的制造费用采用一定的分配方法在各种产品间进行分配，并编制“辅助生产车间制造费用分配表”，根据分配表的分配结果，登记在按产品品种设置的辅助生产明细账中“制造费用”项目内。

辅助生产车间之间相互服务，需按一定程序、方法分配计算各辅助生产车间耗用其他辅助生产车间产品或劳务费的费用。

辅助生产费用的归集是根据“材料费用分配表”、“动力费用分配表”、“人工费用分配表”、“折旧费用分配表”以及其他有关原始凭证登记辅助生产成本明细账。辅助生产成本明细账格式如表 3—11 所示。

表 3—11 **辅助生产成本明细账**

车间：机修车间　　劳务费：机修作业　　提供劳务量：800 工时

2015 年		凭证号数	摘　要	原材料	人工费用	制造费用	合　计
月	日						
			归集材料费用	2 300			2 300
			归集人工费用		4 100		4 100
			待分配费用小计	2 300	4 100		6 400
			分配转入制造费用			8 400	8 400
			合计	2 300	4 100	8 400	14 800
			转出	2 300	4 100	8 400	14 800

分录如下：

借：生产成本——辅助生产成本——机修车间　　14 800
　贷：原材料　　2 300
　　应付职工薪酬　　4 100
　　制造费用——机修车间　　8 400

如果辅助生产车间的制造费用不通过“制造费用”归集，直接计入“辅助生产成本”，则辅助生产费用的归集根据“材料费用分配表”、“动力费用分配表”、“人工费用分配表”、“折旧费用分配表”以及其他有关原始凭证登记辅助生产成本明细账，如表 3—12 所示。

表 3—12 **辅助生产成本明细账**

车间：机修车间　　劳务费：机修作业　　提供劳务量：800 工时

2015 年		凭证号数	摘　要	材料	人工费用	折旧费	运输费	修理费	保险费	其他	合　计
月	日										
			材料费用分配表	2 300							2 300
			人工费用分配表		4 100						4 100
			折旧费用分配表			2 400					2 400
			修理、保险费用支出					3 105	1 300	1 595	6 000

续表

2015年		凭证号数	摘　要	材料	人工费用	折旧费	运输费	修理费	保险费	其他	合　计
月	日										
			待分配费用小计	2 300	4 100	2 400		3 105	1 300	1 595	14 800
			分配转入运输费				1 600				1 600
			合计	2 300	4 100	2 400	1 600	3 105	1 300	1 595	16 400
			转出	2 300	4 100	2 400	1 600	3 105	1 300	1 595	16 400

分录如下：

借：生产成本——辅助生产成本——机修车间　　16 400
　贷：原材料　　2 300
　　应付职工薪酬　　4 100
　　累计折旧　　2 400
　　银行存款　　6 000
　　生产成本——辅助生产成本——运输车间　　1 600

三、辅助生产费用的分配

辅助生产费用的分配是将归集在“生产成本——辅助生产成本”账户借方的辅助生产费用分配给该车间以外的受益车间（产品）或部门。由于辅助生产车间所产产品和劳务的种类不同，其转出、分配的程序也不一样。工具和模具车间生产的工具、模具和修理用备件等产品所发生的费用应在产品完工入库时，从“生产成本——辅助生产成本”账户的贷方分别转入“低值易耗品”和“原材料”账户的借方（在低值易耗品和材料按计划成本计价核算的情况下，成本超支数还应转入“材料成本差异”账户的借方，成本节约数转入“材料成本差异”账户的贷方）；有关部门领用时，再转入“制造费用”和“管理费用”等账户的借方。动力、机修和运输等车间生产和提供的电、水、汽、修理、运输等产品和劳务所发生的费用，要在各受益单位之间按照所耗数量和其他比例进行分配。分配时，应从“生产成本——辅助生产成本”账户的贷方转入“生产成本——基本生产成本”、“制造费用”、“管理费用”等账户的借方。辅助生产费用的分配应通过编制辅助生产费用分配表进行。

某些辅助生产车间之间也有相互提供产品和劳务的情况，例如修理车间为供电车间修理设备、供电车间为修理车间提供电力。这样，为了计算修理成本，就要确定供电成本；为了计算供电成本，又要确定修理成本。因此，为了正确计算辅助生产产品和提供劳务的成本，并且将辅助生产成本正确地计入基本生产产品成本，在分配辅助生产成本时，还需在各辅助生产车间之间进行费用的交互分配。

在实际工作中，对于辅助生产费用的分配，可根据辅助生产情况及辅助生产成本分配的特点，运用直接分配法、交互分配法、计划成本分配法及代数分配法来计算分配。

（一）直接分配法

直接分配法是一种不考虑辅助生产车间相互提供劳务的情况，而将辅助生产车间所发生的费用直接分配给辅助生产车间以外的各受益部门的方法。其基本做法是：先计算出辅助生产车间各种劳务费用分配率，然后用劳务费用分配率乘以各单位和部门受益的劳务量，即为各车间或部门应负担的辅助生产费用。其计算公式为：

$$\text{辅助生产车间费用分配率}=\frac{\text{该辅助生产车间直接发生的费用总额}}{\text{该辅助生产车间向辅助生产车间以外的受益单位提供的劳务费数量}}$$

$$\frac{\text{某受益单位应负担的}}{\text{辅助生产费用}}=\frac{\text{该受益单位}}{\text{耗用劳务量}}\times\text{分配率}$$

【例 3－12】 某企业设有两个辅助生产车间——机修车间和运输车间，由于两辅助生产车间都只提供一种劳务，因而该企业辅助生产车间不设“制造费用明细账”。2015 年 6 月份两辅助生产车间发生的费用和提供劳务费情况如表 3－13 所示。

表 3－13 **劳务供应及费用资料**

2015 年 6 月

受益单位	机修工时数	运输吨公里数
机修车间	—	3 000
运输部门	72	—
小计	72	3 000
基本生产车间	2 493	91 500
企业管理部门	450	16 500
小计	2 943	108 000
劳务供应量合计	3 015	111 000
本月直接发生费用	71 603.19	110 160

根据以上资料，用直接分配法编制“辅助生产费用分配表”，如表 3－14 所示。

表 3－14 **辅助生产费用分配表（直接分配法）**

车间：机修车间 2015 年 6 月

应借科目	机修车间			运输车间			金额合计
	供应量	分配率	金额	供应量	分配率	金额	
制造费用	2 493		60 654.69	91 500		93 330	153 984.69
管理费用	450		10 948.50	16 500		16 830	27 778.50
合计	2 943	24.33	71 603.19	108 000	1.02	110 160	181 763.19

表 3－14 中各辅助生产车间的费用分配率计算如下：

$$\text{机修费用分配率}=\frac{71\ 603.19}{2\ 943}=24.33$$

$$\text{运输费用分配率}=\frac{110\ 160}{108\ 000}=1.02$$

根据“辅助生产费用分配表”编制会计分录，登记有关账户。

借：制造费用 153 984.69

　　管理费用 27 778.50

　　贷：生产成本——辅助生产成本——机修 71 603.19

　　　　　　　　　　　　　　　——运输 110 160

直接分配法比较简单。但由于对辅助生产车间之间相互提供劳务不结转应负担的费用，所以生产成本是不完整的，分配结果不够准确。该方法适用于辅助生产车间相互不提供劳务或提供劳务较少的辅助生产费用的分配。

（二）交互分配法

交互分配法是指辅助生产车间的费用分两次进行分配。第一次在各个辅助生产车间之间交互分配，第二次是将各个辅助生产车间经交互分配以后的费用（即交互分配前的费用加上交互分配转入费用再减去交互分配转出费用后的实际费用），再用直接分配法，分配给各个基本生产车间和企业管理部门的方法。具体计算公式如下：

$$某辅助生产车间交互分配率=\frac{该辅助生产车间直接发生费用}{该辅助生产车间提供的劳务总量}$$

其他辅助生产车间应负担该辅助生产费用＝该受益单位耗用劳务量×交互分配率

$$\begin{matrix}某辅助生产车间对辅助\\生产以外部门的费用分配率\end{matrix}=\frac{直接发生的费用+交互分配来的费用-交互分配出的费用}{辅助生产车间以外的受益部门耗用劳务量之和}$$

某受益产品或部门应负担的辅助生产费用＝该受益产品或部门耗用劳务量×对外分配率

【例 3－13】 仍用例 3－12 的资料，采用交互分配法编制“辅助生产费用分配表”，如表 3－15所示。

表 3－15　　**辅助生产费用分配表（交互分配法）**

车间：机修车间　　2015 年 6 月

项目	直接发生费用	对外发生费用	分配数量	分配率	应借科目							
					辅助生产成本				制造费用		管理费用	
					机修		运输					
					耗用量	金额	耗用量	金额	耗用量	金额	耗用量	金额
交互分配												
机修车间	71 603.19		3 015	23.75			72	1 710				
运输部门	110 160		111 000	0.99	3 000	2 970						
金额小计						2 970		1 710				
对外分配												
机修车间		72 863.19	2 943	24.758 134					2 493	61 722.03	450	11 141.16
运输部门		108 900	108 000	1.008 333 3					91 500	92 262.50	16 500	16 637.50
合计	181 763.19		—	—	—	2 970	—	1 710	—	153 984.53	—	27 778.66

表 3－15 中交互分配率及对外分配率计算如下：

$$机修费用交互分配率=\frac{71\ 603.19}{3\ 015}=23.75$$

$$运输费用交互分配率=\frac{110\ 160}{111\ 000}=0.99$$

$$机修费用对外分配率=\frac{71\ 603.19+3\ 000\times 0.99-72\times 23.75}{3\ 015-72}=24.758\ 134$$

$$运输费用对外分配率=\frac{110\ 160+72\times 23.75-3\ 000\times 0.99}{111\ 000-3\ 000}=1.008\ 333\ 3$$

根据“辅助生产费用分配表”编制会计分录，登记有关账户。

编制交互分配分录如下：

(1)借：生产成本——辅助生产成本——机修　　2 970

　　贷：生产成本——辅助生产成本——运输　　2 970

(2)借：生产成本——辅助生产成本——运输　　1 710

　　贷：生产成本——辅助生产成本——机修　　　　1 710

编制对外分配分录如下：

　借：制造费用　　　　153 984.53

　　　管理费用　　　　27 778.66

　　贷：生产成本——辅助生产成本——机修　　　　72 863.19

　　　　　　　　　　　　　　　——运输　　　　108 900

交互分配法克服了直接分配法的不足，考虑了各辅助生产车间之间相互提供劳务的分配，提高了费用分配的准确性、合理性。但是，交互分配是按照各辅助生产车间直接发生费用而非实际费用进行，因而分配结果也不很准确。而且，对于实行厂部、车间两级核算的企业，车间要等财务部门转来其他车间分配的费用才能算出费用总额，这就影响了成本核算的及时性。该分配方法适用于各辅助生产车间相互提供劳务量大但无一定顺序的企业。

（三）计划成本分配法

计划成本分配法是指先按辅助生产车间提供劳务的计划单位成本和受益单位的实际耗用量分配辅助生产费用，然后将计划分配额与实际发生费用进行调整的方法。

可见，按此分配方法对辅助生产费用进行分配要分两步进行：

第一步：按产品或劳务的计划单位成本和各受益单位的实际耗用量进行分配，包括分配给其他辅助生产车间（交互分配）和辅助生产车间以外的受益部门（对外分配）。

第二步：求出辅助生产车间直接发生费用和第一步交互分配来的费用之和（即“实际费用”）与按计划成本分配转出费用的差额，将此差额全部计入“管理费用”或按耗用量分配给辅助生产车间以外的受益部门（对外追加分配）。

该方法的计算公式为：

$$\text{某受益单位应负担的辅助生产费用}=\text{该受益单位耗用劳务量}\times\text{辅助生产车间的劳务费计划单位成本}$$

$$\text{实际发生的费用与计划成本的差额}=\text{直接费用}+\text{交互分配转入的费用}-\text{按计划成本分出的费用}$$

【例 3－14】 仍用例 3－12 的资料，假设机修车间计划单位成本为 24 元，运输车间计划单位成本为 1.00 元，差额全部计入管理费用。

根据上述资料，采用计划成本分配法编制“辅助生产费用分配表”，如表 3－16 所示。

表 3－16　　**辅助生产费用分配表（计划成本分配法）**

2015 年 6 月

项目	分配数量	分配率（计划单价）	应借科目								合计
			辅助生产成本				制造费用		管理费用		
			机修		运输						
			耗用量	金额	耗用量	金额	耗用量	金额	耗用量	金额	
直接费用				71 603.19		110 160					
按计划成本分配											
机修车间	3 015	24			72	1 728	2 493	59 832	450	10 800	72 360
运输部门	111 000	1.00	3 000	3 000			91 500	91 500	16 500	16 500	111 000
金额小计				3 000		1 728		151 332		27 300	183 360
费用合计				74 603.19		111 888					

(1)按计划成本分配

借:生产成本——辅助生产成本——机修 3 000

——运输 1 728

制造费用 151 332

管理费用 27 300

贷:生产成本——辅助生产成本——机修 72 360

——运输 111 000

(2)对差异的处理

为了简化会计核算工作量,一般情况下,辅助生产成本分配的借、贷之差记入"管理费用"账户。

机修的借方发生额74 603.19元,大于贷方分配转出额72 360元,产生了超支差异2 243.19元,应计入(增加)企业管理费用。其会计分录为:

借:管理费用 2 243.19

贷:生产成本——辅助生产成本——机修 2 243.19

运输车间的借方发生额为111 888元,大于贷方转出额111 000元,产生了超支差异888元,应计入(增加)企业的管理费用。

其会计分录为:

借:管理费用 888

贷:生产成本——辅助生产成本——运输 888

如果辅助生产成本借方发生额小于贷方发生额,产生的节约差异应计入(减少)企业的管理费用,会计分录的记账方向不变,用红字记账表示相反数。

计划成本分配法按事先制定的计划单位成本进行分配,既能简化计算工作,又能弥补交互分配法不够及时的不足,加快分配速度,同时还利于分清各车间、部门的经济责任,便于成本考核分析。但是,其分配结果会受计划成本准确与否的影响。因此,该方法适用于计划成本资料比较健全准确、成本核算基础工作较好的企业。

(四)代数分配法

代数分配法是利用代数中多元一次联立方程组求解的原理,计算出劳务的单位成本,然后按受益单位的实际劳务受益量乘以单位成本计算出分配额的方法。其基本程序为:

1. 设未知数(即辅助生产车间劳务的单位成本),并根据辅助生产车间之间相互提供劳务的关系建立多元一次联立方程组;

2. 解联立方程,求出各辅助生产车间劳务的单位成本;

3. 以求出的单位成本和受益单位的耗用量分配辅助生产费用。

【例3-15】 仍以例3-12资料,设机修车间每修理工时成本为x,运输车间每公里成本为y。根据两个辅助生产车间相互提供服务的关系建立联立方程组:

$$\begin{cases} 71\ 603.19+3\ 000y=3\ 015x & ① \\ 110\ 160+72x=111\ 000y & ② \end{cases}$$

解之得:

$x=24.752\ 455$

将x代入②得:$y=1.008\ 488$

运输车间应负担机修费$=72\times24.752\ 455=1\ 782.18$(元)

机修车间应负担运输费＝3 000×1.008 488＝3 025.46(元)

基本生产车间负担机修、运输费＝2 493×24.752 455＋91 500×1.008 488
＝153 984.53(元)

企业管理部门负担机修、运输费＝450×24.752 455＋16 500×1.008 488
＝27 778.66(元)

代数分配法运用数学方法计算各辅助生产产品或劳务的单位成本，分配结果最准确。但若部门多，未知数多，计算较为复杂，工作量较大。该方法适用于辅助生产车间不多或采用计算机进行成本核算的企业。

根据以上辅助生产费用分配的计算结果，编制会计分录如下：

借：生产成本——辅助生产成本——机修	3 025.46	
——运输	1 782.18	
制造费用	153 984.53	
管理费用	27 778.66	
贷：生产成本——辅助生产成本——机修		74 628.65
——运输		111 942.18

第三节　制造费用的核算

一、制造费用核算的内容

制造费用是产品成本的重要组成部分。它是指企业各个生产单位(分厂、车间)为生产产品或提供劳务而发生的各项间接费用，包括产品制造成本中除直接材料费用和直接人工费用以外的其余一切费用。因为制造费用属于间接费用，不能直接计入所生产的产品成本中去，它必须按费用发生的地点先行归集，月终时再采用一定的方法在各成本计算对象间进行分配，计入各成本计算对象的成本中。合理地归集和分配制造费用对于正确计算和控制产品成本具有重要的意义。随着企业生产规模的不断扩大，产品生产的自动化、专业化程度不断提高，制造费用占产品成本的比例也不断增加。

一般情况下，工业企业的制造费用包括各个生产单位管理人员的工资、奖金，房屋、建筑物和机器设备等的折旧费、修理费、租赁费(不包括融资租入固定资产的租赁费)，以及各生产单位耗用的机物料、低值易耗品摊销费、保险费、取暖费、水电费、办公费、差旅费、运输费、设计制图费、试验费、劳动保护费、季节性生产和固定资产修理期间的停工损失、在产品盘亏和毁损损失以及其他制造费用等。

制造费用按其发生的地点和范围，又分为基本生产车间制造费用和辅助生产车间制造费用。基本生产车间和辅助生产车间都属企业的生产单位，它们所发生的制造费用最终都要按一定的程序和方法分配计入产品制造成本。

制造费用发生时，应先通过设置“制造费用”账户来归集，然后按一定的分配标准分配计入各成本对象。所以，制造费用的核算包括两个步骤：制造费用的归集和分配。

二、制造费用的归集

企业发生的制造费用，按其发生地点和用途归集于“制造费用”账户的借方及其所属明细账的有关费用项目，即根据“材料费用分配表”、“人工费用分配表”、“动力费用分配表”、“折旧费用分配表”等有关凭证登记“制造费用”及其所属明细账。制造费用明细账如表 3—17所示。

表 3—17　　**制造费用明细账**

车间：第一车间　　2015 年 7 月　　单位：元

2015 年		凭证号数	摘　要	费　用						
月	日			人工费用	折旧费	修理费	水电费	机物料消耗	其他	合计
7			归集人工费用	3 420						3 420
			归集折旧费		18 750					18 750
			归集修理费			2 700				2 700
			归集水电费				2 400			2 400
			归集机物料消耗					1 050		1 050
			其他费用						1 080	1 080
			本月合计	3 420	18 750	2 700	2 400	1 050	1 080	29 400

三、制造费用的分配

本期实际发生的制造费用经过归集汇总后，应在月末将其分配到各产品成本中去。如果生产车间或部门只生产一种产品，归集的制造费用可从“制造费用”账户贷方直接转入“生产成本——基本生产成本”账户的借方。如果生产车间或部门生产多种产品，需要用合理的分配方法分配到各种产品的成本中。分配方法主要有生产工时比例法、生产工人工资比例法、机器工时比例法、产品产量比例法、标准产品产量比例法、耗用原材料比例法，以及计划成本分配法等。具体方法应根据企业的实际情况选择采用。

（一）生产工时比例法

生产工时比例法是按照各种产品所用生产工人工时的比例分配制造费用的一种方法。生产工时可以是各产品实际耗用的生产工时，也可以是定额工时。具体计算公式如下：

$$\text{制造费用分配率}=\frac{\text{制造费用总额}}{\text{产品实际（定额）工时总额}}$$

$$\text{某种产品应分配的制造费用}=\text{该产品实际（或定额）工时}\times\text{制造费用分配率}$$

【例 3—16】　某基本生产车间 2015 年 7 月生产甲产品所耗工时12 000小时，生产乙产品所耗工时16 000小时，该车间共发生制造费用35 000元。计算分配如表 3—18 所示。

表 3—18　　**制造费用分配表**

车间：　　2015 年 7 月

应借科目	生产工时	分配率	分配金额（元）
生产成本——基本生产成本——甲产品	12 000		15 000
生产成本——基本生产成本——乙产品	16 000		20 000
合　计	28 000	1.25	35 000

$$\text{制造费用分配率}=\frac{35\ 000}{28\ 000}=1.25$$

甲产品应分配的制造费用＝12 000×1.25＝15 000(元)

乙产品应分配的制造费用＝16 000×1.25＝20 000(元)

根据表3－18,编制会计分录如下：

借:生产成本——基本生产成本——甲产品　　15 000

　　　　　　　　　　　　　——乙产品　　20 000

　贷:制造费用　　35 000

按各产品消耗生产工人工时分配制造费用,将劳动生产率同产品负担的费用水平联系起来,分配结果比较合理,而且分配所需的工时资料比较容易取得,所以此方法在实际工作中使用较多。但是,如果车间、部门内生产的各种产品机械化程度不同,则不宜采用此方法。因此,生产工时比例分配法一般使用于机械化程度较低且各种产品机械化水平大致相同的车间或部门。与此分配方法类似的还有生产工人工资比例法、机器工时比例法、产品产量比例法、标准产品产量比例法、耗用原材料比例法等。

(二)年度计划分配率分配法

年度计划分配率法是按照年度计划确定的计划分配率分配的一种方法。各月按计划分配率计算分配的制造费用与实际归集的制造费用的差额,年末一次按已分配数的比例进行调整。具体计算公式如下：

$$\text{年度计划分配率}=\frac{\text{年度制造费用计划总额}}{\text{年度各种产品计划产量的定额标准之和}}$$

某产品某月应分配制造费用＝该产品该月实际产量定额标准×年度计划分配率

上述公式中的“定额标准”可以是生产工人定额工时、生产工人定额工资或机器定额工时。

“制造费用”账户如果有年末余额,就是全年制造费用的实际发生额与计划分配额的差额,一般应在年末调整计入12月份的产品成本。

$$\text{年末差额分配率}=\frac{\text{全年实际制造费用}-\text{全年按计划分配率分配的制造费用}}{\text{全年各产品按计划分配率分配制造费用之和}}$$

某产品应负担的差额＝该产品全年按计划分配率分配的制造费用×差额分配率

【例3－17】 某企业第一生产车间年度制造费用的预算额为71 910元。全年各种产品计划产量为:A产品1 200件,B产品2 300件。单位产品定额工时定额为:A产品4小时,B产品2小时。假设6月份产品实际产量为:A产品110件,B产品200件,实际制造费用5 130元。

A产品计划产量定额工时＝1 200×4＝4 800(小时)

B产品计划产量定额工时＝2 300×2＝4 600(小时)

$$\text{制造费用分配率}=\frac{71\ 910}{9\ 400}=7.65$$

根据以上资料,编制6月份“制造费用分配表”,如表3－19所示。

表3－19　　**制造费用分配表**

2015年6月

应借科目	实际产量	单位产品工时定额	实际产量定额工时	计划分配率	制造费用
生产成本——基本生产成本——A产品	110	4	440		3 366
生产成本——基本生产成本——B产品	200	2	400		3 060
合　计	—		840	7.65	6 426

根据“制造费用分配表”，编制会计分录如下：

借：生产成本——基本生产成本——A产品　　3 366
　　　　　　　　　　　　　　——B产品　　3 060
　　贷：制造费用　　6 426

假设该车间全年实际发生的制造费用为68 628元，而按计划分配率分配，全年A产品分配制造费用38 544元，B产品分配制造费用33 696元，共已分配制造费用72 240元。

$$年末差额分配率=\frac{68\ 628-72\ 240}{38\ 544+33\ 696}=-0.05$$

A产品应负担的差额＝38 544×(－0.05)＝－1 927.2(元)

B产品应负担的差额＝33 696×(－0.05)＝－1 684.8(元)

借：生产成本——基本生产成本——A产品　　1 927.2（红字）
　　　　　　　　　　　　　　——B产品　　1 684.8（红字）
　　贷：制造费用　　3 612（红字）

年末差额调整后，“制造费用”账户应无余额。按计划分配率分配制造费用，可以根据计划分配率及时进行分配，不仅简化计算工作，而且能及时反映制造费用预算数与实际数的差异，有利于分析费用预算的执行情况。但是，运用此方法必须有切实可行的计划金额，否则会影响成本计算的准确性。该方法适用于季节性生产的车间或部门。

第四节　生产损失的核算

生产损失是指企业在产品生产过程中或由于生产原因而发生的各种损失，如由于制造了不合格产品而造成的废品损失、由于机器设备发生故障被迫停工而造成的停工损失等。这些生产损失应由产品制造成本承担，构成产品成本的一部分。

一、废品损失的归集与分配

废品是指不符合技术文件规定的质量标准，不能按原用途使用或者需要经过修理加工的在产品、半成品和产成品。废品分为可修复废品和不可修复废品。可修复废品是指废品的修复在技术上是可能的、在经济上是合算的，可以确定进行修复的废品。不可修复废品是指废品从技术上而言不可能修复，或者技术上可以修复但从经济上分析是不合算的，确定不再修复的废品。生产中产生废品是无效劳动。废品是对物化劳动和活劳动的浪费，使合格产品的成本升高、收益减少。工业企业应努力提高产品质量，尽力减少或避免废品；提高产品合格率，降低废品率。

废品损失核算的内容包括对可修复废品进行修复发生的费用，以及不可修复废品的成本及其报废损失的核算。废品的修复费用，是指可修复废品在返修过程中所发生的修复费用。废品的报废损失，是指不可修复废品的生产成本（制造成本）扣除回收的材料和废料价值后的损失。废品损失中应由废品的过失单位或个人负担的赔款，则从废品损失中扣除。对于降价出售不合格品的降价损失，产品入库后因管理不善而损坏变质的损失，以及实行产品“三包”的企业在产品出售以后所发生的损失等，都列入管理费用中，不作为废品损失处理。废品损失核算的凭据，是经过质量检验部门填制并审核后的废品通知单。

废品损失的归集和分配，应根据废品损失计算表和分配表等有关凭证，通过“废品损失”账户进行。该账户的借方归集不可修复废品的生产成本和可修复废品的修复费用；贷方登记废品残料回收的价值和应收的赔款，以及应由本月生产的同种产品成本负担的废品净损失，即从“废品损失”账户贷方转入“生产成本——基本生产成本”账户的借方，该账户月末没有余额。“废品损失”账户应按车间设置明细账，按产品品种和成本项目登记废品损失的详细资料。

（一）可修复废品修复费用的归集与分配

可修复废品核算的原始凭证是“废品返修通知单”，该单表明产品经质量检验后已确认为废品，并确定对其返回生产线上进行修复。废品返修通知单列明返修废品的品种、数量、废损程度、修复要求等内容。不可修复废品核算的原始凭证是“废品通知单”，在对产品进行质量检验后确认为不可修复废品，即填制该单，其内容列明废品的品种、数量、废损程度、产生废品的原因及过失人等。

可修复废品在返修前的废品成本，仍保留在“基本生产成本”账户内。为修复废品而发生的材料、人工等各项费用，先归集于“废品损失”账户及其产品成本计算中的“废品损失”成本项目，即废品损失由同一品种合格产品的成本负担。如该种产品还有不可修复废品，则待归集不可修复废品的损失后，一并转入“生产成本——基本生产成本”账户。废品损失明细账见表3－20。

表3－20　　废品损失明细账

产品：甲产品　　2015年6月　　单位：元

2015年		编号	摘　要	直接材料	燃料及动力	直接人工	制造费用	合　计
月	日							
6		略	分配辅助材料	900				900
			分配工资			660		660
			分配电、蒸汽费		325			325
			分配制造费用				525	525
			小计	900	325	660	525	2 410
			转入不可修复废品成本	3 975	1 020	561	510	6 066

（二）不可修复废品损失的归集与分配

如前所述，不可修复废品核算的内容包括废品的成本与损失。废品成本是同该种产品的合格产品成本混淆在一起的，因而首先应计算出废品成本。废品成本扣除回收残值后，为不可修复废品损失。将不可修复废品的成本从“生产成本——基本生产成本”账户转出时，借记“废品损失”账户，贷记“生产成本——基本生产成本”账户。然后，将废品残料估价回收入库，借记“原材料”账户，贷记“废品损失”账户。不可修复废品的成本减去废品残值，为不可修复废品的损失，并将其转入“生产成本——基本生产成本”账户的借方及产品成本计算单中的“废品损失”成本项目。

不可修复废品成本的计算方法有以下两种：

1. 按定额成本计算

这种方法是指直接材料费按废品数量乘以单位产品的材料定额成本，其他各项费用按废品的定额工时分别乘以定额小时费用率求得。

【例 3－18】 某企业 2015 年 6 月生产的 5 000 件甲产品中，经检验确认有 100 件为不可修复废品，每件定额材料费 24.50 元；定额小时费用率为：燃料及动力费 4 元，人工费 2.20 元，制造费用 2 元；定额总工时 180 小时。废品残值估价 600 元。

根据上述资料，编制废品成本及损失计算表，见表 3－21。

表 3－21　　废品成本及损失计算表

产品名称：甲产品　　废品数量：100 件　　废品定额工时：180 工时

2015 年 6 月　　单位：元

项　目	直接材料	燃料及动力	直接人工	制造费用	合计
费用定额	24.50/件	4/时	2.20/时	2/时	
废品定额成本	2 450	720	396	360	3 926

根据“废品成本及损失计算表”，编制会计分录如下：

(1)结转废品成本

借：废品损失——甲产品　　3 926

　　贷：生产成本——基本生产成本——甲产品　　3 926

(2)废料回收入库

借：原材料　　600

　　贷：废品损失——甲产品　　600

将已归集在“废品损失”账户及甲产品明细账上的可修复废品损失2 410元，连同不可修复废品损失3 326元，合计5 736元，一起转入“生产成本——基本生产成本”账户及甲产品成本计算单中。

借：生产成本——基本生产成本——甲产品　　5 736

　　贷：废品损失——甲产品　　5 736

转账后，甲产品废品损失明细账已无余额。

2. 按废品所耗实际成本计算

这种方法是在报废时根据废品和合格品发生的全部实际费用，采用一定的分配方法，在合格品与废品之间进行分配，计算出废品的实际成本，从“生产成本——基本生产成本账户”贷方转入“废品损失”账户的借方。

【例 3－19】 甲产品的总工时 4 800 小时，其中废品 100 件，定额工时为 180 小时。全部产品的总成本为399 429.6元，其中直接材料 328 500 元，燃料及动力27 588元，直接人工25 581.6元，制造费用17 760元。编制废品成本及损失计算表，见表 3－22。

表 3－22　　废品成本及损失计算表

2015 年 6 月

废品名称：甲　　废品数量：100 件　　废品定额工时：180 小时　　单位：元

项　目	数量(件)	直接材料	工时	燃料及动力	直接人工	制造费用	费用合计
成本总额	5 000	328 500	4 800	27 588	25 581.6	17 760	399 429.6
费用分配率		65.7		5.747 5	5.329 5	3.7	
废品成本	100	6 570	180	1 034.55	959.31	666	9 229.86
减：废品残值		600					600

账务处理方法与按定额成本计算废品生产成本相同。按废品的实际成本计算和分配废品损失，符合实际，但核算工作量较大。

在不单独核算废品损失的企业，可不设立“废品损失”账户和成本项目。当回收废品残料时，可借记“原材料”账户，贷记“生产成本——基本生产成本”账户，并从所属有关产品成本明细账的“原材料”成本项目中扣除残料价值。“生产成本——基本生产成本”账户及其所属有关产品成本明细账归集的完工产品总成本，除以扣除废品数量以后的合格品数量，就是合格产品的单位成本。

二、停工损失的归集与分配

停工损失是指生产车间或班组在停工期间内(非季节性停工期间)发生的各项费用，包括停工期内支付的人工费用和应负担的制造费用。企业在停工期间所发生的停工损失应由开工生产的产品负担，计入该产品的生产成本。过失单位、过失人员或保险公司负担的赔款，应从停工损失中扣除。

企业发生停工的原因多种多样，如停电、待料、机械故障、机器设备修理、发生非常灾害以及计划压缩产量等，都可能引起停工。但由于非常灾害造成的停工损失和由于计划压缩产量而使主要生产车间连续停产 1 个月以上或整个企业连续停产 10 天以上所造成的停工损失，按准则规定由营业外支出列支。

对停工损失的归集和分配，是通过设置“停工损失”总账，以及在“生产成本——基本生产成本”账户下设置“停工损失”成本项目来进行核算的。企业发生停工时，应填列“停工报告单”，在报告单上写明停工的原因、时间和过失单位或个人等事项。经财会部门审核后的“停工报告单”作为登记“停工损失”账户借方各项费用的依据。由于企业发生停工的时间有长有短，停工的原因多种多样，因此，对其发生的停工损失应根据不同情况进行分别处理。

过失单位、过失人员或保险公司的赔款应借记“其他应收款”账户，贷记“停工损失”账户；由非常灾害造成的停工损失和因计划压缩产量而使主要生产车间连续停产 1 个月以上的停工损失，借记“营业外支出”账户，贷记“停工损失”账户；应由本月产品成本负担的部分，借记“生产成本——基本生产成本”账户，贷记“停工损失”账户。

对计划压缩产量而使主要生产车间连续停产不满 1 个月而下个月准备连续停工的，其停工损失本月可以不结转，留到下月根据实际情况进行结转。这里有两种情况：一种是上月和本月累计仍然不满规定期限的，应将全部停工损失采用适当的分配方法分配计入本月各种产品成本，借记“生产成本——基本生产成本——××产品——停工损失”账户，贷记“停工损失”账户；二是如果前后两个月合计连续停工超过规定期限，所发生的全部停工损失应转入“营业外支出”账户。

应由当月产品负担的停工损失，全部计入当月生产成本，并按一定的分配方法和分配标准计入各种产品成本计算单中的“停工损失”项目。

这里应注意的是，属于季节性停工的，在停工期间发生的费用不作为停工损失进行核算，而在“制造费用”账户进行核算。

第四章

在产品和完工产品成本的核算

生产费用在完工产品与月末在产品之间进行分配，是产品成本计算工作中一个重要而复杂的问题。在完工产品和在产品之间分配生产费用通常采用的分配方法有：不计算在产品成本法、按年初数固定计算在产品成本法、在产品按所耗原材料费用计价法、约当产量法、在产品按定额成本计价法和定额比例法。

第一节　在产品和完工产品成本核算概述

一、在产品和完工产品成本核算的意义

企业生产过程中发生的应计入本月各种产品成本的生产费用，经过在各种产品之间进行归集和分配后，都集中在了“生产成本——基本生产成本”明细账和它所属的各种“产品成本计算单”中。成本核算的目的，就是为了归集生产费用，最后计算出完工产品的总成本和单位成本。这时，企业应将归集在“生产成本——基本生产成本”明细账和“产品成本计算单”中的费用，采用一定的方法，结合期初在产品成本，将其在本期完工产品和期末在产品之间进行分配，以计算出本月完工产品的成本。

当某种产品期末没有在产品时，计入该种产品成本的全部生产费用，就是本期完工产品成本；当某种产品期末没有完工产品时，计入该种产品成本的全部生产费用，就是期末在产品成本；当某种产品期末既有完工产品又有在产品时，该产品当期发生的生产费用加期初在产品的生产费用，需要采用适当的方法在本期完工产品和期末在产品之间进行分配，分别计算出完工产品成本和期末在产品成本。

计算出完工产品成本后，还应将完工的产品办理入库手续，采用适当的方法进行入库、发出的核算。因此，在产品和完工产品成本核算的内容包括在产品和完工产品成本的计算、在产品的实物管理、资金管理以及完工产品的管理等。

企业加强在产品与完工产品成本的核算，不但可以正确计算完工产品的成本，还可以保护在产品的安全完整；不但可以合理调节企业的生产进度，还可以提高企业销售产品的速度，不断降低产成品占用的资金，准确地计算出企业各期的损益，从而为管理者进行考核评价、经营决策提供可靠的依据。

二、在产品与完工产品成本计算模式

月初在产品成本、本月发生的生产费用、本月完工产品成本和月末在产品成本之间的关系

一般来说可用下列公式表示：

月初在产品成本＋本月生产费用＝完工产品成本＋月末在产品成本

上述计算公式中，等式左边的"月初在产品成本"和"本月生产费用"是已知的，它们在完工产品与月末在产品之间分配费用有两种方法：

(1)先确定月末在产品成本，再将这两项费用之和减去在产品成本，从而计算出完工产品成本；

(2) 将这两项费用之和按一定的比例在本月完工产品与月末在产品之间分配，同时计算出完工产品成本和月末在产品成本。

企业应根据期末在产品数量及成本的大小、定额资料是否准确、各成本项目所占比重的大小等因素，选择合适的方法，计算完工产品和在产品的成本。

三、在产品数量的控制与核算

工业企业的在产品是指没有完成全部生产过程、不能作为商品销售的产品，包括正在车间加工的在产品和已经完成一个或几个生产步骤但还需继续加工的在产品两部分。值得注意的是，对外销售的自制半成品属于商品产品，验收入库后不应列入在产品。上述在产品是从广义的或者就整个企业来说的。从狭义上说，在产品只包括在车间或某一生产步骤中正在加工的产品。

企业在产品的数量控制主要包括以下两方面的内容：

1. 做好在产品收入、发出和结存的控制工作，使在产品管理有完整的账面核算资料，以便从账面上随时掌握在产品的动态；企业可通过设置"在产品台账"来反映在产品的收、发、存数量情况。"在产品台账"应当分生产单位和生产步骤，按照产品品种和在产品(零部件)名称设置，一般格式如表 4－1 所示。

表 4－1 **在产品台账**

生产单位：第二车间　　生产工序：第二工序

产品名称：A 产品　　零部件名称：1245　　单位：件

2015 年		摘　要	收　入		发　出			结　存	
月	日		凭证号	数量	凭证号	合格品	废品	已完工	未完工
5	1	上月结转							60
	6	上步转入	领 12	180					
	10	完工交出			收 9	120	2		
	……								
		本月合计		600		540			120

2. 做好在产品定期和不定期的清查盘点，确定在产品的实际数量，及时查明盈亏的原因和责任，并进行账务处理。

在产品的清查应以不影响生产为前提，必须有生产工人和成本会计人员参加。为避免在产品重记或漏记，各有关车间或工序要同时盘点。在产品清查的结果，要编制"在产品盘存表"，填明在产品的账面数、实存数、盘盈盘亏数以及盘盈盘亏的原因和处理意见等。财会部门应对盘盈盘亏在产品的数量、原因及处理意见进行审核，并按规定程序报经有关部门批准后进行相应的账务处理。

(1)盘盈在产品的账务处理

发现盘盈的在产品时,应按定额成本入账,做如下会计分录:

借:生产成本——基本生产成本

贷:待处理财产损溢

经批准后对盘盈的在产品进行处理时,一般是冲减“制造费用”,应做如下会计分录:

借:待处理财产损溢

贷:制造费用

(2)盘亏在产品的账务处理

发现在产品盘亏时,应根据账面的实际成本,做如下会计分录:

借:待处理财产损溢

贷:生产成本——基本生产成本

在产品毁损时入库的残值要根据估计的成本入账,冲减在产品的损失,做如下会计分录:

借:原材料

贷:待处理财产损溢

在产品盘亏的净损失,应根据不同的情况做不同的账务处理,分别列入不同的会计科目中。对于应计入产成品成本中的部分,应借记“制造费用”科目,应由责任人或保险公司赔偿的部分则应转入“其他应收款”科目的借方,做如下会计分录:

借:制造费用

其他应收款

贷:待处理财产损溢

第二节 生产费用在完工产品和在产品之间的分配

在完工产品和在产品之间分配生产费用通常采用的分配方法有:不计算在产品成本法、按年初数固定计算在产品成本法、在产品按所耗原材料费用计价法、约当产量法、在产品按定额成本计价法和定额比例法。

一、不计算在产品成本法

如果企业各月末在产品数量很少,所占用的费用额不大,是否计算在产品成本对完工产品成本的影响很小,为了简化成本核算工作,可以不计算在产品的成本,将发生的全部生产费用都由完工产品成本负担。这时,本月发生的生产费用就是完工产品的总成本,用总成本除以产量就是单位产品成本。自来水企业、发电企业一般采用这一方法。

二、按年初数固定计算在产品成本法

如果在产品数量较多,占用的费用也较大,但各月之间变化不大,为了简化成本核算工作,在产品成本可按年初数固定计算。这时,本月发生的生产费用也就是完工产品的总成本,用总成本除以产量,就是完工产品的单位成本。但年终时,必须根据实际盘点的在产品的数量计算年末的在产品成本,作为下一年度年初在产品的固定成本,以保证下一年度在产品成本的准确性。炼铁企业、化工企业或其他用固定容器装置的在产品,数量都较稳定,可以采用这一方法。

【例 4－1】 某企业每月末甲产品的在产品数量较大，但各月在产品数量变化不大，在产品按年初固定成本计价。年初在产品成本中原材料3 000元，燃料及动力1 800元，人工费用2 100元，制造费用2 400元。8 月份发生生产费用24 000元，其中原材料12 000元，燃料及动力5 250元，人工费用3 750元，制造费用3 000元。本月完工产品 150 件，月末在产品 60 件。

根据以上资料，编制甲产品成本明细账，如表 4－2 所示。

表 4－2 甲产品成本明细账

2015 年 8 月 单位：元

摘　要	原材料	燃料及动力费	人工费用	制造费用	合　计
月初在产品成本	3 000	1 800	2 100	2 400	9 300
本月生产费用	12 000	5 250	3 750	3 000	24 000
生产费用合计	15 000	7 050	5 850	5 400	33 300
完工产品成本	12 000	5 250	3 750	3 000	24 000
产品单位成本	80	35	25	20	160
月末在产品成本	3 000	1 800	2 100	2 400	9 300

三、在产品按所耗原材料费用计价法

如果各月末在产品数量较大，而且各月末在产品数量变化也较大，同时原材料费用在成本中所占比重也较大时，在产品成本可采用按所耗原材料费用计价法计算。造纸、酿酒企业可采用这一方法。采用这一方法时，月末在产品只计算耗用的原材料费用，不计算所耗用的人工费用等加工费用，产品的加工费用全部计入完工产品成本。因此，某种产品的全部生产费用减去月末在产品的原材料费用，就是完工产品的成本。

【例 4－2】 康华公司生产的甲产品，由于该产品原材料费用在产品成本中所占比重较大，月末在产品只计算原材料费用。其月初在产品原材料费用为76 800元。本月发生原材料费用为201 600元，人工费等加工费用为87 600元。本月完工产品 960 件，月末在产品 240 件。原材料在生产开始时一次投入，因而每件完工产品与不同完工程度的在产品所耗用的原材料数量相等，原材料费用可以按完工产品与月末在产品的数量比例分配。其分配率计算如下：

$$原材料费用分配率=\frac{76\ 800+201\ 600}{960+240}=232$$

完工产品的原材料费用＝960×232＝222 720(元)

月末在产品原材料成本(即月末在产品成本)＝240×232＝55 680(元)

完工产品成本＝(76 800＋201 600＋87 600)－55 680＝310 320(元)

四、约当产量法

企业月末在产品数量较多、各月末在产品的数量变化较大、产品成本中直接材料和各项加工费用所占的比重相差不大时，可采用约当产量法。在产品约当产量是指按照月末在产品盘存数量和完工程度折算为完工产品的数量。约当产量法就是先把实际结存的在产品数量，按其完工程度折算为相当于完工产品的产量，然后把产品成本计算单上的生产费用，按照完工产品产量和在产品的约当产量的比例进行分配的方法。通常可分为以下几个步骤：

1. 计算在产品约当产量

在计算约当产量时，要注意在产品耗用的原材料和加工费用(直接人工、制造费用等)的情况是不一样的。在一般情况下，原材料是在开始生产时一次投入的，每件在产品耗用的原材料同产成品是一样的。所以，通常分配材料费用时，不必计算在产品中“直接材料”成本项目的约当产量，应按完工产品和在产品的数量比例分配材料费用。至于加工费用，一般都是随着生产过程而逐渐增加的。所以，要按在产品完工程度计算约当产量，按完工产品和在产品的约当产量分配计算完工产品和在产品的加工费用。

(1)投料程度的确定

在产品的投料程度是指在产品已投入的直接材料费用占完工产品应投入的直接材料费用的比重。由于各种产品的生产工艺过程不同，直接材料费用的投入情况比较复杂。适合采用约当产量法计算在产品成本的情况主要有两种：一是原材料在生产开始时一次投入；二是原材料分次在各个工序生产开始投入。原材料在生产开始时一次投入，在产品的投料程度为100%。原材料在各工序分次投入时，则要根据该工序在产品累计已投入的直接材料费用占完工产品应投入的直接材料费用的比重来确定。计算公式为：

$$\text{某工序在产品的投料程度}=\frac{\text{该工序单位在产品累计已投入材料费用}}{\text{单位完工产品应投入材料费用}}\times 100\%$$

【例 4－3】 某企业生产 A 产品需要经过三道工序，原材料分次在各工序生产开始时投入。该产品单位产品成本中原材料消耗定额为 720 元，其中第一工序投料定额为 360 元，第二工序投料定额为 252 元，第三工序投料定额为 108 元。该企业本月月末盘存 A 产品的在产品数量为 468 件，其中第一工序为 192 件，第二工序为 180 件，第三工序为 96 件。可编制该产品各工序在产品的投料程度和在产品约当产量计算表，如表 4－3 所示。

表 4－3　　在产品投料程度及约当产量计算表

产品：A 产品　　2015 年 6 月　　单位：件

工序	单位产品投料定额(元)	在产品的投料程度(%)	月末盘存在产品数量	直接材料项目在产品约当产量
一	360	50	192	96
二	252	85	180	153
三	108	100	96	96
合计	720	—	468	345

第一工序：$\frac{360}{720}\times 100\%=50\%$

第二工序：$\frac{360+252}{720}\times 100\%=85\%$

第三工序：$\frac{360+252+108}{720}\times 100\%=100\%$

(2)加工程度的确定

直接人工费用和制造费用项目一般可以按同一个加工程度计算在产品约当产量。当在产品的直接人工费用和制造费用在生产过程中比较均衡时，在产品加工程度可以按 50%计算；如果各工序在产品数量和加工工作量差别较大，则要分工序分别计算在产品的加工程度。计算公式为：

$$某工序在产品的加工程度=\frac{该工序单位在产品累计已完成定额工时}{单位完工产品的定额工时}\times100\%$$

【例 4—4】 续例 4—3,该企业生产的 A 产品,单位产品定额工时为 180 小时,其中第一工序为 90 小时,第二工序为 72 小时,第三工序为 18 小时。各工序在产品在本工序的加工程度均为 50%。该产品各工序在产品的加工程度计算如下:

第一工序:$\frac{90\times50\%}{180}\times100\%=25\%$

第二工序:$\frac{90+72\times50\%}{180}\times100\%=70\%$

第三工序:$\frac{90+72+18\times50\%}{180}\times100\%=95\%$

根据以上计算结果编制"在产品加工程序及约当产量计算表",如表 4—4 所示。

表 4—4　　在产品加工程序及约当产量计算表

工序	单位产品定额工时(小时)	在产品的加工程度(%)	月末盘存在产品数量(件)	直接人工和制造费用项目的在产品约当产量(件)
一	90	25	192	48
二	72	70	180	126
三	18	95	96	91.2
合计	180		468	265.2

2. 计算费用分配率

费用分配率的计算公式如下:

$$某成本项目费用分配率=\frac{该成本项目生产费用合计数}{本月完工产品数量+月末在产品约当产量}$$

3. 计算月末在产品成本和完工产品成本

$$月末在产品成本=月末在产品约当产量\times费用分配率$$

$$本月完工产品成本=本月完工产品数量\times费用分配率$$

【例 4—5】 续例 4—3、例 4—4 该企业生产 A 产品,本月"产品入库单"表明,本月完工入库 A 产品1 500件;本月生产费用记录表明,A 产品月初在产品成本为80 060元,其中直接材料48 000元,直接人工14 280元,制造费用17 780元,A 产品本月发生生产费用586 380元,其中直接材料311 040元,直接人工122 340元,制造费用153 000元。月末在产品盘存数量和完工程度见例 4—3。例 4—4 要求采用约当产量法计算月末在产品成本和完工产品成本。

(1)计算月末在产品约当产量

"直接材料"项目:345 件(见表 4—3)。

"直接人工"和"制造费用"项目:265.2 件(见表 4—4)。

(2)计算费用分配率

"直接材料"项目:$\frac{48\ 000+311\ 040}{1\ 500+345}=194.60$(元)

"直接人工"项目:$\frac{14\ 280+122\ 340}{1\ 500+265.2}=77.40$(元)

"制造费用"项目:$\frac{17\ 780+153\ 000}{1\ 500+265.2}=96.75$(元)

(3)计算月末在产品成本和本月完工产品成本

月末在产品成本的计算：

"直接材料"项目：194.60×345=67 137(元)

"直接人工"项目：77.40×265.2=20 526.48(元)

"制造费用"项目：96.75×265.2=25 658.1(元)

月末在产品成本=67 137+20 526.48+25 658.1=113 321.58(元)

本月完工产品成本的计算：

"直接材料"项目：194.60×1 500=291 900(元)

"直接人工"项目：77.40×1 500=116 100(元)

"制造费用"项目：96.75×1 500=145 125(元)

本月完工产品总成本=291 900+116 100+145 125=553 125(元)

五、在产品按定额成本计价法

如果企业产品生产过程中各项消耗定额或费用定额比较准确、稳定，而且各月在产品数量变化不大，在产品成本可按定额成本计价法计算。在产品按定额成本计价法是按照预先制定的定额成本计算月末在产品成本，即月末在产品成本按其数量和单位定额成本计算的方法。某种产品应负担的全部生产费用(月初在产品费用加本月生产费用)减去月末在产品的定额成本，就是完工产品成本。

【例 4—6】 假设某企业甲、乙产品的月末在产品采用按定额成本计价的方法(即原材料在生产开始时一次投入)。甲产品单件原材料费用定额为 60 元，单位在产品工时定额为 45 小时；乙产品单件原材料费用定额为 48 元，单位在产品工时定额 24 小时。其他有关资料及月末在产品定额成本的计算如表 4—5 所示。

表 4—5　　**月末在产品定额成本计算表**

车间：　　2015 年 7 月　　单位：元

产品名称	在产品数量(件)	原材料定额费用	定额工时(小时)	动力(单位工时定额 1.50)	人工费用(单位工时定额 0.80)	制造费用(单位工时定额 1.00)	定额成本合计
甲产品	18	1 080	810	1 215	648	810	3 753
乙产品	20	960	480	720	384	480	2 544
合计	—	2 040	1 290	1 935	1 032	1 290	6 297

六、定额比例法

如果企业产品生产过程中各项消耗定额或费用定额比较准确、稳定，各月在产品数量变化较大，在产品成本可按定额比例法计算。定额比例法是产品的生产费用按照完工产品和月末在产品的定额消耗量或定额费用的比例，分配计算完工产品成本和月末在产品成本的方法。其中，原材料费用按原材料定额消耗量或定额费用的比例分配，人工费用、制造费用按定额工时的比例分配。其中，原材料费用按原材料定额消耗量分配，如果所耗原材料品种较多，必须分别计算各种材料的耗用量及其单价，因此核算工作量较大。为了简化核算工作，可按定额费用比例分配，具体计算公式如下：

$$原材料费用分配率=\frac{月初在产品原材料实际费用+本月原材料实际费用}{完工产品定额材料费用+月末在产品定额材料费用}$$

完工产品原材料费用=完工产品定额材料费用×原材料费用分配率

月末在产品原材料费用=月末在产品定额材料费用×原材料费用分配率

$$人工(制造)费用分配率=\frac{月初在产品实际人工(制造)费用+本月实际人工(制造)费用}{完工产品定额工时+月末在产品定额工时}$$

完工产品分配的人工(制造)费用=完工产品定额工时×人工(制造)费用分配率

月末在产品分配的人工(制造)费用=月末在产品定额工时×人工(制造)费用分配率

【例4—7】 某企业甲产品月初在产品费用为:原材料1 680元,人工费用720元,制造费用480元;本月生产费用为:原材料9 840元,人工费用3 600元,制造费用2 400元;完工产品4 000件,原材料定额费用8 000元,定额工时5 000小时。月末在产品1 000件,原材料定额费用2 000元,定额工时1 000小时。各项费用分配计算如表4—6所示。

表4—6 生产费用分配表

产品:甲产品 2015年9月

成本项目	月初在产品费用	本月生产费用	生产费用合计	费用分配率	完工产品费用		月末在产品费用	
					定额(工时)	实际	定额(工时)	实际
①	②	③	④=②+③	⑤=④/(⑥+⑧)	⑥	⑦=⑥×⑤	⑧	⑨=⑧×⑤
直接材料	1 680	9 840	11 520	1.152	8 000	9 216	2 000	2 304
直接人工	720	3 600	4 320	0.72	5 000	3 600	1 000	720
制造费用	480	2 400	2 880	0.48	5 000	2 400	1 000	480
合计	2 880	15 840	18 720	—		15 216	—	3 504

第三节 完工产品成本的结转

工业企业生产产品发生的各项生产费用在各种产品之间、在同种产品的完工产品和月末在产品之间进行分配后,计算出各种完工产品的成本,将完工产品成本从有关"产品成本计算单"中转出,并根据从"产品成本计算单"中转出的完工产品成本编制"完工产品成本汇总计算表",其格式见表4—7。

表4—7 完工产品成本汇总计算表

2015年8月 单位:元

成本项目	产品名称:甲产品 产量:150 工时:24 600		产品名称:乙产品 产量:300 工时:15 600		合 计
	总成本	单位成本	总成本	单位成本	
直接材料	39 600	264	18 000	60	57 600
燃料及动力	7 200	48	4 200	14	11 400
直接人工	12 600	84	9 600	32	22 200
制造费用	18 600	124	13 200	44	31 800
废品损失	12 840	85.6			12 840
合计	90 840	605.6	45 000	150	135 840

根据“完工产品成本汇总计算表”，在“生产成本——基本生产成本明细账”中进行完工产品成本的结转，见表4—8。

表4—8 **基本生产成本明细账**

2015年8月 单位：元

日期	摘 要	直接材料	燃料及动力	直接人工	制造费用	废品损失	合 计
1	月初余额	1 700	265	480	365	—	2 810
31	分配材料费用	183 782	8 100				191 882
31	分配工资费用			25 250			25 250
31	分配外购动力费		2 453				2 453
31	分配辅助生产费用		6 520				6 520
31	分配制造费用				37 540		37 540
31	结转不可修复废品损失	620	14	28	118		780
31	分配废品净损失					12 840	12 840
31	月计	183 162	17 059	25 222	37 422	12 840	275 705
31	累计	184 862	17 324	25 702	37 787	12 840	278 515
31	结转完工产品成本	57 600	11 400	22 200	31 800	12 840	135 840
31	月末在产品成本	127 262	5 924	3 502	5 987		142 675

在进行完工产品成本核算时，需设置“库存商品”账户。该账户属于资产类账户，借方登记入库产成品的成本，贷方登记发出产成品的成本。期末余额在借方，表示库存产成品的成本。产成品的核算可采用实际成本计价或计划成本计价法。具体的核算方法可按照财务会计中存货的核算方法进行。

当产成品按实际成本计价时，月末根据“完工产品成本汇总计算表”(见表4—7)中完工产品总成本的数字，应做会计分录如下：

借：库存商品——甲产品 90 840

——乙产品 45 000

贷：生产成本——基本生产成本——甲产品 90 840

——乙产品 45 000

第五章

产品成本核算的基本方法

本章主要阐述了产品成本核算的基本方法，包括品种法、分批法和分步法的涵义、适用范围、主要特点、计算程序和相应的账务处理。品种法是产品成本计算的最基本方法；分批法分别阐述了一般分批法和简化分批法；分步法分为逐步结转分步法和平行结转分步法，两种方法的特点、应用条件、计算程序均有所不同。

第一节　产品成本核算概述

一、企业的生产类型及其特点

在实际工作中，不同工业部门、行业企业的生产特点千差万别，各企业不同的生产类型及不同生产类型的特点对企业选择成本计算方法有着重要影响。对于企业生产类型划分的标准很多，下面仅就会影响选择成本计算方法的企业生产类型进行划分，即按生产工艺流程的特点和生产组织的特点进行划分。

(一)企业的生产按工艺流程的特点划分

企业的生产按工艺流程的特点可分为简单生产和复杂生产两种类型。

1. 简单生产

简单生产是指生产工艺流程不能间断、不能分散在不同工作地点进行的生产。属于简单生产的企业，其产品的生产周期一般比较短，通常没有自制半成品或其他中间产品，而且产品由于工艺流程的特点决定了只能由一个企业独立完成，而不能由几个企业协作进行生产。因此，这种类型的生产一般也称为单步骤生产。发电、采掘等企业就是简单生产的典型企业。

2. 复杂生产

复杂生产是指生产工艺流程是由可以间断的若干生产步骤所组成的生产，它既可以在一个企业或车间内独立进行，也可以由几个企业或车间在不同的工作地点协作进行生产。属于复杂生产的企业，其产品的生产周期一般较长，产品品种不是单一的，有半成品或中间产品，而且可以由几个企业或车间协作进行生产，因此也称为多步骤生产。

复杂生产按其产品生产过程加工方式的不同，又可分为连续式复杂生产和装配式复杂生产两类。

(1)连续式复杂生产，是指从原材料投入生产以后，需经过许多相互联系的加工步骤才能最后生产出产成品，前一个加工步骤生产出来的半成品是后一个加工步骤的加工对象，直到最后加工步骤才能生产出产成品。属于这种连续式复杂生产的典型企业有钢铁、纺织企业等。

(2)装配式复杂生产，是指将原材料投入生产后，在各个步骤进行平行加工，制造成产成品所需的各种零件和部件，最后再将各生产步骤的零部件组装成产成品。属于这种装配式复杂生产的典型企业有机床、汽车企业等。

(二)企业的生产按生产组织的特点划分

企业的生产按生产组织的特点可分为大量生产、成批生产和单件生产三种类型。

1. 大量生产

大量生产是指不断地重复生产一种或几种产品的生产。这种类型生产的主要特点是企业生产的产品品种较少，各种产品的产量较大，一般是采用专业设备重复进行生产，专业化水平较高。例如，纺织、采掘、冶金等企业就是大量生产的典型企业。

2. 成批生产

成批生产是指按照预先确定的产品批别和数量，轮番进行若干种产品的生产。成批生产按照批量的大小，又可进一步划分为大批生产和小批生产。大批生产类似于大量生产，小批生产类似于单件生产。服装、机床等企业就是成批生产的典型企业。

3. 单件生产

单件生产是根据各订货单位的要求，生产某种规格、型号、性能的特定产品。这种类型生产的主要特点是品种多，每一订单产品数量少，一般不重复或不定期重复生产，专业化程度不高，通常采用通用设备进行加工。例如，造船、重型机械等企业就是单件生产的典型企业。

上述企业生产的分类方法之间有着密切的联系。在一般情况下，简单生产大多是大量生产，连续式复杂生产一般属于大量大批生产，装配式复杂生产可以是大量生产、成批生产或是单件生产。

二、生产类型的特点和成本管理要求对成本计算方法的影响

(一)生产类型的特点对成本计算方法的影响

生产类型的特点对产品成本计算方法的影响主要表现在三个方面，即成本计算对象、成本计算期、生产费用在完工产品和在产品之间的分配问题。这三个方面的有机结合决定了特定成本计算方法的主要特点。

1. 成本计算对象

成本计算对象是指企业为了计算产品成本而确定的归集和分配生产费用的各个对象，即成本费用的承担者。企业在进行成本计算时，首先应确定成本计算对象，按照确定的成本计算对象设置“基本生产成本明细账”(或“产品成本计算单”)，据以归集和分配每一成本计算对象所发生的费用。

成本计算对象应根据生产的特点来确定，如在大量大批简单生产的企业里，一般产量较大，生产过程不能间断，所以，它是以产品品种作为成本计算对象的；在大量大批复杂生产的企业里，由于其生产过程是可以间断的，因而，不仅可以计算出每种产品的成本，而且还可以计算出各个步骤半成品的成本。所以，它的成本计算对象就是每种产品和它所经过的生产步骤的成本；在单件小批生产的企业里，它一般是按客户的订单或批别来组织生产的，在进行成本计算时，要求计算每一订单产品或每批产品的成本。上面我们所说的按每种产品、产品生产经过的生产步骤、每一订单或每批产品，就是归集生产费用计算产品成本的承担者，也就是成本计算对象。

当然，成本计算对象的确定，除了要考虑企业的生产特点外，还应考虑成本管理的要求。

2. 成本计算期

成本计算期是指每次计算产品成本的期间。计算产品成本的期间并不完全与产品的生产周期或会计结算期一致。有时,产品成本计算期与会计结算期一致,有时并不一致,而与产品的生产周期一致。影响成本计算期的主要因素是生产类型的特点。在大量大批生产的企业里,在月内一般都有大量的完工产品,产品的生产周期较短,由于随时有完工产品,因此不能在产品完工的同时就计算它的成本,而是定期在月末进行计算。这时,产品的成本计算期与会计结算期一致,而与产品的生产周期不一致;在单件小批生产的企业里,当每一订单产品或每批产品未完工时,全部是在产品的成本,只有产品全部完工时才能计算完工产品的成本,故其成本计算期是不固定的,与产品的生产周期一致,但与会计结算期不一致。需要指出的是,成本计算期与会计结算期并不能相提并论,尽管在单件小批生产的企业里要在产品完工时才计算完工产品的成本,但企业与成本计算有关的经济业务(如费用的归集与分配)都应按月进行,并按月结账,据以考核企业内部各单位产品成本的发生情况。同时,也可积累资料,待产品完工时,便于及时进行成本计算。

3. 在产品的成本计算

企业生产产品过程中发生的全部生产费用,经过费用要素的归集和分配后,最终都集中在了“基本生产成本明细账”和各种“产品成本计算单”中。若该种产品期末在产品数量很少或没有在产品,则归集在“基本生产成本明细账”和“产品成本计算单”中的所有的生产费用就是完工产品的总成本。用总成本除以产量,就是单位产品成本。若该种单位产品期末在产品数量很多,费用额也较大,这时,就应将在“基本生产成本明细账”和各种“产品成本计算单”中归集的费用采用一定的方法在完工产品和在产品之间进行分配。在进行分配时,所要分配的费用是月初在产品成本加上本月发生的费用之和,在完工产品和在产品之间进行分配。其计算公式如下:

月初在产品成本+本月发生的费用=完工产品成本+月末在产品成本

(二)成本管理的要求对成本计算方法的影响

一个企业究竟采用什么方法计算产品成本,除了受生产类型的特点影响外,还必须根据企业成本管理的要求,来选择适合于本企业的成本计算方法。例如,确定单件小批生产的成本计算对象时,可以根据合理地组织生产和便于管理的需要,对客户的订单作适当合并或再划小批别,按重新组织的生产批别作为成本计算对象。再如,确定大量大批多步骤生产的成本计算对象时,对管理上不要求计算半成品成本的,则以产品品种所经过的加工步骤作为成本计算对象。

三、产品成本计算方法的选择

(一)产品成本计算基本方法的选择

结合以上分析的在不同的生产类型的企业里成本计算对象、成本计算期及是否需要计算在产品成本三个方面的特点,可以确定企业究竟应采用什么成本计算方法进行成本计算。

1. 大量大批简单生产的企业

在简单生产的企业里,由于其生产工艺流程不可间断,没有必要或不可能分生产步骤来计算产品成本,只能按每种产品的品种作为成本计算对象,计算每种产品的成本。简单生产的企业,从其生产组织的特点来看,一般大多属于大量生产,分不出批别来,经常有许多完工产品,因而不能在产品完工时就计算它的成本,只能以会计报告期作为成本计算期,定期在月末进行计算。这样，其产品的生产周期与成本计算期就不一致。简单生产的企业月末一般没有在产品或在产品数量很少，占用的在产品成本一般也较小或相对稳定，因而一般不需要将生产费用在完工产品和在产品之间进行分配，本月发生的生产费用就是完工产品成本，这种以产品的品种作为成本计算对象的成本计算方法称为品种法。

品种法应用于一些简单生产企业时，由于不需计算在产品成本，从而成本计算方法比较简单。但是，这并不意味着采用品种法的企业一律不计算在产品成本。当这些企业生产的在产品数量较多而且变化较大时，就需要将生产费用在完工产品和在产品之间进行分配。

2. 大量大批复杂生产的企业

在大量大批复杂生产的企业，由于其生产工艺流程是由若干可以间断的、分散在不同地点进行的生产步骤所组成，因此，它不仅要计算出最终产品的成本，而且还要计算产品所经过的各加工步骤的成本。在大量大批多步骤生产的企业里，经常有大量的完工产品不能在产品完工时就计算其成本，只能定期在月末计算。成本计算期与会计结算期一致，而与产品的生产周期不一致。在这种类型生产的企业里，月末在产品数量很多，占用的成本额也很大。因此，应采用适当的成本计算方法，将生产费用在完工产品和期末在产品之间进行分配。这种以产品和其所经过的生产步骤作为成本计算对象的成本计算方法称为分步法。

3. 单件小批复杂生产的企业

在单件小批复杂生产的企业里，产品生产是按订单或批别组织，这一特点就要求计算每一订单或每批产品的成本。因此，它的成本计算对象就是每批产品(或每一订单)，在单件小批复杂生产的企业里，一批(或一件)产品往往同时投产又同时完工，在该批产品完工时就应计算它的完工产品成本。未完工时，全部都是在产品。它的成本计算期是不定期的，与产品的生产周期一致，所以一般不需要将生产费用在完工产品和月末在产品之间进行分配。这种以产品的批别作为成本计算对象的成本计算方法称为分批法。

以上介绍的品种法、分步法和分批法是产品成本计算方法中的基本方法。

(二)产品成本计算的辅助方法

在实际工作中，除了采用上述三种基本成本计算方法外，还有定额法、分类法、变动成本法、标准成本法和作业成本法等辅助成本计算方法。但这些成本计算方法都不是独立的成本计算方法，在进行成本计算时，必须结合使用三种基本成本计算方法中的一种进行。这些方法是为了解决成本计算或成本管理过程中的某一方面的需要而采用的。

1. 定额法

定额法是在定额管理工作比较好的企业中，为了更有效地控制生产费用的发生，降低产品成本，进行成本分析和成本考核而采用的方法。

2. 分类法

分类法是为了简化成本计算的手续，在产品的型号、规格繁多或生产联产品的企业所采用的方法。

3. 变动成本法

变动成本法是为了向企业的决策者进行短期生产经营决策提供数据，采用的一种只计算产品的变动成本而将固定成本直接计入当期损益的方法。

4. 标准成本法

标准成本法是为了加强企业内部成本控制和分析，采用的一种只计算产品的标准成本而将实际成本与标准成本的差异直接计入当期损益的方法。

5. 作业成本法

作业成本法是为了改变将间接费用分配到各种产品的标准，以提高产品成本计算的正确性而采用的方法。

由于企业生产产品的特点不同，所经过生产步骤的管理要求不同，所采用的成本计算方法也不一样，可同时结合使用几种成本计算方法。例如，小型机械厂一般应采用分批法计算产品成本，但由于企业设置有不同的生产车间，如铸造、加工、装配等，因而应采用不同的成本计算方法。铸造车间应采用品种法计算铸铁件的成本，加工车间、装配车间应采用分批法计算成本，而铸造车间将其铸铁件转入加工和装配车间时应采用分步法进行结转。这样，在一个企业里，就结合使用了品种法、分步法和分批法三种成本计算方法。

企业采用什么方法来计算产品成本，应根据企业生产的特点和管理的要求来确定，应灵活掌握，本着主要产品从细、次要产品从简的原则合理地加以确定。在确定成本计算方法时，应注意成本计算方法与成本计划方法的口径一致；应注意与同行业其他企业的成本计算方法一致，保持相对稳定，以便正确计算产品的总成本和单位成本，考核企业成本计划的完成情况，进行成本分析和成本考核，不断降低产品成本，提高企业的经济效益。

第二节　品种法

一、品种法的含义和适用范围

品种法是最基本的成本计算方法。它是以产品的品种为成本计算对象，归集费用，计算产品成本的一种方法。品种法一般适用于大量大批单步骤生产类型的企业，例如发电、采掘等企业。在这种类型的企业中，由于产品生产的工艺过程不能间断，没有必要也不可能划分生产步骤计算产品成本，只能以产品品种作为成本计算对象。

品种法除广泛应用于单步骤生产类型的企业外，对于大量大批多步骤生产类型的企业或车间，如果生产规模较小，或者按流水线组织生产，或者从原材料投入到产品产出的全过程是集中封闭式生产，管理上不要求按照生产步骤计算产品成本，也可以采用品种法计算成本，例如砖瓦厂、造纸厂和小型水泥厂等。

二、品种法的特点

1. 以产品品种作为成本计算对象

品种法的成本计算对象是每种产品，因此，在进行成本计算时，需要为每一品种产品设置一张产品成本计算单。如果企业只生产一种产品，成本计算对象就是该种产品，只需为该种产品设置一张成本计算单，单中按成本项目设置专栏，生产中所发生的生产费用都是直接费用，可以直接根据有关凭证和费用分配表，区分成本项目全部列入该种产品的成本计算单中。如果企业生产多种产品，成本计算对象则是每种产品，需要按每种产品分别设置产品成本计算单，生产中发生的生产费用要区分为直接费用和间接费用。凡能分清应由某种产品负担的直接费用，应直接列入该种产品的成本计算单中。对于几种产品共同耗用而又分不清应由哪种产品负担多少数额的间接费用，应采用适当的分配方法，在各种产品之间或者直接进行分配，或者另行归集汇总为制造费用后再经过分配列入各成本计算单中的相关成本项目中。

2. 按月定期计算产品成本

品种法的成本计算期是按月定期，于每月的月终进行，与会计报告期一致，与产品生产周期不一致。因为采用品种法计算产品成本的生产企业从其生产过程看，有的是单步骤生产，有的是多步骤生产，但从生产组织方式上看，大多是大量大批生产，是连续不断地重复着某种或几种产品的生产，经常有很多完工产品，不能等到产品全部制造完工时再计算成本，而只能定期在月末计算成本。

3. 月末在产品的计算

月末计算在产品成本时，如果没有在产品，或者在产品数量很少，占有生产费用数额不大，按照重要性原则，就不需要计算在产品成本，成本计算单中所归集的全部生产费用就是该产品的完工产品总成本，除以该产品的产量即可求得该产成品的单位成本；如果月末有在产品，而且数量较多，占用的费用也较大，就需要将成本计算单上所归集的生产费用（包括月初在产品成本和本月发生的费用），采用适当的分配方法在完工产品和月末在产品之间进行分配，以便计算出完工产品成本和月末在产品成本。

三、品种法的成本计算程序

成本计算程序是指对产品生产过程中所发生的各项费用，按照会计准则的规定，进行审核、归集和分配，计算完工产品成本和月末在产品成本的过程。品种法的成本计算程序就是成本核算的一般程序，具体如下：

1. 根据产品的品种设置成本计算单（即基本生产成本明细账）。如企业只生产一种产品，则只需设置一个基本生产成本明细账；如企业生产两种或两种以上的产品，则应为不同的产品分别设置明细账。同时，开设辅助生产成本明细账和按车间设置制造费用明细账。在成本计算单中应按成本项目设置专栏，通常包括直接材料、直接人工和制造费用等项目。上月末没有制造完成的在产品成本即为本月成本计算单中的月初在产品成本。

2. 对生产过程中发生的各项费用进行审核、归集和分配，编制各种要素费用分配表，分配各要素费用。

3. 根据各要素费用分配表，登记“基本生产成本明细账”、“辅助生产成本明细账”、“制造费用明细账”。

4. 根据辅助生产成本明细账所归集的全月费用，编制辅助生产费用分配表，并据以登记有关成本明细账。根据制造费用明细账所归集的全月费用，编制制造费用分配表，并据以登记基本生产成本明细账。

5. 将基本生产成本明细账（或成本计算单）所归集的全部生产费用在完工产品与月末在产品之间进行分配，计算出完工产品成本及月末在产品成本。

四、品种法账务处理举例

【例 5－1】　大华厂设有一个基本生产车间和供电、锅炉两个辅助生产车间。基本生产车间经过两个生产步骤大量生产甲、乙两种产品，因生产规模比较小，管理上不要求计算步骤成本，确定采用品种法计算甲、乙产品成本。产品成本包括“直接材料”、“燃料及动力”、“直接人工”、“制造费用”四个成本项目。该企业实行厂部一级成本核算体制。

该企业供电、锅炉两个辅助生产车间向企业基本生产车间和管理部门提供电、汽劳务。由于供电车间和锅炉车间都只提供单一劳务，所以辅助生产车间的制造费用直接记入“辅助生产成本明细账”，而不必通过“制造费用”科目核算。

(一)设置产品成本计算单

该企业应设置甲产品和乙产品两张产品成本计算单,在单中按"直接材料"、"燃料及动力"、"直接人工"和"制造费用"成本项目设置专栏,根据甲、乙两种产品的上月月末在产品成本,结转本月月初在产品成本。

(二)编制费用分配表,登记总账和明细账

该企业应设置"生产成本总账"和"制造费用总账"(表略),并设置如下明细账:"基本生产成本明细账"(见表5-11)、"甲产品成本计算单"(见表5-13)、"乙产品成本计算单"(见表5-14)、"辅助生产成本明细账——供电车间"(见表5-5)、"辅助生产成本明细账——锅炉车间"(见表5-6)、"制造费用明细账"(见表5-9)。

假设该企业2015年6月发生如下各项要素费用,据以编制要素费用分配表,做相应的账务处理,并登记有关明细账:

1. 根据领料单和领料登记表等领料凭证,按其用途编制"材料费用分配表"(见表5-1)。

表5-1 材料费用分配表

2015年6月 单位:元

分配对象		原料及主要材料		辅助材料		合计	
		计划成本	差异(2%)	计划成本	差异(-1%)	计划成本	差异
基本生产车间	甲产品	30 000	600	1 500	-15	31 500	585
	乙产品	45 000	900	9 000	-90	54 000	810
	小计	75 000	1 500	10 500	-105	85 500	1 395
	一般消耗	12 000	240	750	-7.5	12 750	232.5
辅助生产车间	供电车间	7 500	150	300	-3	7 800	147
	锅炉车间	4 500	90	600	-6	5 100	84
	小计	12 000	240	900	-9	12 900	231
合计		99 000	1 980	12 150	-121.5	111 150	1 858.5

根据"材料费用分配表",编制会计分录如下:

(1)借:生产成本——基本生产成本——甲产品 31 500
——乙产品 54 000
——辅助生产成本——供电 7 800
——锅炉 5 100
制造费用 12 750
贷:原材料 111 150

(2)借:生产成本——基本生产成本——甲产品 585
——乙产品 810
——辅助生产成本——供电 147
——锅炉 84
制造费用 232.5
贷:材料成本差异 1 858.5

2. 根据各车间、部门的工资计算凭证,编制"工资费用分配表"(见表5-2)。生产工人工资按甲产品、乙产品的实际工时分配。

表 5—2

工资费用分配表

2015 年 6 月

单位:元

分配对象		工资费用			合　计
		生产工时(小时)	分配率	分配金额	
基本生产车间	甲产品	8 400		23 940	23 940
	乙产品	4 500		12 825	12 825
	小计	12 900	2.85	36 765	36 765
	管理人员	5 814			5 814
辅助生产车间	供电车间	7 572			7 572
	锅炉车间	9 975			9 975
	小计	17 547			17 547
合计		60 126			60 126

根据"工资费用分配表",编制会计分录如下:

借:生产成本——基本生产成本——甲产品　　23 940

　　　　　　　　　　　　　——乙产品　　12 825

　　　　　——辅助生产成本——供电　　7 572

　　　　　　　　　　　　　——锅炉　　9 975

　　制造费用　　5 814

　　贷:应付职工薪酬——应付工资　　60 126

3. 根据各车间、部门 5 月份固定资产折旧计算额和 5 月份增加、减少固定资产的折旧额,编制"固定资产折旧计算表"(见表 5—3)。

表 5—3

固定资产折旧计算表

2015 年 6 月

单位:元

分配对象		5 月份折旧额	5 月份增加固定资产的折旧额	5 月份减少固定资产的折旧额	本月折旧额
基本生产车间		9 750	750	330	10 170
辅助生产车间	供电车间	2 250	450	120	2 580
	锅炉车间	2 700	150	240	2 610
	小计	4 950	600	360	5 190
合计		14 700	1 350	690	15 360

根据"固定资产折旧计算表",编制会计分录如下:

借:生产成本——辅助生产成本——供电　　2 580

　　　　　　　　　　　　　——锅炉　　2 610

　　制造费用　　10 170

　　贷:累计折旧　　15 360

4. 根据各车间、部门本月发生的其他费用，汇总编制“其他费用分配明细表”(见表5—4)。

表5—4 其他费用分配明细表

2015年6月 单位：元

分配对象		办公费	差旅费	劳动保护费	修理费	其他费用	合计
基本生产车间		3 000	2 700	5 400	3 900	1 500	16 500
辅助生产车间	供电车间	1 800	1 200	2 850	3 300	900	10 050
	锅炉车间	2 250	1 350	1 950	6 150	1 950	13 650
	小计	4 050	2 550	4 800	9 450	2 850	23 700
合计		7 050	5 250	10 200	13 350	4 350	40 200

根据“其他费用分配明细表”，编制会计分录如下(假定其他费用均以银行存款支付)：

借：生产成本——辅助生产成本——供电 10 050

——锅炉 13 650

制造费用 16 500

贷：银行存款 40 200

(三)归集辅助生产费用，编制“辅助生产费用分配表”

根据要素费用分配表和相应的账务处理，月末已将辅助生产车间发生的全部费用归集记录在“辅助生产成本明细账”中，具体见表5—5和表5—6。

表5—5 辅助生产成本明细账——供电车间

2015年6月 单位：元

摘　要	材料费用	职工薪酬	折旧费	其他费用	合计
分配材料费(表5—1)	7 947				7 947
分配职工薪酬(表5—2)		7 572			7 572
分配折旧费(表5—3)			2 580		2 580
分配其他费用(表5—4)				10 050	10 050
本月合计	7 947	7 572	2 580	10 050	28 149
本月转出	7 947	7 572	2 580	10 050	28 149

表5—6 辅助生产成本明细账——锅炉车间

2015年6月 单位：元

摘　要	材料费用	职工薪酬	折旧费	其他费用	合计
分配材料费用(表5—1)	5 184				5 184
分配职工薪酬(表5—2)		9 975			9 975
分配折旧费(表5—3)			2 610		2 610
分配其他费用(表5—4)				13 650	13 650
本月合计	5 184	9 975	2 610	13 650	31 419
本月转出	5 184	9 975	2 610	13 650	31 419

分配辅助生产费用，可依据辅助生产车间提供劳务的特点，选择采用直接分配法、交互分配法、计划成本分配法或代数分配法中相对合理而又简便的一种方法，以提供的劳务数量为分配标准分配辅助生产费用。

本例采用直接分配法分配辅助生产费用，供电车间和锅炉车间提供的劳务量资料直接列示在表5—7中。

表5—7 辅助生产费用分配表

2015年6月 单位：元

辅助生产车间	分配数量	分配率	分配费用	分配对象					
				基本生产成本		制造费用		管理费用	
				数量	金额	数量	金额	数量	金额
供电车间	140 745	0.2	28 149	104 250	20 850	8 715	1 743	27 780	5 556
锅炉车间	5 236.5	6	31 419	4 050	24 300	630	3 780	556.5	3 339
合计		—	59 568	—	45 150	—	5 523	—	8 895

分配给基本生产成本的辅助生产费用，还应在甲产品和乙产品之间采用适当的方法(本例采用工时比例方法)进行分配，编制“动力费用分配表”(见表5—8)。

表5—8 动力费用分配表

2015年6月 单位：元

分配对象	分配标准(实际工时)(小时)	分配率	分配金额
甲产品	8 400		29 400
乙产品	4 500		15 750
合计	12 900	3.5	45 150

根据“辅助生产费用分配表”和“动力费用分配表”，做会计分录如下：

借：生产成本——基本生产成本——甲产品 29 400

——乙产品 15 750

制造费用 5 523

管理费用 8 895

贷：生产成本——辅助生产成本——供电车间 28 149

——锅炉车间 31 419

(四)归集基本生产车间的制造费用，编制“制造费用分配表”

月末，将“制造费用明细账”(表5—9)中归集的费用进行汇总，按照实际工时比例，在甲产品和乙产品之间进行分配，编制“制造费用分配表”(见表5—10)。

表5—9 制造费用明细账

2015年6月 单位：元

摘　要	材料费用	职工薪酬	折旧费	办公费	修理费	动力费	其他	合计
分配材料费用(表5—1)	12 982.5							12 982.5
分配职工薪酬(表5—2)		5 814						5 814
分配折旧费(表5—3)			10 170					10 170

续表

摘 要	材料费用	职工薪酬	折旧费	办公费	修理费	动力费	其他	合计
分配其他费用(表5—4)				3 000	3 900		9 600	16 500
分配辅助生产费用(表5—7)						5 523		5 523
本月合计	12 982.5	5 814	10 170	3 000	3 900	5 523	9 600	50 989.5
本月转出	12 982.5	5 814	10 170	3 000	3 900	5 523	9 600	50 989.5

表5—10 **制造费用分配表——基本生产车间**

2015年6月 单位:元

分配对象	分配标准(实际工时)(小时)	分配率	分配金额
甲产品	8 400		33 202.46
乙产品	4 500		17 787.04
合计	12 900	3.952 674	50 989.5

注:分配率保留6位小数,尾差由乙产品承担。

根据"制造费用分配表",编制会计分录如下:

借:生产成本——基本生产成本——甲产品 33 202.46

——乙产品 17 787.04

贷:制造费用 50 989.5

(五)归集"基本生产成本明细账"(表5—11)和"产品成本计算单"(表5—13、表5—14),计算完工产品成本和月末在产品成本

月末,将"基本生产成本明细账"中归集的费用进行汇总,见表5—11。

表5—11 **基本生产成本明细账**

2015年6月 单位:元

摘 要	直接材料	燃料及动力	直接人工	制造费用	合 计
月初在产品	35 391	23 960	17 224	18 192	94 767
分配材料费用(表5—1)	86 895				86 895
分配职工薪酬(表5—2)			36 765		36 765
分配动力费用(表5—8)		45 150			45 150
分配制造费用(表5—10)				50 989.5	50 989.5
本月合计	86 895	45 150	36 765	50 989.5	219 799.5
本月累计	122 286	69 110	53 989	69 181.5	314 566.5
结转完工产品成本	79 170	42 720	32 355	43 464.34	198 339.34
月末在产品成本	42 486	26 390.5	21 634	25 716.65	116 227.16

1. 计算甲产品成本

本例甲产品的材料是在第一道工序开始时一次投入,各工序在产品完工程度均为50%,采用定额比例法在完工产品和在产品之间分配生产费用。根据甲产品材料和工时定额资料,以及月末在产品和完工产品的数量资料,编制"甲产品定额消耗量计算表"(见表5—12)。

表 5—12　　　　　　　　**甲产品定额消耗量计算表**

2015 年 6 月

项　目	工序	数量(件)	材料定额消耗量(千克)		工时定额消耗量(小时)	
			单件	总量	单件累计	总量
月末在产品	1	30	35		12	180
	2	105			25	1 942.5①
	3	75			31	2 100②
	合计	210	35	7 350		4 222.5
完工产品		150		5 250		4 650

说明：①1 942.5＝105×12＋105×(25－12)×50%

②2 100＝75×25＋75×(31－25)×50%

根据“甲产品定额消耗量计算表”提供的定额消耗量资料，可以计算甲产品的完工产品成本和月末在产品成本，计算结果见表 5—13。

表 5—13　　　　　　　　**甲产品成本计算单**

2015 年 6 月　　　　　　　　单位：元

摘　要		直接材料	燃料及动力	直接人工	制造费用	合计
月初在产品		27 891	22 060	13 324	15 792	79 067
分配材料费用(表 5—1)		32 085				32 085
分配职工薪酬(表 5—2)				23 940		23 940
分配动力费用(表 5—8)			29 400			29 400
分配制造费用(表 5—10)					33 202.46	33 202.46
本月合计		32 085	29 400	23 940	33 202.46	118 627.46
本月累计		59 976	51 460	37 264	48 994.46	197 694.46
费用分配率		4.76①	5.8②	4.2③	5.522④	—
完工产品	定额(表 5—12)	5 250	4 650	4 650	4 650	—
	实际成本	24 990⑤	26 970	19 530	25 677.3	97 167.3
月末在产品	定额(表 5—12)	7 350	4 222.5	4 222.5	4 222.5	—
	实际成本	34 986⑥	24 490.5	17 734	23 316.65	100 527.16

说明：①4.76＝59 976÷(7 350＋5 250)

②5.8＝51 460÷(4 222.5＋4 650)

③4.2＝37 264÷(4 222.5＋4 650)

④5.522－48 994.46÷(4 222.5＋4 650)

⑤24 990＝4.76×5 250

⑥34 986＝4.76×7 350

2. 计算乙产品成本

由于乙产品各月在产品数量变化不大，为简化核算，乙产品的在产品成本按年初数固定计算，乙产品本月发生的生产费用，即为本月完工乙产品 420 件的总成本，除以数量，即为乙产品的单位成本。计算结果见表 5—14。

表 5－14

乙产品成本计算单

2015 年 6 月

单位:元

摘　要	直接材料	燃料及动力	直接人工	制造费用	合计
月初在产品	7 500	1 900	3 900	2 400	15 700
分配材料费用(表 5－1)	54 810				54 810
分配职工薪酬(表 5－2)			12 825		12 825
分配动力费用(表 5－8)		15 750			15 750
分配制造费用(表 5－10)				17 787.04	17 787.04
本月合计	54 810	15 750	12 825	17 787.04	101 172.04
本月累计	62 310	17 650	16 725	20 187.04	116 872.04
完工产品成本	54 810	15 750	12 825	17 787.04	101 172.04
月末在产品成本	7 500	1 900	3 900	2 400	15 700

(六)根据甲、乙产品成本计算单中的完工产品成本,汇总编制“完工产品成本汇总表”(见表 5－15)

表 5－15

完工产品成本汇总表

2015 年 6 月

单位:元

产品名称		单位	产量	直接材料	燃料及动力	直接人工	制造费用	合计
甲产品	总成本	件	150	24 990	26 970	19 530	25 677.3	97 167.3
	单位成本			166.6	179.8	130.2	171.18	647.78
乙产品	总成本	件	420	54 810	15 750	12 825	17 787.04	101 172.04
	单位成本			130.5	37.5	30.54	42.35	240.89
总成本合计				79 800	42 720	32 355	43 464.34	198 339.34

(七)根据“完工产品成本汇总表”,将完工产品成本从“基本生产成本明细账”中转出,编制会计分录

借:库存商品——甲产品　　97 167.3

　　　　　——乙产品　　101 172.04

　贷:生产成本——基本生产成本　　198 339.34

第三节　分批法

一、分批法的含义和适用范围

分批法,是按照产品批别作为成本核算对象归集生产费用,计算产品成本的一种方法。产品的批量一般是按照订货单位的订单确定的,因此,分批法又称订单法。各订单所定产品往往种类不同或规格不一,所用的原料和制造方法各异,因此,一份订单的成本必须与其他各份订单的成本分开计算。

分批法适用于小批生产和单件生产,如精密仪器、专用设备、重型机械和船舶的制造,某些特殊或精密铸件的熔铸,新产品的试制和机器设备的修理,以及辅助生产的工具、模具制造等。适用分批法计算成本的企业包括如下几类:

1. 按产品批别组织生产的企业。有些企业需要根据订货者的要求,生产特殊规格、规定数量的产品；有些小型企业经常需要变换产品种类，因而需要分批计算产品成本。

2. 提供机械设备修理业务的工厂或企业的修理车间、分厂。由于修理业务多种多样，因此要根据承接的各种修理工作分别计算成本，在生产成本基础上加上约定利润，向顾客收取货款。

3. 新产品试制、自制设备、自制工具、模具等生产任务车间、分厂，要按新产品的种类分别计算成本。

如果一份订单规定的产品不止一种，为了分析和考核各种产品成本计划的执行情况，并便于生产管理，还要按照产品的品种划分批别组织生产，计算成本。如果一份订单只规定一种产品，但这种产品数量较大，不便于集中一次投产，或者订货者要求分批交货，也可以分为数批组织生产，计算成本。如果一份订单只规定一件产品，但这件产品属于大型复杂的产品，价值较大，生产周期较长（如大型船舶的制造），也可以按产品的组成部分分批组织生产，计算成本。如果同一时期内，几份订单规定有相同的产品，为了更加经济、合理地组织生产，也可以将相同产品合为一批组织生产，计算成本。对于同一种产品也可能进行分批轮番生产，这也要求分批计算产品成本。

二、分批法的特点

1. 按照产品批别作为成本计算对象

按照产品批别组织生产时，生产计划部门要签发生产通知单下达车间，并通知会计部门。生产通知单应对该批生产任务进行编号，称为产品批号。会计部门应根据生产计划部门下达的产品批号，也就是产品批别，设立产品成本明细账。产品成本明细账的设立和结账，应与生产通知单的签发和结束密切配合，协调一致，以保证各批产品成本计算的合理性。

2. 成本计算期通常与生产周期相同

采用分批法，企业要按月汇集各批产品的实际生产费用，但只有该批产品全部完工，才能计算其实际成本。因此，分批法的成本计算期与会计报告期不一致，而与该批产品的生产周期一致。分批法的成本计算期是不定期的。

3. 生产费用一般不需要在完工产品与在产品之间分配

如果企业是单件生产，产品完工以前，产品成本明细账所记录的生产费用都是在产品成本；如果产品完工，产品成本明细账所记录的生产费用就是完工产品的成本。因而，在月末计算产品成本时，不存在生产费用在完工产品与在产品之间分配的问题。

如果企业是小批生产，批内产品一般都能同时完工。在月末计算产品成本时，或是全部已经完工，或是全部没有完工，一般也不存在生产费用在完工产品与在产品之间分配的问题。但在批内产品跨月陆续完工的情况下，月末计算产品成本时，一部分产品已完工，另一部分尚未完工，这时生产费用就要在完工产品与在产品之间分配，以便计算完工产品成本与月末在产品成本。

由于小批生产的批量不大，批内产品跨月陆续完工的情况不多，因而可以采用简便的分配方法。例如，企业可以按计划单位成本、定额单位成本或最近一期相同产品的实际单位成本计算完工产品成本；从产品成本明细账转出完工产品成本后，各项费用余额之和即为在产品成本。为了正确地分析和考核该批产品成本计划的执行情况，在该批产品全部完工时，还应计算该批产品的实际总成本和实际单位成本，但对已经转账的完工产品成本不作账面调整。如果批内产品跨月完工的情况较多，月末批内完工产品的数量占全部批量的比重较大，为了增强成本计算的合理性，则应根据具体条件采用适当的分配方法，在完工产品和月末在产品之间分配生产费用，计算完工产品成本与月末在产品成本。

为了减少生产费用在完工产品与月末在产品之间分配的工作量，提高成本计算的及时性，在合理组织生产的前提下，也可以适当缩小产品批量，以较小的批量分批投产，尽量使同一批产品能够同时完工，避免跨月陆续完工的情况。但是，缩小产品批量应有一定的限度，如果批量过小，不仅会使生产组织不合理、不经济，而且会使设立的产品成本明细账过多，加大核算工作量。

在实际工作中，还有一种按产品所用零件的批别计算成本的零件分批法，即先按零件生产的批别计算各批零件的成本，然后按照各批产品所耗各种零件的成本，加上装配成本，计算各该批产品的成本。采用这种分批法，由于一批零件通常都能同时完工，因而也能减少生产费用在完工产品与月末在产品之间分配的工作量，而且还能及时、深入地进行成本分析，便于根据各个购买单位在订购产品时对于某些零部件的不同要求，组合计算不同订货的成本，拟定不同订货价格。但是，这种方法的计算工作量较大，因而只能在自制零件种类不多或者成本计算工作已经实现计算机辅助管理的企业采用。

此外，在同一月份内投产的产品批数很多的企业，还可以采用一种简化的不分批计算在产品成本的分批法(后面述及)。

三、分批法的成本计算程序

1. 根据产品的批别设置成本计算单(即基本生产成本明细账)。会计部门根据生产管理部门签发的生产任务通知单上的生产令号或产品批号，为每一批产品开设产品成本明细账，明细账按产品成本项目分设专栏。为了分析和考核各生产车间的工作业绩，加强各车间的成本管理，明细账也可按车间和各车间产品批别设立，以便分别计算各批产品在各生产车间各项耗费的发生情况。

2. 按产品批别对生产过程中发生的各项费用进行审核、归集和分配，编制各种要素费用分配表。

3. 根据各要素费用分配表，登记“基本生产成本明细账”、“辅助生产成本明细账”、“制造费用明细账”。

4. 根据辅助生产成本明细账所归集的全月费用，编制辅助生产费用分配表，并据以登记有关成本明细账。按各批产品耗用辅助生产产品和劳务数量，直接计入或通过制造费用再分配记入各批产品生产成本明细账。根据制造费用明细账所归集的制造费用，编制制造费用分配表，将发生的制造费用分别计入各批产品生产成本明细账。

5. 计算完工产品成本。如果月份内该批产品全部完工，月末，该批产品生产成本明细账所归集的生产费用都是完工产品成本；如果该批产品全部没有完工，该批产品生产成本明细账所归集的生产费用都是在产品成本；如果该批产品部分完工，该批产品生产成本明细账所归集的生产费用要采用一定的分配方法在完工产品和在产品之间进行分配。

四、分批法账务处理举例

【例 5—2】 大地公司根据顾客订单的要求，小批生产甲、乙产品，采用分批法计算各批产品成本。该公司 2015 年 7 月份投产甲产品7 500件，批号为 0701，8 月(本月)份尚未完工。7 月份投产乙产品4 500件，批号为 0702，8 月份完工3 000件，验收入库，未完工1 500件，其完工产品与月末在产品的原材料费用按完工产品与月末在产品实际数量分配，其他费用按约当产量比例分配。

1. 按产品批次 0701、0702 开设成本计算单(7 月份投产时开设)，并对各种费用的原始凭证加以归类、整理，编制各种“费用分配明细表”(本例省略)，据以登记有关费用明细账和产品成本明细账。该两批产品的成本明细账和有关资料如表 5—16 和表 5—17 所示。

表 5—16　　**产品成本明细账**

产品名称：甲产品　　批次：0701　　开工日期：2015 年 7 月　　单位：元

日期		凭证编号	摘　要	直接材料	直接人工	制造费用	合计
月	日						
8	1		期初在产品	60 000	45 750	37 500	143 250
8	30		本月发生额(根据各费用分配表)	129 000	117 000	64 620①	310 620
			合计	189 000	162 750	102 120	453 870

注：①见表 5—19。

表 5—17　　**产品成本明细账**

产品名称：乙产品　　批次：0702　　开工日期：2015 年 7 月

本月完工：3 000 件，月末在产品：1 500 件　　单位：元

日期		凭证编号	摘　要	直接材料	直接人工	制造费用	合计
月	日						
8	1		期初在产品	24 000	13 500	19 500	57 000
8	30		本月发生额(根据各费用分配表)	30 000	22 500	43 080②	95 580
			合计	54 000	36 000	62 580	152 580
			结转完工产品成本③	36 000	26 471	46 015	108 486
			期末在产品成本④	18 000	9 529	16 565	44 094

注：②见表 5—19；③、④见表 5—21。

2. 根据有关的原始凭证、各种费用分配表等资料(本例省略)登记“基本生产车间制造费用明细账”，如表 5—18 所示。

表 5—18　　**制造费用明细账**

车间：基本生产车间　　2015 年 8 月　　单位：元

摘　要	借　方						贷　方	余　额
	人工费用	材料费	折旧费	修理费	办公费	其他		
本月发生额	9 000	4 500	90 000	3 000	750	450		
月末转出额							107 700	0

3. 根据“制造费用明细账”汇集的费用，按照各批产品实际工时进行分配(即当月实际分配率法)，编制“制造费用分配表”，如表 5—19 所示。

表 5—19

制造费用分配表

2015 年 8 月

分配对象	实际工时	分配率(元/工时)	分配金额
0701 批次	4 500		64 620
0702 批次	3 000		43 080
合计	7 500	14.36	107 700

根据表 5—19,编制会计分录如下:

借:生产成本——基本生产成本——0701 批次　　64 620

　　　　　　　　　　　　　——0702 批次　　43 080

　贷:制造费用　　107 700

4. 计算完工产品成本。由于 0701 批次 8 月份尚未完工,因此,不需要计算其完工产品成本。0702 批次 8 月份完工 3 000 件,月末在产品 1 500 件,因此,0702 批次产品的生产费用需要在完工产品与月末在产品之间进行分配。假设该产品分制模、金工及装配三个步骤生产,月末在产品约当产量计算及产品成本计算单所归集的生产费用如表 5—20 和表 5—21所示。

表 5—20

0702 批产品月末在产品约当产量计算表

2015 年 8 月

工　序	完工率	盘存数	约当产量
1	30%	300	30%×300=90
2	70%	450	70%×450=315
3	90%	750	90%×750=675
合计		1 500	1 080

表 5—21

0702 批产品成本分配计算单

2015 年 8 月

项　目	直接材料		其他项目			合计
	分配标准	分配金额	分配标准	分配标准		
				直接人工	制造费用	
完工产品	产量	36 000	约当产量	26 471	46 015	108 486
月末在产品	4 500	18 000	4 080	9 529	16 565	44 094
		54 000		36 000	62 580	152 580

根据表 5—21,编制会计分录如下:

借:库存商品——乙产品　　108 486

　贷:生产成本——基本生产成本——0702 批次　　108 486

五、简化分批法

在小批单件生产的企业或车间中,同一月份内投产的产品批数往往很多,有的多达几十批,甚至几百批。在这种情况下,各种间接费用在各批产品之间按月进行分配的工作就极为繁重。因此,在投产批数繁多而且月末未完工批数较多的企业(如机械修配厂)中,还可以采用一种简化的分批法，也就是不分批计算在产品成本的分批法。

（一）简化分批法的成本计算程序

1. 采用这种方法，仍应按照产品批别设立产品成本明细账，但在各批产品完工以前，账内只需按月登记直接费用（如原材料费用）和生产工时，不必按月分配、登记各项间接费用，计算各批在产品的成本。

2. 在有完工产品的那个月份，分配间接费用，计算、登记各批完工产品的成本。

3. 各批全部产品的在产品成本只分成本项目，并以总数登记在专设的基本生产二级账中。从计算产品实际成本的角度来说，采用其他的成本计算方法，可以不设立基本生产二级账，但采用简化的分批法必须设立这种二级账。

（二）简化分批法的特点

1. 每月发生的各项间接计入费用，不是按月在各批产品之间进行分配，而是将这些间接计入费用先分别累计起来，到产品完工时再按照完工产品累计生产工时的比例，在各批完工产品之间进行分配。其计算公式如下：

$$\text{全部产品某项累计间接费用分配率}=\frac{\text{全部产品该项累计间接费用}}{\text{全部产品累计生产工时}}$$

$$\begin{matrix}\text{某项完工产品应负担的}\\\text{某项间接费用}\end{matrix}=\begin{matrix}\text{该批完工产品的}\\\text{累计工时数}\end{matrix}\times\begin{matrix}\text{全部产品某项累计}\\\text{间接费用分配率}\end{matrix}$$

2. 设立“基本生产成本”二级账（如表 5－23 所示），不仅按成本项目登记全部产品的月初在产品费用、本月生产费用和累计生产费用，而且还要登记全部产品的月初在产品生产工时、本月生产工时和累计生产工时。“基本生产成本”二级账户的登记方法如下：

（1）“期初余额”根据上月期末余额转入；

（2）“本月发生费用、工时”根据各项费用汇总表不分产品批别汇总登记，其中工时根据工时记录汇总登记；

（3）“累计费用、工时”根据“期初余额”加计“本月发生费用、工时”累计登记；

（4）“累计间接费用分配率”根据前述公式计算登记；

（5）“转出完工产品成本”根据各批产品成本计算单计算的完工产品成本汇总登记；

（6）“期末在产品余额”根据计算登记，计算公式为：

期末余额＝期初余额＋本期发生额－转出完工产品成本

3. 在有产品完工的月份，按照上列公式计算登记全部产品累计间接计入费用分配率，以及完工产品总成本和月末在产品总成本。

（三）简化分批法账务处理举例

【例 5－3】 申华厂是提供各种设备修理和维护及设备加工服务的企业，产品批数多。为了简化产品成本计算工作，采用简化分批法计算成本。该公司 2015 年 8 月份各批产品的情况如表 5－22 所示。

表 5－22　　**各批产品生产情况表**

2015 年 8 月

订单号（批号）	产品名称	投产量	本月完工	月末在产品
0701 批	甲产品	上月投产 18 件	15 件	3 件（完工 55％）
0803 批	丙产品	本月投产 8 件	—	8 件（完工 30％）
0804 批	丁产品	本月投产 6 件	6 件	

该厂设立的“基本生产成本”二级账如表 5－23 所示。

表 5—23 “基本生产成本”二级账

2015 年 8 月

2015 月	日	摘 要	直接材料	工时	直接人工	制造费用	合 计
8	1	期初余额	5 250	150	8 100	6 000	19 350
8	31	本月发生费用、工时	18 000	900	36 000	15 000	69 000
8	31	累计费用、工时	23 250	1 050	44 100	21 000	88 350
8	31	累计间接费用分配率			42	20	
8	31	转出完工产品成本	14 875	780	32 760	15 600	63 235
8	31	期末在产品余额	8 375	270	11 340	5 400	25 115

1. 根据表 5—23，累计间接费用分配率计算如下：

$$累计工资及福利费分配率=\frac{44\ 100}{1\ 050}=42$$

$$累计制造费用分配率=\frac{21\ 000}{1\ 050}=20$$

2. 编制各种“产品成本计算单”，如表 5—24、表 5—25 和表 5—26 所示。其中，甲产品耗用的直接材料是生产开始时一次投料。

表 5—24 产品成本计算单

产品批号：0701 产品名称：甲产品 7 月投产 18 件，本月完工 15 件

2015 月	日	摘 要	直接材料	工时	直接人工	制造费用	合 计
8	1	期初余额	5 250	150	8 100	6 000	19 350
8	31	本月发生费用、工时		300			
8	31	累计费用、工时	5 250	450			
8	31	累计间接费用分配率			42	20	
8	31	转出完工产品成本	4 375	405①	17 010	8 100	29 485
8	31	期末在产品余额	875	45			

说明：①405=[450÷(15+3×55%)]×15

表 5—25 产品成本计算单

产品批号：0804 产品名称：丁产品 8 月投产 6 件，本月完工 6 件

2015 月	日	摘 要	直接材料	工时	直接人工	制造费用	合 计
8	1	期初余额					
8	31	本月发生费用、工时	10 500	375			
8	31	累计费用、工时	10 500	375			
8	31	累计间接费用分配率			42	20	
8	31	转出完工产品成本	10 500	375	15 750	7 500	33 750
8	31	单位产品成本	1 750		2 625	1 250	5 625

表 5－26　　产品成本计算单

产品批号：0803　　产品名称：丙产品　　8 月投产 8 件，月末在产品 8 件

2015		摘　要	直接材料	工时	直接人工	制造费用	合　计
月	日						
8	1	期初余额					
8	31	本月发生费用、工时	7 500	225			
8	31	累计费用、工时	7 500	225			

在“基本生产成本”二级账中，完工产品的原材料费用和生产工时应根据各批产品成本明细账完工产品的原材料费用和生产工时汇总登记。完工产品的各项间接计入费用可以根据完工产品生产工时分别乘以该累计费用分配率计算登记，也可以根据各批产品成本明细账完工产品的该费用分别汇总登记。“基本生产成本”二级账月末在产品的原材料费用和生产工时，可以根据账中累计的原材料费用和生产工时分别减去本月完工产品的原材料费用和生产工时计算登记，也可以根据各批产品成本明细账本月末在产品的原材料费用和生产工时分别汇总登记，两者计算结果应该相符。

在上述各批产品成本明细账中，对于有完工产品（包括全批完工或批内部分完工）的月份，除了登记原材料费用和生产工时以及各累计数以外，还应根据“基本生产成本”二级账登记各项累计间接费用分配率。

0804 批产品，月末全部完工，因而其累计的原材料费用和生产工时就是完工产品的原材料费用和生产工时，以其生产工时分别乘以各项累计间接费用分配率，即为完工产品的各项间接计入费用。

0701 批产品，月末部分完工、部分在产品，因而还应在完工产品与月末在产品之间分配费用。该种产品所耗原材料在生产开始时一次投入，因而原材料费用按完工产品与月末在产品的数量比例分配。

各批产品成本明细账登记完毕，其中完工产品的原材料费用和生产工时应分别汇总记入“基本生产成本”二级账，并据以计算、登记各批全部完工产品的总成本。

采用简化分批法，由于生产费用的横向分配工作和纵向分配工作，利用累计间接费用分配率，到产品完工时合并一次完成，因而大大简化了生产费用的分配和登记工作。月末未完工产品的批数越多，核算工作就越简化。但是，这种方法只宜在各月间接计入费用的水平相差不大的情况下采用，否则就会影响各月产品成本的合理性。

第四节　分步法

一、分步法概述

（一）分步法的含义和适用范围

分步法是以产品的品种及所经过的生产步骤作为成本计算对象，归集生产费用，计算各种产品成本及各步骤成本的一种方法。分步法主要适用于大量大批多步骤生产的企业，如钢铁企业可分为炼铁、炼钢、轧钢等生产步骤，纺织厂可分为纺纱、织布等生产步骤。在这些企业

里，生产过程是由若干个在技术上可以间断的生产步骤组成的，每个生产步骤除了生产出半成品外，还有一些加工中的在产品。已经生产出来的半成品既可以用于下一生产步骤，进行进一步的加工，也可以对外销售。为了适应生产的这一特点，这类企业不仅要计算每一种产品的成本，还要按产品经过的生产步骤计算各步骤的成本。

（二）分步法的特点

1. 成本计算对象

分步法的成本计算对象是每种产品以及每种产品所经过的生产步骤。在进行成本计算时，需要为每种产品及其所经过的生产步骤设置“产品成本计算单”来归集生产费用，计算产品成本。分步法下生产步骤有时与生产车间相同，有时并不完全一致。为了成本计算的方便，有时一个车间就是一个生产步骤，有时将几个车间合并为一个生产步骤，有时一个车间又分为几个生产步骤。也就是说，成本计算划分的步骤与实际生产的步骤不一定一致，它是根据实际加工步骤结合管理要求加以确定。在实际工作中，为简化核算，一般只对管理上要求分步计算成本的生产步骤单独开设产品成本明细账，单独计算成本；对管理上不要求单独计算成本的生产步骤，则可与其他生产步骤合并设立产品成本明细账。

2. 成本计算期

由于分步法适用于大量大批生产的企业，经常有完工产品产出，不能于产品完工时就计算其成本，因此，其成本计算一般是定期于月末进行，其产品成本计算期与产品生产周期不一致，而与会计结算期相同。

3. 生产费用在完工产品与在产品之间划分

在大量大批复杂生产的企业里，月末经常存在一定数量的在产品，这时，应采用适当的方法将各步骤成本计算单上所归集的生产费用在完工产品和期末在产品之间进行分配，从而计算出完工产品的成本和期末在产品的成本。

在实际工作中，由于成本管理的要求不同，分步法在结转各步骤成本时，按是否需要计算和结转各步骤半成品成本分为逐步结转分步法和平行结转分步法两种。

二、逐步结转分步法

（一）逐步结转分步法的特点和成本计算程序

逐步结转分步法也称计算半成品成本法，它是按照产品加工步骤的顺序，逐步计算并结转半成品成本，直至最后步骤计算出产成品成本的一种方法。逐步结转分步法主要适用于成本管理中需要提供各个生产步骤半成品成本资料的企业。例如，有的企业各生产步骤所生产的半成品不仅为本企业所使用，还要对外销售，为了计算销售半成品的成本，则需计算各生产步骤半成品的成本；有些企业的半成品虽不对外销售，但要进行同行业的评比，同时，为了实行厂内经济核算，也需要计算半成品成本；有些半成品为企业内几种产品所耗用，只有计算出每种半成品的成本，才能计算出每种产成品的成本。逐步结转分步法具有以下三个特点：

（1）逐步结转分步法的成本计算对象是各步骤的半成品和最后步骤的产成品，因此，最后步骤要按产品设置生产成本明细账，其前面的各步骤则按半成品设置生产成本明细账。

（2）由于各加工步骤的半成品成本随实物转移而在各加工步骤之前顺序结转，如果上一步骤完工的半成品，直接转入下步骤继续加工，则半成品成本就在各步骤的产品成本明细账之间直接结转，不必编制会计分录；如果半成品完工后，通过半成品仓库收发，则应设置“自制半成品”明细账，通过该明细账结转完工入库和生产领用的半成品成本。

(3)由于在产品成本是按在产品实物所在地反映的，各步骤产品成本明细账中的期末余额反映了结存在该步骤在产品的全部成本。

逐步结转分步法的成本计算程序如下：

1. 设置“产品成本计算单”

逐步结转分步法下产品成本计算对象是每种产品及其所经过生产步骤的半成品成本。因此，应按每种产品及其所经过的生产步骤设置“产品成本计算单”，“产品成本计算单”内按规定的成本项目设置专栏。这时，最后步骤生产出来的是产成品，其余各步骤均为半成品。

2. 归集生产费用

逐步结转分步法下生产费用的归集是按产品和生产步骤进行的。当发生费用时，能直接确认为某种产成品或每步骤半成品的成本，应直接计入；不能直接计入的，则应采用适当的方法分配计入。对于除第一步骤以外的其他各生产步骤，还应登记转入该步骤的上步骤生产的半成品的成本。

3. 在产品成本的计算

期末时，应将归集在各步骤“成本计算单”上的生产费用合计，采用适当的方法在完工半成品和在产品之间进行分配。

4. 半成品成本的计算

当在产品成本计算出来之后，对于除最后步骤外的其余各步骤来说，将生产费用合计扣除在产品的成本，其余额就是完工半成品的成本。半成品实物可一次全部转入下一步骤，也可通过半成品库收发。随着半成品实物的转移，其成本也从本步骤成本明细账上转出，转入下一步骤成本计算单(或半成品明细账)中。

5. 产成品成本的计算

逐步结转分步法下，产成品成本是在最后步骤产生的，因此，将最后步骤成本计算单上的生产费用扣除期末在产品的成本，其余额就是完工产品成本。

由于逐步结转分步法的成本计算程序取决于半成品实物的流转，下面分两种情况，结合图 5—1、图 5—2，说明逐步结转分步法的具体计算程序。

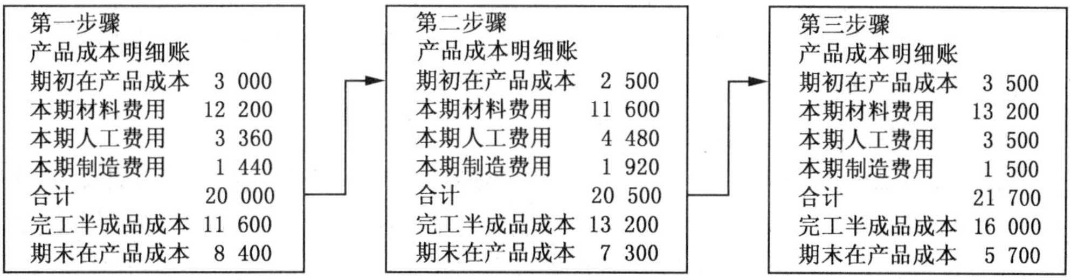

图 5—1　半成品不入库管理时的产品成本计算程序

按半成品成本在下一步骤产品成本计算单的反映形式，逐步结转分步法分为综合结转分步法和分项结转分步法。

(二)综合结转分步法

1. 综合结转分步法的成本计算程序

综合结转分步法是指上一生产步骤的半成品成本转入下一生产步骤时，不分成本项目而是以综合余额记入下一生产步骤成本明细账中的“自制半成品”项目的一种成本结转方法。

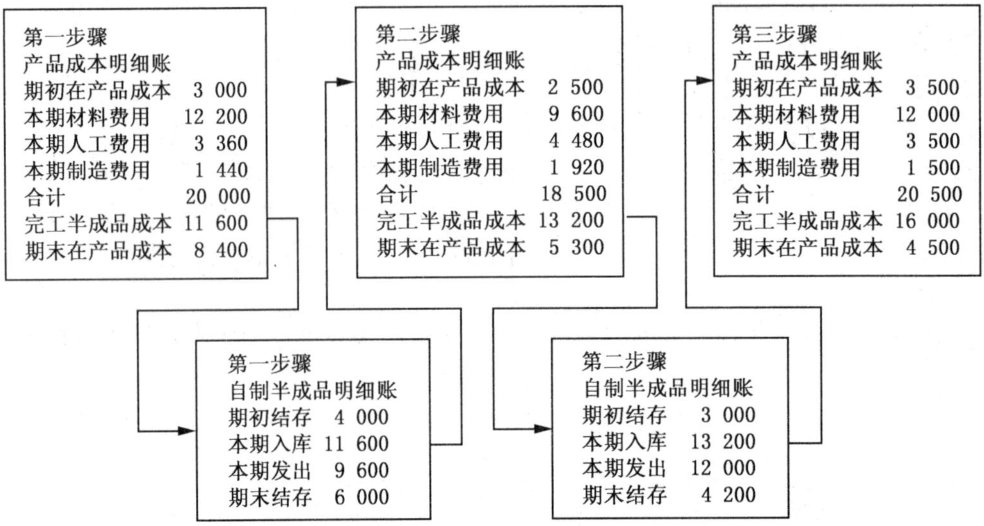

图 5—2 半成品需要入库管理时的产品成本计算程序

综合结转分步法结转半成品成本的程序从成本计算的第一步骤开始计算出半成品成本，第二步骤将耗用的第一步骤转入的半成品成本转入“自制半成品”项目中，加上第二步骤发生的各项生产费用计算出第二步骤的半成品成本并向第三步骤结转，依此类推直至最后一个计算成本的步骤，计算出完工产品成本。

在实际工作中，综合结转可以按照半成品的实际成本结转，也可以按照半成品的计划成本（或定额成本）结转。

（1）按实际成本综合结转

采用这种结转方法时，各步骤完工的半成品按实际成本结转到下一步骤生产成本明细账内的“自制半成品”成本项目。若半成品通过仓库收发，由于各月所产半成品的单位成本不同，因此，在“自制半成品明细账”中必须与原材料发出的核算一样，按先进先出法、加权平均法等计算领用半成品的实际成本。为简化核算，提高各步骤成本计算的及时性，在自制半成品明细账月初余额较大、本月发出半成品全部或大部分是以前月份所生产的情况下，本月领用半成品费用也可以按上月的加权平均单位成本计算。

（2）按计划成本（或定额成本）综合结转

采用计划成本结转时，各步骤耗用上一步骤半成品成本是按耗用数量乘以计划单位成本计算的。这时，各步骤生产成本明细账内的“自制半成品”项目应设置若干栏，分别登记上步转入半成品的“计划成本”、“实际成本”和“成本差异”。如果半成品是通过半成品仓库收发的，在各步骤的“自制半成品明细账”中也要相应设置专栏，平时按计划成本登记，月末在半成品实际成本计算出来后，再计算半成品的成本差异率，调整所耗半成品的成本差异。为了简化成本计算，在半成品种类较多时可以按类别计算半成品的成本差异，在调整成本差异时也可以将各步骤所耗半成品的成本差异直接计入最后的产成品成本。按计划成本或定额成本结转半成品成本可以简化和加速各步骤的成本计算，有利于进行成本分析和考核。

2. 实际成本综合结转分步法核算举例

【例 5—4】 某企业生产甲产品，经过两个生产步骤，由两个车间进行。第一车间生产甲产品的半成品，第二车间对甲产品的半成品进行再加工。半成品转移通过半成品仓库，且半成品成本结转按加权平均单位成本计算，原材料在开始生产时一次投入。月末在产品采用约当产量法计算，估计月末在产品完工率均为 50%。该企业 2015 年 6 月份有关成本计算资料见表 5—27、表 5—28。“自制半成品”期初结存半成品 300 件，单位成本 59.5 元。要求根据所列资料，采用实际成本综合结转分步法进行成本计算，并登记各车间产品成本明细账。

表 5—27　　产量记录

2015 年 6 月　　单位：件

项　目	第一车间	第二车间
月初在产品数量	225	375
本月投产数量	1 275	1 425
本月完工产品数量	1 350	1 500
月末在产品数量	150	300
在产品完工程度	50%	50%

表 5—28　　生产费用资料

2015 年 6 月　　单位：元

成本项目	月初在产品成本		本月发生费用	
	一车间	二车间	一车间	二车间
直接材料	18 000	16 800	42 000	
直接人工	5 250	6 000	9 000	15 450
制造费用	7 500	9 000	13 875	20 700
合计	30 750	31 800	64 875	36 150

（1）根据产品记录和生产费用资料计算甲半成品成本和月末在产品成本，填列甲半成品成本计算单，如表 5—29 所示。

表 5—29　　产品成本计算单

第一车间：甲半成品　　2015 年 6 月　　完工量：1 350 件

单位：元

成本项目	月初在产品成本	本月发生生产费用	合计	分配率	完工半成品成本	月末在产品成本
直接材料	18 000	42 000	60 000	40	54 000	6 000
直接人工	5 250	9 000	14 250	10	13 500	750
制造费用	7 500	13 875	21 375	15	20 250	1 125
合计	30 750	64 875	95 625	65	87 750	7 875

在表 5—29 的产品成本计算单中，月初在产品成本应根据上月末在产品成本登记；本月发生费用应根据本月各种费用分配表登记；本月完工产品成本和月末在产品成本应根据约当产量分配法计算后登记：

$$直接材料分配率=\frac{60\ 000}{1\ 350+150}=40$$

完工半成品应分配的材料成本＝1 350×40＝54 000（元）

月末在产品应分配的材料成本＝150×40＝6 000（元）

直接人工分配率$=\frac{14\ 250}{1\ 350+150\times50\%}=10$

完工半成品应分配的人工成本=1 350×10=13 500(元)

月末在产品应分配的人工成本=75×10=750(元)

制造费用分配率$=\frac{21\ 375}{1\ 350+150\times50\%}=15$

完工半成品应分配的制造费用=1 350×15=20 250(元)

月末在产品应分配的制造费用=75×15=1 125(元)

根据第一车间半成品交库单,编制会计分录如下:

借:自制半成品——甲半成品　　　　87 750

　　贷:生产成本——基本生产成本——一车间　　　　87 750

(2)根据第一车间甲半成品交库单和第二车间领用半成品的领料单,登记"自制半成品明细账",如表5—30所示。

表5—30　　自制半成品明细账

2015年6月

摘　要	收　入			发　出			结　存		
	数量(件)	单位成本(元)	总成本(元)	数量(件)	单位成本(元)	总成本(元)	数量(件)	单位成本(元)	总成本(元)
期初结存							300	59.5	17 850
本期入库	1 350	65	87 750						
本期发出				1 425	64	91 200			
期末结存							225	64	14 400

半成品甲加权平均成本$=\frac{17\ 850+87\ 750}{300+1\ 350}=64$

本月发出甲半成品成本=1 425×64=91 200(元)

根据第二车间领用半成品的领料单,编制会计分录如下:

借:生产成本——基本生产成本——第二车间　　　　91 200

　　贷:自制半成品——甲半成品　　　　91 200

(3)根据第二车间领用的自制半成品、发生的直接人工、制造费用,以及完工产品和月末在产品资料,分配费用并登记第二车间产品成本计算单,如表5—31所示。

表5—31　　产品成本计算单

第二车间:甲产品　　2015年6月　　产量:1 500件

单位:元

成本项目	月初在产品成本	本月发生生产费用	合计	分配率	完工半成品成本	月末在产品成本
半成品	16 800	91 200	108 000	60	90 000	18 000
直接人工	6 000	15 450	21 450	13	19 500	1 950
制造费用	9 000	20 700	29 700	18	27 000	2 700
合计	31 800	127 350	159 150	91	136 500	22 650

在表5—31中,月初在产品成本应根据上月末在产品成本登记;本月发生的生产费用中的“半成品”成本项目就是为了综合登记所耗用第一车间半成品的成本而增设的,该项目应根据自制半成品的加权平均单位成本计算的领用自制半成品成本登记,其他费用根据费用分配表计算结果登记;本月完工产品成本和月末在产品成本根据约当产量法计算登记:

$$半成品成本分配率=\frac{108\ 000}{1\ 500+300}=60$$

完工甲产品应分配的半成品成本=1 500×60=90 000(元)

月末在产品应分配的半成品成本=300×60=18 000(元)

$$直接人工分配率=\frac{21\ 450}{1\ 500+300\times50\%}=13$$

完工甲产品应分配的人工成本=1 500×13=19 500(元)

月末在产品应分配的人工成本=150×13=1 950(元

$$制造费用分配率=\frac{29\ 700}{1\ 500+300\times50\%}=18$$

完工甲产品应分配的制造费用=1 500×18=27 000(元)

月末在产品应分配的制造费用=150×18=2 700(元)

根据产成品交库单编制会计分录如下:

借:库存商品——甲产品	136 500	
贷:生产成本——基本生产成本——二车间		136 500

3. 按计划成本综合结转分步法的核算

采用按计划成本综合结转时,下步骤耗用上步骤自制半成品时,先按计划成本计价,其他各成本项目的计算方法与按实际成本综合结转法相同,这样计算出来的各步骤的半成品成本称为计划价格成本。最后,在各步骤计划价格成本的基础上,计算各步骤完工半成品的成本差异,分配给消耗这些半成品的产品负担,将转入各步骤成本计算单上的半成品计划成本调整为实际成本。

(1)第一生产步骤计算出半成品实际成本后,根据计划成本确定差异,编制入库半成品和结转半成品差异的会计处理。

①半成品按计划成本入库

借:自制半成品——甲半成品	计划成本	
贷:生产成本——基本生产成本——车间		计划成本

②结转入库半成品成本的节约差异(超支差异作相反的会计分录)

借:生产成本——基本生产成本——一车间	节约差异	
贷:半成品成本差异		节约差异

或者编制一个复合会计分录:

借:自制半成品——甲半成品	计划成本	
贷:生产成本——基本生产成本——一车间		实际成本
半成品成本差异		节约差异

(2)自制半成品明细账需设置半成品数量、计划成本等项目;同时需设置“半成品差异”明细账,用以反映半成品成本差异的节约差异、超支差异,并计算半成品成本差异分配率。

(3)下一生产步骤领用自制半成品时,应编制领用半成品计划成本和分配半成品差异的会计分录。

①领用半成品的计划成本

借:生产成本——基本生产成本——二车间　　计划成本

　贷:自制半成品——甲半成品　　计划成本

②领用半成品应分配半成品成本差异:

借:生产成本——基本生产成本——二车间　　节约(超支)差异用红(蓝)字

　贷:半成品成本差异　　节约(超支)差异用红(蓝)字

在下一生产步骤成本计算单内,其“半成品”项目可设“计划成本”、“实际成本”和“差异”三个项目,也可以只设“实际成本”一个项目。

(4)最后步骤生产完工产品经验收入库后,应按实际成本编制入库产成品的会计分录。

借:库存商品——甲产品　　实际成本

　贷:基本生产成本　　最后车间实际成本

4. 综合结转分步法的成本还原

按综合结转分步法计算出来的各步骤半成品成本和最后步骤计算出来的完工产品成本,不能真正体现各生产步骤半成品成本和最后步骤产成品成本的原始成本项目的结构。这样的成本结构资料不便于企业编制材料采购计划、工资计划和制造费用计划或预算。为了解决这一问题,需要对按逐步综合结转分步法计算出来的产品成本进行“成本还原”。

成本还原的方法是从最后步骤起,将其耗用上一生产步骤的“半成品”的综合成本,按照上一生产步骤本月完工半成品的成本项目的比例分解还原为原来的成本项目;如此自后向前逐步分解还原,直到第一生产步骤为止;然后再将各步骤还原后的相同项目加以汇总,即可求得按原始成本项目反映的产成品成本资料。

成本还原有两种方法:一种是通过计算成本还原率进行成本还原;另一种是通过计算前几步骤本月完工半成品的成本项目结构进行成本还原。

(1)计算成本还原率进行成本还原

$$\text{成本还原率}=\frac{\text{本月产成品成本中所耗上步半成品成本}}{\text{本月完工半成品成本}}$$

还原成上步直接材料=本月完工半成品直接材料成本×成本还原率

还原成上步直接人工=本月完工半成品直接人工成本×成本还原率

还原成上步制造费用=本月完工半成品制造费用金额×成本还原率

【例 5—5】 以表 5—29 和表 5—31 所计算的产品成本资料进行成本还原。

成本还原的对象是完工产品成本中所耗上步骤的“半成品”成本 90 000 元。需要注意的是,成本还原的对象不是完工产品成本 136 500 元。

$$\text{成本还原率}=\frac{90\ 000}{87\ 750}=1.025\ 64$$

还原成第一步的直接材料=54 000×1.025 64=55 384.56(元)

还原成第一步的直接人工=13 500×1.025 64=13 846.14(元)

还原成第一步的制造费用=20 250×1.025 64=20 769.21(元)

合计:　　90 000　(元)

具体成本还原过程如表 5—32 所示。

表 5－32

产成品成本还原计算表

2015 年 6 月

单位:元

还原后的成本项目	第一步骤	第二步骤	总成本	单位成本
直接材料	55 384.56		55 384.56	36.92
直接人工	13 846.14	19 500	33 346.14	22.23
制造费用	20 769.21	27 000	47 769.21	31.85
合计	90 000	46 500	136 500	91

根据还原结果可以看出,生产1 500件甲产品,其单位材料成本应为 36.92 元,而不是 60 元,材料总成本应为55 384.56元,而不是90 000元;单位直接人工应为 22.23 元,而不是 13 元,直接人工总成本不是19 500元,而是33 346.14元;单位制造费用应为 31.85 元,而不是 18 元,制造费用总额应为47 769.21元,而不是27 000元。

(2)通过计算前几个步骤本月完工半成品成本项目的结构进行成本还原

$$上步骤本月完工半成品成本结构=\frac{本月完工半成品各成本项目金额}{本月完工半成品成本}$$

还原成上步直接材料＝上步本月完工半成品的直接材料比重×本月完工产品所耗上步骤“半成品成本”

还原成上步直接人工＝上步本月完工半成品的直接人工比重×本月完工产品所耗上步骤“半成品成本”

还原成上步制造费用＝上步本月完工半成品的制造费用比重×本月完工产品所耗上步骤“半成品成本”

【例 5－6】 根据表 5－29 和表 5－31 计算的产品成本资料进行成本还原,具体见表 5－33。

表 5－33

产成品成本还原计算法

2015 年 6 月

单位:元

成本项目	第二步骤	第一步骤成本结构	半成品还原到第一步	合计
直接材料	90 000	61.54%	55 384.65	55 384.65
直接人工	19 500	15.38%	13 846.14	33 346.14
制造费用	27 000	23.08%	20 769.21	47 769.21
合计	136 500	100%	90 000	136 500

$$完工半成品直接材料比重=\frac{54\ 000}{87\ 750}\times 100\%=61.54\%$$

$$完工半成品直接人工比重=\frac{13\ 500}{87\ 750}\times 100\%=15.38\%$$

$$完工半成品制造费用比重=\frac{20\ 250}{87\ 750}\times 100\%=23.08\%$$

还原成第一步的直接材料＝90 000×0.615 385＝55 384.65(元)

还原成第一步的直接人工＝90 000×0.153 846＝13 846.14(元)

还原成第一步的制造费用＝90 000×0.230 769＝20 769.21(元)

合计:　　　　　　　　　　　　　　　　90 000　(元)

此还原结果与采用计算成本还原率还原的结果一致。

需要注意的是,第二次还原的对象是第一次还原出来的“自制半成品”或“直接材料”成本,不必对第二步骤的完工半成品成本进行成本还原。总之,应弄清楚成本还原只是对完工产品成本进行成本还原,无须对完工半成品成本进行成本还原。

综合结转分步法可以在各生产步骤的产品成本计算单或产品成本明细账中反映各步骤所耗半成品费用水平和各步骤加工费用水平，有利于各个生产步骤的成本管理；可以提供各步骤半成品成本资料。但是，综合结转分步法计算出来的成本资料不能真实地反映企业产品成本的原始构成情况，不便于企业编制材料采购成本计划和费用预算。为了从整个企业的角度反映产品成本项目的原始构成，加强企业综合的成本管理，需要对已计算出来的产品成本进行成本还原，这可能会增加成本核算工作量。

（三）分项结转分步法

分项结转分步法是指上一步骤转入下一步骤的半成品成本，不是以“自制半成品”进行反映的，而是分别成本项目记入下一步骤成本计算单的有关成本项目中，进行分项反映的一种方法。如果半成品通过仓库转发，相应的半成品成本明细账也要按照成本项目设置并登记。分项结转一般按照半成品的实际单位成本结转。采用分项结转分步法计算出来的产品成本，能提供按原始成本项目反映的产品成本结构，不需要进行成本还原。

【例 5—7】 某企业生产 A 产品，由两个车间进行，采用分项结转分步法计算产品成本，在产品按定额成本计算，原材料在开始生产时一次投入，各车间在产品完工率均为 50%。产量资料和定额及生产费用资料见表 5—34、表 5—35。

表 5—34　产量资料

2015 年 5 月　　单位：件

项　目	一车间	二车间
月初在产品	150	120
本月投产	300	375
本月完工	375	450
月末在产品	75	45

表 5—35　定额及生产费用资料

2015 年 5 月　　单位：元

项　目	单件定额成本		月初在产品成本（定额成本）		本月生产费用	
	一车间	二车间	一车间	二车间	一车间	二车间
直接材料	200	200	30 000	24 000	61 500	—
直接人工	30	20	2 250	1 200	9 150	7 200
制造费用	40	10	3 000	600	9 750	3 300
合　计	270	230	35 250	25 800	80 400	10 500

根据上述资料，可编制“一车间产品成本计算单”（见表 5—36）。

表 5—36　一车间产品成本计算单

2015 年 5 月　　单位：元

项　目	直接材料	直接人工	制造费用	合　计
月初在产品成本（定额成本）	30 000	2 250	3 000	35 250
本月发生费用	61 500	9 150	9 750	80 400
合　计	91 500	11 400	12 750	115 650
完工半成品成本	76 500	10 275	11 250	98 025
月末在产品成本（定额成本）	15 000	1 125	1 500	17 625

根据一车间转出完工半成品成本，分成本项目转入二车间成本计算单中相同成本项目中，即可编制“二车间产品成本计算单”(见表5—37)。

表5—37　　二车间产品成本计算单

2015年5月　　单位:元

项　目	直接材料	直接人工	制造费用	合　计
月初在产品成本(定额成本)	24 000	1 200	600	25 800
本月发生费用		7 200	3 300	10 500
一车间转入	76 500	10 275	11 250	98 025
合计	100 500	18 675	15 150	134 325
完工产品成本	91 500	18 225	14 925	124 650
月末在产品成本(定额成本)	9 000	450	225	9 675

采用分项结转分步法时，各生产步骤之间的成本结转比较复杂，特别是在半成品经过半成品库收发的情况下更是如此。同时，在各步骤完工产品成本中看不出所耗上步骤半成品成本的数额，不便于进行成本分析和成本考核。

(四)逐步结转分步法的优缺点

1. 逐步结转分步法的优点

采用逐步结转分步法计算产品成本，由于其实物结转与半成品的成本结转相一致，因而各成本计算单上月末在产品成本就是各步骤该产品实际占用的生产资金，将各步骤占用的生产资金进行汇总，就可以计算出企业实际占用的生产资金数额，便于考核生产资金的占用情况，有利于加强对生产资金的管理；同时，采用逐步结转分步法，还可以为各步骤消耗半成品、同行业进行半成品成本的对比、企业内部成本分析和考核等提供半成品成本资料。

2. 逐步结转分步法的缺点

采用综合结转法时，若需提供按原始成本项目反映的各产品成本项目的金额，还需进行成本还原，计算工作较为复杂。虽为避免进行成本还原可采用分项结转法，但转账手续比较麻烦。按实际成本计价结转虽比较准确，但影响了成本计算的及时性，不利于考核和分析各步骤成本的升降原因。按计划成本计价结转，虽能克服按实际成本计价的缺点，但要进行半成品成本差异的计算和调整。因此，采用逐步结转分步法时，企业应根据本单位的特点选择采用具体的成本计算模式。

三、平行结转分步法

(一)平行结转分步法的含义和适用范围

平行结转分步法也称不计算半成品成本法，是指各步骤不计算半成品成本，而只归集各步骤本身所发生的费用及各步骤应计入产成品成本的份额，将各步骤应计入产成品成本的份额平行加以汇总，即可计算出完工产品成本的一种方法。平行结转分步法主要在半成品种类较多，又很少对外销售的企业中采用。

(二)平行结转分步法的特点

1. 平行结转分步法的成本计算对象是各生产步骤和最终完工产品

在平行结转分步法下，各生产步骤的半成品均不作为成本计算对象，从各步骤产品成本明细账中转出的只是该步骤应计入最终产成品的费用，各步骤产品成本明细账不能提供其产出半成品的成本资料。

2. 半成品成本不随实物转移而结转

在平行结转分步法下，在计算产品成本时，各生产步骤只归集本步骤所发生的费用，上一步骤的半成品转入下一步骤继续加工时虽实物转入，但半成品成本并不予以结转。

3. 月末，生产费用要在完工产品与在产品之间进行分配

在平行结转分步法下，各步骤要将本步骤发生的费用选择合适的方法（约当产量法或定额比例法）分别计入完工产品成本和月末在产品成本；将各步骤应计入完工产品成本的份额平行加以汇总，即可计算出完工产品的成本。

（三）平行结转分步法的成本计算程序

1. 按每种产品的品种及其所经过的生产步骤设置产品成本计算单归集生产费用。

2. 采用一定的方法计算每一生产步骤应计入产成品成本中的份额。在计算各步骤应计入产成品成本的份额时，需将各步骤成本计算单上的生产费用，采用一定的方法在完工产品和在产品之间进行分配。这里所指完工产品是指最后步骤完工的产成品，在产品是指广义在产品。由于在平行结转法下上一步骤半成品的实物转入下一步骤时，半成品的成本并不转入下一步骤。所以，在计算分配各步骤发生的费用时，凡各步骤已转出但尚未制成产成品的半成品，其费用仍保留在原来的成本计算单中。因此，各步骤的在产品是广义在产品，它不但包括本步骤尚未完工的在产品，而且还包括本步骤加工完成转入下一步骤或半成品库尚未制成为产成品的两部分。所要分配的费用只是本步骤发生的费用，不包括上一步骤转入的半成品的成本。

3. 将各步骤产品成本计算单上归集的生产费用，扣除应计入产成品成本中的份额，其余额就是在产品成本。

4. 将各生产步骤中应计入产成品成本中的份额平行地加以汇总，就可计算出每种产成品的成本。

平行结转分步法的成本计算程序可用图 5—3 表示。

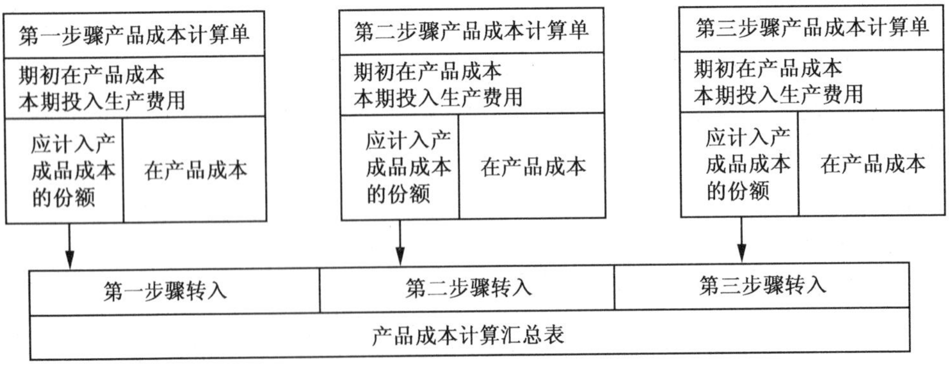

图 5—3　平行结转分步法的成本计算程序

（四）平行结转分步法下各步骤应计入产成品成本中的份额的计算

在采用平行结转分步法计算产品成本时，月末各步骤应将本月累计的生产费用在最终的产成品与广义的在产品之间进行分配，从而确定出本步骤应计入产成品成本中的份额。常用

的分配方法有约当产量法和定额比例法。

1. 采用约当产量法分配费用时，各步骤计入产成品成本份额的计算公式为：

$$\text{某步骤应计入产成品成本中的份额}=\text{产成品数量}\times\text{该步骤半成品单位成本}$$

$$\text{某步骤半成品单位成本}=\frac{\text{该步骤月初在产品成本}+\text{该步骤本月发生的生产费用}}{\text{该步骤完工产品数量}}$$

上式中各步骤完工产品数量（约当产量）是由三部分组成的，即本月完工产成品数量、各步骤月末尚未完工的在产品数量以及本步骤已经加工完成转到半成品库和以后各步骤尚未制成为产成品的半成品数量，其计算公式如下：

$$\begin{array}{c}\text{某步骤完工产品数量}\\\text{（约当产量）}\end{array}=\begin{array}{c}\text{本月完工}\\\text{产成品数量}\end{array}+\begin{array}{c}\text{该步骤月末在产品}\\\text{约当产量}\end{array}+\begin{array}{c}\text{该步骤已完工留存在半成品库}\\\text{和以后各步骤月末半成品数量}\end{array}$$

2. 采用定额比例法分配费用时，各步骤计入产成品成本份额的计算公式为：

$$\begin{array}{c}\text{月末广义在产品的定额}\\\text{消耗量（工时）或定额费用}\end{array}=\begin{array}{c}\text{月初广义在产品定额}\\\text{消耗量（工时）或定额费用}\end{array}+\begin{array}{c}\text{本月投入的定额消耗量}\\\text{（工时）或定额费用}\end{array}-\begin{array}{c}\text{本月产成品定额消耗}\\\text{量（工时）或定额费用}\end{array}$$

$$\begin{array}{c}\text{某步骤某项}\\\text{费用的分配率}\end{array}=\frac{\text{该步骤该项目期初费用}+\text{该步骤该项目本月发生费用}}{\text{产成品定额消耗量（工时）或定额费用}+\text{月末广义在产品定额消耗量（工时）或定额费用}}$$

$$\begin{array}{c}\text{某步骤某项费用应计入}\\\text{产成品成本的份额}\end{array}=\text{产成品定额消耗量（工时）或定额费用}\times\text{某步骤某项费用的分配率}$$

（五）平行结转分步法举例

1. 按约当产量法分配费用

【例 5－8】 某企业生产 B 产品，经过三个步骤，材料在生产开始时一次投入，月末在产品按约当产量法计算，各步骤在产品完工程度均为 50%。有关产量记录和生产费用记录资料见表 5－38、表 5－39。

表 5－38 　　**产量记录**

2015 年 8 月　　单位：件

项　目	第一步骤	第二步骤	第三步骤
月初在产品	150	300	120
本月投产	3 000	2 250	2 550
本月完工	2 250	2 550	2 400
月末在产品	900	—	270

表 5－39 　　**生产费用资料**

2015 年 8 月　　单位：元

成本项目	月初在产品成本				本月发生费用			
	第一步骤	第二步骤	第三步骤	合计	第一步骤	第二步骤	第三步骤	合计
直接材料	3 000	—	—	3 000	64 830	—	—	64 830
直接人工	900	750	1 050	2 700	36 540	12 600	44 580	93 720
制造费用	450	300	360	1 110	18 270	5 040	17 385	40 695
合计	4 350	1 050	1 410	6 810	119 640	17 640	61 965	199 245

第一步骤产品成本计算的结果如下：

在产品数量(计算直接材料费用使用)=2 400+270+900=3 570(件)

在产品数量(计算加工费用使用)=2 400+270+900×50%=3 120(件)

$$单位成本(直接材料)=\frac{3\ 000+64\ 830}{3\ 570}=19(元)$$

应计入产成品成本的份额(直接材料)=2 400×19=45 600(元)

其余指标的计算方法同上,据此可编制成"第一步骤的产品成本计算单",见表5—40。

表5—40 **第一步骤的产品成本计算单**

2015年8月 单位:元

行　次	项　目		直接材料	直接人工	制造费用	合　计
(1)	月初在产品成本		3 000	900	450	4 350
(2)	本月发生费用		64 830	36 540	18 270	119 640
(3)=(1)+(2)	合计		67 830	37 440	18 720	123 990
(4)	产量	完工产品数量	2 400	2 400	2 400	—
(5)		广义在产品数量	1 170	720	720	—
(6)=(4)+(5)		合计	3 570	3 120	3 120	—
(7)=(3)÷(6)	单位成本		19	12	6	37
(8)=(4)×(7)	应计入产成品成本中的份额		45 600	28 800	14 400	88 800
(9)=(3)-(8)	月末在产品成本		22 230	8 640	4 320	35 190

第二步骤产品成本计算的结果如下:

$$单位成本(直接人工)=\frac{13\ 350}{2\ 670}=5(元)$$

应计入产成品成本中的份额(人工)=2 400×5=12 000(元)

制造费用的计算方法同上。据此可编制"第二步骤的产品成本计算单",见表5—41。

表5—41 **第二步骤的产品成本计算单**

2015年8月 单位:元

行　次	项　目		直接材料	直接人工	制造费用	合　计
(1)	月初在产品成本		—	750	300	1 050
(2)	本月发生费用		—	12 600	5 040	17 640
(3)=(1)+(2)	合 计		—	13 350	5 340	18 690
(4)	产量	完工产品数量	—	2 400	2 400	—
(5)		广义在产品数量	—	270	270	—
(6)=(4)+(5)		合计	—	2 670	2 670	—
(7)=(3)÷(6)	单位成本		—	5	2	7
(8)=(4)×(7)	应计入产成品成本中的份额		—	12 000	4 800	16 800
(9)=(3)-(8)	月末在产品成本		—	1 350	540	1 890

第三步骤成本计算的结果如下:

$$单位成本(人工)=\frac{45\ 630}{2\ 535}=18(元)$$

应计入产成品成本中的份额(燃料及动力)=2 400×18=43 200(元)

其余指标计算方法同上。据此可编制“第三步骤的产品成本计算单”,见表5—42。

表5—42　**第三步骤的产品成本计算单**

2015年8月　单位:元

行　次	项　目		直接材料	直接人工	制造费用	合计
(1)	月初在产品成本		—	1 050	360	1 410
(2)	本月发生费用		—	44 580	17 385	61 965
(3)=(1)+(2)	合 计		—	45 630	17 745	63 375
(4)	产量	完工产品数量	—	2 400	2 400	—
(5)		广义在产品数量	—	135	135	—
(6)=(4)+(5)		合计	—	2 535	2 535	—
(7)=(3)÷(6)	单位成本		—	18	7	25
(8)=(4)×(7)	应计入产成品成本中的份额		—	43 200	16 800	60 000
(9)=(3)−(8)	月末在产品成本		—	2 430	945	3 375

根据上述计算,将各步骤成本计算单中“应计入产成品成本中的份额”平行进行汇总,即可编制“完工产品成本汇总计算单”,见表5—43。

表5—43　**完工产品成本汇总计算单**

2015年8月　单位:元

项　目	直接材料	直接人工	制造费用	合计
第一步骤	45 600	28 800	14 400	88 800
第二步骤		12 000	4 800	16 800
第三步骤		43 200	16 800	60 000
成本合计	45 600	84 000	36 000	165 600
单位成本	19	35	15	69

2. 按定额比例法分配费用

【例5—9】 大华厂大批生产A产品,分两个步骤分别由两个基本生产车间生产。原材料在生产开始时一次投入。生产费用在完工产品与在产品之间采用定额比例法分配,其中原材料按定额原材料费用比例分配,其他各项费用均按定额工时比例分配,2015年8月有关成本核算资料见表5—44、表5—45。

表5—44　**A产品定额表**

2015年8月　单位:元

车间份额	月初在产品		本月投入		本月产成品				
	定额原材料费用	定额工时	定额原材料费用	定额工时	单件定额		产量	定额原材料费用	定额工时
					原材料费用	工时			
第一车间	2 700	1 200	132 300	36 000	100	27	1 320	132 000	35 640
第二车间		2 400		33 000		25	1 320		33 000

表 5—45 生产费用资料

2015 年 8 月 单位:元

项　目		直接材料	直接人工	制造费用	合计
一车间	月初在产品成本	3 000	1 350	1 650	6 000
	本月生产费用	129 000	42 600	53 400	225 000
	合计	132 000	43 950	55 050	231 000
二车间	月初在产品成本		2 700	3 000	5 700
	本月生产费用		33 300	22 500	55 800
	合计		36 000	25 500	61 500

首先,登记第一、第二车间产品成本明细账,如表 5—46、表 5—47 所示。

表 5—46 产品成本明细账

第一车间:A 产品 2015 年 8 月 单位:元

项　目	产量	原材料		定额工时	直接人工	制造费用	合计
		定额	实际				
月初在产品成本		2 700	3 000	1 200	1 350	1 650	6 000
本月生产成本		132 300	129 000	36 000	42 600	53 400	225 000
合计		135 000	132 000	37 200	43 950	55 050	231 000
费用分配率			0.977 8		1.181 5	1.479 8	
产成品成本中本步骤份额	1 320	132 000	129 069.6	35 640	42 108.66	52 740.07	223 918.33
月末在产品成本		3 000	2 930.4	1 560	1 841.34	2 309.93	7 081.67

在表 5—46 中,费用分配率的计算如下:

$$直接材料费用分配率=\frac{132\ 000}{135\ 000}=0.977\ 8$$

$$直接人工费用分配率=\frac{43\ 950}{37\ 200}=1.181\ 5$$

$$制造费用分配率=\frac{55\ 050}{37\ 200}=1.479\ 8$$

各项费用中应计入产成品成本的份额计算如下:

直接材料费用应计入产成品的份额=132 000×0.977 8=129 069.6(元)

直接人工费用应计入产成品的份额=35 640×1.181 5=42 108.66(元)

制造费用应计入产成品的份额=35 640×1.479 8=52 740.07(元)

表 5—47 产品成本明细账

第二车间:A 产品 2015 年 8 月 单位:元

项　目	产量	原材料		定额工时	直接人工	制造费用	合计
		定额	实际				
月初在产品成本				2 400	2 700	3 000	5 700
本月生产成本				33 000	33 300	22 500	55 800
合计				35 400	36 000	25 500	61 500
费用分配率					1.016 9	0.720 3	
产成品成本中本步骤份额	1 320			33 000	33 557.7	23 769.9	57 327.6
月末在产品成本				2 400	2 442.2	1 730.1	4 172.4

在表 5－47 中，费用分配率、应计入产成品成本的份额及月末在产品成本的计算与表 5－46中相应各项目的计算方法相同。接下来，将第一车间、第二车间产品成本明细账中应计入产成品成本的份额平行汇总，计算产成品成本，编制产成品成本汇总表，如表 5－48所示。

表 5－48 **产成品成本汇总表**

产品名称：A 产品 2015 年 8 月 单位：元

车间份额	产量(件)	直接材料	直接人工	制造费用	合计
第一车间份额	1 320	129 069.6	42 108.66	52 740.07	223 918.33
第二车间份额	1 320		33 557.7	23 769.9	57 327.6
合计	1 320	129 069.6	75 666.36	76 509.97	281 245.93
产成品单位成本		97.78	57.32	57.96	213.06

(六)平行结转分步法的优缺点

1. 平行结转分步法的优点

采用平行结转分步法计算产品成本，由于各步骤不计算所耗上一步骤半成品的成本，只计算本步骤所发生的费用应计入产成品成本中的份额，将这一份额平行汇总即可计算出产成品成本。因此，各生产步骤月末可以同时进行成本计算，不必等待上一步骤半成品成本的结转，从而加快了成本计算工作的速度，缩短了成本计算的时间；同时，采用平行结转分步法，能直接提供按原始成本项目反映的产品成本的构成，有助于进行成本分析和成本考核。

2. 平行结转分步法的缺点

采用平行结转分步法时，半成品成本的结转同其实物结转相脱节，各步骤月末在产品成本不仅包括本步骤正在加工中的在产品，而且也包括转入下一步骤但尚未最后制成为产成品的那些半成品在本步骤中发生的费用，这样，各步骤成本计算单上的月末在产品成本与实际结存在该步骤的在产品成本就不一致，因而，不利于加强对生产资金的管理。所以，平行结转分步法一般适用于不需提供各步骤半成品成本资料的企业。

四、逐步结转分步法与平行结转分步法的比较

采用逐步结转分步法与平行结转分步法计算产品成本，虽然都属于分步法，但两者之间仍有许多不同之处，主要表现在以下几个方面：

1. 成本计算程序不同

逐步结转分步法在计算成本时是按产品的生产过程逐步计算并结转半成品及其成本，在最后步骤计算出完工产成品成本；而平行结转分步法各步骤只计算该步骤应计入产成品成本的份额，将各步骤应计入产成品成本的份额平行地加以汇总，才能计算出完工产成品的成本。

2. 各步骤所包括的费用不同

逐步结转分步法下，其每一步骤应分配的费用(第一步骤除外)既包括本步骤发生的费用，也包括上一步骤转入的半成品的成本；平行结转分步法下各步骤应分配的费用，只包括本步骤发生的费用，不包括上一步骤转入半成品的成本。

3. 完工产品和在产品的概念不同

逐步结转分步法下的完工产品不仅包括最后步骤完工的产成品，而且还包括各步骤完工的半成品；平行结转分步法下的完工产品只包括最后步骤的完工产成品。逐步结转分步法下的在产品是狭义在产品，而平行结转分步法下的在产品是广义在产品。

4. 提供的成本资料不同

逐步结转分步法下能提供各步骤所占用的生产资金数额。但在综合逐步结转分步法下不能提供按原始成本项目反映的成本结构,有时需要进行复杂的成本还原;平行结转分步法下不能提供各步骤所占用的生产资金数额,但它能直接提供按原始成本项目反映的产品成本构成,不需进行成本还原。

5. 半成品成本处理方法不同

在逐步结转分步法下,成本与实物是一致的,即半成品实物转入哪个步骤,其成本也转入哪个步骤;平行结转分步法下成本与实物是不一致的,当半成品转入下一步骤加工时,其成本并不转入下一步骤。

6. 成本计算的时间不同

逐步结转分步法除第一步骤外,其余步骤均需在上一步骤成本计算后才能进行,影响了成本计算的及时性。而平行结转分步法各步骤可以同时进行计算,加快了成本计算的速度。

第六章

产品成本核算的辅助方法

在实际工作中，还有分类法、定额法、变动成本法、标准成本法和定额成本法等辅助成本计算方法。但这些成本计算方法都不是独立的成本计算方法，而是为了解决成本计算或成本管理过程中的某一方面的需要而采用的。分类法是为了简化成本计算的手续，由产品的型号、规格繁多或生产联产品的企业所采用的方法。定额法是定额管理工作比较好的企业为了更有效地控制生产费用的发生，降低产品成本，进行成本分析和成本考核而采用的方法。变动成本法是为了向企业的决策者进行短期生产经营决策提供数据，还采用一种只计算产品的变动成本，而将固定成本直接计入当期损益的方法。作业成本法是为了改变将间接费用分配到各种产品的标准，以提高产品成本计算的正确性而采用的方法。

第一节　分类法

一、分类法的特点及适用范围

产品成本计算分类法，是指先按产品类别归集生产费用，计算各类完工产品的总成本，然后采用一定标准分配计算类内各种或各规格产品成本的一种成本计算方法。相对于品种法、分步法和分批法三种主要方法而言，分类法作为成本计算的一种辅助方法，主要满足了简化产品成本计算的需要。

有些制造业企业，其生产的产品品种或规格繁多，如果按照产品的品种归集费用、计算成本，成本计算工作量就极为繁重。产品成本计算的分类法，就是在产品品种繁多但可以按照一定标准分类的情况下，为了简化计算工作而采用的一种成本计算方法。因此，分类法不是一种独立的成本计算方法，一般必须结合品种法使用。

分类法适用于产品品种或规格繁多而且可以对产品进行合理分类的企业，如用同样原材料、经过同样工艺过程生产出来不同规格的产品的企业，例如钢铁企业生产的各种牌号和规格的生铁、钢锭和钢材；用同一种原材料进行加工而同时生产出几种主要产品（即联产品）的企业，例如原油经过提炼可以炼出各种汽油、煤油和柴油等产品。某些企业除了生产主要产品以外，还可能生产一些零星产品，虽然内部结构、所耗原材料和工艺过程不一定完全相近，但是它们的品种、规格多，而且数量少，费用比重小。为了简化成本计算工作，这些零星产品也可以归为几类，采用分类法计算成本。

二、分类法的成本计算程序

首先，要根据产品的结构、所用原材料和工艺过程的不同，将产品划分为若干类，按照产品的类别设立产品成本明细账，归集产品的生产费用，计算各类产品成本。

其次，选择合理的分配标准，在每类产品的各种产品之间分配费用，计算每类产品内各种产品的成本。同类产品内各种产品之间分配费用的标准，包括定额消耗量、定额费用、售价以及产品的体积、长度和重量等。选择分配标准时，应考虑分配标准是否与产品成本的高低关系密切。各成本项目可以采用同一分配标准分配，也可以按照成本项目的性质分别采用不同的分配标准分配，以使分配结果更加合理。类内产品成本的计算一般采用系数法和定额比例法。

1. 系数法

系数法是将分配标准折算成相对固定的系数，按照固定系数在类内各种产品之间分配费用计算类内各种产品成本的一种方法。具体步骤是：

(1)在同类产品中，选择一种产量较大、生产比较稳定或规格折中的产品作为标准产品。

(2)把这种产品的分配标准系数定为“1”。

(3)用其他各种产品的分配标准额与标准产品的分配标准相比，求出其他产品的分配标准与标准产品的分配标准的比率(即系数)。系数一经确定，应相对稳定，不应任意变更。

(4)用各种产品实际产量乘以各产品分配标准的系数，将各种产品的实际产量折合成标准产品产量，或称为总系数、标准产品产量总数。

(5)以标准产品产量总数与各项费用总额的比率作为各项费用的分配率，并以此分配率乘以各种产品的标准产量，计算确定类内各品种或各规格产品的成本。

这里的系数有单项系数和综合系数两种形式。前者指用于分配不同成本项目的系数，后者则指适用于各成本项目的分配系数。系数的有关计算公式为：

①单项系数的计算公式

$$直接材料成本系数=\frac{某种产品的分配标准(如直接材料定额成本)}{标准产品的分配标准(如直接材料定额成本)}$$

$$直接人工(制造费用)成本系数=\frac{某种产品的分配标准(如定额工时、定额费用)}{标准产品的分配标准(如定额工时、定额费用)}$$

②综合系数的计算公式

$$某种产品综合系数=\frac{某种产品的定额成本(或售价)}{类内标准产品的定额成本(或售价)}$$

2. 定额比例法

定额比例法是指以类内各种产品的定额消耗指标比例作为分配标准，计算某类完工产品总成本的一种方法。一般适用于定额基础好，各项定额资料比较齐全、准确、稳定的企业。

$$某类产品某项费用分配率=\frac{该类完工产品该项费用定额}{\begin{array}{c}\sum该类内各种产品该项\\费用的定额耗用量(或定额工时)\end{array}}$$

$$\begin{array}{c}类内某种产品某项\\费用的实际成本\end{array}=\begin{array}{c}类内该种产品该项费用\\的定额耗用量(或定额工时)\end{array}\times\begin{array}{c}该类产品该项\\费用分配率\end{array}$$

三、分类法成本计算举例

(一)分类法成本计算

【例 6－1】 假设某企业生产 A、B、C 三种产品，它们同时生产且所用原材料和工艺过程基本相同，采用分类法计算产品成本。生产费用在三种产品之间分配的标准为：直接材料费用按直接材料定额成本系数分配，其他费用按工时定额系数分配。B产品为标准产品，耗用材料和工时的系数均为1。月初、月末在产品均按定额成本计价。该企业2015年6月份完工产品产量为：A产品300件，B产品270件、C产品600件。

其计算过程如下：

1. 计算系数

类内各产品耗用各种直接材料的消耗定额、计划单价、工时定额以及计算出的定额成本、直接材料定额成本系数、工时定额系数如表6—1所示。

表6—1　　材料、工时定额系数计算表

2015年6月

产品名称	单位产品直接材料成本				直接材料定额成本系数	工时定额	
	材料名称	消耗定额（千克）	计划单价	定额成本		单耗（小时）	系数
A	甲	1.00	15	15	54/48=1.125	6	6/4=1.5
	乙	1.50	18	27			
	丙	0.40	30	12			
	小计			54			
B(标准产品)	甲	0.80	15	12	1	4	1
	乙	1.00	18	18			
	丙	0.60	30	18			
	小计			48			
C	甲	0.84	15	12.6	42/48=0.875	4.4	4.4/4=1.1
	乙	0.80	18	14.4			
	丙	0.50	30	15			
	小计			42			

2. 计算某类内产品成本

2015年6月该类产品月初、月末在产品定额成本、当月生产费用以及计算出的完工产品成本如表6—2所示。

表6—2　　产品成本计算单

产品类别：××类产品　　2015年6月　　单位：元

项　目	直接材料	直接人工	制造费用	合　计
月初在产品成本（定额成本）	12 300	1 800	2 400	16 500
本月生产费用	151 920	21 960	27 450	201 330
生产费用合计	164 220	23 760	29 850	217 830
完工产品成本	154 020	22 080	27 600	203 700
月末在产品成本（定额成本）	10 200	1 680	2 250	14 130

3. 将该类完工产品成本在类内各种产品之间进行分配（见表6—3）

表6—3　　某类产品内各种产品成本计算单

2015年6月

项目	产量(件)	材料费用系数	材料费用总系数	定额工时系数	定额工时总系数	直接材料	直接人工	制造费用	合　计
①	②	③	④=②×③	⑤	⑥=②×⑤	⑦=④×分配率	⑧=⑥×分配率	⑨=⑥×分配率	⑩=⑦+⑧+⑨
分配率						136	16	20	
A产品	300	1.125	337.5	1.5	450	45 900	7 200	9 000	62 100
B产品	270	1	270	1	270	36 720	4 320	5 400	46 440
C产品	600	0.875	525	1.1	660	71 400	10 560	13 200	95 160
合计			1 132.5		1 380	154 020	22 080	27 600	203 700

直接材料系数分配率＝完工产品直接材料费用合计÷直接材料费用总系数合计
＝154 020÷1 132.5＝136

直接人工系数分配率＝完工产品直接人工费用合计÷定额工时总系数
＝22 080÷1 380＝16

制造费用系数分配率＝完工产品制造费用合计÷定额工时总系数
＝27 600÷1 380＝20

（二）副产品的成本计算

1. 副产品的含义和特点

副产品是企业在利用同种原材料生产主要产品的同时附带生产出来的一些非主要产品。例如，家具生产企业利用木材的边角碎料加工的工艺品，炼铁过程中产生的高炉煤气，炼油厂在提炼原油过程中附带生产出来的渣油、石油焦等，油脂化工厂生产肥皂时生产出来的甘油水，制糖厂生产出来的蔗渣，炼焦厂生产出来的苯等。

副产品通常具有以下两个特点：

（1）副产品与主要产品是在同一生产过程中产生的，副产品具有一定的使用价值，通常可以作为商品加以利用，但是价值较低。有些副产品在与主产品分离后可以直接对外出售，有些副产品则还需要经过进一步的加工后才能出售。

（2）无法单独归集副产品在分离点之前所发生的各项费用。副产品在与主产品分离之前，通常不单独发生费用，因此，在分离点之前无法区分副产品的生产费用与主产品的生产费用。

2. 副产品的成本计算

由于副产品具有一定的使用价值，也需要计算生产成本，但副产品发生的生产费用是和主产品混在一起的。为了简化计算工作，如果企业的副产品比重不大，可以采用与分类法相类似的方法计算成本，即将副产品与主产品合为一类设立产品成本明细账，归集费用，计算成本，然后将副产品按照一定的方法计价，从总成本中扣除，以扣除后的成本作为主产品的成本。如果企业的副产品比重较大，为了正确计算主、副产品的成本，应该将主、副产品视同联产品采用分类法计算成本。

副产品成本计算的关键是如何将混在一起的完工产品成本分配给主产品和副产品。一般是先采用简单的方法计算出副产品的成本，完工产品总成本扣除副产品成本即为主产品成本。

副产品的成本计算方法通常包括：

(1)按照售价减去税金和按正常利润率计算的销售利润后的余额计算。

(2)按照售价减去税金和按正常利润的基础上确定固定或计划单价，以固定或计划单价计算。

(3)按计划单位成本计价而不计算副产品的实际成本。有些企业的副产品如果加工处理所需时间不长、费用不大，为了简化成本计算工作，也可以将主、副产品的生产费用总额扣除按计划单位成本计算的副产品成本以后的余额作为主产品的成本。

正确确定副产品的成本很重要，如果副产品计价过高，就会将主产品成本转移到副产品成本中；相反，如果副产品计价过低，就会将副产品成本转移到主产品成本中。

3. 副产品成本计算举例

【例 6－2】 某公司在生产甲产品的同时利用在生产过程中产生的边角料加工一些副产品乙，主、副产品的生产和加工在同一个车间内进行，不分生产步骤计算成本。副产品原料按计划单价每千克 8 元计价，从主产品的原材料费用中扣减。主、副产品的在产品均按原料的费用定额计价。该公司 2015 年 6 月份除了生产主产品外，还利用边角料生产了一些副产品，副产品所用的原材料重量为 700 千克。根据各种费用分配表、月初和月末在产品定额成本(在产品的定额原料费用)以及产成品交库单等有关资料，分别登记主、副两种产品成本明细账，如表 6－4 和表 6－5 所示。

表 6－4　　**产品成本明细账**

2015 年 6 月

产品名称：甲产品(主产品)　　完工产量：150 件　　月末在产品：15 件

2015 年		摘　要	直接材料	直接人工	制造费用	合　计
月	日					
6	1	期初余额	24 000			24 000
6	30	本月生产费用	225 000	120 000	108 000	453 000
		减：副产品原材料	5 600			－5 600
		生产费用累计	243 400	120 000	108 000	471 400
6	30	结转完工产品成本	222 000	120 000	108 000	450 000
		月末在产品成本	21 400			21 400

表 6－5　　**产品成本明细账**

产品名称：乙产品(副产品)　　完工产量 1 000 套　　月末在产品：0

2015 年		摘　要	直接材料	直接人工	制造费用	合　计
月	日					
6	1	期初余额	0			0
6	30	本月生产费用	5 600	4 200	3 800	13 600
		加：其他材料	900			900
		生产费用累计	6 500	4 200	3 800	14 500
6	30	结转完工产品成本	6 500	4 200	3 800	14 500
		月末在产品成本	0			0

在主产品成本明细账中，本月生产费用为主、副产品分离前共同发生的费用。其中，原材

料费用为直接计入费用，应根据领料凭证按照材料类别和用途汇总编制的材料费用分配表（本例略）登记；工资及福利费和制造费用应根据工资和制造费用分配表（本例略）登记。应扣减的副产品原料价值5 600元，根据副产品领用原料的数量（700 千克）和计划单价（8 元）求得的乘积，应根据副产品成本的结转凭证登记。生产费用累计数减去月末在产品定额成本即为主产品的产成品成本。由于在产品定额成本只计算原材料费用，因而在产品原料成本差异和其他各项费用均由产成品成本负担。

在副产品成本明细账中，本月生产费用为本月副产品与主产品分离以后为加工副产品所发生的费用。其中，原材料费用应根据副产品成本的结转凭证登记，工资及福利费和制造费用应根据直接人工及制造费用分配表（本例略）登记。生产费用累计数减去按定额原料费用计算的在产品成本即为副产品分离后加工制成的副产品成本。

（三）联产品的成本计算

1. 联产品的含义和特点

联产品是使用同一种原材料，在同一生产过程中同时生产出若干种使用价值不同的主要产品。如炼油厂从原油中可以同时提炼出汽油、柴油、润滑油等。

同一种材料投入生产后，在同一工艺过程中生产到一定的阶段分离出来若干种主要产品，分离后的各种产品有的是半成品，有的可能还需进一步加工才能成为半成品。

2. 联产品的成本计算

当同一种材料投入生产以后在分离出联产品之前，是作为一个成本计算对象归集生产费用的，可以将联产品视为同一类产品，采用分类法计算成本。分离后的半成品如需进一步加工，则应根据具体情况分别采用品种法或其他方法计算成本。

因此，联产品的成本计算在分离点之前按类别归集发生的费用，在分离点之后用按分类法的程序分配计算类内各种联产品的成本。如果分离后还需继续加工的，其最终成本应由原分配的类内某种联产品的成本加上该联产品分离后继续加工的成本组成。

联产品成本计算的关键是联产品之间各种产品成本的分配。归集和分配本月发生的生产费用以及分配完工产品和在产品成本可按照品种法进行；联产品之间的成本一般按系数法进行分配，分配标准可用各种产品的销售价格。

3. 联产品成本计算举例

【例 6—3】 某炼油厂用原油可以生产出汽油、煤油、柴油三种联产品，可直接对外销售。汽油、煤油、柴油分离前视同一类，定为 A 类联产品。2015 年 1 月生产费用归集如下：直接材料84 960元，直接人工33 984元，制造费用36 816元，合计155 760元。

联产品的产量、售价和单位系数如表 6—6 所示。

表 6—6 **A 类联产品系数计算表**

2015 年 1 月

产品名称	产量（公升）	售价（元）	系　数
汽油	7 800	12	1.5
煤油	13 000	8	1
柴油	18 000	10	1.25

按系数法计算分配联产品成本，如表 6—7 所示。

表 6—7　　联产品成本计算表

2015 年 1 月　　单位：元

项目	产量(公升)	单位系数	总系数	直接材料	直接人工	制造费用	合　计
联产品总成本				84 960	33 984	36 816	155 760
系数单位成本				1.8	0.72	0.78	
汽油	7 800	1.5	11 700	21 060	8 424	9 126	38 610
煤油	13 000	1	13 000	23 400	9 360	10 140	42 900
柴油	18 000	1.25	22 500	40 500	16 200	17 550	74 250
合计			47 200	84 960	33 984	36 816	155 760

(四)等级品成本计算

等级品是指用相同的原材料，经过相同的生产过程，生产出性质相同但品级或质量不同的产品。如搪瓷器皿、电子元件、纺织品等的生产，经常会出现一等品、二等品、三等品等等级品。产生等级品的原因是多方面的，常见原因包括：技术操作不当、管理不善和原材料质量或生产技术条件的影响。虽然不同的等级品品级和质量不同，使用功能上可能也有差别，销售价格也不同，但在成本计算上要区分以下两种情况：

1. 由于技术操作不当或管理不善导致的不同等级产品在成本计算上不应有所区别，等级品售价的不同导致利润不同，说明了企业经营管理上存在的问题，从而促使企业改善经营管理，提高产品质量。

2. 由于原材料质量或生产技术条件不同而生产的等级品，如果各等级品售价相差很大，则可按单位售价作为分配标准，采用系数法分配计算各等级产品的成本。

【例 6—4】 某公司生产某纺织品，在生产过程中由于技术条件限制，产生了等级产品。2015 年 6 月份分别制成一等品6 000件、二等品1 200件和三等品 800 件。单位售价分别为 20 元、15 元、12 元。该公司以售价作为分配标准，以一等品作为标准产品，采用系数法分配共同成本。本月生产费用归集如下：直接材料75 000元，直接人工24 000元，制造费用12 000元，合计111 000元。等级产品成本计算如表 6—8 所示。

表 6—8　　等级产品成本计算表

2015 年 6 月　　单位：元

产品等级	产量	单位售价	系数	标准产量	分配比例(%)	各等级应负担的成本			总成本	单位成本
						直接材料	直接人工	制造费用		
一	6 000	20	1	6 000	81.30	60 975	19 512	9 756	90 243	15.04
二	1 200	15	0.75	900	12.20	9 150	2 928	1 464	13 542	11.29
三	800	12	0.6	480	6.50	4 875	1 560	780	7 215	9.02
合计	8 000			7 380	100	75 000	24 000	12 000	111 000	

第二节 定额法

一、定额法的特点和适用范围

产品成本计算的定额法又称为定额成本法，是以产品定额成本为基础，加上（或减去）脱离定额的差异、材料成本差异和定额变动差异，来计算产品实际成本的方法。它是在加强企业的计划管理和定额管理的基础上产生的。采用定额成本法计算产品成本，可以根据生产费用定额和实际发生数额计算脱离定额差异，以便随时控制和监督生产费用的发生，从而有效地降低产品成本。

定额法不是一种独立的成本计算方法。它与生产类型无直接关系，只是为了加强成本控制和简化成本核算而采用的一种辅助的成本计算方法。它必须与品种法、分批法或分步法结合使用。使用定额法计算产品成本，便于及时进行成本分析，有效地进行成本控制，挖掘企业潜力，不断降低产品成本。

定额成本法一般适用于已制定了一整套、较为完整的定额管理制度，产品生产已经定型，各项生产费用消耗定额比较稳定、健全、准确，以及财务会计人员的业务水平较高的大批大量装配式机械制造企业，如生产各种机床、车床、车辆等的企业。

二、定额法的计算方法和计算程序

（一）定额法下产品实际成本的构成

定额法下产品的实际成本由定额成本、脱离定额差异、材料成本差异和定额变动差异四个部分组成。

1. 定额成本的计算

产品的定额成本，是根据企业某一时期所实行的各种消耗定额、当期费用预算和其他资料计算的一种预计产品成本。它是衡量生产费用节约或超支的尺度，是计算实际成本的基础。产品的定额成本主要是指产品的单位定额成本。产品的单位定额成本是分成本项目计算的，具体计算公式为：

单位产品直接材料定额成本＝∑单位产品材料定额用量×材料计划单价

单位产品直接人工定额成本＝单位产品生产工时定额×计划小时工资费用

单位产品制造费用定额成本＝单位产品生产工时定额×计划小时制造费用

产品定额成本的确定，首先要根据产品的工艺流程，制定产品的原材料、燃料、动力消耗定额和工时消耗定额、计划小时工资分配率，从而计算出某种产品的直接材料定额成本和直接人工定额成本；其次，编制制造费用预算，按规定的方法将其分摊到产品成本中去，从而计算出某种产品的间接制造成本；最后，把直接制造成本和间接制造成本加总，计算出某种产品的定额成本。这里的消耗定额是指现行消耗定额，它可以随企业生产技术、劳动生产率和管理水平的提高进行修订，可能每月份或每季度都会发生变动。

不同产品由于其生产工艺过程和要求不同，产品定额成本的计算也不尽相同。以机械产品为例，机械产品由其零件和部件组成。产品的定额成本一般由企业的计划、技术、会计等部门共同制定。如果产品的零、部件不多，一般先计算零件定额成本，然后再汇总计算部件和产成品的定额成本。零部件定额成本还可以作为在产品和报废零部件计价的根据。如果产品的零部件较多，为了简化成本计算工作，也可以不计算零件定额成本，而根据列有零件原材料消耗定额、工序计划和工时消耗定额的零件定额卡，以及原材料计划单价、计划工资率和其他费用率，计算部件定额成本，然后汇总计算产成品定额成本。

2. 脱离定额差异的计算

脱离定额差异是指产品生产过程中各项实际发生的生产费用脱离现行定额的差异。脱离定额差异反映了企业各项生产费用支出的合理程度和执行现行定额的工作质量。

脱离定额差异的计算应按成本项目逐项进行，一般分为直接材料定额差异的计算、直接人工定额差异的计算和制造费用定额差异的计算。

(1)直接材料定额差异的计算

一般情况下，班组核算直接材料定额差异可只核算材料定额差异数量，而不核算其差异金额，差异金额可集中在月终由财会部门一次核算。当然，班组核算员素质较好，也可以同时核算差异数量和差异金额。其计算公式如下：

$$\text{直接材料定额差异}=\sum[(\text{材料实际消耗数量}-\text{材料定额消耗数量})\times\text{材料计划单价}]$$

月末，如班组将材料定额差异核算资料分产品进行汇总，即可求出按产品反映的材料定额差异，并提供给车间或厂部财会部门进行成本核算。

(2)直接人工定额差异的计算

由于工资制度不同，所以直接人工定额差异的计算有所不同。

在计件工资下，符合定额的直接人工均应反映在产量记录中，按计件单价支付的工资就是定额工资。此外，一切奖金、津贴、补贴等都要专设凭证单独反映，均属于工资的定额差异，其计算与直接材料定额差异相似。

在计时工资下，无法根据产品产量计算，若生产工人工资是直接计入某种产品成本的，则其定额差异可以用该产品的生产工人的实际工资同实际产量的定额工资比较确定，其公式如下：

$$\text{某产品直接人工脱离定额差异}=\text{该产品实际直接人工}-(\text{该种产品实际产量}\times\text{单位产品定额工资})$$

若生产工人工资不是直接计入某种产品成本的，而是采用实际生产工时进行分配，则应按下列步骤确定定额差异，其公式如下：

$$\text{单位小时计划工资}=\frac{\text{某车间计划产量的定额直接人工费用总额}}{\text{该车间计划产量的定额生产工时总数}}$$

$$\text{单位小时实际工资}=\frac{\text{该车间实际直接人工费用总额}}{\text{该车间实际生产工时总数}}$$

$$\text{某产品的定额直接人工费用}=\text{该产品实际产量的定额生产工时}\times\text{单位小时计划工资}$$

$$\text{该产品的实际直接人工费用}=\text{该产品实际生产人工费用}-\text{该产品定额生产人工费用}$$

从上式可见，直接人工定额差异是由工时差异和工时工资差异两个因素形成的，在日常产量记录中，应按产品类别反映定额工时、实际工时和工时脱离定额的差异及差异产生的原因，以便定期按产品类别汇集。

(3)制造费用定额差异的计算

制造费用大多属于间接费用，不能在费用发生的当时直接按产品确定其定额差异。平时只能根据费用预算控制费用支出，待月末实际费用总额计算出来以后才能与定额费用对比，确定其定额差异。若制造费用按工时标准分配，则其脱离定额差异也是由工时差异和小时费用率差异两个因素组成，其计算方法与直接人工定额差异计算方法基本相同，不再赘述。

另外，废品损失应单独反映，对于不可修复废品的成本应按定额成本计算。由于废品损失并不列入产品定额成本内，所以全部作为定额差异处理，通常可根据废品损失通知单和废品损失计算表确定。

3. 材料成本差异的计算

在定额法下，为了便于控制与考核，材料的日常核算必须按计划成本进行。因此，直接材料的定额成本和定额差异等均以计划单位成本反映。为使材料消耗按实际成本反映，显然还必须分配材料成本差异，这一差异属于材料价格差异(材料定额差异属于材料数量差异)，通常由财会部门于月末一次分配计入产品成本。为简化和加速各步骤成本计算工作，材料成本差异一般都由完工产品成本负担，不计入月末在产品成本，其计算公式如下：

$$某产品应分配的材料成本差异=(该产品直接材料定额成本\pm直接材料定额差异)\times材料成本差异率$$

4. 定额变动差异的计算

定额成本修订一般是定期地在月初、季初或年初进行。当定额变动时，月初在产品的定额成本仍是按照旧定额计算的，为了使月初在产品定额成本和本月投入产品的定额成本水平一致起来，以计算产品实际成本，就应按新定额对月初在产品的定额成本进行调整，计算出月初在产品的定额变动差异。至于月份内发生的定额变动，为了简化核算，可以暂时不调整，待下月初再进行调整，调整方法如下：

(1)直接计算法

根据在产品盘存资料计算，先求出变动前和变动后单位零部件定额差异数量，乘以定额变动的零部件数量，再乘以材料单价，即得定额变动差异金额，计算公式如下：

$$月初在产品定额变动差异=\sum\left[\left(\begin{matrix}变动前单位零件\\材料定额消耗量\end{matrix}-\begin{matrix}变动后单位零件\\材料定额消耗量\end{matrix}\right)\times\begin{matrix}定额变动的\\零件数量\end{matrix}\times\begin{matrix}材料\\单价\end{matrix}\right]$$

(2)系数换算法

$$系数=\frac{按新定额计算的单位产品成本}{按旧定额计算的单位产品成本}$$

$$月初在产品定额变动差异=按旧定额计算的月初在产品成本\times(1-系数)$$

由于消耗定额的变动一般表现为不断下降的趋势，因而月初在产品定额变动差异一方面应从月初在产品定额成本中扣除该项差异，另一方面由于该项差异是月初在产品生产费用的实际支出，因此还应该将该项差异计入本月产品实际成本。若消耗定额不是下降而是提高，则月初在产品定额成本中应加入该项差异，但实际上并未发生这部分支出，所以应将其从实际成本中扣减。

对于定额变动差异，一般应该按照定额成本比例在完工产品和在产品之间进行分配；如果差异数量不大，也可以全部归完工产品成本负担。

5. 产品实际成本的计算

产品实际成本的计算是以定额成本为基础，加、减脱离定额差异、材料成本差异和定额变动差异计算求得，计算公式如下：

$$产品实际成本=按现行定额计算的产品定额成本\pm脱离现行定额差异\pm定额变动差异\pm材料成本差异$$

在核算月末在产品成本的情况下，月初核算实际产品成本时，还应将月初和本月发生的定额成本、定额差异和定额变动差异分别相加，并按成本项目分别计算出定额差异分配率和定额变动差异分配率，其计算公式如下：

$$定额差异分配率=\frac{定额差异合计}{定额成本合计}\times100\%$$

$$定额变动差异分配率=\frac{定额变动差异合计}{定额成本合计}\times100\%$$

根据产量记录和产品定额成本计算表，按成本项目计算完工产品的定额成本，然后分别乘以定额差异分配率和定额变动差异分配率，即得完工产品应负担的定额差异和定额变动差异。在完工产品定额成本的基础上，加、减定额差异和定额变动差异以及材料成本差异，即得完工产品的实际成本。

（二）定额法下的成本计算程序

1. 按产品（或批别、步骤）设置成本计算单。成本计算单按成本项目分设定额成本、定额差异、定额变动等专栏。

2. 根据产品实际产量和有关定额资料，计算产品的定额成本。根据各种定额差异凭证，汇总计算各种产品定额差异，并记入成本计算单。如果定额有变动，则要计算定额变动差异，并据以调整月初在产品定额成本。

3. 月末，根据产品成本计算单，分别算出定额成本和定额差异总数，并按成本项目分别计算定额差异分配率和定额变动差异分配率。

4. 根据完工产品通知单按成本项目计算完工产品定额成本，然后分别乘以定额差异分配率和定额变动分配率，计算出完工产品应负担的定额差异和定额变动差异。完工产品定额成本加减定额差异和定额变动差异，即求得完工产品车间实际制造成本。

5. 厂部财会部门将各车间产品成本计算单进行汇总，并分配材料价格差异，按产品类别汇编产品制造成本计算单，即求得产成品的实际总成本和单位成本。

三、定额法计算举例

【例 6－5】 某企业大量生产 A 产品，采用定额法计算产品成本。2015 年 3 月有关生产情况和定额资料如下：月初在产品 20 件，本月投入产品 150 件，本月完工 160 件，月末在产品 10 件。假定在产品完工率为 50％，原材料系开工时一次投入，材料消耗定额由 5.4 千克降为 5 千克，材料计划单价为 6 元，材料成本差异率为－2％，工时定额为 5 小时，计划小时工资率为 4 元，计划小时制造费用为 4.5 元。

在采用定额法时，2015 年 3 月完工产品实际成本计算结果如表 6－9 所示。

表 6－9　　　　**产品成本计算单**

产品名称：A 产品　　　　2015 年 3 月　　　　产量：160 件　　单位：元

项　目	行　次	直接材料	直接人工	制造费用	合　计
一、月初在产品成本					
定额成本	(1)	648	200	225	1 073
脱离定额差异	(2)	－20	10	12	2
二、月初在产品定额变动					
定额成本调整	(3)	48			－48
定额变动差异	(4)	48			48
三、本月生产费用					
定额成本	(5)	4 500	3 100	3 487.5	11 087.5
脱离定额差异	(6)	50	16	34	100
材料成本差异	(7)	－91			－91

续表

项　目	行　次	直接材料	直接人工	制造费用	合计
四、生产费用合计					
定额成本	(8)=(1)+(3)+(5)	5 100	3 300	3 712.5	12 112.5
脱离定额差异	(9)=(2)+(6)	30	26	46	102
材料成本差异	(10)=(7)	−91			−91
定额变动差异	(11)=(4)	48			48
五、差异分配率	(12)=(9)/(8)	0.6%	0.8%	1.2%	—
六、产成品成本					
定额成本	(13)	4 800	3 200	3 600	11 600
脱离定额差异	(14)=(13)×(12)	28.8	25.6	43.2	97.6
材料成本差异	(15)=(10)	−91			−91
定额变动差异	(16)=(11)	48			48
实际成本	(17)=(13)+(14)+(15)+(16)	4 785.8	3 225.6	3 643.2	11 654.6
七、月末在产品					
定额成本	(18)=(8)−(13)	300	100	112.5	512.5
脱离定额差异	(19)=(9)−(14)	1.2	0.4	2.8	4.4

表6—9填表说明：

1. 表中(1)月初在产品定额成本计算过程为：

直接材料定额成本＝20×5.4×6＝648(元)

直接人工定额成本＝20×50%×5×4＝200(元)

制造费用定额成本＝20×50%×5×4.5＝225(元)

2. 表中(3)月初在产品定额成本调整数计算过程为：

月初在产品定额成本调整＝月初在产品按调整后定额计算的定额成本－月初在产品按原定额计算的定额成本＝20×5×6－20×5.4×6＝－48(元)

3. 表中(5)定额成本计算过程为：

直接材料定额成本＝150×5×6＝4 500(元)

直接人工定额成本＝155×5×4＝3 100(元)

制造费用定额成本＝155×5×4.5＝3 487.5(元)

4. 表中(7)材料成本差异＝(4 500＋50)×(－2%)＝－91(元)

第三节　变动成本法

一、变动成本法的含义及理论依据

变动成本法是指在企业成本计算过程中，以成本习性分析为前提条件，只将变动生产成本作为产品成本的构成内容，而将固定生产成本及非生产成本作为期间成本在当期全部转销的一种成本计算方法。

与此相对应，我们把传统的以成本的经济用途为前提条件，将全部生产成本作为产品成本的构成内容，只将非生产成本作为期间成本在当期全部转销的成本计算方法称做完全成本法或全部成本法。

变动成本法改变了完全成本法中把固定制造费用在本期销售成本与存货之间进行分配的传

统，而由当期的销售成本负担了全部当期发生的固定成本。其理论依据是：固定性制造费用是为企业提供一定的生产经营条件，以保持生产能力，并使它处于准备状态而发生的成本。它们同产品的实际产量没有直接联系，既不会由于产量的提高而增加，也不会因产量的下降而减少。它们实质上是会计期间所发生的费用，并随着时间的消逝而逐渐丧失。所以，其效益不应递延到下一个会计期间，而应在费用发生的当期全额计入损益表中，作为本期贡献毛益的减除项目。

20 世纪 50 年代以来，企业的预测分析、决策分析、预算控制日益受到人们的普遍重视。企业管理当局为加强内部经营管理，开始在会计工作中逐渐推广应用变动成本法。

二、变动成本法与完全成本法的区别

为了更好地理解变动成本的特点，需要将其与传统的完全成本法加以比较。概括起来两种成本计算法有以下主要区别：应用的前提条件不同，产品成本及期间成本的构成内容不同，销货成本及存货成本水平不同，损益确定程序不同，所提供的信息用途不同。

（一）应用的前提条件不同

变动成本法首先要求进行成本分析，把全部成本划分为变动成本和固定成本，尤其是要把属于混合成本性质的制造费用按产量分解为变动性制造费用和固定性制造费用两部分。

完全成本法则要求把全部成本按其发生的领域或经济用途分为生产成本和非生产成本。凡在生产领域中为生产产品发生的成本就归于生产成本，发生在流通领域和服务领域由于组织日常销售或进行日常行政管理而发生的成本则归属于非生产成本。

（二）产品成本及期间成本的构成内容不同

在变动成本法下，产品成本全部由变动生产成本构成，包括直接材料、直接人工和变动性制造费用。期间成本由全部固定成本和全部非生产成本之和构成，即由固定性制造费用、销售费用、管理费用、财务费用构成。

在完全成本法下，产品成本包括全部生产成本，包括直接材料、直接人工、制造费用，期间成本则仅包括全部非生产成本。

【例 6－6】 用两种成本法计算产品成本和期间成本：大华公司只生产经营甲产品，销售单价为 20 元。2015 年投产6 000件，销售4 500件，期末产成品1 500件。有关的产销业务量、销售单价与成本资料见表 6－10。

表 6－10　　**成本费用资料**

2015 年　　单位：元

<table>
<tr><th colspan="2">变动成本法</th><th colspan="2">完全成本法</th></tr>
<tr><th>项　目</th><th>金　额</th><th>项　目</th><th>金　额</th></tr>
<tr><td>直接材料</td><td>36 000</td><td>直接材料</td><td>36 000</td></tr>
<tr><td>直接人工</td><td>18 000</td><td>直接人工</td><td>18 000</td></tr>
<tr><td>变动性制造费用</td><td>6 000</td><td rowspan="2">制造费用</td><td rowspan="2">21 000</td></tr>
<tr><td>固定性制造费用</td><td>15 000</td></tr>
<tr><td>变动性销售费用</td><td>900</td><td rowspan="2">销售费用</td><td rowspan="2">2 000</td></tr>
<tr><td>固定性销售费用</td><td>1 100</td></tr>
</table>

续表

变动成本法		完全成本法	
项　目	金　额	项　目	金　额
变动性管理费用	450	管理费用	4 500
固定性管理费用	4 050		
变动性财务费用	0	财务费用	1 000
固定性财务费用	1 000		
合　计	82 500	合　计	82 500

分别用变动成本法和完全成本法计算该企业当期的产品成本和期间成本如下：

1. 变动成本法下

本期发生的产品成本＝直接材料＋直接人工＋变动性制造费用
＝36 000＋18 000＋6 000
＝60 000(元)

单位产品成本＝60 000÷6 000＝10(元/件)

期间成本＝固定性制造费用＋变动性销售费用＋固定性销售费用＋变动性管理费用＋固定性管理费用＋变动性财务费用＋固定性财务费用
＝15 000＋900＋1 100＋450＋4 050＋0＋1 000
＝22 500(元)

2. 完全成本法下

本期发生的产品成本＝直接材料＋直接人工＋ 制造费用
＝36 000＋18 000＋21 000
＝75 000(元)

单位产品成本＝75 000÷6 000＝12.5(元/件)

期间成本＝销售费用总额＋管理费用总额＋财务费用总额
＝2 000＋4 500＋1 000
＝7 500(元)

以上计算结果表明，按变动成本法确定的产品总成本与单位成本要比完全成本法的相应数值低，而变动成本法的期间成本却高于完全成本法，这种差异来源于两种方法对固定性制造费用的处理方法不同。

（三）销售成本及存货成本水平不同

当期末存货量不为零时，在变动成本法下，固定性制造费用作为期间成本直接计入当期损益，因而没有转化为销货成本或存货成本的可能；在完全成本法下，固定性制造成本计入产品成本，当期末存货不为零时，本期发生的固定性制造费用需要在本期销货和期末存货之间分配，被销货吸收的固定性制造费用计入本期损益，被期末存货吸收的固定性制造费用递延到下期。这将导致分别按两种成本法所确定的期末存货成本和销货成本不同。

【例 6－7】 按照例 6－6 资料，要求分别按变动成本法和完全成本法计算甲产品的期末存货成本和本期销售成本。

1. 变动成本法下

期末存货成本＝1 500×10＝15 000(元)

本期销售成本＝4 500×10＝45 000(元)

2. 完全成本法下

期末存货成本＝1 500×12.5＝18 750(元)

本期销售成本＝4 500×12.5＝56 250(元)

从以上计算结果可以看出，变动成本法下的期末存货成本、本期销售成本比完全成本法下少，是由于变动成本法下期末存货成本及本期销售成本只包括变动生产成本，而完全成本法下期末存货成本及本期销售成本既包括变动生产成本又包括固定制造费用。

（四）损益确定程序不同

两种成本计算法的区别不仅限于成本方面，它们还会影响到营业净利润的计量程序。如在变动成本法模式下，只能按贡献式损益确定程序计量营业损益；而在完全成本法模式下，则必须按传统式损益确定程序计量营业损益。

所谓贡献式损益确定程序，是指在损益计量过程中，首先用销售收入补偿本期实现销售产品的变动成本，从而确定贡献毛益，然后再用贡献毛益补偿固定成本以确定当期营业净利润的过程。传统式损益确定程序则是指在损益计量过程中，首先用销售收入补偿本期实现销售产品的销售成本，从而确定销售毛利，然后再用销售毛利补偿期间费用以确定当期营业净利润的过程。

由于两种成本计算法的损益确定程序不同，又派生出如下两点区别：

1. 营业净利润的计算过程不同

在贡献式损益确定程序下，营业净利润须按下列步骤和公式计算：

营业净利润＝销售收入－变动成本－固定成本

＝贡献毛益－固定成本

式中：

变动成本＝单位变动生产成本×本期销售量＋单位变动非生产成本×本期销售量

固定成本＝固定生产成本＋固定非生产成本

＝固定性制造费用＋固定性销售费用＋固定性管理费用＋固定性财务费用

在传统式损益确定程序下，营业净利润须按下列步骤和公式计算：

营业净利润＝销售收入－销售成本－期间费用

＝销售毛利－期间费用

式中：

销售成本＝期初存货成本＋本期发生的生产成本－期末存货成本

期间费用＝销售费用＋管理费用＋财务费用

【例 6－8】 按照例 6－6 资料，要求分别按变动成本法和完全成本法计算甲产品的营业净利润。具体计算过程如表 6－11 所示。

2. 计算出来的营业净利润有可能不同

表 6－11 的计算结果表明，2015 年大华公司按完全成本法确定的营业净利润比按变动成本法确定的营业净利润多4 150元。这是因为在完全成本法下，本期发生的15 000元固定性制造费用中，只有10 850元作为销货成本的一部分记入利润表的销售成本项目，其余3 750元被期末存货吸收并结转下期。而在变动成本法下，这15 000元固定性制造费用全部作为期间成本记入利润表。由于完全成本法当期利润表中的全部成本费用比变动成本法少了4 150元，所以其当期营业净利润比变动成本法相应多了4 150元。

表 6－11 利润表

编制单位：大华公司 2015 年 单位：元

贡献式		传统式	
项　目	金　额	项　目	金　额
销售收入	90 000	销售收入	90 000
变动成本：		销售成本：	
销货中的变动生产成本	45 500	期初存货成本	0
变动性销售费用	900	本期生产成本	75 000
变动性管理费用	450	可供销售的产品生产成本	75 000
变动性财务费用	0	期末存货成本	18 750
变动成本合计	46 850	销售成本	56 250
贡献毛益	43 150	销售毛利	33 750
固定成本：		期间费用：	
固定性制造费用	15 000	销售费用	2 000
固定性销售费用	1 000	管理费用	4 500
固定性管理费用	4 050	财务费用	1 000
固定性财务费用	1 000	期间费用合计	7 500
固定成本合计	21 050		
营业净利润	22 100	营业净利润	26 250

那么，是否可以认为按完全成本法确定的营业净利润总是大于或者不等于变动成本法的营业净利润呢？回答是否定的。下面我们从动态的角度观察一个较长时期内分别按两种成本法确定的营业净利润水平。

【例 6－9】 假定某企业只生产一种产品，连续三年的产销量、成本资料如表 6－12 所示，存货计价采用先进先出法。

表 6－12 产销量及成本费用资料

项　目	第一年	第二年	第三年
期初存货	0	20	0
本期产量	100	120	140
本期销量	80	140	140
期末存货	20	0	0
售价	2 000 元/件		
单位变动生产成本	1 200 元/件		
固定生产成本	29 400 元/年		
期间费用	7 500 元/年(全部为固定成本)		

要求：根据以上资料，分别采用变动成本法和完全成本法计算各年的营业净利润，并分析产、销量对采用两种方法的营业净利润之间的影响。

表 6—13　　各年营业净利润计算表　　单位:元

项　目	第一年	第二年	第三年
变动成本法:			
销售收入	160 000	280 000	280 000
减:变动成本	96 000	168 000	168 000
贡献毛利	64 000	112 000	112 000
减:固定成本	36 900	36 900	36 900
营业净利润	27 100	75 100	75 100
完全成本法:			
销售收入	160 000	280 000	280 000
减:销售成本	119 520	203 280	197 400
销售毛利	40 480	76 720	82 600
减:期间费用	7 500	7 500	7 500
营业净利润	32 980	69 220	75 100

对于表 6—13 的计算结果进行分析,见表 6—14。

表 6—14　　各年营业净利润计算表　　单位:元

项　目	第一年	第二年	第三年
	产量＞销量	产量＜销量	产量＝销量
变动成本法下的营业净利润	27 100	75 100	75 100
完全成本法下的营业净利润	32 980	69 220	75 100

从表 6—14 的比较结果中可以看出以下规律:

(1)当某一会计期间的产量大于销量时,完全成本法下的营业净利润大于变动成本法下的营业净利润。这是因为在完全成本法下有一部分固定制造费用(20×294＝5 880)作为期末存货成本的一部分递延到下一期,变动成本法下固定制造费用29 400元在当期全额抵扣,这样就造成完全成本法下的销售成本比变动成本法下低5 880元,从而使完全成本法下的营业净利润比变动成本法下的营业净利润多5 880元。

(2)当某一会计期间的产量小于销量时,完全成本法下的营业净利润小于变动成本法下的营业净利润。这是因为在完全成本法下,计算销售成本时除了抵扣当期发生的固定制造费用29 400元,还加上上期递延下来的一部分固定制造费用(5 880元),而变动成本法下固定制造费用29 400元在当期全额抵扣,这样就造成完全成本法下的销售成本比变动成本法下高5 880元,从而完全成本法下的营业净利润比变动成本法下的营业净利润少5 880元。

(3)当某一会计期间的产量等于销量时,完全成本法下的营业净利润等于变动成本法下的营业净利润。这是因为在完全成本法和变动成本法下抵扣的成本总额是相等的。

(五)所提供信息的用途不同

这是变动成本法和完全成本法之间最本质的区别。变动成本法主要满足内部管理的需要,利润与销售量之间有一定规律性联系;完全成本法主要满足对外提供报表的需要,利润与销售量之间的联系缺乏规律性。

典型的完全成本法形成于 19 世纪。它是适应企业内部事后将间接成本分配给各种产品,反映生产产品发生的全部资金耗费,确定产品实际成本和损益,满足对外提供报表的需要而产生的。由于它提供的信息在外界公认的成本与产品在质的方面的归属关系,按该法提供的成本信息有助于促进企业扩大生产，能刺激增产的积极性，因而能广泛地被外界所接受。

因为在此种法下，只要增加产量，就可以降低产品成本。第二次世界大战后，由于西方企业迅速增加固定资产投资规模，使得固定生产成本在产品成本中的比重大大提高；而产量越高，单位产品负担的固定成本就越低。这种局面决定了在西方会计领域中完全成本计算法仍是应用十分广泛的模式。以美国为例，美国注册会计师协会、美国财务会计准则委员会、美国证券交易委员会和美国国内税务总局都主张采用完全成本法。

变动成本法是为满足面向未来决策、强化企业内部管理的要求而产生的。由于它能够提供科学反映成本与业务量之间、利润与销售量之间有关量的变化规律的信息，有助于加强成本管理，强化预测、决策、计划、控制和业绩考核等职能，促进以销定产，减少或避免因盲目生产而带来的损失。因为在不考虑其他因素的情况下，企业的营业利润从理论上说是单价、成本和销售量这三个要素的函数，所以，当单价和成本水平不变时，营业利润应该直接与销售量的多少挂钩，营业利润额的变动趋势应该直接与销售量的变动趋势相联系，而这一规律只有在变动成本法下才能得到充分体现。

三、变动成本法的优缺点及应用

完全成本法主要是为计算损益和长期决策提供成本资料，而变动成本法主要是为短期经营决策提供成本资料。由于两者的目的和方法、原理有所不同，它们在不同环境下就存在不同的优缺点。

（一）变动成本计算法的优缺点

1. 变动成本法的优点

（1）变动成本法能够揭示利润和业务量之间的正常关系，有利于促使企业重视销售工作，树立以市场和客户为中心的管理观念。

如前所述，变动成本法单位产品成本不受业务量变动的影响，能够如实反映利润和销售量之间的正常关系。利润的增长以销售的增长为前提，使利润真正成为反映企业经营状况的晴雨表，有助于促使企业管理者重视市场销售，认真研究市场动态，实现以销定产，防止因盲目生产带来的大量产品积压，提高企业的经济效益。

（2）变动成本法可以提供有用的成本信息，便于科学的成本分析和成本控制。

首先，按变动成本法计算的单位产品成本，不包括固定生产成本，使产品成本不受固定成本和产量的影响，这就便于成本预测和成本控制采用更为科学的方法。

其次，变动成本法按成本性态将全部成本划分为固定成本和变动成本，揭示了成本总额和业务量之间的依存关系，把由产量变动引起的成本波动同由于成本控制活动而引起的成本波动区分开来，为分清成本升降的原因提供了条件。成本升降的原因不同，控制方法也就不同。固定成本的控制主要是总额控制和充分利用现有生产能力增加产销量，变动成本的控制方向是通过制定标准成本和弹性预算来降低单位产品的消耗。

再次，变动成本法分别提供了变动生产成本、固定生产成本、变动非生产成本和固定非生产成本的资料，便于确定成本责任的归属。

（3）采用变动成本法可以简化成本核算工作，并在一定程度上增强会计信息的客观性。变动成本法将固定生产成本列入期间成本，大大简化了将固定生产成本计入产品成本时的成本分摊工作，从而减少了由于分摊标准的多样性而带来的主观随意性，简化成本核算，增强了会计信息的客观性和准确性，也使会计人员从繁重的成本核算工作中解脱出来。

2. 变动成本法的缺点

(1)变动成本法所计算出来的单位产品成本不符合传统的成本概念的要求

按传统成本概念的理解,生产成本是产品在生产过程中发生的全部耗费,既包括变动生产成本,也应该包括固定生产成本。这种观点在全世界范围内得到了广泛的认可。很显然,变动成本法下产品和存货成本不包括固定成本,不符合这一观念的要求,也不符合公认会计准则的要求。

(2)变动成本法的成本分类有较大程度的假定性

实际经济生活中混合成本大量存在,使得成本按性态分类有较大程度的假定性。而混合成本分解的准确性在很大程度上决定着以变动成本法提供的资料为基础的各项预测、决策和控制方法的准确与否。

(3)变动成本法不能满足产品定价决策的需要

产品定价一般以弥补生产支出为基础,既要补偿变动成本也要补偿固定成本,而变动成本法仅以单位变动成本为定价基础,所产生的贡献毛益可能不足以补偿固定成本,从而导致企业经营的亏损。另外,随着产量的增加,单位产品所分担的固定成本下降,从而使单位产品完全成本下降,这是最佳经营规模决策要考虑的重要因素,而变动成本法不能直观地揭示这种变化规律,使产品定价时不能充分利用这种竞争优势。

(4)变动成本法不能适应长期决策的需要

变动成本法以成本性态分析为基础,以相关范围内固定成本和单位变动成本固定不变为前提条件,这在短期内是成立的。但成本性态受许多因素影响,不可能长期不变。而长期决策要解决的是生产能力的增减和经营规模的扩大和缩小的问题,涉及的时间长,变动成本和固定成本的变动都可能超出其相关范围,从而使成本按性态分类失去意义。因此,变动成本法不能适应长期决策的需要。特别在一些企业开始采用作业成本法使完全成本法的缺陷得以改进后,变动成本法的这一缺点就更为突出。

(5)采用变动成本法会对所得税产生一定的影响

由于目前国内外的财务会计都采用完全成本法,因此,产品存货的计价都包括了变动生产成本和固定生产成本。如果从某一年开始改用变动成本法,势必要在年初存货成本计价不变的情况下降低年末存货成本的计价,使该年计入利润表的销售成本增加,从而降低该年的税前净收益,影响到国家税收及投资者及时获得收益。从另外一个角度说,如果期末期初存货成本水平不等,也会造成其税前利润不同于完全成本法的结果,进而导致所得税上的时间性差异。这是妨碍变动成本法应用的很现实的原因。

(二)变动成本计算法的应用

我国企业长期执行国家统一的会计制度和成本计算模式,从国家发布的规章制度看,从未公开推行过变动成本法。但从 20 世纪 80 年代开始,国内的个别城市或地区经当地财政部门批准,曾在部分国有大型企业尝试过变动成本法。

1. 关于变动成本法应用的不同设想

对变动成本法与完全成本法的有用性已经争论了数十年。从前述分析中,我们可以清楚地看出,变动成本法在加强企业内部管理方面确实能起到完全成本法所无法比拟的重要作用,并且已经成为企业规划、控制经济活动、制定经营决策的重要手段。因此,如何处理变动成本法与完全成本法的关系,如何应用变动成本法,已经成为各界关心的热点问题。

实践中企业可以同时编制变动成本法和完全成本法的损益表。变动成本法的报告用于内部目的，完全成本法的报告用于外部目的，以各种会计方法为基础的多种报告在合适的计算机装备下可以迅速实现低成本的编制。这样，技术上比较简单，但工作量较大，而且重复设账，会造成人、财、物和时间的极大浪费。

如果以变动成本法完全取代完全成本法，虽然能最大限度地发挥变动成本法的优点，但显然不符合现行会计准则的统一要求。按照现行会计准则，编制定期的会计报表、存货的计价和损益的确定应采用完全成本法。

目前较为合理的观点是将变动成本法与完全成本法结合使用，日常核算建立在变动成本法的基础之上，以满足企业内部经营管理的需要，期末对需要按完全成本反映的有关项目进行调整，以满足对外报告的需要。此种观点主张在应用变动成本法时，应该既充分发挥变动成本法的优点，又兼顾现行会计准则的统一要求。用变动成本法组织日常核算，对产品成本、存货成本、贡献边际和税前利润都按变动成本法计算，以满足企业内部管理的需要；在编制会计报表时，对变动成本法计算的期间成本进行调整，计算符合完全成本法的税前利润。这种方法可以有效地兼顾对内和对外两方面的需要，所以更为合理，下面介绍其应用程序。

2. 变动成本法的应用程序

(1)将日常核算建立在变动成本法的基础之上

第一步，以成本性态分析为前提条件，对发生的制造费用项目划分为固定成本和变动成本两类，为不同账户分别核算变动成本和固定成本奠定基础。

第二步，对生产成本和产品成本均按变动成本核算，同时取消“制造费用”账户，另设“变动制造费用”和“固定制造费用”两个账户，以分别核算生产过程中发生的各种变动制造费用和固定制造费用。其他账户按会计准则应用指南的要求进行设置。同时，要求按照变动成本法计算营业利润指标。

(2)期末调整

期末将“固定制造费用”的本期发生额按本期在产品、已销售产品和库存产品的数量比例进行分配和结转，使生产成本、销售成本和期末库存产成品都按完全成本法反映，以满足期末编制会计报表的需要。此外，还需要利用利润差额简算法确定两种成本法的营业利润差额，最后将变动成本法的营业利润调整为完全成本法的营业利润。

相关调整公式如下：

$$\begin{matrix}\text{某期完全成本法}\\\text{营业利润}\end{matrix}=\begin{matrix}\text{该期变动成本法}\\\text{营业利润}\end{matrix}+\begin{matrix}\text{该期两种成本法}\\\text{营业利润的广义差额}\end{matrix}$$

$$\begin{matrix}\text{某期完全成本法}\\\text{期末存货成本法}\end{matrix}=\begin{matrix}\text{该期变动成本}\\\text{期末存货成本}\end{matrix}+\begin{matrix}\text{完全成本法期末存货}\\\text{应吸收的固定生产成本}\end{matrix}$$

第四节　作业成本法

一、作业成本法产生的背景

作业成本法在 20 世纪 70 年代就有学者提出，而对它的全面研究开始于 80 年代，在企业中开始应用则到了 80 年代末。作业成本法的产生和发展主要缘于以下四个方面的原因：

(一)技术与社会经济的发展

20 世纪 70 年代以来，世界范围内的科学技术和社会经济环境发生了重大变化。这些变化对企业成本计算方法产生了一定的影响。

在高新技术蓬勃发展的新形势下，以美国和日本为代表的发达国家的企业面对日趋激烈的全球竞争压力，纷纷将高新技术应用于生产领域。建立于高新技术基础上的生产，其基本特征是在电子技术革命的基础上形成的生产高度电脑化、自动化，它从产品订货直到设计、制造、销售等所有阶段所使用的各种自动化系统综合成一个整体，由计算机统一进行调控。上述高新技术在生产领域的广泛应用改变了企业产品成本结构，使得直接材料成本和直接人工成本比重下降，而制造费用比重大幅度上升。如何合理地分配制造费用成为一个重要问题。

高新技术在生产领域的广泛应用极大地提高了社会生产力，促进了社会经济的发展。随着经济的发展，人们可以支配的收入大大增加，对消费提出越来越高的要求，从而使消费者的行为变得更具有选择性。这种社会需求的重大变化必然对企业提出新的更高的要求，要求企业具有较高的灵活反应能力，及时向消费者提供多样化和富有个性的产品，以适应消费者多样化和快速多变的需求。与此相适应，对消费者多样化、日新月异的需求迅速做出反应的顾客化生产即柔性制造系统取代传统的以追求“规模经济”为目标的大批量生产就成为历史的必然。客观地说，传统成本计算法适应于产品品种单一化、常规化和批量化的企业。然而，经济的发展、富裕社会的形成破坏了传统成本计算法赖以存在的社会环境。

（二）传统成本计算方法的滞后性

传统成本计算方法的特征是以“产品”为中心进行产品成本计算，是就成本论成本。在高新技术环境下，这种成本计算方法的滞后性暴露无遗。

在高新技术环境下，制造费用的数额和重要性大大提高。众所周知，生产成本包括直接材料、直接人工和制造费用三部分。其中，制造费用是一种间接费用，必须按一定标准将它分配计入有关的产品，以便合理地计算产品成本。传统成本计算方法通常以直接人工成本、直接人工小时、机器小时等作为制造费用的分配标准。在20世纪早期成本会计发展之初，企业多数是劳动密集型的，直接人工成本是产品成本的主要组成部分，制造费用数额较小。由于制造费用的发生与直接人工成本具有一定的相关性，加之直接人工成本数据易于取得，因而直接人工成本便成为制造费用的分配标准。然而，20世纪70年代之后，高新技术蓬勃发展并广泛地应用于生产领域，引起生产组织的革命性变革。生产过程的高度自动化、电脑化使生产成本中的直接人工成本部分大大减少，而制造费用部分却大大增加，其重要性也日益提高。更为重要的是，制造费用的发生与直接人工成本渐失相关性。这时，不论从提高产品成本计算的相关性还是从提高成本控制的有效性来看，都要求把产品成本计算工作重点放在制造费用的分配上。传统成本计算方法采用单一标准分配制造费用，由此导致产品产量大、技术含量较低的产品成本偏高，而产品产量小、技术含量较高的产品成本偏低，形成不同产品之间的成本转移，从而造成成本信息的严重扭曲以及由此导致的经营决策失误。

（三）会计实务界的客观需要

在成本会计发展史上，先有完全成本法，后有变动成本法，用变动成本法取代完全成本法曾经是成本会计的进步。然而在新的制造环境下，变动成本的比重越来越小，而且把固定费用作为期间费用归集处理，并不能为控制日益增长的固定费用提供良策，从而使变动成本法的重要性日趋减弱。面对这种新环境，实务界开始对变动成本的适应性和其存在的理论基础——成本性态进行反思。

在传统的以交易或数量为基础的成本系统下，管理人员以产品数量为基础划分固定成本和变动成本。这就使得管理层难以确认该项成本到底是如何变动的，从而无法考虑它所定义的固定成本，难以达到决策的科学化。作业成本计算试图用成本动因来解释成本性态。根据成本与成本动因的关系，可以将成本分为短期变动成本、长期变动成本和固定成本三类。短期变动成本在短期内随产品产量的变动而变动，所以，仍然以数量为基础(如直接人工小时、机器小时、原材料耗用量等)来归属这些成本。长期变动成本通常随作业的变动而变动，且变动所需要的时间较长，因此，应以作业基础(如检验小时、订购次数、整备次数等)作为成本动因来归属之，而不像短期变动成本那样以数量基础作为成本动因。这样，根据作业成本计算，管理层的决策就应考虑短期变动成本和长期变动成本的数量，从而提高决策的科学性。由此可见，实务界想用变动成本法代替完全成本法的客观需要是促成作业成本计算产生的现实基础之一。

(四)计算机技术的发展为作业成本计算的实践运用奠定了坚实的技术基础

传统的以人工工时为基础分配间接费用，严重地扭曲成本信息，因而无助于节约成本和提高工作效率。就成本计算技术而言，作业成本计算与传统成本计算的不同之处主要在于采用多元化的制造费用分配标准。毫无疑问，即使上述技术和社会背景乃至管理观念都具备，如果没有现代电子计算技术的高度发展和应用，多元化制造费用分配标准所带来的庞大计算工作量可能使得信息处理成本超过其效益，作业成本计算充其量也只能停留在理念上，而难以真正付诸实施。进入 20 世纪 80 年代，电子计算技术的发展和应用，信息处理技术的发展，为在成本计算方法上实行多元化制造费用分配标准的作业成本计算奠定了坚实的技术基础。

二、作业成本法的基本概念

(一)作业、作业链和价值链

在作业成本核算制度中，作业是汇集资源耗费的第一对象，是将资源耗费与产品成本连接在一起的中介。作业这一概念是随管理实践的发展而逐渐为人们所接受的。柔性制造系统与计算机集成制造系统以及适时制的出现都强调生产流程是可以划分成一个个相互独立的环节，这些相互独立的生产环节就是具有管理学含义的作业。简单地说，作业是企业为提供一定的产品或劳务所发生的、以消耗资源为重要特征的各项业务活动的统称。以企业的应收账款业务活动为例，其相关作业有：收集、归档销货合同，签发发货通知和销货发票，核对发票、销货合同和发货通知，将收款凭单传递给出纳，对收款凭单进行账务处理，装订收款凭单等。企业的各项业务活动都是作业，一个企业实质上是一系列作业的集合体。由于在作业的进行中产生了资源消耗，出现了作业耗费，因此在作业成本计算法下，企业的全部经营资源都被认为是由各种作业消耗的，而产品生产不过是对各种作业的消耗。

对于作业，可以从不同的角度进行分类，其中比较具有代表性的分类有以下几种：

(1)杰弗·米勒和汤姆·沃尔曼两位现代制造过程的研究者将作业分为四类，即后勤性作业、平衡性作业、质量作业和变化作业；

(2)罗宾·库珀将作业分为单位作业、批别作业、产品作业和工序作业四类；

(3)詹姆斯·A. 布林逊将作业分成三种情况，即重复作业和不重复作业、一级作业和二级作业、必需的作业和酌量性作业；

(4)于富生教授提出应将作业分为专属作业和共同消耗作业两类，其中共同消耗作业又可以进一步分为批次动因作业、数量动因作业、工时动因作业和价值管理作业四小类。

与作业概念紧密联系的另外两个概念是作业链和价值链。如果将企业的生产经营管理活动按照业务活动的内在逻辑关系进行合理的连串，就会形成一条由此及彼、由内向外的作业链。根据前面的分析，我们知道作业要消耗资源，作业活动也是价值活动，因此企业的作业链同时也是价值链。一般来说，价值链有三个含义：其一，企业的各项价值活动之间都有密切的联系，比如我们通常提到的供应、生产、销售三环节的紧密协调；其二，每项价值活动都能给企业创造有形或无形的价值；其三，价值链不仅包括企业内部的价值活动，而且还包括企业与供应商、企业与客户之间的价值联系。如果按照价值链所包含的价值活动单元的多少，并以独立的企业作为价值链的一个连接来对价值链进行分类，可以将价值链划分为企业内部价值链和企业外部价值链两类。企业内部价值链是指企业内部为顾客创造价值的主要活动及相关支持活动。企业外部价值链是指与企业具有紧密联系的外部行为主体的价值活动。它主要包括供应商价值链、购买商价值链和行业价值链三个方面。

（二）成本动因

一般而言，成本动因是指导致企业成本发生的因素，也就是成本驱动因素。它是引起成本发生和变动的原因，或者说是决定成本发生额与作业消耗量之间的内在数量关系的根本因素。传统的成本管理会计往往将产量作为惟一重要的成本动因，比如固定成本和变动成本的划分、盈亏平衡分析、边际利润分析等都是以此为基础的。事实上，成本动因绝不仅仅是产量，除此之外还包括诸如采购环节的采购次数、检验环节的检验次数、入库储存环节的搬运次数与距离等。美国学者罗曼诺指出，成本动因“表示某一特定作业和一系列成本之间的联系”。他还从作业成本计算的角度进一步将成本动因分为两个阶段：第一阶段的成本动因主要用于在各作业中心内部成本库之间分配资源，第二阶段的成本动因主要用于在各产品之间分配成本库。由此不难看出，成本动因是作业成本管理的核心概念。

成本动因按照其在作业成本会计中的作用可以分为资源动因和作业动因两类。根据作业成本会计规则，作业量的多少决定着资源的耗用量，资源耗用量的多少与作业量的多少有直接关系，而与最终产品没有直接关系。资源耗用量与作业量的这种直接关系就是资源动因。所谓资源动因，就是资源被各种作业消耗的原因和方式，它描述的是一项作业或一组作业对资源的消耗情况，是将资源成本分配到作业中去的基础。例如，如果物料的搬运费主要与工人往返的搬运次数有关，那么就可以按照搬运次数来分配物料的搬运费。在这里，搬运次数就是一个资源动因。所谓作业动因，就是各项作业被最终产品消耗的原因和方式，它反映的是产品消耗作业的情况，是将作业成本分配到最终产品中去的基础。

（三）作业中心与作业成本库

作业中心是成本归集和分配的基本单位，它可由一项作业或一组作业组成。一个作业中心就是生产流程的一个组成部分，其设立方式与责任会计中成本中心的设立有极为相似之处，但是它们的设立原则不同：成本中心的设立建立在成本发生的责权范围与可控制性基础上，而作业中心的设立则以同质作业为原则，即相同的成本动因引起的作业的集合。由于作业消耗资源，所以伴随作业的发生，作业中心也就成为一个资源成本库，即作业成本库。应按照资源动因将作业所耗费的资源归集到作业成本库，而按照作业动因将作业成本库中的作业成本在不同产品间进行分配，从而确定最终产品成本。

三、作业成本法的基本核算程序

（一）确认和计量各种资源耗费，将资源耗费价值归集到各资源库

如果把企业看作一个与外界进行物资交换的投入产出系统，则所有在该系统中被使用的人力、物力、财力等都属于资源范畴。在作业成本计算中，之所以将资源作为一个重要的切入点来进行作业分析，是因为企业在生产经营过程中要消耗资源，成本核算系统要反映作业都消耗了哪些资源,以及资源是如何被作业消耗的。在企业资源被各项作业耗费以后,成本会计部门应采用一定的方法对其进行分类,将耗费的资源价值归集到设定的资源库,这也为各类资源的耗费价值向作业中心的成本库进行分配奠定了基础。资源库的设置一般应视企业规模、作业组合和信息处理系统的能力而定。

(二)确认企业的主要作业

由于作业是作业成本计算和作业管理的基本单位,因此确认作业是作业成本计算的基础,也是作业成本计算区别于传统成本计算的关键所在。作业成本核算系统要深入到企业的作业水平核算作业的成本,其前提条件是将企业的各项作业尤其是主要作业清楚地辨认、描述出来,并加以分析确认。

确认作业的方法主要有业务职能活动分解法、过程定位法、价值链分析法和作业流程图分析法等。

(1)业务职能活动分解法是将企业各业务职能部门(包括厂部、科室、车间以及班组等)的活动进行分解,确定每一个部门应完成的作业有几种、作业量有多大、多少人参与该项作业以及作业耗费的资源。

(2)过程定位法是依据生产经营活动不同阶段对最终产品形成所发挥的作用,而将作业确认为过程作业、支援作业或产品线作业。

(3)价值链分析法是把企业生产经营活动的每一部分看作基本的价值单位,最终产品的完成要借助这些价值单位的逻辑连接,而将作业分为研究与开发、设计、生产、营销、配送和售后服务等。

(4)作业流程图分析法是通过绘作业流程图来描述企业各部门的作业以及它们之间的相互联系,从而确定完成特定业务所要求的各项作业、各项作业所需要的人员以及所要消耗的时间。

一般而言,企业通用类型的作业包括五类基本作业和四类辅助作业。五类基本作业是:

(1)投入性作业,是有关接收、储存和分配产品或服务所投放的作业,如原材料搬运、储存管理、车辆调度、向供应厂商退货等活动;

(2)生产作业,指将初始投放转化为最终产品的作业,如机械加工、组装、设备维护、设备测试等活动;

(3)产出性作业,有关集中、储存和销售产品的作业,如产品库存管理、送货车辆管理、订单处理等活动;

(4)营销作业,是有关提供一种客户可以购买产品并吸引他们购买的手段的作业,如报价、定价、销售渠道的选择和联系、广告、促销、推销等活动;

(5)服务作业,有关提高或维持产品附加价值的作业,如安装、维修、培训、零配件供应、产品保养等活动。

四类辅助作业是:

(1)企业基础设施,既指厂房设施、机器设备等投入活动,也包括企业全面管理、计划、财务、会计、法律、政府事务等活动,它支持整个企业的其他作业;

(2)人力资源管理,由对各类人员的招聘、雇用、培训、开发、激励所包括的作业组成,它既支持单项的基本作业和辅助作业,又支持整个作业群;

(3)技术开发,技术开发作业可大致划分为致力于改进产品和致力于改进工艺两种,每项作业都包含着技术,技术开发支持作业中所包含的任何技术;

（4）采购，指购买用于企业价值活动的所有投入的活动，既包括投入性后勤活动，也包括购买资产的活动。

具体作业的划分根据企业的规模和条件可粗可细，比如小型企业可将整个购进过程作为一项作业，而大型企业则可能进一步将其区分为请购申请、评估报价、签订合同等多项作业。作业划分越细，越有利于成本管理，核算结果也越准确，但核算过程相应越复杂。

（三）确认各项作业的成本动因

成本动因的确定是作业成本法实施的关键，也是作业成本法实施中至关重要的一步。一般而言，成本动因的选定应由企业的工程技术人员和成本会计人员与管理人员等方面专家通过分析共同讨论确定。

如前所述，成本动因可以分为资源动因和作业动因两类。确认资源动因可以使耗费的资源正确地归集到作业成本库，确认作业动因可以使作业成本正确地在不同的产品之间进行分配，计算出产品成本。一般来说，成本动因包括以下几种：

（1）各种产品的生产批次，它驱动了生产计划的制定、设备的调试、材料的准备、产品检验等成本的发生；

（2）购货单的数量，它驱动了收货部门成本的发生；

（3）发货单的数量，它驱动了发货部门成本的发生；

（4）销货单和用户的数量，它驱动了销售部门成本的发生；

（5）职工人数和工作通知单的数量，它驱动了后勤服务及管理部门成本的发生。

除以上成本动因外，企业还应从成本与作业间存在的因果关系来选择成本动因，同时考虑所选成本动因在经济上的合理性和技术上的适合性。如采购部门，采购订单导致了成本的发生，订单的多少决定其成本的多少，其成本动因是采购订单的数量。

因此，企业在确定成本动因时需要注意两个问题：第一，确定的成本动因应简单易懂，能够从现有的资料中分辨出来；第二，在选择成本动因时，为了避免作业成本计算法太复杂，要挑选具有代表性和重要影响的成本动因。总的来看，企业普遍存在的成本动因有直接人工小时、机器小时、产品（包括零配件）数量、准备次数、材料移动次数、返工数量、订购次数、收取订单数量、检验次数、文件数量、残次品数量等。

（四）建立作业中心，形成作业成本库

在确认了作业及其成本动因之后，我们会发现作业可能有几十种甚至更多。这对于作业成本计算显得太复杂，因此我们有必要再对作业进一步合并，建立作业中心，并选择适当的资源动因，将其中的作业成本归集在一起构成作业成本库。

作业成本库是可用相同成本动因解释成本变动的若干项作业费用的集合。在建立作业中心进行作业合并时，要考虑企业进行作业计算的目的和作业的重要程度。目的不同，进行作业合并的程度也就不同。如果企业进行作业成本计算，以获取相对准确的成本信息，为产品定价、进入退出市场决策服务，则可通过质的相似性和量的相关性进行高程度的合并；如果企业进行作业成本计算，不仅是为了获取真实准确的成本信息，而且还致力于进一步的作业管理，就应以方便部门作业管理为前提，主要考虑各项作业质的相似性，把次要作业合并到主要作业中去。在具体划分作业中心时还应依据两个原则：（1）重要性原则，即应考虑各项作业在现在和将来的重要程度。作业的重要程度主要取决于作业耗费的大小或其在产品生产过程中的地位。如果某项作业是重要的或者将成为重要的，则应将其作为一个单独的作业中心，反之则可与其他作业合并为一个作业中心；（2）相关原则，即组成作业中心的作业必须是相关的，其相关性主要体现在具有相同的成本驱动因素和相同的成本分配率。

这一步骤的实施是建立在对企业作业和资源动因进行全面分析的基础上的。在作业中心确定之后，如何将各种资源耗费依据成本动因归集到作业成本库，就成为本步骤的重要内容。按照作业成本计算的规则，作业量的多少决定着资源的耗用量，资源耗用量的高低与最终产品的产出量没有直接关系。也就是说，正确地确定资源动因，并根据资源动因将资源耗费分配计入各作业成本库是本步骤的重要工作。将每个作业成本库中归集的作业成本进行累加，就可以得出作业成本库的总价值。

（五）依据作业中心成本动因，计算作业成本分配率

在将资源耗费分配给作业成本库后，就应依据产品与作业的关系，确定作业动因，将作业中心所归集的成本总额除以该中心的成本动因的数量化形式，从而得出本中心的作业成本分配率。对于可直接追溯的成本（如直接材料和直接人工），应直接计入产品成本；对于间接成本，则应依有关的作业动因分配计入。例如，当“供电部门”被确定为一个作业中心时，那么与供电有关的成本将会归集到消耗该项资源的作业中心，这时产品生产所消耗的“供电度数”就成为一个作业动因。将供电部门归集的作业成本除以供电度数，就可以计算出每度电的作业成本。

（六）根据产品对作业的需要将成本分配到产品中，汇集计算产品成本

当成本归集到各作业中心并依据作业动因计算出作业成本分配率后，就可以按照不同产品所消耗的作业量的多少来分配作业成本，最终计算出产品应承担的作业成本。因此，这一步骤的分配工作体现了作业成本计算法的重要前提，即产品消耗作业、产出量的多少决定作业量的多少。例如，产品生产消耗动力，其作业动因为耗电度数，根据产品耗电度数就可以把动力费分配到产品成本中去。

四、作业成本法与传统成本计算法的比较

（一）产品成本计算过程的比较

【例 6－10】 某企业生产 A、B 两种产品，某月发生的成本资料如表 6－15 所示。

表 6－15　　某企业成本资料　　单位：元

项　目	A 产品	B 产品	合　计
产量	10 000	200 000	—
直接成本	10 000	50 000	60 000
间接成本总计			360 000
其中：准备费用			100 000
检验费用			72 500
电费			90 000
维护费			97 500
准备次数	300	200	500
检验时数	500	225	725
耗电量	60 000	90 000	150 000
机器工时	10 000	50 000	60 000

在传统成本计算法下，假设间接成本按机器工时比例分配，则：

间接成本分配率＝360 000÷60 000＝6（元/工时）

A、B 两种产品总成本及单位成本的计算如表 6－16 所示。

表 6—16　　　　总成本及单位成本　　　　单位:元

项目	总成本			单位成本		
	直接成本	间接成本	合计	直接成本	间接成本	合计
A 产品	10 000	60 000	70 000	1	6	7
B 产品	50 000	300 000	350 000	0.25	1.5	1.75
合计	60 000	360 000	420 000	—	—	—

如果该企业采用作业成本法进行产品成本计算,则计算过程如下:

(1)分析与间接成本相关的作业及其成本动因,其分析结果如表 6—17 所示。

表 6—17　　　　作业及其成本动因

作业	准备	检验	供电	维护
成本动因	准备次数	检验时数	用电度数	机器小时

(2)建立同质作业中心。经分析可知 A、B 两种产品在准备、检验、供电和维护四项作业中分别具有不同的作业动因,因而可将它们归纳为四个作业中心,并以作业中心为对象进行成本分配,结果如表 6—18 所示。

表 6—18　　　　作业中心成本分配

成本项目	作业中心归集成本(元)	作业量	分配率
准备费用	100 000	500(次)	200
检验费用	72 500	725(小时)	100
电费	90 000	150 000(度)	0.6
维护费	97 500	60 000(小时)	1.625

(3)根据产品耗用的作业量,将作业中心的成本分配到 A、B 两种产品,并据以计算 A、B 两种产品的总成本和单位成本。计算结果如表 6—19 所示。

表 6—19　　　　产品成本分配　　　　单位:元

项目	总成本							单位成本						
	直接成本	间接成本					合计	直接成本	间接成本					合计
		准备费用	检验费用	电费	维护费用	小计			准备费用	检验费用	电费	维护费用	小计	
A 产品	10 000	60 000	50 000	36 000	16 250	162 250	172 250	1	6	5	3.6	1.625	16.225	17.225
B 产品	50 000	40 000	22 500	54 000	81 250	197 750	247 750	0.25	0.2	0.112 5	0.27	0.406 25	0.988 75	1.238 75
合计	60 000	100 000	72 500	90 000	97 500	360 000	420 000	—	—	—	—	—	—	—

(二)产品成本计算结果的比较和分析

根据上述计算,作业成本计算法和传统成本计算法的产品成本计算结果比较如表 6—20 所示。

表 6—20　　　　单位产品成本计算结果比较　　　　单位:元

产品类别	作业成本计算法	传统成本计算法	绝对差	相对差
A	17.225	7	−10.225	146.07%
B	1.238 75	1.75	0.511 5	29.22%

通过表6—20的比较可以明显地看出，相对于作业成本计算法，在传统成本计算法下，批量较小、技术上较复杂的A产品的成本在很大程度上被低估，被低估的成本绝对额为10.225元，甚至超出了传统成本计算法下的成本；而批量大、技术上较为简单的B产品成本在很大程度上被高估，被高估的成本绝对额为0.511 5元。这说明在传统成本计算法下，批量越大、技术越简单的产品，其成本被高估的可能性就越大；相反，批量越小、技术越复杂的产品，其成本被低估的可能性也就越大。由于表6—20仅仅是就A、B产品的全部成本所进行的比较，其中包括了两种产品所耗费的直接成本（主要为原材料费用）这一不可比因素，如果我们剔除这一不可比因素，仅就间接成本（主要为制造费用）这一因素进行比较的话，结论会显得更明显，见表6—21。

表6—21　　单位产品间接成本计算结果比较　　单位：元

产品类别	作业成本计算法	传统成本计算法	绝对差	相对差
A	16.225	6	−10.225	170.42%
B	0.988 75	1.5	0.511 25	34.08%

表6—21的比较结果表明，如果仅就制造费用分配这一可比因素进行比较，传统成本计算法的计算结果导致成本信息的歪曲程度就看得更为清楚。这一结果同时也说明传统成本计算方法产生的成本信息在很大程度上已经丧失了决策相关性。在本例中，传统成本计算法与作业成本计算法在制造费用分配结果上之所以会产生这样大的差距，其根本原因就在于两种成本计算方法在费用分配基础的选择上存在重大差别。在传统的成本计算方法下，间接费用的分配是以数量为基础来进行的，而且一般是以工时消耗这一单一分配标准对所有产品分配制造费用；而在作业成本计算法下，是以作业量为基础来分配制造费用，即为不同的作业耗费选择相应的成本动因来向产品分配制造费用，从而使成本计算的准确性大大提高。

五、对作业成本法的评价

作业观念的引入和作业成本计算法的出现是现代成本会计发展的必然，它拓展了成本会计的研究领域，并将处于核心地位。从一定意义上说，作业成本计算法是分解企业所耗资源的多样性并合理地把它们追踪至产品、服务或顾客的方法。当我们用作业的观念来对企业活动进行描述时，就会发现企业从研究开发到顾客服务的一系列活动就是一条作业链，同时也是一条价值链。信息技术的飞速发展已经能够满足人们针对每一项作业来实施管理和控制，将企业成本管理的重点由产品转为作业，这有助于成本管理者更好地分析资源消耗的合理性，寻找出降低企业整体运营成本的途径，从而更好地为实现成本管理的目标服务。现代企业经营管理必须树立如下观念：仅有一个好的会计信息系统并不能使企业成功，而一个不完整或产生误导的会计信息系统则足以使企业失败，管理会计信息系统尤其如此。

作业成本计算法的产生与其在企业成本计算中的应用，不仅弥补了全部成本法和变动成本法的决策缺陷，而且扩展了成本行为分析和责任成本的范围，而这两方面正是成本管理的基础和核心。首先，作业成本计算系统下的成本行为分析建立在对成本动因的认识基础上，它充分分析了所有作业、作业消耗的资源、成本动因之间的相互制约关系，提供了产品或服务的真实成本信息，拓宽了成本行为分析的范围，充实了成本会计的信息基础。其次，通过对作业成本计算法提供产品或服务成本信息过程的进一步透视，就可以发现作业成本计算法给企业的各项业务活动带来了前所未有的成本可视性，从而有利于分辨企业的一项作业是否增加了顾客价值，这同时也为企业实施作业成本管理奠定了基础。

总之，作业分析以及作业成本计算为加强企业的生产经营管理、优化企业的决策、减少以至消除非增值作业从而大幅度降低成本、提高企业经济效益提供了广泛的可能性。作业成本计算及其基础工作所提供的财务与非财务信息，对于加强企业的生产经营管理具有广泛的用途和极为重要的价值，是企业有效地进行成本控制和科学地进行决策的重要信息来源。作业成本计算法能为企业实施最优化的物流决策、改善企业作业管理、增强企业竞争优势提供更有价值的成本信息，从而使其具有广泛的适应性和旺盛的生命力。

第七章

其他主要行业的成本核算

本章主要介绍了除制造企业外的其他主要行业，如商品流通企业、房地产开发企业、金融企业以及交通运输企业的成本核算方法。通过对以上各行业的成本项目组成、成本核算方法的详细阐述，可以了解不同行业成本核算的差异及特点。

第一节　商品流通企业成本核算

商品流通企业是指组织商品流转、实现商品价值的独立核算的经济实体，包括各种商业、外贸、粮食、医药、图书发行、物资以及从事商品流通活动为主营业务的其他企业。商品流通企业费用的归集和分配与工业企业相比，其成本主要是指商品成本和其他业务成本。

一、商品流通企业成本的构成内容

商品流通企业的成本可分为商品采购成本、商品存货成本、商品加工成本和商品销售成本等内容。

1. 商品采购成本

在商品流通企业，为销售而购进商品的进价成本就是商品采购成本，其成本确定根据采购商品的不同而有所区别。

国内购进商品的采购成本是指国内购进商品的原始进价与购货环节缴纳的价内税金之和。出口商品退税款抵扣当期出口商品进价成本。

国外购进商品的采购成本指进口商品在到达目的港口以前发生的各种支出。具体包括：

①进价。进口商品的进价，根据不同的付款条件，或者是指按对外承付货款日或当月初的外汇牌价结算的到岸价，或者是指进口合同规定的非到岸价加上企业以外汇支付的运费、保险费、佣金等构成的进价。

②外汇价差。

③进口税金。通常指商品进口报关时应缴纳的进口关税。一般纳税企业进口商品时交纳的增值税不计入进价成本。

④委托代理进口费用。指委托其他单位代理进口时支付给受托单位的有关费用。

商品流通企业购进商品时，无论是从国外购进还是从国内购进，其发生的购货折扣、退回和折让以及经确认的索赔收入均应冲减商品进价成本。进口商品时发生的进口佣金，凡能直接确定的，应据以调整商品进价成本。

企业收购的农副产品，以进货原价和购货环节缴纳的税金为采购成本。

2. 商品存货成本

它是指商品购进后至商品销售前储存阶段的商品成本，通常按商品采购成本核算，并根据存货计价方法确定其成本额。

3. 商品加工成本

它是指企业将原材料、商品进行加工制成商品的全部支出。加工过程中的有关收入应抵扣加工商品成本。

4. 商品销售成本

它是指已销商品的进价成本。通常依据已销商品的数量和单位进价成本予以确定。

二、商品流通费用的内容

现行会计准则规定，商品流通企业在组织商品购、销、存等过程中发生的费用不直接计入商品的成本，而应列作费用，主要包括销售费用、管理费用和财务费用。

1. 销售费用，是指商品流通企业在整个经营环节所发生的各种费用，既包括生产性的流通费用（如进货运杂费、整理费、包装费等），也包括纯粹性的流通费用（如展览费、广告费等）。

2. 管理费用，是指商品流通企业行政管理部门为组织和管理商品经营活动而发生的各项费用。

3. 财务费用，是指企业为筹集资金而发生的各项费用。

三、商品流通企业的成本核算

（一）账户设置

1.“在途物资”账户

本账户核算商品流通企业购入材料、商品的采购成本。当企业购入材料、商品时，按其采购成本，借记本账户；当所购材料、商品到达验收入库，借记“原材料”、“库存商品——进价”等账户，贷记本账户。本账户期末借方余额反映企业已付款或已开出、承兑商业汇票，但尚未到达或尚未验收入库的在途材料、商品的采购成本。

购入商品抵达仓库前发生的包装费、运杂费、运输存储过程中的保险费、装卸费、运输途中的合理损耗和入库前的挑选整理费用等采购费用金额较小的，可以直接计入当期销售费用。

“在途物资”的主要账务处理如下：

（1）企业购入材料、商品，按应计入材料、商品采购成本的金额，借记本账户；按可抵扣的增值税额，借记“应交税费——应交增值税（进项税额）”账户；按实际支付或应付的款项，贷记“银行存款”、“应付票据”等账户。购入材料超过正常信用条件延期支付（如分期付款购买材料），实质上具有融资性质的，应按购买价款的现值金额，借记本账户；按可抵扣的增值税额，借记“应交税费——应交增值税（进项税额）”账户；按应付金额，贷记“长期应付款”账户；按其差额，借记“未确认融资费用”账户。

（2）所购材料、商品到达验收入库，借记“原材料”、“库存商品——进价”等账户，贷记本账户。库存商品采用售价核算的，按售价借记“库存商品”账户，按进价贷记本账户，进价与售价之间的差额借记或贷记“商品进销差价”账户。

2.“库存商品”账户

本账户是用来核算企业库存的各种商品的实际成本（或进价）或计划成本（或售价），包括库存产成品、外购商品、存放在门市部准备出售的商品、发出展览的商品以及寄存在外的商品等。接受来料加工制造的代制品和为外单位加工修理的代修品在制造和修理完成验收入库后，视同企业的产成品，也通过本账户核算。已经完成销售手续并确认销售收入但购买单位在月末未提取的商品，应当作为代管商品，单独设置“代管商品”备查簿进行登记。本账户应当按照库存商品的种类、品种和规格进行明细核算。

“库存商品”账户的主要账务处理如下：

(1)购入商品采用进价核算的，在商品到达验收入库后，按商品进价借记本账户，贷记“银行存款”、“在途物资”等账户。企业委托外单位加工收回的商品，按商品进价借记本账户，贷记“委托加工物资”账户。购入商品采用售价核算的，在商品到达验收入库后，按商品售价借记本账户，按商品进价贷记“银行存款”、“在途物资”等账户，商品售价与进价的差额贷记“商品进销差价”账户。企业委托外单位加工收回的商品，按商品售价借记本账户，按商品进价贷记“银行存款”、“在途物资”等账户，按商品售价与进价的差额贷记“商品进销差价”账户。

(2)采用进价进行商品日常核算的，发出商品的实际成本可以采用先进先出法、加权平均法或个别认定法计算确定。对外销售商品(包括采用分期收款方式销售商品)结转销售成本时，借记“主营业务成本”账户，贷记本账户。采用售价核算的，还应结转应分摊的商品进销差价，借记“商品进销差价”账户，贷记“主营业务成本”账户。

本账户期末借方余额，反映企业库存商品的实际成本(或进价)或计划成本(或售价)。

3.“商品进销差价”账户

本账户核算企业在售价金额核算制下的商品售价与进价之间的差额。本账户应当按照商品类别或实物负责人进行明细核算。主要账务处理如下：

(1)企业购入、加工收回以及销售退回等增加的库存商品，按商品售价借记“库存商品”账户，按商品进价贷记“银行存款”、“委托加工物资”等账户，售价与进价之间的差额贷记本账户。

(2)月末分摊已销商品的进销差价，借记本账户，贷记“主营业务成本”账户。销售商品应分摊的商品进销差价，按以下方法计算：

$$\text{商品进销差价率}=\frac{\text{月末分摊前本账户余额}}{\text{“库存商品”账户月末余额}+\text{“委托代销商品”账户月末余额}+\text{“发出商品”账户月末余额}+\text{本月“主营业务收入”账户贷方发生额}}\times 100\%$$

本月销售商品应分摊的商品进销差价＝本月“主营业务收入”账户贷方余额×商品进销差价率

上述所称“主营业务收入”，是指采用售价进行商品日常核算的销售商品所取得的收入。

企业的商品进销差价率各月之间比较均衡的，也可以采用上月商品进销差价率计算分摊本月销售商品应分摊的商品进销差价。

企业无论采用当月商品进销差价率还是上月商品进销差价率计算分摊商品进销差价，均应在年度终了对商品进销差价进行核实调整。

本账户的期末贷方余额，反映企业库存商品的商品进销差价。

4.“发出商品”账户

本账户核算企业商品销售不满足收入确认条件但已发出商品的实际成本(或进价)或计划成本(或售价)。企业采用支付手续费方式委托其他单位代销的商品，也在本账户核算，并按照受托单位进行明细核算。本账户应当按照购货单位及商品类别和品种进行明细核算。主要账务处理如下：

对于不满足收入确认条件的发出商品，应按发出商品的实际成本(或进价)或计划成本(或售价)，借记本账户，贷记“库存商品”账户。发出商品满足收入确认条件时，应结转销售成本，借记“主营业务成本”账户，贷记本账户。采用计划成本或售价核算的，还应结转应分摊的产品成本差异或商品进销差价，借记“产品成本差异”或“商品进销差价”账户，贷记“主营业务成本”账户；实际成本大于计划成本的差异，做相反的会计分录。发出商品如发生退回，应按退回商品的实际成本（或进价）或计划成本（或售价），借记“库存商品”账户，贷记本账户。

本账户期末借方余额，反映企业商品销售中不满足收入确认条件的已发出商品的实际成本（或进价）或计划成本（或售价）。

（二）商品流通企业的成本核算方法举例

1. 商品采购成本的归集和分配

【例 7－1】 某百货公司向某服装厂采购 800 件衬衫，每件 100 元（不含税）。供货单位代垫运杂费1 500元。已根据有关结算凭证承付货款，商品尚未运到。应做如下分录：

借：在途物资	80 000	
应交税费——应交增值税（进项税额）	13 600	
销售费用	1 500	
贷：银行存款		95 100

采购的衬衫到货，经验收合格入库。根据“收货单”做如下分录：

借：库存商品	80 000	
贷：在途物资		80 000

若该商品采用售价核算方式，每件衬衣的售价为 180 元，根据“收货单”做如下分录：

借：库存商品	144 000	
贷：在途物资		80 000
商品进销差价		64 000

2. 商品销售成本的归集和分配

在商品流通企业中，库存商品可以采用进价或售价进行核算。一般来说，批发销售的商品应按商品进货原价记账；零售商品则应按商品的销售价格记账。与此相适应，在结转商品的销售成本时，两种核算方法的成本计算方法也有较大差异。

（1）采用进价核算时，销售发出的商品在结转销售成本时，可按先进先出法、加权平均法、移动平均法、个别计价法、毛利率法等方法计算已销商品的销售成本，结转发出商品的成本，借记“主营业务成本”账户，贷记“库存商品”账户。

先进先出法、加权平均法、移动平均法、个别计价法在财务会计的教材中已详细讲解过，下面主要介绍毛利率法，并通过例题说明其具体核算过程。

毛利率法是根据本期销售收入乘以前期实际（或本月计划）毛利率匡算本期销售毛利，并计算发出存货成本的一种方法。计算公式如下：

$$\text{毛利率}=\frac{\text{销售毛利}}{\text{销售收入}}\times 100\%$$

销售毛利＝毛利率×销售收入

销售成本＝销售收入－销售毛利

期末存货成本＝期初存货成本＋本期购货成本－本期销售成本

【例 7－2】 某商场月初服装存货 219 000 元，本月购货1 275 000元，销售收入为1 800 000元，上季度该类商品毛利率为 30％，计算本月已销存货和月末存货的成本。

本月销售毛利＝1 800 000×30％＝540 000（元）

销售成本＝1 800 000－540 000＝1 260 000(元)

月末存货成本＝219 000＋1 275 000－1 260 000＝234 000(元)

上述销售成本的计算公式可以简化为：

$$销售成本＝销售收入\times(1-毛利率)$$

上例中销售成本＝1 800 000×(1－30%)＝1 260 000(元)

用毛利率法计算本期销售成本和期末存货成本，是商品流通企业较为常见的方法。特别是商品批发企业，若按每种商品计算并结转销售成本，工作量较为繁重，而且商品批发企业的同类商品毛利率大致相同，采用这种存货计价方法也比较接近于实际。

采用这种方法，商品销售成本按商品大类销售额计算，在大类商品账上结转成本，计算手续简便。商品明细账平时只记数量，不记金额，每季的最后一个月再根据月末结存数量，按照最后进价法等计价方法，先计算月末存货成本，然后再计算该季度的商品销售成本，用该季度的商品销售成本减去前两个月已结转的成本，计算第三个月应结转的销售成本，从而对前两个月用毛利率计算的成本进行调整。

(2)采用售价核算时，销售发出的商品在平时结转销售成本时，可按商品售价结转，借记“主营业务成本”账户，贷记“库存商品”账户。月度终了，应按商品进销差价率计算分摊本月已销商品应分摊的进销差价，借记“商品进销差价”账户，贷记“主营业务成本”账户。

在我国的会计实务中，商品零售企业广泛采用售价金额核算法。这种方法是通过设置“商品进销差价”账户进行处理的。平时商品存货的进、销、存均按售价记账，售价与进价的差额记入“商品进销差价”账户，期末通过计算进销差价率的办法计算本期已销商品应分摊的进销差价，并据以调整本期销售成本。

进销差价率的计算公式如下：

$$进销差价率=\frac{期初库存商品进销差价+本期发生的商品进销差价}{期初库存商品售价+本期发生的商品售价}\times 100\%$$

$$本期已销商品应分摊的进销差价＝本期商品销售收入\times进销差价率$$

商品进销差价率的计算方法主要有综合差价率计算法、分类(或柜组)差价率计算法。综合差价率计算法手续简便，但计算结果不够准确；分类(或柜组)差价率计算法工作量较大，计算结果相对准确。企业一般应按分类(或柜组)差价率计算。

【例 7－3】 某零售商店 2015 年 1 月份的期初存货成本 50 000 元，售价总额 62 500 元；本期购货成本 225 000 元，售价总额为 337 500 元；本期销售收入 320 000 元。本期购销业务可编制会计分录如下(有关增值税的分录略)：

借：库存商品	337 500	
贷：在途物资		225 000
商品进销差价		112 500

记录本期销售收入：

借：银行存款	320 000	
贷：主营业务收入		320 000

平时结转商品销售成本：

借：主营业务成本	320 000	
贷：库存商品		320 000

$$进销差价率=\frac{12\ 500+112\ 500}{62\ 500+337\ 500}\times 100\%=31.25\%$$

已销商品应分摊的进销差价＝320 000 ×31.25%＝100 000(元)

根据已销商品应分摊的进销差价冲转销售成本：

借:商品进销差价　　100 000

　贷:主营业务成本　　100 000

经过转账,本期商品销售成本调整为实际成本 220 000 元(320 000－100 000)。

第二节　房地产开发企业成本核算

房地产开发企业是指专业从事土地开发、房屋建设的生产经营企业,其主要任务是开发城市土地资源,搞好城市基础设施建设,以满足经济发展和人民安居的需要。

房地产开发企业的业务活动有其自身的特点,其最终产品是不动产,开发过程一般必须经过规划设计、征地拆迁、组织施工、竣工验收、产品销售五个阶段。因此,房地产开发企业的成本核算与管理必须围绕其开发产品的经营过程而展开。

一、成本核算的内容

房地产开发企业成本核算的主要内容是开发产品成本。企业在开发、建设和经营房地产业务的过程中发生的各种耗费,称为开发经营费用。开发产品成本是指由成本计算对象(即开发项目)负担的开发经营费用。开发产品的成本项目大致可分为以下几个部分：

1. 土地征用及拆迁补偿费

土地征用及拆迁补偿费是指房地产开发企业按照城市建设总体规划进行土地开发而发生的各项费用,包括土地征用费、耕地占用税、劳动力安置费、有关地上地下附着物拆迁补偿的净支出、安置动迁用房支出等。

2. 前期工程费

前期工程费是指开发项目前期工程所发生的各项费用,包括规划、设计、项目可行性研究、水文、地质、勘察、测绘、“三通一平”等支出。

3. 建筑安装工程费

建筑安装工程费是指房地产开发项目在开发过程中发生的各种建筑安装费用,包括企业以出包方式支付给承包单位的建筑安装工程费和以自营方式发生的建筑安装工程费。

4. 基础设施费

基础设施费是指房地产开发项目在开发过程中发生的各项基础设施支出,包括开发小区内道路、供水、供电、供气、排污、排洪、通信、照明、环卫、绿化等工程发生的支出。

5. 公共配套设施费

公共配套设施费是指必须由房地产开发项目负担的,不能有偿转让的开发小区内公共配套设施发生的支出,包括开发小区内营业性的商店、银行、邮局等公共配套设施以及非营业性的托儿所、幼儿园、车库、医院、派出所、居委会等公共配套设施发生的支出。

6. 开发间接费用

开发间接费用是指企业在开发项目现场设立的管理机构为组织和管理工程建设而发生的薪酬、折旧费、修理费、办公费、水电费、劳动保护费、周转房摊销等费用。

7. 筹资成本

筹资成本是指房地产开发企业为开发土地而借入的资金所发生的利息等借款费用。与其他一般行业相比，房地产开发企业具有建设期长、投资金额大、投资风险高等特点。因此，大多数开发企业必须通过银行贷款来解决资金需要，这样就产生了数额较大的利息支出。

二、成本核算账户的设置

房地产开发企业归集和分配发生的开发经营费用，进行开发产品成本核算所采用的账户是“开发成本”和“开发间接费用”。

（一）“开发成本”账户

该账户核算企业在土地、房屋、配套设施和代建工程的开发过程中所发生的各项费用，以及企业对出租房进行装饰及增补室内设施而发生的出租房工程支出。账户的借方反映产品开发过程中发生的开发直接费用和月末分配计入开发产品的开发间接费用，贷方反映结转“开发产品”账户和“出租开发产品”账户的已完工开发产品实际成本，期末借方余额反映在建开发项目的实际成本。该账户的明细账按开发项目的种类设置，如“土地开发”、“房屋开发”、“配套设施开发”和“代建工程开发”等，按成本项目设置专栏，进行明细核算。

（二）“开发间接费用”账户

该账户核算企业内部独立核算单位开发产品而发生的各项间接费用。该账户的借方归集月内发生的各项开发间接费用，贷方反映月末按一定分配标准分配结转有关开发产品成本的费用总额，结转后无余额。该账户的明细账按企业内部单位名称设置。

三、土地开发成本的核算

土地开发是指开发建设用场地，是房地产开发企业的主要业务之一。建设用场地按开发用途，分商业性建设场地和自用建设场地两种。商业性建设场地是指为销售或有偿转让而开发的土地。自用建设场地是指直接为本企业建造商品房、出租房和周转房等开发的土地。土地开发成本的核算包括费用的归集和成本的结转。

（一）土地开发成本的归集

1. 土地征用及拆迁补偿费、前期工程费、基础设施费、建筑安装工程费等直接费用，一般在发生时按受益对象直接计入土地开发项目的开发成本。

【例 7—4】 某房地产开发公司 2015 年开发商品性建设场地（甲）和自用性建设场地（乙）各一块。用银行存款支付土地征用费 3 200 000 元，其中甲场地 1 900 000 元，乙场地 1 300 000元，支付甲场地拆迁补偿费 500 000 元，安置费 340 000 元。会计分录如下：

借：开发成本——土地开发——甲场地	2 740 000	
——乙场地	1 300 000	
贷：银行存款		4 040 000

2. 公共设施费的归集。

若公共设施是与建设场地同步开发的，其开发费用直接计入建设场地开发成本；分不清受益对象或应由两个以上开发项目共同负担的，可先通过“开发成本——配套设施开发”账户归集，待配套设施完成后，可按各开发项目的预算成本比例分配，其中应由土地开发成本负担的部分结转“开发成本——土地开发”账户。若公共设施后于建设场地开发的，其开发费用可先通过“开发成本——配套设施开发”账户核算，待配套设施竣工后结转至“开发成本——土地开发”账户。

【例 7—5】 以银行存款支付水文地质勘察费 56 000 元，其中甲场地 16 000 元，乙场地

40 000元。市政工程公司基础设施费 320 000 ,其中甲场地 150 000 元,乙场地170 000元。编制会计分录如下：

借:开发成本——土地开发——甲场地　　　166 000
　　　　　　　　　　　——乙场地　　　210 000
　　贷:银行存款　　　　　　　　　　　　　　376 000

【例 7—6】 应付建筑工程公司建筑安装费 450 000 元,其中甲场地 250 000 元,乙场地 200 000 元。编制会计分录如下：

借:开发成本——土地开发——甲场地　　　250 000
　　　　　　　　　　　——乙场地　　　200 000
　　贷:应付账款　　　　　　　　　　　　　　450 000

【例 7—7】 在甲场地建车棚,领用材料 120 000 元,支付工资 60 000 元。编制会计分录如下：

借:开发成本——土地开发——配套设施开发　　　180 000
　　贷:库存材料　　　　　　　　　　　　　　120 000
　　　　应付职工薪酬　　　　　　　　　　　　60 000

【例 7—8】 车棚完工,结转实际成本。编制会计分录如下：

借:开发成本——土地开发——甲场地　　　180 000
　　贷:开发成本——土地开发——配套设施开发　　　180 000

3. 开发间接费用的归集。

开发间接费用在发生时归集在“开发间接费用” 账户,月末再按预算成本比例计入各有关开发项目的成本,其中应计入土地开发成本的开发间接费用结转至“开发成本——土地开发”账户。

【例 7—9】 分配开发间接费用 780 000 元,其中甲场地应负担 480 000 元,乙场地应负担 300 000 元。编制会计分录如下：

借:开发成本——土地开发——甲场地　　　480 000
　　　　　　　　　　　——乙场地　　　300 000
　　贷:开发间接费用　　　　　　　　　　　　780 000

(二)土地开发成本的结转

已完成的建设场地应根据其商业性和自用性的不同用途,采用不同的方法结转土地开发实际成本。

1. 商业性建设场地开发成本的结转

为销售或有偿转让而开发的商业性建设场地是房地产开发企业的最终产品,其开发过程中发生的各项费用应当全部计入土地开发成本,因此应在办理竣工验收手续后,将其实际成本结转“开发产品”账户。

【例 7—10】 月末甲场地已开发完工,结转其实际成本,会计分录如下：

借:开发产品　　　　　　　　　　　　3 816 000
　　贷:开发成本——土地开发——甲场地　　　3 816 000

根据以上账务处理登记土地开发成本明细账,见表 7—1。

表 7—1 土地开发成本明细账

开发土地名称:甲场地

开发总面积:4 000 平方米 2015 年×月 单位:元

年		凭证号数	摘 要	土地征用及拆迁补偿费	前期工程费	基础设施费	建筑安装工程费	公共配套工程费	开发间接费用	合计
月	日									
			支付土地征用费	1 900 000						1 900 000
			支付拆迁补偿费	840 000						840 000
			支付水文地质勘察费		16 000					16 000
			支付市政公司款			150 000				150 000
			支付建筑公司款				250 000			250 000
			公共配套设施费					180 000		180 000
			分配开发间接费用						480 000	480 000
			本月合计	2 740 000	16 000	150 000	250 000	180 000	480 000	3 816 000
			转出开发成本	2 740 000	16 000	150 000	250 000	180 000	480 000	3 816 000
			月末余额	—	—	—	—	—	—	—

2. 自用性建设场地开发成本的结转

自用性建设场地是房地产开发企业的中间产品,其开发过程中发生的各项费用应最终计入各种商品房、周转房和出租房的成本。因此,应在完成投入使用时,将其实际成本结转"开发成本——房屋开发",其中为建造商品房而开发的自用建设场地应采用分项平行结转法,即将各项土地开发成本支出对应转入"开发成本——房屋开发"的各成本项目。而为建造出租房等而开发的自用建设场地,其开发成本不需要分摊开发间接费用的,则应采用归类结转法,即将各项土地开发成本支出归类为"土地征用及拆迁补偿费"和"基础设施费"两个项目后,分别对应转入"开发成本——房屋开发"中的这两个成本项目。如果企业开发的自用建设场地在完成后暂不使用,应将其实际成本结转"开发产品"账户。

【例 7—11】 月末自用开发土地乙场地已完工,其开发总面积为 4 000 平方米,开发成本 2 010 000元。该场地 2 000 米立即进行甲工程的建设,其余暂不使用。会计分录如下:

借:开发成本——房地产开发——甲工程 1 005 000
　　开发产品 1 005 000
　　贷:开发成本——土地开发——乙场地 2 010 000

四、房屋开发成本的核算

房屋开发也是房地产开发企业的主要经营业务之一,其开发经营的房屋按性质和用途分为四种:为销售而开发的商品房;为出租而开发的经营房;为安置被拆迁居民周转使用而开发的周转房;受其他单位委托代为开发建设的代建房。这些房屋的开发成本在核算方法上大致相同,但仍需要在"开发成本——房屋开发"账户下分别设置四种房屋的明细账进行核算。

（一）房屋开发成本的归集

1．土地征用及拆迁补偿费的归集

土地征用及拆迁补偿费，凡是能分清负担对象的，可直接计入房屋开发成本；凡是不能分清负担对象，或开发综合性建设场地即为建造商品房之用又对外销售或有偿转让的，先计入“开发成本——土地开发”，待土地开发完成投入使用时，再按占用土地面积比例分配结转“开发成本——房屋开发”。如果已开发完成的商品性建设场地改作自用性建设场地，应将其土地征用及拆迁补偿费从“开发产品”转入“开发成本——房屋开发”。

2．前期工程费和基础设施费的归集

前期工程费和基础设施费，凡是能分清负担对象的，直接计入房屋开发成本；应由两个或两个以上房屋开发项目负担且发生时分不清负担对象的，应按各房屋开发项目的预算或计划开发成本标准分配后，分别计入各房屋开发项目的成本。

3．建筑安装工程费的归集

计入房屋开发成本的建筑安装工程费，应根据不同施工方式，采用不同的核算方法。采用出包方式的，应根据承包企业提出的“工程价款结算单”所列承付工程款计入”开发成本——房屋开发”的相应成本项目中。采用自营方式的，发生的各项建筑安装工程费用直接计入“开发成本——房屋开发”的相应成本项目中。如果企业自营施工大型建筑安装工程，可以根据需要增设“工程施工”、“施工间接费用”等账户，用来核算和归集自营工程的建筑安装费用，月末按实际成本转入“开发成本——房屋开发”的相应成本项目中。企业在房地产开发过程中领用的设备，附属于工程实体的，应根据附属对象，于设备发生交付安装时，按其实际成本计入“开发成本——房屋开发”的相应成本项目中。

4．公共配套设施费的归集

计入房屋开发成本的公共配套设施费，应根据配套设施建设的不同情况，采用不同的核算方法。若配套设施与房屋同步建设，发生的公共配套设施费，凡是能分清负担对象的，按房屋开发项目应负担的数额直接计入“开发成本——房屋开发”账户；凡应由两个以上开发项目共同负担的，先通过“开发成本——配套设施开发”账户归集，待配套设施完成后，再按各开发项目的预算成本比例进行分配，其中应由房屋开发项目负担的数额计入“开发成本——房屋开发”账户。若配套设施后于房屋建设，其账务处理与土地开发项目预提公共配套设施费的方法类似。

5．开发间接费用的归集

计入房屋开发成本的开发间接费用在发生时归集在“开发间接费用”账户，月末再按预算成本比例分配计入各有关开发项目的成本，其中应计入房屋开发成本的开发间接费用，结转“开发成本——房屋开发”账户。

（二）房屋开发成本的结转

房屋开发项目竣工验收后，应按房屋的用途将房屋的实际开发成本分别结转有关开发产品账户。竣工商品房、代建房的开发成本应结转“开发产品——房屋”账户。竣工后直接投入使用的出租房、周转房的开发成本，应分别记入“出租开发产品”和“周转房”账户。若竣工后暂不使用，应记入“开发产品房屋”账户，待投入使用后再转入“出租开发产品”和“周转房”账户。

（三）房屋开发成本核算举例

【例7－12】 某房地产开发公司2015年8月在甲工程（商品房）和乙工程（出租房）开发过程中发生下列经济业务：

1. 征用101$^{\#}$土地10 000平方米，发生土地征用及拆迁补偿费7 200 000元，前期工程费1 800 000元，基础设施费3 600 000元，建筑安装费5 400 000元，所有费用均以银行存款支付。

借：开发成本——土地开发——101$^{\#}$　　18 000 000
　　贷：银行存款　　18 000 000

2. 现101$^{\#}$土地已开发完工，其中5 000平方米用于商品房甲工程建设。采用分项结转法结转土地开发成本。

借：开发成本——房屋开发(甲工程)——土地征用及拆迁补偿费　3 600 000
　　　　　　　　　　　　　　　　——前期工程费　900 000
　　　　　　　　　　　　　　　　——基础设施费　1 800 000
　　　　　　　　　　　　　　　　——建筑安装工程费　2 700 000
　　贷：开发成本——土地开发——101$^{\#}$　　9 000 000

3. 用银行存款支付乙工程建设场地的补偿费420 000元。

借：开发成本——房屋开发(乙工程)　　420 000
　　贷：银行存款　　420 000

4. 委托设计部门对甲、乙工程进行设计，应付设计费279 000元，其中甲工程设计费132 000元，乙工程设计费147 000元。

借：开发成本——房屋开发(甲工程)　　132 000
　　　　　　——房屋开发(乙工程)　　147 000
　　贷：应付账款　　279 000

5. 第五建筑公司提出“工程价款结算账单”，要求支付工程进度款2 610 000元，其中甲工程1 410 000元，乙工程1 200 000元。

借：开发成本——房屋开发(甲工程)　　1 410 000
　　　　　　——房屋开发(乙工程)　　1 200 000
　　贷：应付账款——第五建筑公司　　2 610 000

6. 用银行存款支付道路、绿化等基础设施费1 896 000元，其中甲工程应负担1 146 000元，乙工程应负担750 000元。

借：开发成本——房屋开发(甲工程)　　1 146 000
　　　　　　——房屋开发(乙工程)　　750 000
　　贷：银行存款　　1 896 000

7. 分配公共设施配套费855 000元，其中甲工程应负担510 000元，乙工程应负担345 000元。

借：开发成本——房屋开发(甲工程)　　510 000
　　　　　　——房屋开发(乙工程)　　345 000
　　贷：开发成本——配套设施费　　855 000

8. 分配开发间接费用756 375元，其中甲工程应负担453 225元，乙工程应负担303 150元。

借：开发成本——房屋开发(甲工程)　　453 225
　　　　　　——房屋开发(乙工程)　　303 150
　　贷：开发间接费用　　756 375

9. 乙工程已竣工，经验收合格，投入使用。结转其实际开发成本 3 165 150 元。

借：出租开发产品　　3 165 150

　　贷：开发成本——房屋开发（乙工程）　　3 165 150

第三节 金融企业成本核算

金融企业开展业务必然会发生相应的成本和费用支出。准确地组织成本和费用的核算，将收入与费用进行适当配比既是对外进行报告的需要，也是商业银行加强内部成本控制的要求。

一、金融企业成本、费用的内容

成本是企业为提供劳务而发生的各种耗费，不包括为客户垫付的各种款项。费用是企业为销售商品、提供劳务等日常活动所发生经济利益的流出。成本和费用是两个并行的概念：成本是对象化了的费用，是指一定业务所发生的耗费；而费用是与一定的会计期间相联系的，无法与特定的对象相联系。金融企业在业务经营过程中与业务经营有关的支出，包括利息支出、手续费及佣金支出、业务及管理费用、汇兑损益等。

二、金融企业成本费用的核算

（一）金融企业成本费用核算应注意的问题

对于业务成本的核算必须注意以下几点：

（1）必须严格按照财务制度的规定如实反映成本支出，不得随意摊提费用和擅自提高开支标准，扩大开支范围，以便正确地计算本期损益，保证经营成果的真实性。

（2）划清成本界限，正确计算成本。在成本核算中必须划清以下界限：一是本期成本与下期成本的界限，不得提前或者延后列支；二是划清成本支出与营业外支出的界限，不属于成本开支范围不得列入成本，属于成本开支范围的也不得作为营业外支出。

（3）成本核算要按季（月）、年为成本计算期，同一期间内的成本计算范围和口径必须一致。

（二）金融企业的成本费用核算

1. 利息支出

利息支出是指金融企业发生的利息支出，包括吸收的各种存款（单位存款、个人存款、信用卡存款、特种存款、转贷款资金等）、与其他金融机构（中央银行、同业等）之间发生资金往来业务、卖出回购金融资产等产生的利息支出。以上利息支出都在“利息支出”账户中核算，可以根据不同的利息支出种类设置明细账。

（1）存款利息

存款利息一般采用定期结息的方式于结息日转入存款人的活期存款账户，会计分录为：

借：利息支出——××利息支出户

　　贷：活期存款——××单位

定期存款利息是在到期时一次还本付息，但按照权责发生制的原则要在会计期末对已经发生尚未支付的利息进行计提，期末计提利息时分录为：

借：利息支出——××利息支出户

　　贷：应付利息——××单位

存款到期时转入相关账户。

借:应付利息——××单位

贷:××存款——××单位

储蓄存款利息支出按照同样的方法核算,转入活期储蓄存款或者定期储蓄存款账户。

(2)债券利息

金融企业发行的金融债券应根据不同的计息和利息的支付方式定期提取利息记入当期的损益。提取利息的分录为:

借:财务费用(非资本化部分)

贷:应付利息——××单位(分期付息债券)

或 应付债券——应计利息(到期付息债券)

2. 手续费及佣金支出

手续费及佣金支出是指金融企业发生的与其经营活动相关的各项手续费、佣金等支出。"手续费及佣金支出"科目按照手续费的种类设置明细账。手续费可以转账支付,也可以用现金支付,支付手续费时分录如下:

借:手续费及佣金支出

贷:库存现金(银行存款、存放中央银行款项、存放同业、应付手续费及佣金)

3. 业务及管理费用

业务及管理费用是指金融企业在业务经营和管理过程中所发生的各项费用,包括固定资产折旧、业务宣传费、业务招待费、电子设备运转费、安全保卫费、财产保险费、邮电费、劳动保护费、低值易耗品摊销费、职工工资与福利费、职工教育经费、工会经费、差旅费、水电费、租赁费、修理费、钞币运送费、会议费、诉讼费、广告费、董事会费、公证费、咨询费、审计费用、研究费用、劳动保险费等。

(1)固定资产折旧和无形资产的摊销

固定资产折旧费是金融企业根据不同种类的固定资产的特点所确定的折旧率来定期提取的折旧。会计分录如下:

借:业务及管理费用——折旧费

贷:累计折旧

无形资产也需要在一定的期限内摊销,原理同固定资产的折旧,当期所摊销的无形资产的成本分录如下:

借:业务及管理费用——无形资产摊销

贷:累计摊销

(2)业务宣传费

业务宣传费是金融企业在开展业务宣传活动中所支付的费用。所发生的业务宣传费根据相应的凭证,会计分录为:

借:业务及管理费用——业务宣传费

贷:银行存款或库存现金

(3)职工工资和相关费用的核算

职工工资是指在职职工工资、奖金、津贴和补贴。职工工资的核算通过"应付职工薪酬"科目核算,每月月初按照规定的开支渠道,将本月应发放的工资按照不同的开支项目进行分配。同时,编制"工资分配表",根据工资分配表编制记账凭证办理转账。会计分录为:

借:业务及管理费用——职工工资

  在建工程——工程应付工资

   贷:应付职工薪酬

同时需要按照工资总额的2%和1.5%拨交工会经费和提取职工教育经费,会计分录为:

借:业务及管理费用——工会经费(职工教育经费)

   贷:其他应付款——工会经费(职工教育经费)

4. 汇兑损益

汇兑损益是指金融企业发生的外币交易因汇率变动而产生的汇兑损益。汇兑损益账户应该按照外汇买卖的币种进行明细核算。

采用统账制核算的,各外币货币性项目的外币期(月)末余额应当按照期(月)末汇率折算为记账本位币金额。按照期(月)末汇率折算的记账本位币金额与原账面记账本位币金额之间的差额,如为汇兑收益,借记有关科目,贷记本科目;如为汇兑损失,做相反的会计分录。

采用分账制核算的,期(月)末将所有以外币表示的"货币兑换"科目余额按期(月)末汇率折算为记账本位币金额,折算后的记账本位币金额与"货币兑换——记账本位币"科目余额进行比较,为贷方差额的,借记"货币兑换——记账本位币"科目,贷记"汇兑损益"科目;为借方差额的,做相反的会计分录。

期末,应将本科目的余额转入"本年利润"科目,结转后本科目应无余额。

第四节 交通运输业成本核算

交通运输企业是从事旅客运输和货物运输活动的劳务性企业。交通运输企业是社会生产过程在流通过程中的继续,对连接社会生产领域和消费领域起重要的桥梁作用。具体包括铁路运输、公路运输、水陆运输、航空运输、管道运输以及与之配套的机场、港口、外轮代理、理货等各类企业。

一、交通运输企业及其成本核算的特点

(一)交通运输企业的经营特点

与工业制造及商业贸易企业的生产经营活动相比,交通运输企业的经营活动具有以下特点:

(1)交通运输企业的营运过程具有高度的流动性、分散性。除机场、港口、车站等场地相对固定外,交通运输企业的营运活动范围和空间十分广阔,流动方向分散。

(2)交通运输企业的生产营运方式具有多样性和相互替代性。按交通运输企业的生产特点可分为铁路运输、公路运输、水陆运输、航空运输等类型,各种运输方式具有各自不同的优势和特点,但彼此之间可以相互替代。

(3)交通运输企业的生产经营过程也是销售过程,生产和销售同时进行。运输业务完成意味着旅客、货物的运输劳务已提供,企业的销售业务同时宣告完成;运输产品无法储存,无在产品,也无须销售过程,而且取得劳务报酬在前,提供劳务服务在后。

(4)交通运输企业的生产经营过程仅消耗劳动资料。交通运输企业的营运生产过程不会改变劳动对象的属性和形态,不会产生新的实物形态的物质产品,以旅客、货物为劳动对象,其目的是为了达到空间位置的移动,满足社会生产生活的交换、消费需要;在企业的生产营运过

程中发生劳动资料的消耗，如集装箱车辆、轮船、飞机等各种运输设备。

（二）交通运输企业的成本核算特点

根据交通运输企业的经营特点，交通运输企业成本核算的主要内容和特点包括以下几个方面：

1. 成本计算对象多样化

交通运输企业的成本计算对象是其运输的各类业务，以及构成各类业务的具体项目，如公路运输企业是以旅客运输和货物运输业务作为核算对象，对公路旅客运输和货物运输进行运输成本的计算；相应地，其成本计算对象既可以是承接运输的各类业务及构成各类业务的具体业务项目，如运输业务、装卸业务、代理业务等，又可以是承担运输任务的各类运输工具及具体运行情况，如客运大巴、远洋货轮、集装箱卡车、运行线路、班次等。

2. 运输成本的计算与产品制造成本计算基本相同

营运过程中发生的各项耗费先归集，然后再按照一定的方法分配计算各业务的营运成本。交通运输企业的成本费用由两部分构成，即运营成本和期间费用。

运营成本是指经营运输过程中实际发生的与营运直接相关的各项耗费，包括三方面内容：

（1）直接参与营运业务的各类消耗性机物料，如运输用燃油、润滑剂、备品配件、低值易耗品、材料、轮胎等；

（2）直接从事营运业务人员的职工薪酬；

（3）营运过程中发生的间接营运费，如运输工具及固定资产的折旧费、修理费、租赁费、保险费、劳动保护费、季节性和修理期间的停工损失及事故净损失等。

交通运输企业的期间费用主要包括管理费用和财务费用，其基本内容与制造企业部分相同，此外还包括铁路线路绿化费、铁路线路灾害防止费、各种港口使用费(引水费、港务费、拖轮费、停泊费、代理费、理货费等)、公路运输管理费、路桥费、飞行训练费、乘客紧急救护费等。

3. 营运成本与应计入当期成本的耗费一致

交通运输企业的成本按月定期计算，并且生产经营与销售合二为一，无在产品，也没有储存环节，因此不存在运输成本与销售成本之分，实际发生的营运成本一般即是当期应计入的成本，运输过程发生的各项实际消耗支出便构成当期的运营成本，可以据此直接计算成本，并于期末结转入当期损益。

4. 成本计量单位采用复合计量

不同业务类别的交通运输企业由于运输工具、运输时间、运输距离的不同，在全面、综合反映运输成本时一般采用运输数量和距离相结合的复合计量单位进行成本计量，如吨公里(海里)、人公里(海里)及千人换算吨公里(海里)等。

二、交通运输企业营运成本的核算

交通运输企业营运成本的核算，应设置相应的成本核算账户，并下设相关明细账户，对各要素费用和间接费用进行归集、分配，计算营运业务的总成本和单位成本等成本计算。

（一）交通运输企业设置的账户

为了全面反映和监督交通运输企业的实际运营成本，需设置如下账户："运输支出"、"装卸支出"、"堆存支出"、"辅助营运费用"、"营运间接费用"、"船舶固定费用"、"船舶维护费用"、"集装箱固定费用"、"代理业务支出"、"港务业务支出"、"其他业务支出"等。

（1）"运输支出"账户核算交通运输企业沿海、内河、远洋和汽车运输经营旅客、货物运输业务所发生的各项费用支出。同时，按运输工具类型或单车、单船设立明细账户，如“货车运输支出”、“客车运输支出”等，并按规定的成本项目进行明细核算。其借方登记发生的各项相关运输支出以及按规定的分配标准从“船舶固定费用”、“船舶维护费用”、“集装箱固定费用”、“营运期间费用”、“辅助营运费用”等账户分配转入的相关费用；贷方登记期末结转的营运成本；本账户年末无余额。

(2)“装卸支出”账户核算交通运输企业江河湖海港口和汽车运输企业因经营装卸业务所发生的各相关费用支出，同时按专业作业区或货物种类，依据规定的成本项目进行明细核算。其借方登记发生的各项装卸支出以及按一定的标准从“营运间接费用”账户分配转入的费用；月末，本期发生的各项装卸费用结转记入贷方；结转后本账户无余额。

(3)“堆存支出”账户核算交通运输企业因经营仓库和堆场业务所发生的费用，同时按装卸作业区、仓库、堆场设备种类和规定的成本项目设置明细账户。该账户借方登记各项相关费用支出以及按一定标准从“营运间接费用”账户分配转入的费用；月末，本期发生的各项堆存支出从贷方转出；结转后本账户无余额。

(4)“辅助营运费用”账户核算运输、港口企业发生的辅助船舶费用，以及企业辅助部门为本企业主要营运单位生产产品和提供劳务所发生的辅助费用。同时，按船舶种类、辅助生产部门及成本计算对象设置明细账户。发生的各项相关费用支出记入账户借方；月末将本账户贷方发生额按一定的标准分配转入各相关成本费用账户。

(5)“营运间接费用”、“船舶固定费用”、“船舶维护费用”、“集装箱固定费用”等账户用于核算交通运输企业发生的各项不能直接计入各成本计算对象的相关费用，不包括企业行政管理部门的管理费用。这些账户借方登记发生的各相关费用支出；贷方反映期末按一定标准计算分配转出的各相关费用。

(6)“代理业务支出”账户核算交通运输企业经营的各种代理业务支出的各项费用，同时按代理业务的种类和规定的成本计算对象设置明细账户。该账户借方登记发生的各项代理业务费用以及按一定标准从“营运间接费用”账户分配转入的费用；月末将本期发生的各项代理费用从该账户贷方转出；结转后本账户无余额。

(7)“港务管理支出”账户核算海、河港口企业所发生的各项港务管理费用支出，同时按规定的成本项目设置明细账户。该账户借方登记发生的各项港务管理费用；月末将本期发生的各项代理费用从该账户贷方转出。结转后本账户无余额。

(二)交通运输企业营运成本核算程序

(1)按各成本计算对象设置相关明细账户

不同类型的交通运输企业在营运业务过程中，按各类业务或业务项目设置相关成本计算对象，同时为计算各相关业务的营运成本设置明细账户，如运输业务成本是在“运输支出”账户下设“客车运输支出”、“货车运输支出”明细账户，或者可以按车型设置明细账户。

(2)归集费用，计算各类业务成本

当期发生的各项与营运过程直接相关的费用直接记入“运输支出”、“装卸支出”、“堆存支出”、“代理业务支出”、“港务业务支出”账户及其各成本计算对象的明细账户；发生的各项营运间接费用、辅助营运费用则分别记入“营运间接费用”、“辅助营运费用”账户，期末再按照各营运业务的直接费用分配入相关的业务成本，如运输业务、装卸业务、堆存业务、代理业务及港务管理业务等。

(3)月末，计算各类运输业务的总成本和单位成本交通运输企业的各成本计算对象及明细账户记录的金额为各类运输业务的总成本，在此基础上结合运输周转量计算单位成本。同时，交通运输企业将各类业务的营运成本转入“本年利润”账户。

（三）交通运输业成本核算举例（以汽车运输企业为例）

【例 7－13】 甲汽车运输公司经营客、货两类运输业务，并设有一个车辆修理厂。6 月份客车营运数为 200 辆，营运总量为42 200千人公里；货车营运数为 100 辆，营运总量为1 200千吨公里。

（1）工资费用的归集和分配

根据运输公司的“职工薪酬分配汇总表”，可知本月各类人员工资薪酬如下：客车司机456 000元，货车司机228 000元，机修厂工人57 000元，站、队行政人员37 050元，公司管理人员5 700元，合计783 750元。

借：运输支出——客车	456 000	
——货车	228 000	
辅助营运费用	57 000	
营运间接费用	37 050	
管理费用	5 700	
贷：应付职工薪酬		783 750

（2）燃料费用的归集和分配

企业根据燃料领用凭证编制“燃料消耗分配表”，按不同的用途分别记入各账户，见表7－2。

表 7－2　　**燃料消耗分配表**　　单位：元

项　目	汽油	柴油	合　计
客车消耗	180 000	50 000	230 000
货车消耗	40 000	75 000	115 000
机修厂消耗	25 000	500	25 500
站、队消耗	1 000		1 000
公司消耗	500		500
合　计	246 500	125 500	372 000

根据表 7－2，编制分配燃料费用的会计分录为：

借：运输支出——客车	230 000	
——货车	115 000	
辅助营运费用	25 500	
营运间接费用	1 000	
管理费用	500	
贷：燃料——汽油		246 500
——柴油		125 500

（3）折旧费用的归集与分配

汽车运输企业运输车辆按工作量计提折旧，即按营运车辆的行驶里程计提折旧，其计算公式如下：

$$\text{车千公里折旧额}=\frac{\text{车辆原价}\times(1-\text{净残值率})}{\text{预计行驶总里程}/1\ 000}$$

车辆折旧应按不同车型分别计算，月末编制“固定资产折旧费用分配表”，见表 7—3。

表 7—3 **固定资产折旧费用分配表** 单位：元

<table>
<tr><th colspan="2" rowspan="2">应借账户</th><th colspan="5">本月计提折旧</th><th rowspan="2">合计</th></tr>
<tr><th>客车</th><th>货车</th><th>非营运车</th><th>机器</th><th>房屋</th></tr>
<tr><td rowspan="2">运输支出</td><td>客车</td><td>300 000</td><td></td><td></td><td></td><td></td><td>300 000</td></tr>
<tr><td>货车</td><td></td><td>150 000</td><td></td><td></td><td></td><td>150 000</td></tr>
<tr><td colspan="2">辅助营运费用</td><td></td><td></td><td>6 040</td><td></td><td>262 500</td><td>268 540</td></tr>
<tr><td colspan="2">营运间接费用</td><td></td><td></td><td>4 484</td><td>28 500</td><td>63 500</td><td>96 484</td></tr>
<tr><td colspan="2">管理费用</td><td></td><td></td><td>4 500</td><td></td><td>40 000</td><td>44 500</td></tr>
<tr><td colspan="2">合　计</td><td>300 000</td><td>150 000</td><td>15 024</td><td>28 500</td><td>366 000</td><td>859 524</td></tr>
</table>

根据表 7—3，编制提取折旧费用的会计分录如下：

借：运输支出——客车　　300 000
　　　　　　——货车　　150 000
　　辅助营运费用　　268 540
　　营运间接费用　　96 484
　　管理费用　　44 500
　贷：累计折旧　　859 524

(4)养路费的归集与分配

汽车运输企业缴纳的养路费是由企业按客货收入的一定比例计算的。在没有客车带货或货车带客的情况下，可直接按照客运、货运收入各自乘以规定的养路费率计算。

根据月末“营运车辆养路费计算表”，可知客车应交养路费 240 000 元，货车应交养路费 146 400 元。编制会计分录如下：

借：运输支出——客车　　240 000
　　　　　　——货车　　146 400
　贷：其他应付款——应付养路费　　386 400

第八章

成本报表的编制和分析

成本报表的编制和分析是成本会计工作的重要环节。本章在介绍了成本报表的作用、种类、编制程序和方法的基础上，重点阐述了全部产品生产成本报表、主要产品单位成本表以及费用报表的编制和分析方法。

第一节 成本报表概述

一、成本报表的含义

成本报表是会计报表体系的重要组成部分。它是根据日常成本核算资料及其他有关资料定期或不定期编制，用以反映企业产品成本水平、构成及其升降变动情况，考核和分析企业在一定时期内成本计划执行情况及结果的报告文件。编制和分析成本报表是成本会计的一项重要内容。

二、成本报表的作用

成本报表作为向企业经营管理者提供进行成本分析的一种内部管理报表，是成本会计的工作结果和企业成本管理的工作质量的最终反映。编制成本报表是企业成本管理的一项重要工作，对加强企业内部经营管理和增强企业竞争力有着十分重要的作用。

1. 综合反映企业在一定时期内的产品成本水平及费用支出情况。

2. 可据以分析成本计划或预算的执行情况，考核成本计划的完成情况，并查明产品成本升降的原因等。

3. 为制定和修订成本计划提供重要的信息。

三、成本报表的种类

企业的成本报表主要用来服务于企业内部经营管理部门，所以，报表的种类、格式和编制时间一般都由企业根据生产经营过程的特点和企业管理的具体要求而定。目前，工业企业应编制的成本报表按其所反映的内容通常分为以下两种：

1. 反映产品成本情况的报表

这类报表主要有产品生产成本表和主要产品单位成本表，主要反映报告期内企业各种产品的实际成本水平。通过本期实际成本与前期平均成本、本期计划成本的比较，可以了解企业成本计划的完成情况。

2. 反映各种费用支出的报表

这类报表主要有制造费用明细表、期间费用明细表等，主要反映企业在报告期内某些费用支出的总额及其构成情况。通过这类报表可以分析费用支出的变动情况和变动趋势，有利于企业制定费用预算，考核费用预算的实际完成情况。

此外，各企业还可以根据其生产特点和管理要求，对上述成本报表做必要的补充，也可以结合本企业经营决策的实际需要，编制必要的其他内部成本报表，如反映成本管理中某些专题情况的报表，如成本管理中出现的急需解决的问题而随时按要求编制的相关成本报表等。

四、成本报表的编制特点

成本报表作为对内报表，与会计报表编制时应数字真实、内容完整、编制及时的一般要求相比较，还应具有以下特点：

1. 内容更具有针对性

成本报表的编制目的主要是满足企业内部经营管理者的需要，满足企业领导以及各部门、车间和岗位责任人对成本信息的需求。因而成本报表的内容要有针对性，而不要泛泛地、千篇一律地提供情况。成本报表的设计必须满足成本管理对某一方面的需要，重点反映成本管理的关键问题。例如，产品生产成本表一般按产品品种反映，但也可根据成本管理的需要按成本项目反映。为了突出反映和考核主要生产部门，也可按生产部门反映。

2. 格式更具有灵活性

成本报表作为内部报表，其格式、编制方法均由企业自行决定、自己设计。格式可以灵活多样，内容、指标可多可少，但要注意应简明扼要，讲求实效。

3. 报告更注重时效性

作为对内报告的成本报表，除了为满足定期考核和分析计划的完成情况定期编报外，还可以对某一方面的问题不定期地进行编报反映，如日报、周报或旬报，尽可能使报表提供的信息与其反映的内容在时间上保持一致，以满足企业对生产经营进行全面控制的需要。

第二节 成本报表编制、分析的程序和方法

一、成本报表编制的程序和方法概述

成本报表是根据成本核算资料编制的、用以反映本期产品成本和各项成本及费用实际水平和构成情况的书面文件。由于成本报表属于对内报表，所以成本报表的种类、格式、指标项目、编报时间、报送程序和范围，都可以由企业根据管理的需要自行决定。但必须具备的基本内容，如成本报表中的实际成本、费用项目，应根据有关的产品成本或费用明细账的实际发生额计算填列；为了考核和分析成本、费用计划的执行情况，或与前期对比了解各项成本、费用指标的变动情况，报表中还应列有相关指标的计划数、上年(或上年同期)的实际数以及某些补充资料。

二、成本报表分析的程序和方法

(一)成本报表分析的意义

成本分析是成本核算工作的继续，是成本管理的重要组成部分，贯穿于成本管理的全过程，包

括事前成本预测分析、事中成本控制分析及事后分析。由于成本报表是成本信息的主要载体，因此成本分析也就主要是对成本报表中提供的成本信息的进一步分析，属于事后分析。

成本报表分析就是运用一定方法对成本报表的数据及有关资料进行加工处理，查明成本升降的各个因素及其相互作用，确定各因素对成本的影响程度，从而使用降低成本的手段。

通过成本报表分析，可以对企业成本计划的执行情况进行有效的控制，并对企业成本计划的执行结果进行评价；可以提示存在的问题和差距，促使企业寻求降低成本的途径和方法；可以认识和掌握成本变动的规律性，总结成本管理的经验和教训，提高企业成本管理水平，从而提高企业的经济效益，还可以为编制下期成本计划进行经营决策提供依据。

（二）成本报表分析的一般程序

成本报表分析的基本程序通常可归纳为以下几个步骤：

1. 制定成本报表分析计划

成本分析的主要目的是全面分析成本水平与构成的变动情况，研究影响成本升降的各种因素及其变动原因，以便挖掘降低成本的潜力，控制成本，促使经济效益提高。制定成本报表分析计划是为了保证成本分析工作有目的、有步骤地进行。成本报表分析计划应确定分析的目的、主要范围、分析标准及分析的主要问题等。

2. 进行成本报表分析

成本报表分析主要包括报表整体分析、成本指标分析以及基本因素分析三方面内容。首先要对成本报表整体进行分析。例如，对产品生产成本报表可按产品类别和成本项目对全部产品成本进行分析，将产品的实际成本与计划成本进行对比分析，对其中的可比产品还要将本期实际成本与上期实际进行比较。在已核实资料的基础上，对成本的各项指标的实际数进行各种形式、各个方面的比较，以便确定差异，揭示问题。在分析差异时，不能只看数量上、表面上的差异，还要相互联系地研究各项成本指标发生差异的原因，研究影响成本指标差异的各种因素。

3. 编写成本报表分析报告

通过成本指标分析和基本因素分析，抓住问题的关键，得出成本报表分析的结论。对企业成本工作作出评价，提出改进措施和解决问题的方法，并对成本报表分析结果作出文字报告。

（三）成本报表分析的基本方法

成本报表分析的方法有多种，企业应根据自身的特点、分析的要求选择运用。成本报表分析的基本方法有：

1. 对比分析法

对比分析法是通过成本指标在不同时期的数据对比，确定数量差异，揭示经济活动的成绩和问题的一种分析方法。

对比分析法可以采用绝对数指标进行对比，也可采用相对数指标进行对比。在实际工作中，由于分析的目的不同，通常进行以下绝对数指标对比：

(1)本期实际指标与成本计划、定额或预算指标进行对比。通过对比，可以说明计划(定额、预算)的完成情况，揭示实际指标与计划、定额、预算指标的差异，为进一步分析指明方向。

(2)本期实际指标与前期(上期、上年同期或历史上最好水平)实际指标对比。通过对比，可以考察企业成本发展动态和变动趋势，揭示本期实际指标与前期成本指标之间的差距，有助于吸取历史经验，改进成本管理工作。

(3)企业实际指标与国内外同行业先进指标对比。通过对比，可以揭示企业的成本水平与先进水平的差距，促进企业赶超先进，改善经营管理。

对比分析法除用于绝对指标对比外，在很多情况下还需要进行相对数的对比分析，即通过计算和对比经济指标的比率进行数量分析，称为比率分析。主要有以下几种形式：

①相关指标比率分析

将两个不同质但相关的指标进行对比，求出比率。例如，将成本指标与产值、销售收入、利润指标对比，求出产值成本率、销售成本率和成本利润率指标等，然后，再用相关比率的实际数计划(或前期实际)相关指标比率，进行对比分析，以便从经济活动的客观联系中，更深入地考察企业的生产经营状况。

②构成比率分析

构成比率是指成本指标中的某项经济指标占总成本指标的比重。例如，通过计算出原材料费用、直接人工费用和制造费用等占产品成本的比重，并与企业不同时期、其他企业相同构成比率指标进行对比分析，可以反映本企业产品成本的构成是否合理和未来发展的趋势。

③动态比率分析

它是将不同时期同类指标的数值进行对比求出比率，进行动态对比，据以分析该项指标的增减速度和变动趋势，主要包括定基比率分析和连环比率分析。定基比率分析是将不同时期的指标与固定年度的同类指标进行比较，反映不同时期经济指标相对于固定年度指标的增减速度和发展趋势。连环比率分析是将本年经济指标与相邻前期经济指标相比较，反映本年比上年经济指标的增减幅度和发展趋势。

2. 因素分析法

因素分析法是指将某一综合指标分解为若干个相互联系的因素，按顺序分别计算和分析各因素影响程度的一种分析方法。

成本指标是一个综合性指标，它受到许多因素的影响。只有把成本指标分解为若干个构成因素，才能明确成本指标完成情况的原因和责任，而且还能克服对比分析法的不足，揭示产生差异的因素和各因素对指标的影响程度。

运用因素分析法时，首先要确定综合指标由哪几个因素构成，并建立各因素与该指标之间的函数关系，然后根据分析目的，选用适当的方法进行分析，测定各因素变动对指标的影响程度。因素分析法按照计算程序不同可分为以下两种：

(1)连环替代法

它是在影响综合指标的各因素中，顺序地把其中一个因素看作可变的而暂时把其他因素看作不变的，进行替代，从而测定出各个因素对综合指标影响程度的一种分析方法。其基本程序是：

①确定综合经济指标及其影响因素的实际数与基数(计划数或前期实际数)。

②以综合指标实际数和基数的差额作为分析对象，根据各个因素与指标的内在依存关系，如乘除或加减关系，确定各因素影响指标的排列顺序。

③以基数为计算基础，按照各因素的排列顺序，逐次以各因素的实际数替代其基数，且每次替换后实际数就被保留下来，直到所有因素的基数都被实际数所替代为止。每次替换后，都计算出新的结果。

④将该因素的替代结果与这一因素被替换前的结果进行对比，两者的差额就是替换因素对综合指标的影响程度。

⑤计算各因素变动影响结果的代数和。这个代数和应是分析对象。

【例8－1】 某厂原材料费用有关资料见表8－1，据以分析各因素变动对材料费用的影响。

表8－1　　某厂原材料费用相关资料

指　标	单　位	计划数	实际数	差　异
产品产量	台	270	300	＋30
单位产品材料消耗量	千克/台	15	12	－3
材料单价	元/千克	8	10	＋2
材料费用总额	元	32 400	36 000	3 600

解　分析对象：36 000－32 400＝3 600

关系式：材料费用总额＝产品产量×单位产品材料消耗量×材料单价

计划指标：270×15×8＝32 400

第一次替代：300×15×8＝36 000

36 000－32 400＝3 600

由于产品产量增加而使材料费用增加3 600元。

第二次替代：300×12×8＝28 800

28 800－36 000＝－7 200

由于单位产成品材料消耗量减少而使材料费用减少7 200元。

第三次替代：300×12×10＝36 000

36 000－ 28 800＝7 200

由于材料单价提高而使材料费用增加7 200元。

材料费用变动差额合计＝3 600－7 200＋7 200＝3 600（元）

从上例的计算分析可以看出，连环替代法具有以下特点：

①计算程序的连环性

在计算每一因素变动对指标的影响程度时，除第一次替换是在基数基础上进行外，每个因素的替换都是在前一因素替换的基础上进行，并采用连环对比的方法确定各因素变化的影响结果。

②因素替换的顺序性

各个因素的替换顺序要根据其内在的客观联系、影响差异的作用等顺序进行。不同的替代顺序虽然不会改变各因素的影响数值之和，但可以改变各个因素的影响数值。通常确定各因素替换顺序的原则是：先替换数量因素，后替换质量因素；先替换实物量因素，后替换价值量因素；先替换原始因素，后替换派出因素；先替换主要因素，后替换次要因素；在有除法运算的关系式中，先替换分子因素，后替换分母因素。

③计算条件的假定性

采用连环替代分析法测定某一因素变动的影响时，是在某种假定条件下进行的，也就是假定其他各因素不变。由于这种方法计算的各个因素变动的影响数值会因替代顺序的不同而有差别，因此，计算结果具有一定程度的假定性，而这种假定性的分析方法是在确定事物内部各种因素影响程度时必不可少的。

（2）差额计算分析法

差额计算分析法是连环替代法的一种简化形式。它是利用各个因素的实际数与基数之间的差额，计算出各个因素变动对综合经济指标影响程度的一种分析方法。其程序是：

①确定各因素实际数与基数的差额（即分析对象）。

②以某种因素的差额乘以函数关系式中排列在该因素前各因素的实际数和后面各因素的基数，得到该因素的影响程序。

③将各因素的影响数值相加，其代数和就是分析对象。

仍以上例的资料，采用差额计算分析法计算分析各因素变动对材料费用的影响程度。

分析对象：36 000－32 400＝3 600

关系式：材料费用总额＝产品产量×单位产品材料消耗量×材料单价

①产量变动的影响：

(300－270)×15×8＝3 600

②单位产品材料消耗量变动的影响：

300×(12－15)×8＝－7 200

③材料单价变动的影响：

300×12×(10－8)＝7 200

④三个因素影响的结果

3 600－7 200＋7 200＝3 600

以上结果表明，差额计算分析法与连环替换分析法计算的结果完全相同，但却简化了计算步骤，因此在实际工作中普遍采用这种方法。

第三节　全部产品生产成本报表的编制和分析

一、全部产品生产成本报表的概念和作用

全部产品生产成本报表是反映企业在报告期内生产的全部产品（包括可比产品和不可比产品）的总成本以及各种主要产品的单位成本和总成本的报表，一般按产品品种和成本项目编制。

根据全部产品生产成本报表所提供的资料，可以考核全部产品和主要产品成本计划的执行结果，分析各种可比产品成本降低任务的完成情况。

二、全部产品生产成本报表（按产品品种反映）的编制和分析

（一）按产品品种反映的全部产品生产成本表的结构和内容

按产品品种汇总反映工业企业在一定时期内生产的全部产品的总成本和单位成本，可以考核各品种产品和全部产品成本计划的执行情况，分析各种可比产品成本降低计划的执行结果，促使企业采取有效措施，不断降低产品成本。

全部产品生产成本报表将全部产品划分为可比产品和不可比产品两大类，并分别列出它们的单位成本、本月总成本、本年累计总成本。

本表中列出了可比产品的单位成本、本月总成本和本年累计总成本，又分别列出了上年实际平均数、本年计划数、本月实际数和本年累计实际平均数。这样做便于分析可比产品成本降低任务的完成情况。

本表中列出了不可比产品的单位成本、本月总成本和本年总成本以及全部产品的总成本，还同时列出本年计划数、本月实际数和本年累计实际平均数。这样做便于考核不可比产品以及全部产品成本计划的执行情况。

全部产品生产成本报表的格式和内容见表8—2所示。

表8—2　　产品生产成本表(按产品品种反映)

编制单位:大华公司　　2015年8月

产品名称	单位	实际产量		单位成本				本月总成本			本年累计总成本		
		本月	本年累计	上年实际平均	本年计划	本月实际	本年度累计实际平均	按上年实际单位成本计算	按本年计划单位成本计算	本月实际	按照上年平均单位成本计算	按照本年计划单位成本计算	本年实际
可比产品成本	元							35 550	34 380	35 460	360 000	348 300	346 500
其中:A产品	台	375	3 600	50	48	52	50.625	18 750	18 000	19 500	180 000	172 800	182 250
B产品	台	420	4 500	40	39	38	36.50	16 800	16 380	15 960	180 000	175 500	164 250
不可比产品成本	元							—	11 970	12 540	—	141 750	148 500
D产品	台	570	6 750	—	21	22	22	—	11 970	12 540	—	141 750	148 500
全部产品成本核算	元							35 550	46 350	48 000	360 000	490 050	495 000

(二)按产品品种反映的全部产品生产成本表的编制方法

1.“产品名称”项目,应填列主要的“可比产品”和“不可比产品”的名称,主要产品的品种要按规定填写。

2.“实际产量”项目,反映本月和从年初起至本月末止各种主要产品的实际产量。应根据“成本计算单”或“产成品明细账”的记录计算填列。

3.“单位成本”项目。

(1)“上年实际平均”,反映各种主要可比产品的上年实际平均单位成本。应分别根据上年度本表所列各种可比产品的全年实际平均单位成本填列。

(2)“本年计划”,反映各种主要产品的本年计划单位成本。应根据年度成本计划的有关数字填列。

(3)“本月实际”,反映本月生产的各种产品的实际单位成本。应根据有关产品成本计算单中的资料,按下列公式计算填列:

$$\text{某产品本月实际单位成本}=\frac{\text{某产品本月实际总成本}}{\text{某产品本月实际产量}}$$

(4)“本年累计实际平均”,反映从年初起至本月末止企业生产的各种产品的实际单位成本。应根据成本计算单的有关数字,按下列公式计算填列:

$$\text{某产品本年累计实际平均单位成本}=\frac{\text{某产品本年累计实际总成本}}{\text{某产品本年累计实际产量}}$$

4.“本月总成本”项目。

(1)“按上年实际平均单位成本计算”,是用本月实际产量乘以上年实际平均单位成本计算填列。

(2)“按本年计划单位成本计算”,是用本月实际产量乘以本年计划单位成本计算填列。

(3)“本月实际”,是根据本月产品成本计算单的资料填列。

5."本年累计总成本"项目。

(1)"按上年实际平均单位成本计算",是用本年累计实际产量乘以上年实际平均单位成本计算填列。

(2)"按本年计划单位成本计算",是用本年累计实际产量乘以本年计划单位成本计算填列。

(3)"本年实际",是根据本年成本计算单的资料填列。

本表补充资料中的"可比产品成本降低额"和"可比产品成本降低率"的本年累计实际数,应按下列公式计算填列:

$$\text{可比产品成本降低额}=\text{可比产品按上年实际平均单位成本计算的本年累计总成本合计}-\text{可比产品本年实际累计总成本合计}$$

$$\text{可比产品成本降低率}=\frac{\text{可比产品成本降低额}}{\text{可比产品按上年累计实际平均单位成本计算的本年累计总成本合计}}\times 100\%$$

可比产品成本降低率的"本年计划数",应根据年度成本计划填列。可比产品成本的"超支额"和"超支率",应在"降低额"和"降低率"项目内以"一"号表示。

(三)按产品品种反映的全部产品生产成本表的分析

产品生产成本报表的分析,主要是全部产品成本计划的完成情况分析和可比产品成本降低目标的完成情况分析。工业企业全部产品包括可比产品和不可比产品。由于不可比产品没有历史成本资料,所以产品成本分析只能将实际总成本同计划总成本对比。另外,总成本的升降受到产量变动的影响,为了使成本对比指标具有可比性,在分析全部产品成本计划完成情况时,应剔除产量变动对成本计划完成情况的影响,实际总成本和计划总成本均按实际产量计算。

全部产品成本计划完成情况的分析是一种总括性的分析。其中,按产品品种进行的分析是以本年实际总成本与计划总成本相比较,从而确定全部产品成本的降低额和降低率。

【例 8－2】 根据表 8－2 所列资料,对该企业全部产品成本计划完成情况进行分析。

(1)全部产品实际成本比计划成本的降低额为:

成本降低额＝495 000－490 050＝4 950(元)

(2)全部产品实际成本的降低率为:

全部产品实际成本的降低率＝4 950÷490 050×100%＝1.01%

从以上的计算结果可以看出,该企业全部产品实际成本比计划成本有所降低,但这并不能说明该企业已经全面完成了成本计划,还必须看每种产品成本计划是否完成。因此,需要按照可比产品、不可比产品和每种产品具体进行分析,可以编制全部产品成本计划完成情况分析表,如表 8－3 所示。

表 8－3　　**产品成本分析表(按产品品种)**　　单位:元

产品名称		实际产量		与计划的差异	
		计划成本①	实际成本②	升降额 ③－②－①	升降率(%) ④＝③÷①
可比产品	A	172 800	182 250	9 450	5.47
	B	175 500	164 250	－11 250	－6.41
	小计	348 300	346 500	－1 800	－0.52
不可比产品	D	141 750	148 500	6 750	4.76
全部产品		490 050	495 000	4 950	1.01

从表 8－3 的分析结果可以看出，该企业全部产品实际成本较计划有所降低，但从具体构成上看，虽然可比产品成本计划完成了，但其中的甲产品成本超支，不可比产品丙产品的成本也超支，这说明该企业并未全面完成成本计划，需要进一步分析甲、丙产品成本超支的原因。

按产品品种分析全部产品成本计划完成情况时，需要注意两个问题：第一，分析可比产品成本时，不仅要将本年实际成本与本年度实际产量的计划成本相比较，还要将本年计划单位成本同上年第四季度实际单位成本进行对比，如果发现前者高于后者，说明计划已落后于实际生产已经达到的成本水平，这样就起不到控制成本的作用。第二，分析不可比产品成本时，如果成本差异额较大，则应进一步查明原因，是计划制定的不准确、材料消耗定额和劳动定额定得过高或过低，还是因为是初次生产、工艺掌握欠佳、技术不熟练，从而引起消耗过多、废品过多等。另外，也要注意，企业在分配共同费用时，是否存在对可比产品少分配、对不可比产品多分配的现象，以便超额完成可比产品成本降低任务。

三、全部产品生产成本报表（按成本项目反映）的编制和分析

（一）按成本项目反映的全部产品生产成本表的结构和内容

按成本项目反映企业在一定时期内发生的产品生产成本表，可分为生产费用和产品成本两部分。生产费用部分按成本项目反映，产品成本部分是在生产费用合计数的基础上，加减期初、期末在产品和自制半成品余额计算的产品成本合计数。生产费用和产品成本可以按本年计划数、本月实际数和本年累计实际数分栏反映，以便于分析利用。如果可比产品单列，还可以增设上年实际数栏，具体如表 8－4 所示。

表 8－4　　全部产品生产成本报表（按成本项目反映）

编报单位：大华厂　　2015 年 12 月　　单位：元

项　目	本年计划数	本月实际数	本年累计实际数
直接材料	288 400	28 720	296 600
直接人工	219 000	21 040	217 800
制造费用	146 000	14 040	145 600
生产费用合计	653 400	63 800	660 000
加：在产品、自制半成品期初余额	2 600	2 600	2 400
减：在产品、自制半成品期末余额	2 600	2 800	2 800
产品生产成本合计	653 400	63 600	659 600

（二）按成本项目反映的全部产品生产成本表的编制方法

按成本项目反映的产品生产成本表各项目应按下列方法编制：

1. 上年实际数根据上年 12 月份的本年度累计实际数填列（如果是可比产品）。
2. 本年计划数根据成本计划有关资料填列。
3. 本年累计实际数根据本月实际数，加上上月本表的本年累计实际数计算填列。
4. 本月实际数的填列方法如下：

（1）按成本项目反映的各种生产费用数，根据各种产品成本明细账所记本月生产费用合计数，按照成本项目分别汇总填列。

（2）期初、期末在产品、自制半成品的余额，应根据各种产品成本明细账的期初、期末在产品成本和各种自制半成品明细账的期初、期末余额，分别汇总填列。

(3)产品生产成本合计数，按生产费用合计数加在产品、自制半成品期初余额，减在产品、自制半成品期末余额计算填列。

(三)按成本项目反映的全部产品生产成本表的分析

按产品品种进行产品成本分析，虽然可以了解每种产品成本的升降情况，但是不能了解是哪些成本项目发生了变化。因此，按照成本项目进行产品成本分析，将全部产品的总成本按成本项目分别比较其实际总成本与计划总成本，确定各成本项目的升降额和升降率，以比较分析各成本项目的变动对总成本的影响程度。

对表 8－4 进行具体分析，如表 8－5 所示。

表 8－5 **产品成本分析表(按成本项目)** 单位：元

成本项目	全部产品		节约或超支		各项目的差异对总成本影响的百分比(%) ⑤＝③÷计划总成本
	计划成本 ①	实际成本 ②	绝对数 ③＝②－①	相对数(%) ④＝③÷①	
直接材料	288 400	296 600	8 200	2.84	1.25
直接人工	219 000	217 800	－1 200	－0.55	－0.18
制造费用	146 000	145 600	－400	－0.27	－0.06
合计	653 400	660 000	6 600	1.01	1.01

从表 8－5 的分析结果可以看出，该企业全部产品实际成本比计划成本超支6 600元，主要是由于直接材料成本超支8 200元，比计划增加了 2.84%，而直接人工和制造费用则都比计划成本有所降低。对于直接材料的超支问题，企业应当深入生产实际，进一步进行调查分析，找出影响成本项目费用水平变动的具体原因，以便及时采取有效措施，增加有利差异，消除不利差异，提高企业成本管理的水平。

第四节 主要产品单位成本报表的编制和分析

一、主要产品单位成本表的概念和作用

主要产品单位成本表是反映企业在报告期内生产的各种主要产品单位成本水平及构成情况的成本报表，它是对产品成本表中主要产品的“单位成本”的进一步补充说明。这里的“主要产品”是指企业经常生产、在企业全部产品中所占比重较大的那些产品。

利用主要产品单位成本表所提供的资料，可以按照成本项目分析和考核主要产品单位成本计划的执行情况；可以按照成本项目将本月实际和本年累计实际平均单位成本，与上年实际平均单位成本和历史先进水平进行对比，了解单位成本的变动情况；可以分析和考核各种主要产品的主要技术经济指标的执行情况，进而查明主要产品单位成本升降的具体原因。

二、主要产品单位成本表的结构和内容

主要产品单位成本表一般包括按成本项目反映的单位成本和主要技术经济指标两个部分，并分别反映历史先进水平、上年实际平均、本年计划、本月实际和本年累计实际平均的单位成本等。技术经济指标主要反映每一单位产量所消耗的主要材料、燃料及动力、工时等的数量，具体如表 8－6 所示。

表 8—6　　　　主要产品单位成本表

编制单位:大地公司　　　　2015 年 12 月

产品名称	A 产品		本月计划产量		3 200
规格			本月实际产量		3 500
计量单位	件		本年累计计划产量		34 000
销售单价(元)	150		本年累计实际产量		35 000
成本项目	历史先进水平(2006 年)	上年实际平均	本年计划	本月实际	本年累计实际平均
直接材料(元)	50	46	44	40	42
直接人工(元)	28	36	32	40	40
制造费用(元)	14	18	20	24	19.3
产品单位生产成本(元)	92	100	96	104	101.3
主要技术经济指标	用量	用量	用量	用量	用量
1. 甲材料(千克)	2	2	2	2	2
2. 乙材料(千克)	12	10	10	8	9
3. 工时	8	9	8	8.5	9

三、主要产品单位成本表的编制方法

主要产品单位成本表应按每种主要产品分别编制。

1."本月计划产量"和"本年累计计划产量"项目,应根据本月和本年产品产量计划资料填列。

2."本月实际产量"和"本年累计实际产量"项目,应根据统计提供的产品产量资料或产品入库单填列。

3."历史先进水平",是指本企业历史上该产品成本最低年度的实际平均单位成本和实际单位用量,应根据历史成本资料填列。

4."上年实际平均",是指上年实际平均单位成本和单位用量,应根据上年度本表的本年累计实际平均单位成本和单位用量的资料填列。

5."本月实际",是指本月实际单位成本和单位用量,应根据本月完工的该种产品成本资料填列。

6."本年累计实际平均",是指本年年初至本月末止的该种产品的实际平均单位成本和单位用量,应根据年初至本月末止的已完工产品成本计算单等有关资料,采用加权平均法计算后填列,其计算公式如下:

$$某产品的实际平均单位成本=\frac{该产品累计总成本}{该产品累计产量}$$

$$某产品的实际平均单位用量=\frac{该产品累计总用量}{该产品累计产量}$$

对不可比产品,本表则不填列"历史先进水平"和"上年实际平均"的单位成本和单位用量。

四、主要产品单位成本表的分析

主要产品单位成本分析的主要内容包括产品单位成本计划完成情况分析、产品单位成本各主要项目分析和技术经济指标对单位成本影响的分析三个方面。通过分析主要产品单位成本表,可以揭示各产品单位成本及其各个成本项目的变动情况,尤其是各项消耗定额的执行情况,确定产品结构、工艺和操作方法的改变以及有关技术经济指标变动对产品单位成本的影响,查明产品单位成本升降的具体原因。

（一）主要产品单位成本计划完成情况的分析

主要产品单位成本计划完成情况分析应采用比较分析法，计算实际单位成本比计划、比上期、比历史先进水平的升降情况，以便对某些产品进一步按成本项目比较其成本变动情况，查明影响单位成本升降的原因。

从表 9－6 可以看出，A 产品单位成本实际比计划有所提高。分析表明 A 产品实际单位成本比计划上升了 5.30 元，提高了 5.52%，主要原因是直接人工成本增加了 8 元，而直接材料与制造费用则比计划分别下降了 2 元和 0.70 元，因此还应该对直接人工做进一步具体分析。

（二）主要产品单位成本项目的分析

1. 直接材料项目的分析

直接材料的变动主要受单位产品原材料消耗数量和原材料单价两个因素变动的影响。其变动影响的计算方法如下：

材料消耗数量变动对产品单位成本的影响＝∑（实际单位耗用量－计划单位耗用量）×材料计划单价

材料单价变动对产品单位成本的影响＝∑（材料实际单价－材料计划单价）×单位产品实际材料耗用量

【例 8－3】 大地公司 A 产品单位成本有关资料如表 8－7 所示，要求进行直接材料费用的分析。

表 8－7　　**A 产品单位成本资料**

编制单位：大地公司　　2015 年 12 月　　单位：元

成本项目	计划金额			实际金额		
直接材料	44			42		
直接人工	32			40		
制造费用	20			19.3		
合　计	96			101.3		
主要技术经济指标	计划			实际		
	数量	单价	金额	数量	单价	金额
1. 甲材料	2	7	14	2	7.5	15
2. 乙材料	10	3	30	9	3	27
3. 直接人工	8	4	32	8.5	4.706	40
4. 制造费用	8	2.5	20	8.5	2.271	19.3

解　直接材料项目分析：

直接材料差异额＝42－44＝－2（元）

材料消耗量变动影响额＝（2－2）×7＋（9－10）×3＝－3（元）

材料单价变动影响额＝（7.5－7）×2＋（3－3）×9＝1（元）

计算表明，直接材料费用减少 2 元，其中直接材料消耗量变动使直接材料费用降低 3 元，而直接材料价格变动使直接材料费用上升了 1 元。有必要对影响直接材料耗用量变动和直接材料单价变动的主要因素做进一步分析。

（1）影响材料耗用量变动的因素

①材料质量的变化

实际购入和消耗的材料质量有高低。当材料质量较低时，造成废品增加，必然使材料消耗量增加。因此，必须加强材料质量管理，严把材料入口关，使生产所用材料的质量得到保证。

②产品生产工艺和操作方法的改变

在产品生产过程中，不断改进生产工艺，改革加工的操作方法，就会不断提高各种材料的利用率，降低材料的消耗。

③产品设计的改进

产品设计上的浪费是根本的浪费。不断提高设计水平，改进结构，将使产品质量更高，体积更小，重量更轻，从而减少材料消耗，降低材料费用。同时，结构的改进也会使通用件、标准件用量增加，从而减少材料消耗。

④原材料利用率的变动

材料在产品成本中占有较大比重，提高材料利用率是降低材料成本的重要途径；反之，如果忽视原材料在产品生产或加工过程中的合理利用，增加废弃的边角余料，则会加大原材料的耗费，导致原材料成本上升。

⑤原材料使用或配料比例变化

在保证产品质量的前提下，合理地使用普通材料代替贵重材料，选用经济合理的技术配方，既可以扩大材料的来源，又可以节约材料成本。

(2)影响直接材料价格变动的因素

①材料采购价格变动

材料采购的价格大多属于市场采购时确定和支付的。这种材料采购价格的变动一般属于与企业无关因素。应引起注意的是与企业或企业内部人员有关的因素，如采购地点或供应商选择不当而提高了采购价格等。对于材料采购价格的变动，要结合市场供求、材料价格变动、材料质量等认真查明原因，明确具体责任归属。

②采购费用的变动

运输部门调整运费时会引进采购费用的变化，这种变化属于与企业无关的因素。采购地点、运输方式等发生变动都会引起采购费用的变化，从而影响材料价格的变动。企业应从降低采购成本出发，选择适当的采购地点和运输方式。

2. 直接人工费用的分析

单位产品直接人工费用的变动主要受劳动生产率(效率差异)和平均工资水平(工资率差异)两个因素变化的影响。劳动生产率提高意味着单位产品消耗工时减少。然而，随着劳动生产率的提高，平均工资水平也有所增长，使单位产品的工资费用有所增加。因此，只有劳动生产率增长超过平均工资水平增长速度时，才会使单位产品成本降低。劳动生产率和平均工资增长率变化对单位产品直接人工费用的影响可按下列公式计算：

$$\frac{\text{单位产品工时消耗量变动对单位}}{\text{产品成本影响额(人工效率差异)}}=\left(\frac{\text{单位产品实际}}{\text{工时消耗量}}-\frac{\text{单位产品计划}}{\text{工时消耗量}}\right)\times\frac{\text{计划平均}}{\text{小时工资率}}$$

$$\frac{\text{平均小时工资率变动对单位}}{\text{产品成本影响额(工资率差异)}}=\frac{\text{单位产品实}}{\text{际工时消耗量}}\times\left(\frac{\text{实际平均小}}{\text{时工资率}}-\frac{\text{计划平均}}{\text{小时工资率}}\right)$$

【例 8—4】 大地公司 A 产品单位成本有关资料如表 8—7 所示，要求进行直接人工费用的分析。

直接人工差异额＝40－32＝8(元)

人工效率差异＝(8.5－8)×4＝2(元)

工资率差异＝8.5×(4.706－4)＝6(元)

通过上述计算表明，A 产品单位成本中直接人工成本实际比计划超支 8 元，主要由于单位产品工时耗用量增加 0.5 小时，平均小时工资增长 0.706 元，使单位产品工资上升 8 元。由此可以看出，直接人工成本项目超支主要是工资水平增长高于劳动生产率的提高所致。

3. 制造费用项目的分析

由于制造费用分配标准通常是工时消耗量，因此，单位产品制造费用的变动主要受单位工时消耗量和小时费用分配率变动的影响。这两个因素对制造费用变动的影响程度可通过下列公式计算：

工时消耗量变动的影响＝（实际单位工时消耗量－计划单位工时消耗量）×计划小时费用分配率

费用分配率变动的影响＝（实际小时费用分配率－计划小时费用分配率）×实际单位工时消耗量

【例 8－5】 大地公司 A 产品单位成本有关资料如表 8－7 所示，要求进行制造费用的分析。

制造费用差异额＝19.3－20＝－0.7（元）

工时消耗量变动影响＝（8.5－8）×2.5＝1.25（元）

制造费用分配率变动影响＝（2.271－2.5）×8.5＝－1.95

以上计算表明，实际工时消耗量比计划工时消耗量增加 0.5 小时，但实际制造费用分配率比计划制造费用分配率下降 0.23，使单位产品制造费用节约了 0.7 元。

（三）技术经济指标对产品单位成本影响的分析

技术经济指标是指与企业的生产技术特点有着内在联系的经济指标。由于不同企业的生产技术特点不同，因此用来考核各企业的技术经济指标也不一样，而且不同的技术经济指标影响单位成本的途径也不一致。在此，主要从产品产量、质量、材料利用率和劳动生产率等技术经济指标的变动对单位成本的影响进行分析。

1. 产量变动对单位成本的影响

产品成本中既有变动成本也有固定成本，当产量变动时，单位产品的变动费用没有变化，固定成本总额也不会发生变化，但是单位产品中的固定成本却会随产量的增加而减少或随产量的减少而增加。可见，产量变动会对单位成本所负担的固定费用产生影响。这种影响程度的计算公式如下：

$$\text{产量变动对单位产品成本的影响}=\left(1-\frac{1}{1+\text{产量增长率}}\right)\times\text{基期固定成本占单位产品全部成本的比重}$$

【例 8－6】 某企业甲产品部分成本资料如表 8－8 所示，试计算产量变动对产品单位成本的影响。

表 8－8　　**甲产品成本资料（部分）**

2015 年 6 月

项　目	上年实际			本年实际		
	产量（件）	单位成本（元）	比重（%）	产量（件）	单位成本（元）	比重（%）
变动成本		28	80		28	81.16
固定成本		7	20		6.5	18.84
合　计	2 000	35	100	2 400	34.5	100

产量增长率＝（2 400－2 000）÷2 000×100%＝20%

$$\text{产量变动对产品单位成本的影响}=\left(1-\frac{1}{1+20\%}\right)\times 20\%=3.33\%$$

以上分析结果表明：产量提高 20%，单位成本下降 3.33%。这实际上是由于产量增加而单位固定费用相对减少造成的。

2. 产品质量变动对单位成本的影响

企业在生产消耗水平不变的前提下，产品质量提高必然会使单位产品成本降低。产品质量的指标一般有反映本身质量(如等级产品)和反映工作质量的指标(如合格品率、废品率等)。产品质量对单位成本的影响可以从不同角度分析。下面仅以废品率和等级产品系数指标的变动对产品单位成本的影响进行分析。

(1)废品率变动对单位成本的影响

在生产一定数量产品的情况下，废品越少，合格品就越多，废品的数量不计入产量，但废品的损失却由合格产品的成本负担。在其他因素不变的条件下，合格品率越高，废品率则越低，单位产品成本也就越低。废品率变动对产品单位成本的影响可由下列公式计算：

$$\text{废品率变动对单位产品成本的影响}=\frac{\text{基期实际废品率}-\text{本期实际废品率}}{1-\text{本期实际废品率}}\times 100\%$$

【例 8—7】 某企业由于提高工人操作技能，使废品率由上年的 2%降为本年的 1%，试分析废品率的变化对单位产品成本的影响。

废品率变动对单位产品成本的影响＝(2%－1%)÷(1－1%)×100%＝1.01%

以上分析结果表明：该企业废品率降低 1%，单位成本下降 1.01% 。

(2)等级系数变动对单位产品成本的影响

企业在生产过程中常会出现这样的现象，某些产品使用同一种材料，加工过程也相同，但生产出了不同等级的产品。这些产品通常用“等级系数”来表示。等级系数是各等级产品产量折合成一等品的产量占折合前总产量的比重。等级系数越高，说明等级产品质量越好，但不同等级产品的单位成本是相同的。因此，分析等级系数对单位成本的影响，就是指质量的变动引起等级系数发生变动，在平均单位成本不变的情况下折合为一级品产量的单位成本相应发生变动的数额。其计算公式如下：

$$\text{产品等级系数变动对产品成本的影响}=\frac{\text{本期的等级系数}-\text{基期的等级系数}}{\text{本期的等级系数}}\times 100\%$$

【例 8—8】 某厂生产 A 产品，上年等级系数为 0.9，今年等级系数提高到 0.95，试分析其变动对单位产品成本的影响。

产品等级系数变动对产品成本的影响＝(0.95－0.9)÷0.95×100%＝5.26%

以上分析结果表明：实际等级系数由 90%提高到 95%，说明产品质量提高，这样折合为一等品的单位成本就会下降。

3. 劳动生产率变动对单位产品成本的影响

劳动生产率提高意味着单位产品工时消耗定额的降低，从而使产品负担的工资成本相应减少。但在实际工作中，劳动生产率的提高往往伴随着工资率的增长，从而又会使单位产品成本提高。因此，只有劳动生产率的增长速度超过工资率增长速度时，才能使产品成本降低。其计算公式如下：

$$\text{劳动生产率提高的百分比}=\frac{\text{单位产品基期实际消耗工时}-\text{单位产品本期实际消耗工时}}{\text{单位产品本期实际消耗工时}}\times 100\%$$

$$\text{小时平均工资率提高的百分比}=\frac{\text{本期平均小时工资率}-\text{基期平均小时工资率}}{\text{基期平均小时工资率}}\times 100\%$$

$$\text{劳动生产率变动对单位产品成本的影响}=\frac{\text{劳动生产率提高的百分比}-\text{小时平均工资率提高的百分比}}{1+\text{劳动生产率提高的百分比}}\times\text{基期生产工人工资占单位产品成本的比重}$$

【例 8—9】 某企业甲产品的部分成本资料如表 8—9 所示，假设生产工人工资在产品成本中的比重为15%。试分析劳动生产率提高对单位产品成本的影响。

表8—9　　甲产品成本资料(部分)

2015年6月

指　标	上年实际	本年实际
单位产品消耗工时(工时)	120	110
小时平均工资率(%)	8	8.5
单位产品工资成本(元)	960	935

劳动生产率提高的百分比=(120−110)÷110×100%=9.09%

小时平均工资率提高的百分比=(8.5−8)÷8×100%=6.25%

劳动生产率变动对单位产品成本的影响=(9.09%−6.25%)÷(1+9.09%)×15%

=0.39%

以上分析结果表明:劳动生产率提高9.09%,小时平均工资率提高6.25%,会使单位产品成本下降0.39%。

第五节　费用报表的编制和分析

一、各种费用明细表的结构和编制

(一)制造费用明细表的结构和编制

制造费用明细表是具体反映工业企业在报告期内发生的各项制造费用及其构成情况的报表。利用制造费用明细表所提供的资料,可以分析制造费用的构成和各项费用增减变动情况,考核制造费用预算的执行结果,以便进一步采取措施,节约开支,降低费用,从而降低产品的制造成本。

制造费用明细表一般按制造费用项目设置,分别反映“本年计划数”、“上年同期实际数”、“本月实际数”、“上年累计实际数”和“本年累计实际数”,具体见表8—10。

表8—10　　制造费用明细表

编制单位:　　2015年9月　　单位:元

项　目	本年计划数	上年同期实际数	本月实际数	上年累计实际数	本年累计实际数
人工费	(略)	(略)	(略)	(略)	(略)
折旧费					
修理费					
办公费					
水电费					
机物料消耗					
保险费					
劳动保护费					
租赁费					
设计制图费					
试验检验费					
其他					
制造费用合计					

制造费用明细表的编制方法如下：

1.“本年计划数”各项数字，根据制造费用的年度计划数填列。

2.“上年同期实际数”各项数字，根据上年同期本表的“本月实际数”填列。如果表内所列项目和上年度的费用项目在名称或内容上不一致，应对上年度的各项数字按照表内规定的项目进行调整。

3.“本月实际数”各项数字，应根据本月制造费用明细账合计汇总填列。

4.“上年累计实际数”各项数字，应根据上年同期本表的“本年累计实际数”填列。

5.“本年累计实际数”各项数字，填列自年初起至编报月月末止的累计实际数，应根据“制造费用明细账”的记录计算填列。

（二）期间费用明细表的结构和编制

期间费用报表一般包括销售费用明细表、管理费用明细表和财务费用明细表。它们的结构基本相同，都是按照规定的费用项目，分别反映“本年计划数”、“上年同期实际数”、“本月实际数”、“上年累计实际数”和“本年累计实际数”。这样便于用本年实际数分别同本年计划数和上年实际数进行比较，以便加强对费用的控制和管理。

有关期间费用报表的格式和内容参见表8－11、表8－12和表8－13。

表8－11　　销售费用明细表

编制单位：　　2015年9月　　单位：元

项　目	本年计划数	上年同期实际数	本月实际数	上年累计实际数	本年累计实际数
展览费	（略）	（略）	（略）	（略）	（略）
广告费					
商品维修费					
运输费					
装卸费					
业务费					
折旧费					
水电费					
职工薪酬					
保险费					
劳动保护费					
租赁费					
其他					
销售费用合计					

表 8—12　　管理费用明细表

编制单位：　　2015 年 9 月　　单位：元

项　目	本年计划数	上年同期实际数	本月实际数	上年累计实际数	本年累计实际数
职工薪酬	（略）	（略）	（略）	（略）	（略）
折旧费					
办公费					
差旅费					
保险费					
咨询费					
诉讼费					
排污费					
绿化费					
物料消耗					
研究费用					
业务招待费					
工会经费					
职工教育经费					
…					
管理费用合计					

表 8—13　　财务费用明细表

编制单位：　　2015 年 9 月　　单位：元

项　目	本年计划数	上年同期实际数	本月实际数	上年累计实际数	本年累计实际数
利息支出（减利息收入）	（略）	（略）	（略）	（略）	（略）
汇兑损益					
手续费					
现金折扣					
其他					
财务费用合计					

期间费用明细表的编制方法如下：

1.“本年计划数”各项数字，根据各期间费用的年度计划数填列。

2.“上年同期实际数”各项数字，根据上年同期该表的“本月实际数”填列。如果表内所列项目和上年度的费用项目在名称或内容上不一致，应对上年度的各项数字按照表内规定的项目进行调整。

3.“本月实际数”各项数字，应根据本月各期间费用明细账合计汇总填列。

4."上年累计实际数" 各项数字,应根据上年同期该表的"本年累计实际数"填列。

5."本年累计实际数"各项数字,填列自年初起至编报月月末止的累计实际数,应根据各期间费用明细账的记录计算填列。

二、各种费用明细表的分析

制造费用、营业费用、管理费用和财务费用,虽然有的是作为生产费用计入产品成本,有的是作为期间费用直接计入当期损益,各自的经济用途不同,但是,它们都是由许多具有不同经济性质和不同经济用途的费用组成的。这些费用支出的节约或浪费,往往与公司(总厂)的行政管理部门和生产车间工作的质量和有关责任制度、节约制度的贯彻执行情况密切相关。因此,企业领导层和各有关部门、车间编报上述报表,分析这些费用的支出情况,不仅是节约各项费用支出、杜绝一切铺张浪费、不断降低成本和增加盈利的重要途径,也是推动企业改进生产经营管理工作、提高工作效率的重要措施。

由于上述各种费用都是按整个公司(总厂)或分厂、车间、部门编制计划加以控制的,因而分析各种费用计划的执行情况,查明各种费用实际脱离计划的原因,也只能按整个公司(总厂)或分厂、车间、部门来进行。

对上述各种费用进行分析,首先应根据表中资料以本年实际数与本年计划数相比较,确定实际脱离计划差异,然后分析差异的原因。由于各种费用所包括的费用项目具有不同的经济性质和用途,各项费用的变动又分别受不同因素变动影响,因此,在确定费用实际支出脱离计划差异时,应按各种费用组成项目分别进行,而不能只检查各种费用总额计划的完成情况,不能用其中一些费用项目的节约来抵补其他费用项目的超支。同时,要注意不同费用项目支出的特点,不能简单地把任何超过计划的费用支出都看作是不合理的。同样,对某些费用项目支出的减少也要做具体分析:有的可能是企业工作成绩,有的则可能是企业工作中的问题。例如,制造费用中的劳动保护费、修理费、试验检验费,管理费用中的职工教育经费等费用的减少,并不一定是由于工作的改进。相反,不按计划进行上述活动或采取必要的措施,有可能造成劳动生产率下降和产品质量下降,甚至影响安全生产。而在超额完成产量计划、增加开工班次的情况下,相应地增加机物料消耗和设备维护费、修理费、运输费也是合理的。总之,不能孤立地看费用是超支了还是节约了,而应结合其他有关情况,结合各项技术措施效果来分析,结合各项费用支出的经济效益进行评价。

在按费用组成项目进行分析时,由于费用项目多,因此每次分析只能抓住重点,对其中费用支出占总支出比重较大的或与计划相比发生较大偏差的项目进行分析,特别应注意那些非生产性的损失项目,如材料、在产品和产成品等存货的盘亏和毁损。因为这些费用的发生与企业管理不善直接相关。

分析时,除以本年实际数与本年计划数相比检查计划完成情况外,为了从动态上观察、比较各项费用的变动情况和变动趋势,还应将本月实际数与上年同期实际数进行对比,以了解企业工作的改进情况,并将这一分析与推行经济责任制结合,与检查各项管理制度的执行情况结合,以推动企业改进经营管理,提高工作效率,降低各项费用支出。

为了深入研究制造费用、营业费用、管理费用和财务费用变动的原因,评价费用支出的合理性,寻求降低各种费用支出的途径和方法,也可按费用的用途及影响费用变动的因素将上述费用包括的各种费用项目按以下类别归类进行研究:

1. 生产性费用,如制造费用中的折旧费、修理费、机物料消耗等,这些费用的变动与企业生产规模、生产组织、设备利用程度等有直接联系。这些费用的特点既不同于与产量增减成正比例变动的变动费用，又不同于固定费用，即在业务量一定的范围内相对固定，超过这个范围就可能上升。分析时就应根据这些费用的特点，联系有关因素的变动评价其变动的合理性。

2. 管理性费用，如行政管理部门人员的工资、办公费、业务招待费等。管理性费用的多少主要取决于企业行政管理系统的设置和运行情况以及各项开支标准的执行情况。分析时，除按明细项目与限额指标相比分析其变动的原因外，还应从紧缩开支、提高工作效率的要求出发，检查企业对有关精简机构、减少层次、合并职能、压缩人员等措施的执行情况。

3. 发展性费用，如职工教育经费、设计制图费、试验检验费、研究开发费等。这些费用与企业的发展相关，实际上是对企业未来的投资。但是，这些费用应当建立在规划合理、经济、可行的基础上，而不是盲目地进行研究开发或职工培训，应将费用的支出与取得的效果联系起来分析评价。

4. 防护性费用，如劳动保护费、保险费等。这类费用的变动直接与劳动条件的改善、安全生产等相关。显然，对这类费用的分析就不能认为支出越少越好，而应结合劳动保护工作的开展情况，分析费用支出的效果。

5. 非生产性费用，主要指材料、在产品、产成品的盘亏和毁损。分析这类费用发生的原因，必须从检查企业生产工作质量、各项管理制度是否健全以及库存材料、在产品和产成品的保管情况入手，并把分析与推行和加强经济责任制结合起来。

第八章

成本管理

前面几章具体介绍了成本管理的基础环节——成本核算，除此之外，成本管理还包含成本预测、成本决策、成本预算、成本控制及成本考核等环节。成本预测是对企业未来一定时期内的成本水平及其发展趋势进行的科学规划。成本决策是在成本预测的基础上，分析多个成本方案，确定最佳成本方案的过程。成本预算是成本决策目标的具体化。成本控制是企业成本管理的核心。成本考核是对目标成本的实现情况进行审核和评价。

第一节　成本预测

一、成本预测的意义

（一）成本预测的含义

成本预测是通过对成本构成的各要素及影响成本变动的有关因素进行分析测算，进而对企业未来一定时期内的成本水平及其发展趋势进行的科学规划。

成本预测所涉及的范围相当广泛，它可以是关系到成本总体规划的全面预测，也可以是针对某种产品、某项经济活动或某个成本项目的单项预测；可以是使产品保持技术先进性和经济合理性的设计阶段的成本预测，也可以是为制定经营决策提供依据的生产阶段的成本预测；可以是月、季或年的近期预测，也可以是 3 年、5 年或 10 年的远期预测等。因此，为了保证成本预测达到预期的目标，成本预测应该服从总的经营目标，各部门、单位的成本预测应该以企业经营目标为基准进行协调，以保证整个企业的成本预测、决策系统的协调性和一致性；成本预测的方案应该切实可行，包括技术上是否可行，产品质量能否保证，是否符合国家有关法律及社会道德的约束等；成本预测方案应该具有应变能力，必须考虑可能发生的变化因素，使成本预测、决策方案具有一定的弹性。

成本预测按产品的不同分类，可分为可比产品成本预测和不可比产品成本预测。

（二）成本预测的意义

在现代企业管理中，成本是评价企业经济管理成效的一个重要指标。降低成本水平、提高产品质量是企业提高竞争力的重要方面。通过事前准确的成本预测，制定计划期的目标成本，可以提高企业生产经营的预见性，减少决策的盲目性，有利于企业规划成本、控制成本，从而有效地降低成本，便于企业利润的目标管理。主要表现在以下几个方面：

1. 成本预测是确定目标成本和达到目标成本的最佳途径和重要手段

成本预测本身就是动员企业内部一切潜力，用最少的人力、物力和财力的消耗来完成既定的目标成本的过程。

2. 成本预测是正确进行成本决策的基础

成本决策是企业经营决策的核心，成本预测为成本决策提供科学依据。要想使决策科学、合理，就必须根据客观条件，做好调查研究，从实际出发，系统掌握大量的成本资料，进行有效的成本预测。通过成本预测，掌握未来的成本水平及其变动趋势，有助于对经营管理工作中未知因素做出科学的预测，为决策提供多种可行方案，使决策者心中有数，避免盲目性。

3. 成本预测是编制成本预算的依据

为正确编制成本预算，探索降低成本的途径，论证和评价各种方案、措施可能产生的经济效果，必须进行成本预测。通过反复测算，确定产品成本水平，以提供编制成本预算的科学依据。

4. 成本预测是改善企业经营管理的重要工具

通过成本预测，可以克服那种单纯事后分析存在的不足，可以帮助企业面向未来，以便发现影响成本降低的不利因素，有利于企业挖掘降低成本的潜力。

二、成本预测的基本程序

成本预测的一般程序大体可分为以下七个步骤：

（一）确定预测目标

要进行成本预测，首先必须确定预测目标，即根据企业的总目标，通过预测目标成本（即一定时期内需努力达到的成本水平），寻求降低成本的途径。当然，预测目标应根据企业经营的总体目标进行设计和选择。在确定预测目标的同时，还要确定预测的范围、时间期限及数量单位等。

（二）制定预测计划

根据成本预测目标，制定成本预测计划，作为进行成本预测分析的保证，如谁来领导和组织、采用什么预测方法、什么时间完成以及成本预测的各项准备工作等。

（三）收集、分析信息资料

成本预测目标确定后，应有组织地、系统地收集相关的信息资料和数据。相关信息资料是进行成本预测的前提，而其准确性是保证预测目标实现的关键。因此，在占有大量资料的基础上还要对这些资料进行加工、整理、归纳、鉴别，找出与预测目标有关的各因素之间的规律性和相互依存关系，作为成本预测的依据。

（四）选择预测方法

正确选择成本预测方法是保证成本预测精度的另一关键。对于不同的预测对象、内容和所掌握的资料，应采用不同的预测方法。对于那些资料齐全、可以建立数学模型的预测对象，可依所收集信息资料的内在联系及其规律性，选择适当的定量分析方法。对于缺乏定量分析资料、无法建立数学模型的预测对象，可根据经验法选择合适的定性分析法。

（五）实际进行预测

应用选定的成本预测方法，结合所掌握的信息资料，进行定量分析和定性分析，并提出实事求是的预测结果。

（六）分析预测误差，修正预测结果

经过一段时间后，对上一阶段的成本预测结果必须进行验证和分析评价，即以实际数与预测数进行比较，检查过去成本预测的结果是否准确，并分析误差原因，以便及时修正预测方法。

对于原用定量分析方法进行的预测，常常由于某些因素的数据不充分或无法定量分析而影响成本预测的精度，这就需要用定性分析方法考虑这些因素，并修正定量预测分析的结果。至于原用定性方法预测的结果，也需用定量分析方法加以修正、补充，使预测结果更接近实际。

（七）报告预测结果

根据上一阶段的修正、补充，形成文字报告，把最后的预测结论上报给有关管理当局。

成本预测的一般程序是必要的，但不是简单机械的排列，而是要根据实际情况有简有繁，但不可忽视各个阶段。整个成本预测过程要做到及时沟通信息和进行信息反馈。

三、成本预测的基本方法

成本预测的专门方法很多，具体方法的选择受分析对象、目的、时间以及精确程度等因素的影响。但其基本方法大体上可归纳为两大类，即定量分析法与定性分析法。

定量分析法又称数量分析法，是指应用现代数学方法和各种现代化计算工具对与预测对象有关的各种经济信息进行科学的加工处理，建立预测分析的数学模型，揭示各变量之间的规律性联系，并做出预测结论的预测分析方法。常用的成本预测的定量分析法有高低点法、回归分析法和因素分析法。

定性分析法又称非数量分析法，是指预测人员根据预测对象的特点、知识以及主观判断和分析能力，推断事物的性质和发展趋势的预测分析方法。这种方法通常在缺乏完备、准确的历史资料或有关变量之间缺乏明显的数量关系的情况下采用。按具体做法，定性分析法可分为会议和函询两种方式。

在实际工作中，定量分析法和定性分析法并非相互排斥，而是相互补充、相辅相成。定量分析法虽然较精确，但许多非计量因素无法考虑，如国家政策以及政治经济形势的变动、消费者心理以及习惯的改变、投资者的意向以及竞争对手的动态等。这些因素都是定量分析法无法量化的因素。定性分析法虽然可以将这些非计量因素考虑进去，但估计的准确性在很大程度上受预测人员的经验和素质的影响，不免使预测结论因人而异，带有一定的主观随意性。因此，在实际工作中，预测人员应根据具体情况，把这两类方法结合起来应用，相互取长补短，以提高成本预测结论的可信性。

成本预测按产品的不同分类，可分为可比产品成本预测和不可比产品成本预测，下面将进行具体介绍。

四、可比产品成本预测

可比产品是指以往年度正常生产过的产品，其过去的成本资料比较健全和稳定。可比产品成本预测的基本方法有高低点法、回归分析法和因素分析法。

（一）高低点法

如第一章所介绍的，成本按其习性进行分类，可分为固定成本、变动成本和混合成本，而在实际工作中大多数成本为混合成本。把成本的发生额与相应的业务量联系起来，区分出其中的固定成本和变动成本，可以找出成本的变化规律，进而可以预测其目标成本。

高低点法是求出一定时期历史资料中最高业务量的总成本与最低业务量的总成本之差（Δy）与最高最低业务量之差（Δx）的比值，确定为单位变动成本 b；然后再计算固定总成本额 a 的方法。其计算过程为：

当业务量最高（x_1）时，其成本 $y_1=a+bx_1$；当业务量最低（x_2）时，其成本 $y_2=a+bx_2$。

则有：

$$b=\frac{(y_1-y_2)}{(x_1-x_2)}$$

$$a=y_1-bx_1=y_2-bx_2$$

进而可以推出混合成本的一般数学模型：

$$y=a+bx$$

求出了 a,b 以及混合成本 $y=a+bx$ 的一般模型，当已知未来的业务量时，即可预测该项成本的计划期目标成本。

【例 9—1】 A 公司 2015 年 1～6 月份的设备维修费支出如表 9—1 所示。

表 9—1　　A 公司 2015 年上半年设备维修费统计表

月　份	机器工时(小时)	维修费(元)
1	1 100	1 050
2	600	850
3	1 150	1 250
4	800	950
5	920	1 000
6	1 200	1 400

要求：

(1)用高低点法对 A 公司的设备维修费进行成本分解。

(2)预测机器工时为 1 000 小时的设备维修费是多少元?

解　(1) $\begin{cases}1\ 400=a+b\times 1\ 200\\850=a+b\times 600\end{cases}$

解得：$a=29.8$ ，$b=0.92$

则：$y=29.8+0.92x$

(2) $y=29.8+0.92\times 1\ 000=949.8$(元)

高低点法简便易行，容易理解，但它仅以诸多历史资料中最高和最低业务量相对应的两组数据作为确定成本习性的依据，因而由此建立起的成本习性模型可能不具有代表性，计算误差较大。这种方法只适用于历史成本资料变动趋势比较稳定的企业。

(二)回归分析法

回归分析法是指根据过去一定时期的业务量和成本资料，运用最小二乘法的原理建立反映成本和业务量之间关系的回归直线方程，并据此确定成本中的固定成本和变动成本的一种定量分析方法。

为成本估计获取回归估计资料是最重要的一步，是在影响成本的作业和估计成本之间建立一组逻辑关系。这些作业可以称为回归方程式的预计因素——自变量(x)，拟予估计的成本为回归方程式的因变量(y)。虽然回归程序中 y 项及 x 项可以代以任何数据，但如果代入的数据不具有逻辑关系，就可能导致错误的估计。成本会计人员的责任就在于确定作业水平与成本是否有逻辑关系。

假设共有若干(n)期业务量(x)和成本(y)的资料，每期资料 x、y 之间的关系可以用直线方程 $y=a+bx$ 表示，根据资料及最小二乘法的原理可求得 a、b。

$$a=\frac{\sum y-b\sum x}{n}$$

$$b=\frac{n\sum xy-\sum x\sum y}{n\sum x^2-(\sum x)^2}$$

【例 9—2】 仍以例 9—1 的资料说明回归分析法的具体运用。

解 (1)为便于计算,先将资料进行加工,如表 9—2 所示。

表 9—2 回归分析法资料

月份	机器工时数(x)	设备维修费(y)	xy	x^2
1	1 100	1 050	1 155 000	1 210 000
2	600	850	510 000	360 000
3	1 150	1 250	1 437 500	1 322 500
4	800	950	760 000	640 000
5	920	1 000	920 000	846 400
6	1 200	1 400	1 680 000	1 440 000
合计	5 770	6 500	6 462 500	5 818 900

根据表 9—2 计算如下:

$$b=\frac{n\sum xy-\sum x\sum y}{n\sum x^2-(\sum x)^2}=\frac{6\times 6\ 462\ 500-5\ 770\times 6\ 500}{6\times 5\ 818\ 900-5\ 770^2}=0.784$$

$$a=\frac{\sum y-b\sum x}{n}=\frac{6\ 500-0.784\times 5\ 770}{6}=329.39$$

则:$y=329.39+0.784x$

(2)$y=329.39+0.784x=329.39+0.784\times 1\ 000=1\ 113.39$(元)

因为回归程序使用全部数据点,所以其产生的估计数比仅用高低点法确定的估计数具有更为广泛的基础。此外,回归分析法可产生许多附加的统计数据,而这些数据在一定的假设下,可使成本管理人员能够估计、确定回归方程式是怎样描述成本和作业水平之间的关系的。

(三)因素分析法

因素分析法是通过对影响成本的各项因素测算分析,预测计划期成本水平的方法。一般可以从节约原材料消耗、提高劳动生产率、合理利用设备、节约管理费用、减少废品损失等方面进行测算。

1. 测算材料费用对成本的影响

原材料费用是构成产品成本的主要项目之一,在产品成本中一般占有较大的比重。在保证产品质量的前提下,合理、节约地使用原材料,降低原材料费用,是降低产品成本的主要途径。影响原材料费用变动的因素有材料消耗定额和材料价格。材料消耗定额和材料价格的下降,会使产品单位成本中的材料费用相应地降低。又由于材料费用只是产品成本的一个组成部分,材料费用的降低率并不等于产品成本的降低率。因此,材料消耗定额降低形成的节约应按下列公式计算:

材料消耗定额降低影响成本降低率=材料消耗定额降低的百分比×材料费用占成本的百分比

如果在材料消耗定额发生变动的同时价格也发生变动,则材料价格变动对成本的影响可按下列公式计算:

$$\frac{材料价格变动影响}{成本降低率}=\left(1-\frac{材料消耗定额}{降低的百分比}\right)\times 材料价格变动的百分比\times 材料费用占成本的百分比$$

以上两个公式可合并计算如下：

$$\frac{材料消耗定额和价格同时}{降低影响成本降低率}=\left[1-\left(1-\frac{材料消耗定额}{降低的百分比}\right)\times\left(1-\frac{材料价格}{降低的百分比}\right)\right]\times\frac{材料费占}{成本的百分比}$$

由于在一些工业企业里提高原材料利用率是节约材料费用的重要途径，因此也可以单独测算提高原材料利用率对产品成本的影响程度。其计算公式如下：

$$原材料利用率提高影响的成本降低率=\left(1-\frac{上年的原材料利用率}{计划年度的原材料利用率}\right)\times 材料费用占成本的百分比$$

2. 测算工资费用对成本的影响

(1)测算在生产工人人数和工资不变的情况下由于劳动生产率提高对成本的影响

劳动生产率提高，说明单位时间内的产量增加，在其他因素不变的条件下单位产品所分担的工资费用也就减少了。因此，只有劳动生产率一个因素变动时对成本的影响可按下列公式计算：

$$劳动生产率提高影响的成本降低率=1-\frac{1}{1+劳动生产率提高的百分比}\times 生产工人工资占成本的百分比$$

(2)测算由于劳动生产率提高超过平均工资增长率对成本的影响

劳动生产率的变动同单位产品中工资费用的变动成反比例关系，而平均工资的增长同单位产品中工资费用的增长成正比例的关系。所以，当劳动生产率的增长超过平均工资的增长速度时，就能节约产品成本中的工资费用。其计算公式如下：

$$\frac{劳动生产率和平均工资相互}{作用影响的成本降低率}=1-\frac{1+平均工资增长的百分比}{1+劳动生产率增长的百分比}\times 生产工人工资占成本的百分比$$

(3)测算由于工时定额降低和平均工资增长对成本的影响

由于以产量表示的劳动生产率同以工时表示的劳动生产率互为倒数，所以当掌握了计划年度工时定额降低幅度的资料时，可用下列公式计算成本降低率：

$$工时定额降低影响的成本降低率=\left(1-\frac{1+平均工资增长的百分比}{1+工时定额降低的百分比}\right)\times 生产工人工资占成本的百分比$$

3. 测算生产增长超过制造费用增长对成本的影响

计入产品成本的制造费用，按其与产量的关系，一部分属于与产量变动没有直接关系的固定制造费用，一部分属于与产量变动有直接关系的变动性制造费用。当产量增加时，单位产品中的固定性制造费用降低，可使产品成本下降，而变动性制造费用却会随产量的增长而提高。因此，要使产品成本下降，必须采取适当的措施使变动性制造费用提高的幅度低于产量的增长幅度。

(1)测算生产增长超过变动性制造费用增长对成本的影响

$$\frac{生产增长超过变动性制造}{费用增长影响的成本降低率}=\left(1-\frac{1+变动制造费用增长百分比}{1+生产增长的百分比}\right)\times 变动制造费用占成本的百分比$$

(2)测算生产增长固定制造费用不变对成本的影响

$$\frac{生产增长固定制造费用}{不变影响的成本降低率}=\left(1-\frac{1}{1+生产增长百分比}\right)\times 固定制造费用占成本的百分比$$

4. 测算废品率降低对成本的影响

生产中废品增加，会使合格产品的成本上升，而降低废品率可以减少废品损失，从而降低产品成本。其计算公式如下：

废品损失减少影响的成本降低率＝废品损失减少的百分比×废品损失占成本的百分比

【例 9－3】 某企业 2015 年 A 产品实际成本金额及成本结构如表 9－3 所示。

表 9－3　　某企业 2015 年度 A 产品成本金额及成本结构表

成本项目	成本金额(元)	成本比重(%)
直接材料	420 000	50.00
直接人工	225 000	26.79
制造费用	150 000	17.86
其中：变动制造费用	60 000	7.14
固定制造费用	90 000	10.72
废品损失	45 000	5.35
合　计	840 000	100.00

该企业 2015 年拟采取以下增产节约措施：材料消耗定额降低 8%；生产工人平均工资增长控制在 4%以内；变动制造费用增长控制在 3%以内；废品损失下降 30%；劳动生产率提高 25%；可比产品产量增长 20%；根据市场调查，预测材料价格将上升 3%；固定性制造费用不变。

要求：预测 2015 年度的成本金额。

解 (1)计算各因素变动影响的成本降低率

材料消耗定额和价格同时降低影响成本下降率＝1－(1－8%)×(1＋3%)×50%

$$=2.62\%$$

劳动生产率和平均工资相互作用影响的成本降低率$=\left(1-\frac{1+4\%}{1+25\%}\right)\times 26.79\%$

$$=4.5\%$$

生产增长超过变动制造费用增长影响的成本降低率$=(1-\frac{1+3\%}{1+20\%})\times 7.14\%=1\%$

生产增长固定制造费用不变影响的成本降低率$=(1-\frac{1}{1+20\%})\times 10.72\%=1.79\%$

废品损失下降影响的成本降低率＝30%×5.35%＝1.61%

(2)预测期(2013 年)A 产品的总成本＝420 000×(1－2.62%)＋225 000×(1－4.5%)＋60 000×(1－1%)＋90 000×(1－1.79%)＋45 000×(1－1.61%)＝815 935.5(元)

五、不可比产品成本的预测

不可比产品是指企业以往年度没有正式生产过的产品，其成本水平无法与过去进行比较，因而不能像可比产品那样通过采用下达成本降低指标的方法控制成本支出。但在科学技术高速发展的今天，新产品不断出现，原有产品更新换代加快，不可比产品的比重不断上升。为了全面控制企业费用支出，加强成本管理，除了对可比产品成本进行预测外，还应对不可比产品成本进行预测。预测时主要采用以下三种方法：

1. 技术测定法

技术测定法是指根据产品设计结构、制作工艺和企业的生产技术条件对生产中所消耗的各种要素逐项进行技术测试，以计算出产品成本的方法。由于生产中消耗的要素比较多，运用这种方法需要对消耗的要素逐项进行测试，因此这种方法的工作量比较大。但由于逐项测定，其预测结果较为准确。这种方法适用于不可比产品种类不多，产品技术资料比较完整的企业。其计算公式为：

某种不可比产品的单位预测成本＝材料预计单价×单位产品耗料定额＋工时定额×（小时费用率＋小时工资率）

2. 类比分析法

类比分析法是比照其他单位的同类产品，结合单位自身的生产技术条件和水平、市场供求、原材料来源渠道等情况，测算产品成本的一种方法。这种方法工作量小，比较简便，但预测结果不十分准确。其计算公式为：

预测产品成本＝同类可比产品成本×调整系数

3. 目标成本法

目标成本法是根据产品的价格构成来制定产品目标成本的一种方法。一般产品价格包括产品成本、销售税金和利润三个部分。在企业实行目标管理的过程中，先确定单位产品价格和单位利润目标，然后按下列公式计算出单位产品的目标成本：

单位产品目标成本＝预测单位售价－单位产品销售税金－单位产品目标利润

第二节 成本决策

一、成本决策的含义

成本决策是用成本决策理论，在成本预测的基础上，分析多个成本方案，确定最佳成本方案的过程。要进行成本决策，必须有明确的决策目标，有两个或两个以上的备选方案及最佳方案的选择标准。

最佳方案的选择标准一般有两个：有效性和经济性。有效性是指方案的实现是合理的、可行的。经济性是指方案对有限的资源做到合理利用，以最少的消耗取得尽可能大的经济效果。有效性是前提，经济性是关键。

成本决策主要研究企业内外的技术经济条件，从成本与效益出发，在考虑多种成本方案基础上，为企业做出最有利的选择。

二、成本决策的基本方法

（一）差异成本法

差异成本法一般是通过比较各备选方案的成本差额来进行决策的方法。如产品的零部件是自制还是外购合算？对于这类问题的决策，主要是比较成本的高低。外购零部件进货成本包括购价、运费、验收费等，自制成本包括直接材料、直接人工、变动制造费用等，将这两部分成本进行比较，选取成本低的方案。

【例 9－4】 某企业产品中有一零件甲，年需要量 8 000 件。若该企业目前有剩余生产能力可以制造甲零件，有关自制成本如下：单位变动成本为 48 元，专属固定成本总额为 24 000 元，分配的固定成本为 16 000 元。现有一专门生产甲零件的厂商，愿以每件 58 元的价格供应 8 000 件甲零件。假定该企业如不制造甲零件，生产设备也没有其他用途，要求作出甲零件是自制还是外购的决策分析。

由于该企业有剩余生产能力可以利用，它原有的固定成本不会因自制而增加，也不会因外购而减少，该项成本属无关成本，所以自制甲零件成本为：

8 000×48+24 000=408 000(元)

外购甲零件成本为：

8 000×58=464 000(元)

根据以上分析可见，甲零件如采用自制方案可节约成本 56 000 元，因此以自制为宜。

(二)成本平衡点法

当与成本相关的业务量不确定时，要作出正确的成本决策，必须先计算出各备选方案的成本平衡点，例如在零部件需要量未知情况下的决策。

【例 9—5】 某零件外购价每件 20 元；如果自制，单位变动成本为 8 元，生产该零件须追加固定成本 30 000 元。要求作出该零件是自制还是外购的决策。

一般我们假设生产 x 件零件时自制成本刚好等于外购成本，则：

$8x+30\ 000=20x$

$12x=30\ 000$

$x=2\ 500$(件)

因此，当需要量大于 2 500 件时，应自制该零件；当需要量小于 2 500 件时，应外购该零件。

(三)机会成本法

机会成本是指选择某一方案而放弃另一方案所丧失的被放弃方案的潜在收益。它可以理解为决定选择某种方案而付出的代价，或者说是由于放弃某一机会而失去的收益。这里应注意的是，机会成本并非实际支出，会计核算是不予确认的。

将最优方案所要发生的其他成本与机会成本一并考虑，才能对决策方案的经济效益做出全面评价。尽管这种机会成本并没有实际发生货币支付，但它因选择最优方案而失去了选择次优方案的机会。

【例 9—6】 在例 9—4 中，假定该企业如不制造甲零件，生产设备可用于生产 C 产品，每年可获利60 000元，其他条件不变。要求作出甲零件是自制还是外购的决策分析。

自制甲零件成本为：

8 000×48+24 000+60 000=468 000(元)

外购甲零件成本为：

8 000×58=464 000(元)

根据以上分析可见，甲零件如采用自制方案成本为 468 000 元，比外购多发生 4 000 元成本，因此该企业应以外购甲零件为宜。

第三节 成本预算

一、成本预算的意义

一个企业通过成本决策，确定了实现目标成本的最优方案。为了实现既定目标，并保证最优方案在实际中得到贯彻执行，这就需要编制成本预算。所谓成本预算，就是用货币来计量，将成本决策目标所涉及的经济资源的配置，以计划的形式具体、系统地反映出来。简而言之，成本预算就是成本决策目标的具体化。

生产企业为避免盲目生产，应该"以销定产"，因此首先应由销售部门根据已确定的目标利润，预测目标销售量；再通过市场调查进行销售预测，并设法更新产品品种，降低成本，以保证目标销售量的实现。其次，生产部门应根据销售部门确定的预计销售量，结合期初、期末库存量，计算出计划期的预计生产量。在保证销售的情况下，有合理的库存，以保证资金的合理、充分运用。同时，采购部门根据计划期的预计产量，结合期初、期末材料存量，购进适量的合格材料，以满足产品生产的需要；人事部门必须根据计划期的生产任务配备足够的工人和技术人员；财务部门要根据以上各业务部门在计划期间的经济活动，安排好资金，以保证各部门有足够的资金完成各自的工作计划。可见，通过编制成本预算可以把企业为完成目标成本所涉及到的各项经济活动有机地联系起来，以实现企业总的战略目标。

二、编制成本费用预算的方法

（一）固定预算

预算按其是否可以根据业务量进行调整，分为固定预算和弹性预算两种。固定预算是一种最基本的预算编制方法，是根据预算期内正常的可实现的某一业务量水平而编制的预算。该方法所涉及到的各项预定指标均为固定数据，这种方法也叫静态预算。传统的费用预算大多采用固定预算，其预算额一般由厂部按经验提出一个固定的数额。

固定预算具有下列两个基本特点：

1. 固定预算只按某一预计的业务量水平为基础，它不考虑预算期间业务量水平可能发生的变动。

2. 固定预算将预算的实际执行结果与按预算期内计划规定的某一业务量水平所确定的预算数进行比较分析，并据以进行业绩评价与考核。

由固定预算的特点可知，固定预算的控制性仅限于实际业务量水平与预期业务量水平相近的情况。这种预算编制的方法简便易行，一般用于与日常业务量无关或关系不大的费用预算。但由于市场情况变幻莫测，许多企业难以准确预计市场需求，当实际业务量水平与预算确定的业务量水平相差甚远时，用固定预算就很难正确地考核和评价费用预算的执行情况，从而降低了预算的控制和考核作用，而弹性预算则能弥补这一缺陷。

（二）弹性预算

弹性预算是指按照预算期内可预见的多种业务量水平所编制的，能够适应不同业务量情况的预算。其预算编制的依据不是某一固定的业务量，而是一个可预见的业务量范围，因而使预算具有伸缩弹性，增强了预算的适用性。

理论上说，所有的预算都可采用弹性预算的方法，但在实际工作中，从经济实用的角度出发，弹性预算多用于成本、费用预算的编制。

弹性预算的基本运作方式是在可遇见的业务量范围内，根据成本、费用的不同性态，按照一定业务量间隔，分别确定其预算额，并汇总列入一个预算表格中。一般业务量的间隔通常以5％～15％为宜，因为间隔太大将失去弹性预算的优点，间隔太小则会增加不必要的预算编制工作量。

成本的弹性预算要先按照成本性态将成本分为固定成本和变动成本两大类，然后选择一个最能代表本部门生产经营活动水平的计量单位（如产量单位、直接人工小时、机器小时等），确定合适的业务量范围，从而计算出预算期内各业务量水平的预算额。

销售与管理费用的弹性预算是以销售量作为计算基础，确定合适的销售量范围，从而编制销售与管理费用的弹性预算表。

【例 9—7】 假设爱华公司第一车间正常运转水平为10 000个机器小时，预期的固定费用和变动费用是：变动费用10 000机器小时，每小时 1.40 元，共计14 000元，固定费用总额7 700元，费用合计21 700元，每机器小时费用分配率是 2.17 元。

又假设该公司准备编制弹性预算，预计业务活动水平分别为8 000、10 000、12 000、14 000机器小时。在上列各项业务活动水平中，经研究，业务在 14000 机器小时时，各项目费用将发生下列情况：间接人工将多增加 750 元，机器维修增加 350 元，折旧增加 350 元(超正常活动)。根据上列资料编制弹性预算，如表 9—4 所示。

表 9—4 **弹性预算**

部门：第一车间

预算期：2015 年 6 月　　　　正常活动水平：10 000 机器小时

项　目	活动水平(机器小时)							
	8 000		10 000		12 000		14 000	
变动制造费用	每小时	合计	每小时	合计	每小时	合计	每小时	合计
物料	0.05	400	0.05	500	0.05	600	0.05	700
间接人工	0.40	3 200	0.40	4 000	0.40	4 800	0.40	5 600
维修	0.08	640	0.08	800	0.08	960	0.08	1 120
电力	0.65	5 200	0.65	6 500	0.65	7 800	0.65	9 100
其他	0.22	1 760	0.22	2 200	0.22	2 640	0.22	3 080
合计		11 200		14 000		16 800		19 600
固定制造费用								
物料		300		300		300		300
间接人工		3 200		3 200		3 200		3 950
维修		450		450		450		800
电力		900		900		900		900
保险		750		750		750		750
折旧		1 950		1 950		1 950		2 300
其他		150		150		150		150
合计		7 700		7 700		7 700		9 150
费用总计		18 900		21 700		24 500		28 750
小时费用率	2.36		2.17		2.04		2.05	

从上例预算中可以看到，在正常活动水平之间，每机器小时费用分配率为 2.17 元，当产量下降时，机器小时费用分配率将上升。当产量增加至12 000机器小时时，费用分配率下降至 2.04 元，说明企业有相当的潜力，只要产品销路没有问题，可以此作为目标作出努力。假如企业活动水平为14 000机器小时，那么，每一机器小时费用分配率将上升为 2.05 元，这主要是由于增加人员支出和修理费支出所造成的。

有了弹性预算，就可以据以与实际执行结果进行比较，衡量其业绩，并分析其差异，编制预算执行报告，如表 9—5 所示。

表 9—5　　弹性预算执行报告

部门:第一车间　　正常活动水平:10 000 机器小时

预算期:2015 年 6 月　　实际活动水平:8 000 机器小时

费用项目	预算数	实际数	差异	
			顺差	逆差
物料	700	750		50
间接人工	6 400	6 360	40	
维修	1 090	1 070	20	
电力	6 100	5 900	200	
保险	750	750		
折旧	1 950	1 950		
其他	1 910	1 940		30
合计	18 900	18 720	260	80

由此可见,弹性预算的适用性较强,但其工作量也较大。关键是要掌握弹性的概念及其原理,即成本、费用的性态特征。其中,变动性成本、费用随业务量正比例增减变动,应重点控制其单位额;固定性的成本、费用则不受业务量的影响,相对固定不变,应重点控制其总额。因此,如果掌握了表 9—4 中的"单位预算",预算就自动地具备了弹性的特征,即可随时根据需要对预算进行弹性调整。

弹性预算的主要优点是:弹性预算可根据一系列业务量水平或实际业务量水平编制或调整;它扩大了预算的使用范围,并为实际结果与预算的比较提供了一个动态的基础,从而使预算执行情况的评价和考核更具有客观性。

(三)零基预算

零基预算即以零为基础的预算,是指在编制预算时,不考虑过去情况如何,对所有业务活动重新进行评价,从根本上去考虑其必要性和规律的预算编制方法。它是相对于传统预算中的增量预算的不足而设计的。传统的增量预算是以前期的实际执行结果为基础,根据预算期内有关业务量预期的变化做适当的调整,从而确定预算期的预算数。因此,增量预算会使新的预算受到既成事实的影响,并容易使某些不合理因素得以长期沿袭,容易造成预算的不足,或者是安于现状,造成预算浪费。为此,美国的维恩·刘易斯于 1952 年发表了《预算编制理论新解》一文,最早提出了零基预算的理论。其后,美国得克萨斯仪器公司于 20 世纪 70 年代初首次成功使用零基预算,随后又在政府预算中得以推广。

零基预算法的具体操作步骤如下:

1. 提出预算项目

企业内部各有关部门根据企业的总体目标和本部门的目标与要求,在充分讨论研究的基础上,提出必须安排的预算项目,并说明每一项预算的性质和目的,详细提出各项业务所需要的开支或费用。

2. 进行成本—效益分析

由企业领导、总会计师等人参加的预算委员会对各部门提出的预算方案进行成本—效益分析,将其所费与所得进行对比,对各个费用开支方案进行评价,然后按效益大小顺序排列。

3. 分配资源，落实预算

企业最高管理当局按照最终的项目排列顺序，根据可动用的资源，进行资源分配。当资源有限、不能满足所有项目的全额所需时，应根据其轻重缓急进行安排，落实预算。

【例 9－8】 假设某企业采用零基预算法编制销售与管理费用预算。该企业预算期用于销售和行政管理方面的资金总额为 825 000 元。销售与管理费用的预算应按以下步骤编制：

第一步：由企业的销售部门和行政管理部门根据本部门的预算目标和具体任务，确定如下必须开支的费用项目及数额：

(1)销售佣金	84 000 元
(2)运输费	235 500 元
(3)广告费	127 500 元
(4)管理人员工资	30 000 元
(5)差旅费	51 000 元
(6)办公费	34 500 元
(7)职工教育经费	37 500 元
(8)保险费	60 000 元
(9)税金	94 500 元
(10)业务招待费	120 000 元

第二步：经过分析研究，认为销售佣金、运输费、管理人员工资、差旅费、办公费、保险费和税金 7 项开支属于约束性费用性质，在预算期必须全额保证它们对资金的需求；而广告费、职工教育费、业务招待费 3 项开支属于酌量性费用性质，可在满足约束性费用资金需求的前提下，将剩余的资金按照它们的重要程度来分配。重要程度可通过 3 个项目的开支与其给企业带来的收益相对比来确定，通过成本—效益分析，确定资金的分配顺序为：广告费可满足 90％，职工教育经费可满足 85％，剩余的为业务招待费。

第三步：将预算期可动用的资金在各费用项目之间进行分配，编制预算如下：

(1)全额满足约束性费用的需求，约束性费用所需资金总额为：

84 000＋235 500＋30 000＋51 000＋34 500＋60 000＋94 500＝589 500(元)

(2)将剩余的资金在酌量性费用之间进行分配：

广告费分配资金数额为：

127 500×90％＝114 750(元)

职工教育经费分配资金数额为：

37 500×85％＝31 875(元)

业务招待费分配资金数额为：

825 000－589 500－114 750－31 875＝88 875(元)

零基预算的主要优点是：打破老框框的束缚，既能充分发挥各部门人员的积极性和创造性，又能促使各部门精打细算，合理使用资源，提高全部资源的使用效率。也就是说，必需的功能、作业决定了预算的需要，可用的资源制约着预算的额度。为此，各种间接费用预算尤其是职能部门的酌量性费用预算，应尽可能采用零基预算的方法编制。

三、成本费用预算的编制

为便于理解成本费用预算的编制程序，这里主要以固定预算编制方法为例对成本费用预算的具体编制加以说明。

(一)直接材料预算

直接材料预算是以生产预算为基础编制的,它主要是确定预算期直接材料的耗用数量、单位成本以及预计直接材料成本。其中,至关重要的因素就是如何制定单位产品定额耗用量与材料计划成本,即直接材料的耗用量标准与单位成本。

直接材料预算应按材料类别分别根据下列公式计算:

预计材料耗用量＝预计生产量×单位产品定额消耗量

预计耗用材料成本＝预计材料耗用量×材料单位成本

【例 9－9】 假定新华公司在计划年度(2016 年)只生产一种产品,单位产品的材料消耗定额为 2 千克,计划单位成本为 5 元/千克。现编制计划年度的分季直接材料采购预算,如表 9－6所示。

表 9－6　**新华公司直接材料采购预算**

2016 年度　单位:元

季　度	1	2	3	4	全　年
预计生产量(件)	1 050	1 550	1 950	1 460	6 010
单位产品材料消耗定额(千克/件)	2	2	2	2	2
预计生产需要量(千克)	2 100	3 100	3 900	2 920	12 020
材料计划成本(元/千克)	5	5	5	5	5
预计材料成本(元)	10 500	15 500	19 500	14 600	60 100

(二)直接人工预算

直接人工预算也是以生产预算为基础进行编制的,它是用来确定预算期内生产车间人工工时消耗水平、人工成本水平及相关的预计现金支出需要额的预算,通常根据生产预算的预计生产量、单位产品标准或定额工时(量)及标准或定额小时工资率进行编制。其计算公式为:

预计直接人工成本总额＝预计生产量×单位产品直接人工工时定额×定额小时工资率

在通常情况下,企业生产产品耗用的直接人工工种往往不同,由于工种不同,小时工资也不一样,这时直接人工预算则应按工时类别分别计算,然后汇总求得直接人工成本总数。

直接人工预算包括两个部分:直接人工预算项目及直接人工预计现金支出额。

【例 9－10】 假设新华公司在计划期间内所需直接人工只有一个工种,单位产品工时定额为 5 工时,单位小时工资率为 4 元。编制直接人工预算,如表 9－7 所示。

表 9－7　**新华公司直接人工预算**

2016 年度　单位:元

季　度	1	2	3	4	全　年
预计生产量(件)	1 050	1 550	1 950	1 460	6 010
单位产品工时定额	5	5	5	5	5
直接人工总工时	5 250	7 750	9 750	7 300	30 050
小时工资率(元/小时)	4	4	4	4	4
直接人工成本总额	21 000	31 000	39 000	29 200	120 200

(三)制造费用预算

制造费用预算是指生产中除直接材料、直接人工以外的其他各项生产费用的预算,包括制造费用项目预算和相关的预计现金支出两个部分。其中,制造费用项目预算要按成本性态细分为变动制造费用和固定制造费用两大类,并按费用的明细项目编制。编制的关键在于确认可变的具体项目,并选择成本分配的基础,如机器小时、人工工时、产量、作业量等,然后计算变动制造费用分配率。固定制造费用则应直接列入利润表,作为期间成本处理。

相关计算公式为:

$$\text{预计制造费用}=\text{预计变动制造费用}+\text{预计固定制造费用}$$
$$=\text{预计业务量}\times\text{变动制造费用分配率}+\text{预计固定制造费用}$$

其中:

$$\text{变动制造费用分配率}=\frac{\text{预算期变动制造费用总额}}{\text{预算期产量(工时总额)}}$$

【例 9—11】 依前例,新华公司预算期制造费用预算编制如表 9—8 所示。

表 9—8 **新华公司制造费用预算表**

2016 年度 单位:元

成本明细项目		金 额	费 用 分 配 率 计 算
变动费用	间接人工	12 000	$\text{变动费用分配率}=\frac{\text{变动费用预算合计}}{\text{预计产量工时总额}}=\frac{60\ 100}{30\ 050}=2(\text{元/工时})$
	间接材料	18 000	
	维护费	8 000	
	水电费	15 000	
	润滑剂	7 100	
	合计	60 100	
固定费用	维护费	14 000	$\text{固定费用分配率}=\frac{\text{固定费用预算合计}}{\text{预计产量工时总额}}=\frac{60\ 000}{30\ 050}=1.996\ 67(\text{元/工时})$
	折旧费	15 000	
	管理费	25 000	
	保险费	4 000	
	财产税	2 000	
	合计	60 000	

(四)单位产品成本和期末产品存货成本预算

单位产品成本预算编制的主要依据是直接材料预算、直接人工预算、制造费用预算的价格标准和用量标准。期末存货预算依据单位产品成本预算和预算期期末存货量编制。若采用变动成本法计算,产品成本和存货成本只包括变动成本。若采用完全成本法,则产品成本和存货成本还应增加固定制造费用。

【例 9—12】 依前例,新华公司计算单位生产成本采用变动成本法。根据前面预算中资料,编制单位成本及期末存货成本如表 9—9 所示。

表 9—9 **新华公司单位产品成本预算和期末存货预算(变动成本法)**

2016 年度 单位:元

成本项目	价格标准	用量标准	合 计
直接材料	5 元/千克	2 千克	10
直接人工	4 元/工时	5 工时	20
变动制造费用	2 元/工时	5 工时	10
单位产品成本	—	—	40
期末存货预算	期末存货量(件)		110
	单位产品成本		40
	期末存货金额		4 400

（五）销售及管理费用预算

销售及管理费用预算是为预算期产品销售活动和行政管理中发生的各项费用所编制的预算。与制造费用一样，销售及管理费用的具体项目也应按成本性态分为变动费用和固定费用两部分列示。另外，销售及管理费用预算还应包括预计现金支出计算部分，以便编制现金预算之需。

【例9－13】 新华公司销售及管理部门根据计划期具体情况，编制销售及管理费用预算如表9－10所示。

表9－10　　新华公司销售及管理费用预算表

2016年度　　单位：元

费用项目		金额
变动费用	销货佣金	12 000
	办公费	2 500
	运输费	15 500
	合　计	30 000
固定费用	广告费	9 000
	管理人员薪金	25 000
	保险费	6 000
	财产税	2 000
	合　计	42 000

第四节　成本控制

一、成本控制的概念

成本控制是指企业生产经营过程中，按照既定的成本目标，对构成产品成本的一切生产成本和经营管理费用进行严格的计算、分析、调节和监督，及时发现实际成本、费用与目标的偏差，并采取有效措施，保证产品实际成本和经营管理费用被限制在预定的标准范围之内的一种管理行为。

成本控制有广义和狭义之分。广义的成本控制是指成本控制应贯穿于生产经营过程的各个阶段，渗透到成本管理工作的各个环节当中。广义的成本控制要求实行全员、全过程、全方位的科学控制。也就是说，从产品设计、样品试制、加工制造、对外销售、售后服务等都应讲究成本与效益的原则，并且要使整个企业的各个部门、每一个环节、全体职员都要树立成本观念，加强成本控制，实现成本控制目标化、系统化和科学化。狭义的成本控制仅指事中成本控制，即在生产经营过程中，从投料开始，对产品成本的形成和经营管理费用的发生进行严格的控制。

二、成本控制的意义

成本控制不仅仅是将实际成本消极地限制在成本标准范围之内，而是从人力、物力、财力等方面出发，来衡量、考核各项生产经营支出是否符合以最小的耗费取得尽可能大的效益的原则，从而达到降低成本、节约费用、提高经济效益的目的。成本控制的主要作用表现在如下几个方面：

1. 成本控制是企业成本管理的核心

成本管理的环节包括成本预测、成本决策、成本规划、成本控制、成本核算、成本分析和检查。在这些环节中，成本预测、决策和计划是事前管理；成本核算、成本分析和成本考核是事后管理；成本控制是事中管理。成本控制在企业成本管理的全过程中处于核心地位。成本控制既要保证成本目标的实现，同时还渗透到成本的预测、决策和计划之中。成本预测、成本决策和成本计划为成本控制提供依据，成本核算、成本分析和成本考核则反映了成本控制的结果。因此，成本控制工作是否做得好，直接关系到企业成本目标、成本计划能否实现，从而直接影响企业利润目标的实现。

2. 成本控制是提高企业经济效益的后果和手段

成本费用与企业经济效益是一个相互消长的关系。成本费用高，则经济效益就会差；成本费用低，则经济效益就会好。所以，降低成本、节约费用是提高企业经济效益的主要途径。要达到降低成本、节约费用的目的，就必须加强成本管理，其中的一项重要工作就是要强化成本控制。成本控制是对企业生产经营过程中的一切耗费进行约束和调节，使其朝着预定的目标发展。如果企业成本控制不得力，成本降低目标就难以实现，企业经济效益就不可能提高。

3. 成本控制是提高企业竞争力的保证

在市场经济高度发展的今天，企业之间的竞争也愈来愈激烈。企业要生存、要发展、要在市场上占有一席之地，就必须提高自己的竞争能力。要增强企业的竞争能力，一是要降低产品成本，二是要提高产品质量，三是要不断开发新产品。在这三条中，降低成本是最重要的。因为产品成本降低后，可以削减产品价格，从而增加产品销售数量、扩大产品销售渠道。产品销路扩大了，经营基础稳固了，便有能力去提高产品质量、创新产品设计。而产品质量的提高受合理的成本水平所制约。根据价值工程分析，过剩的产品质量需要花费较高的成本，其实是一种极大的浪费。它不仅不能增强企业竞争能力，反而会削弱企业的竞争能力。因此，加强成本控制、降低产品成本、节约各项费用是增强企业竞争能力的重要手段。

三、成本控制的基础——标准成本控制

（一）标准成本控制的意义

采用标准成本制度，产品标准成本已事先制定，它既可作为生产过程实际成本控制的标准，又可作为职工为之奋斗的目标。实行标准成本制度的主要意义在于：

(1)标准成本是以科学测定的定额为依据制定的成本水准，因而它是衡量和考核实际成本是超支还是节约的尺度，是评价各成本责任单位工作业绩的客观标准。实行标准成本制度，有利于职工增强成本意识，提高降低成本、节约费用的积极性。

(2)通过实际成本与标准成本的比较并确定其差额，管理部门可借以考核企业成本计划的执行情况，以及产品成本是否在控制标准之内。运用成本差异的分析，可确定其有利的方面和不利的方面，并进一步找到不利差异产生的具体原因，以便及时采取有效的措施，达到控制成本的目的。

(3)实行标准成本制度有利于责任会计的推行。推行责任会计必须科学地编制责任预算，并且要对各成本责任中心业绩进行考核，而编制责任成本预算又是以标准成本为依据，因此科学地制定标准成本是编制责任预算的基础。

（二）标准成本的类型

标准成本是在充分调查、分析和技术测定的基础上，根据企业现已达到的技术水平所确定的，企业在有效经营条件下生产某种产品所应当发生的成本。标准成本是目标成本的一种，它与定额成本、计划成本大致相同，都可作为控制成本开支、评价实际成本、衡量成本控制绩效的依据。

标准成本仅作为差异分析、业绩评价的依据，与标准成本制度是有区别的。标准成本结合到正式会计制度中形成标准成本制度，这时标准成本已成为正式会计制度的重要组成部分。标准成本将实际发生的成本划分为两部分：其一为标准成本；其二为成本差异。标准成本按其制定的基础不同分为理想标准成本、正常标准成本、现实标准成本。

1. 理想标准成本

理想标准成本是目前生产条件下，以现有生产技术和经营管理处于最好状态为基础制定的标准成本，即用最好的生产设备、最低的原材料价格和最低的消耗量、最好的劳动效率和最高的生产量，同时还要求生产过程中无浪费、无废料、无废品、无停工等，使生产效率达到最高点，产品成本降至最低点。由于这种标准过高，往往无法达到，一般难以采用，但可以作为企业未来奋斗的成本目标。

2. 正常标准成本

正常标准成本是根据企业自身已经达到的生产技术水平和有效经营条件的基础而制定的标准，即根据正常的生产要素耗用量、价格和生产经营能力利用程度制定的成本。制定这种标准把生产经营中一般不可避免的损失估计在内，因此，达到这种标准既非轻而易举，也不是高不可攀，而是经过努力可以达到的标准。若生产条件有较大变化时，则标准也相应变化。这种标准成本能够在成本控制中发挥积极作用，因而在实际工作中得到广泛的应用。

3. 现实标准成本

现实标准成本是根据最可能发生的生产要素耗用量及价格、生产经营能力利用程度制定的成本。所谓“最可能发生”，是指在正常条件下，再考虑到难以避免的生产要素的超量消耗、生产要素的价格波动和生产经营能力的低效率利用情况。这种标准最接近于实际成本，因此，它既可用于成本控制，也可用于存货计价。在经济形势变化不定的情况下，这种标准成本最为适用。

总之，标准成本定得不能过高，也不能过低。定得过高了，可望而不可即，容易挫伤职工的积极性；定得过低了，不能起到挖掘潜力的作用，无法控制实际成本。标准成本也允许有一定的变动幅度。实际成本在允许的幅度内波动仍视为正常成本，超越波动幅度就视为非正常成本。这样具有一定的机动灵活性，就能有效地控制成本。

（三）标准成本的制定

标准成本制定的关键问题是建立各成本项目的控制标准。产品成本项目分为直接材料、直接人工、制造费用。为了进行有效的生产，每单位产品的各成本项目都要规定所消耗的数量和价格。直接材料成本包括材料的用量和材料的价格，直接人工成本包括耗用的工时和小时工资率，制造费用成本包括耗用的工时和小时制造费用率。

1. 直接材料标准成本的制定

单位产品中直接材料的标准成本是由直接材料的标准用量和直接材料的标准价格决定的。

直接材料标准成本＝∑单位产品标准用量×单位材料标准价格

材料用量标准应根据材料消耗定额制定。在没有消耗定额时，可对过去的消耗记录进行分析，选择耗用材料的平均数作为标准。计算平均数的方法有：使用某一特定标准期间（例如一个月或三个月）相似各批的平均数；使用确定标准之前的最佳的与最差的平均数。

若生产的是新产品，或者过去记录不能作为可靠基础，则用量标准应根据工程部门对产品最经济的尺寸、形状、质量考虑后确定，可采用测试产品法或数学及技术分析法。同时，对生产过程中不可避免的经常性报废材料应考虑合理报废的幅度。

直接材料价格标准一般由成本会计人员与供应部门采购员合作制定。制定时应考虑物价变动趋势及供求关系，同时应考虑最经济的订购批量、最低廉的运输价格等。

2. 直接人工标准成本

产品成本中的直接人工标准包括单位产品中单耗工时标准和小时工资率标准。

直接人工标准成本＝单位产品耗时标准×标准小时工资率

单位产品耗时标准一般应由工程技术人员制定。在制定时，应根据每个步骤或程序，依时间研究与动作分析方法制定。标准工作时间包括工人的休息时间、不可避免的工作或材料迟延时间（短暂的停工待料）、机器调配及故障检修时间。

标准小时工资率应由成本会计人员与人事部门共同制定。采用计件工资制时，应按各类人员的平均工资率制定。

3. 制造费用标准成本

产品成本中的制造费用是指单位产品成本中所应分配的间接生产费用。一般是根据企业在一定时期的工厂间接费用预算总额，按照直接人工工时或机器设备运转工时，计算每单位工时制造费用率，按比例分配于每件产品。

制造费用标准成本＝单位产品耗时标准×标准小时制造费用率

建立制造费用标准时，应以“部门”为单位分别制定，并从两个方面进行：一是标准制造费用分配率；二是标准制造费用预算。标准制造费用率应选择标准生产能量。标准生产能量是指企业利用生产设备从事产品制造的能力，即正常生产能力。生产能量的大小通常以产品生产数量或工作时间表示。在生产单一产品时，可直接用产品生产量来表示；在生产多种产品时，一般用产品生产量与单位产品耗用工时之积来表示。

$$\text{标准小时制造费用率}=\frac{\text{标准制造费用总额}}{\text{标准直接人工或机器工时或生产数量}}$$

（四）标准成本差异的计算和分析

由于成本标准是事先制定的，在实际执行过程中难免因主客观因素的变化，导致实际成本和成本标准不一致，我们将二者的差异额称为成本差异。在企业管理过程中成本标准有多种表现形式，如标准成本、目标成本、定额成本等，因而成本差异分析可以应用于各种成本控制方法。

成本差异是成本管理和控制的重点。成本差异分析为企业成本控制与管理提供了重要的信息，它既是成本控制的信息来源，又是实施成本控制的基础。

1. 成本差异的分类

（1）按照成本差异的性质，可以分为有利差异和不利差异。有利差异是指实际成本小于成本标准的差异额，意味着成本的节约；不利差异是指实际成本大于成本标准的差异额，意味着成本的超支。

（2）按照成本差异的形成因素，可以分为价格差异和数量差异。价格和数量是构成成本总额的两个基本要素。所谓价格差异，是指由于价格因素变动而导致的成本差异额；所谓数量差异，是指由于数量变动而导致的成本差异额。

2. 成本差异计算与分析

(1)直接材料成本差异的计算与分析

直接材料成本差异是材料实际成本和材料标准成本之间的差额，具体由材料价格差异和材料数量差异构成，即：

材料成本差异＝材料实际成本－材料标准成本

＝实际数量×实际价格－标准数量×标准价格

或：**材料成本差异＝材料价格差异＋材料数量差异**

其中：材料的价格差异是指外购材料的实际价格与标准价格之间的差额，可以表示为：

材料价格差异＝实际数量×(实际价格－标准价格)

材料数量差异是指生产过程中材料的标准耗用量与实际耗用量之间的差额，可以表示为：

材料数量差异＝标准价格×(实际数量－标准数量)

【例 9－14】 某厂只生产一种产品，只需用一种材料。本期实际产量为 500 件，耗用材料 2 000 吨，材料的标准价格为每吨 190 元，实际价格为每吨 180 元。单位产品的标准用量为 4.2 吨，则直接材料的成本差异计算如下：

材料成本差异＝2 000×180－500×4.2×190＝－39 000(元)(有利差异)

或：材料价格差异＝2 000×(180－190)＝－20 000(元)(有利差异)

材料数量差异＝190×(2 000－500×4.2)＝－19 000(元)(有利差异)

材料成本差异＝－20 000＋(－19 000)＝－39 000(元)(有利差异)

材料的价格差异通常应由采购部门负责，因为材料的实际价格受到多种因素的影响，例如采购的批量、交货方式、运输方式、材料质量、购货折扣等，其中任何一个方面脱离制定标准成本时的预定要求都会形成价格差异。当然，对差异形成的原因和责任还需根据具体情况做进一步的分析，也可能是由于其他部门的原因造成的，如生产上要求对某项材料的紧急订货，由此可能会形成不利的差异。

材料的数量差异一般应由生产部门负责，但有时也可能是由于其他部门的原因造成的差异。如采购部门购进了质量较差的材料，从而造成材料耗用量的增长；设备维修部门没能按时维修保养机器，造成了耗料的增加等。

(2)直接人工成本差异的计算与分析

直接人工成本差异是人工实际成本与人工标准成本之间的差额，具体由工资率差异(价格差异)和人工效率差异(数量差异)组成，即：

直接人工成本差异＝人工实际成本－人工标准成本

＝实际工时×实际工资率－标准工时×标准工资率

或：**直接人工成本差异＝工资率差异＋人工效率差异**

其中：工资率差异是指每单位时间标准工资率与实际工资率之间的差额，可以表示为：

工资率差异＝实际工时×(实际工资率－标准工资率)

人工效率差异是指标准工时与实际工时之间的差额，可以表示为：

人工效率差异＝标准工资率×(实际工时－标准工时)

【例 9－15】 依例 9－14，本期实际耗用了 10 000 工时，平均每件耗用 20 个工时，实际工资额为 110 000 元，平均每工时 11 元。假设标准工资率为 10 元，单位产品的工时耗用标准为 18 工时，则直接人工成本差异计算如下：

人工成本差异＝10 000×11－500×18×10＝20 000(元)(不利差异)

或:工资率差异＝10 000×(11－10)＝10 000(元)(不利差异)

人工效率差异＝10×(10 000－500×18)＝10 000(元)(不利差异)

则:人工成本差异＝工资率差异＋人工效率差异＝20 000(元)(不利差异)

工资率差异通常应由劳资部门负责。例如在具体安排工作时,没有“按才定岗”,出现了“大材小用”或“高职低就”的现象。

影响人工效率差异的因素是多方面的。例如,生产工人的技术熟练程度,生产工艺过程是否改变,原材料的质量、规格是否符合规定等,应根据具体情况具体进行分析。

(3)变动制造费用差异的计算与分析

变动制造费用差异是实际变动制造费用和标准变动制造费用的差额,具体由变动制造费用耗用差异和变动制造费用效率差异两部分构成,即:

变动制造费用差异＝实际变动制造费用－标准变动制造费用

或 **变动制造费用差异＝耗用差异＋效率差异**

其中:耗用差异是指实际的分配率与标准的分配率之间的差额,可以表示为:

变动制造费用耗用差异＝实际工时×(实际分配率－标准分配率)

效率差异是指实际工时与标准工时之间的差额,可以表示为:

变动制造费用效率差异＝标准分配率×(实际工时－标准工时)

【例 9－16】 接例 9－15,该厂本期生产产品 500 件,实际耗用了 10 000 工时,实际发生了变动制造费用 50 000 元,平均每工时 5 元。如果标准费用率为 6 元,单位产品的工时耗用标准为 18 工时,则变动制造费用的差异计算如下:

变动制造费用差异＝50 000－500×18×6＝－4 000(元)(有利差异)

或 变动制造费用耗用差异＝10 000×(5－6)＝－10 000(元)(有利差异)

变动制造费用效率差异＝6×(10 000－500×18)＝6 000(不利差异)

则 变动制造费用差异＝－10 000＋6 000＝－4 000 元(有利差异)

变动费用差异所反映的不仅是费用支付价格方面的节省或超支,同时也包含着各费用项目在用量方面的节约或浪费。管理人员必须了解差异的实质,是费用价格支付方面的原因,还是反映了工时的利用效率。

(4)固定制造费用差异的计算与分析

固定制造费用主要是同生产能力的形成及其正常维护相联系的,生产活动水平在一定范围内变动并不会对它直接发生影响。因此,固定制造费用一般是采用固定预算进行控制的。但是,在日常经济活动过程中,由于实际耗用的工时总数与预计的标准不一致,而固定制造费用的实际发生数与预算数往往也不一致,因此就会发生差异。

固定制造费用差异是实际固定制造费用与标准固定制造费用的差额,具体由预算差异和能量差异两部分构成,即:

固定制造费用差异＝实际固定制造费用－标准固定制造费用

或 **固定制造费用差异＝固定制造费用预算差异＋固定制造费用能量差异**

固定制造费用预算差异＝固定制造费用实际支付数－固定制造费用预算数

固定制造费用能量差异＝固定制造费用标准分配率×(产能标准总工时－实际产量应耗标准工时)

【例 9－17】 接例 9－16,本期实际发生固定制造费用 58 000 元,预计本厂生产能力为 12 000工时,固定制造费用预算数为 60 000 元,单位产品的工时耗用标准为 18 工时,则固定制造费用差异计算如下：

固定制造费用标准分配率＝60 000÷12 000＝5(元)

固定制造费用差异＝58 000－500×18×5＝13 000(元)(不利差异)

固定制造费用预算差异＝58 000－60 000＝－2 000(元)(有利差异)

固定制造费用能量差异＝5×(12 000－500×18)＝15 000(元)(不利差异)

固定制造费用差异＝－2 000＋15 000＝13 000(元)(不利差异)

就预算差异来说，其产生的原因可能是：资源价格的变动，某些酌量性固定成本因管理上的新决定而有所增减，资源的数量比预算增加或减少，等等。至于能量差异，从理论上说，它只反映计划生产能量的利用程度，一般不能说明固定制造费用的超支或节约，应分析具体原因，以便确定应由谁负责。

四、战略成本控制方法

1. 作业成本控制

作业成本控制是利用作业成本核算的有关信息，对企业的作业进行控制，分析作业成本产生的真正成本动因，以寻找降低成本的途径，不断优化经营过程，实现持续改善经营管理的目的。

作业成本控制可分为事前控制、事中控制和事后控制三个方面。

事前控制是要找出不必要的作业或者无效作业，并尽可能将其消除；对于确实需要且能带来效益的作业，要根据作业分析结果为各项作业制定消耗标准，包括产品消耗作业的标准和作业消耗资源的标准。编制作业成本的预算，以作为成本控制的标准和分析差异的依据。

事中控制就是认真监控各项标准的执行情况，及时揭示成本差异，并重点揭示成本差异产生的成本动因，进行信息反馈，可以及时发现企业在生产经营过程中哪一个作业中心、在哪一种作业上发生了偏差及发生偏差的原因，以便及时排除不利影响，保证成本管理目标的实现。

事后控制是将实际执行情况与成本管理目标进行对比，全面分析差异，并落实作业责任，为作业中心的业绩考核和新作业标准制定及改进措施的选择提供依据。

2. 目标成本控制

目标成本法也叫价格驱动成本法，是以客户愿意支付的价格为基础确定企业产品或服务成本的方法。将这种成本确定的方法和目标管理方法相结合并用于成本控制，就是目标成本控制。

目标成本控制强调管理以目标成本为出发点，对目标成本实现过程进行严格控制，确定成本差异，查找原因，明确责任。

目标成本控制作为一种成本管理方法，可以将战略性利润目标和成本管理流程相结合，通过确保成本足够低来保证企业的竞争优势。实施过程要注意以下原则：

(1)价格导向成本

目标成本＝目标价格－目标利润

这个表达式强调了目标成本管理中首先要确定价格，它反映了“企业的利润来自于企业为客户提供的价值”的管理思想，强调了企业在管理实践中要更关注客户、更关注市场。

(2)关注产品设计

产品设计是实现目标成本的关键因素。因为产品成本的大部分在此阶段已经被锁定，生产阶段的成本控制空间相对较小，只能是成本改进。目标成本管理运用价值工程法，尽可能将成本与产品价值相匹配，将成本控制前置到源头。

(3)全员、全过程参与

要实现目标利润仅仅依靠生产部门控制制造成本是不可能完成的，需要生产以外的各职能部门的专家、工作人员的配合，需要全体员工参与以及管理层的积极支持，确保每一作业流程以最有效率的方式进行。

(4)关注生命周期成本

产品处于不同的生命周期其成本是不同的，成本控制手段也不同，因此细分产品目标成本时必须与产品的生命周期成本相协调。

目标成本控制除了关注产品制造阶段的成本控制，还对产品的规划设计成本、测试成本、分销成本、售后服务成本等其他生命周期成本给予足够的关注，强调单位产品生命周期成本越低，成本消耗越少，产品性价比越高，越能满足用户的需求。

3. 即时成本控制

即时成本控制是配合即时生产而施行的成本控制系统，其指导思想是消除各种非增值作业，仅在顾客需要时才生产，尽可能仅安排增加客户价值的作业活动。它是根据丰田公司汽车成本管理经验总结而来的。

即时成本控制的生产和需求是同步的，产品从设计、采购、制造到配送整条作业链是简洁的、高效率的，它通过需求拉动生产，以客户需求为动力持续改进成本控制系统。即时成本控制相对于传统成本控制，在需求拉动生产、小规模经常性采购与配送、单元制造式生产布局、即时推行全面质量管理、全员参与、改变业绩评价系统以及简化会计核算七个方面有所突破。

4. 质量成本控制

产品质量是企业竞争的基础，因此质量成为企业或者责任中心业绩评价的重要非财务指标之一。

质量成本是指为了满足客户的特定需要，使产品或服务的质量达到特定水平所发生的耗费。

质量成本按其经济内容可以分为：预防成本、鉴定成本、内部损失成本、外部损失成本。质量成本控制一方面需要控制成本的发生率，即提高产品和服务的优秀率、合格率；另一方面使质量总成本最低。但这两者有时是一致的，有时是矛盾的。

第五节　成本考核

一、成本考核的意义

成本考核就是定期通过成本指标的对比，对目标成本的实现情况和成本预算指标的完成结果进行全面地审核和评价，是成本会计职能的重要组成部分。

成本是一项综合性的价值指标。从产品的设计、生产、销售等是否流畅，到日常人力、物力、财力的耗费是否节约，直至企业各部门工作的优劣，都会直接或间接地影响到成本的变化。为了监督和评价各部门成本计划的完成情况，促使其履行相关经济责任，保证目标成本的实现，应建立定期的成本考核制度。

成本考核必须同目标成本责任制结合起来，才能使成本目标落到实处。目标责任制的核心是责、权、利相结合，如不进行考核，就责任不明，成本目标就要落空。

二、成本考核的基础——责任成本

（一）分权管理与责任中心

随着国际经济迅速发展和市场竞争日趋激烈，企业的经营方式和所有制形式日益复杂化和多样化，企业规模不断扩大，管理层次繁多，组织机构复杂，分支机构遍布世界各地。在这种情况下，企业高层管理者既不可能了解企业组织所有的生产经营活动，也不可能为基层经理人员作出所有的决策。为提高企业的经营效率和竞争能力，分权管理已成为现代企业管理的基本模式。

分权管理，就是将生产经营决策权随同相应的经济责任划分给不同层次的管理人员，使其对日常经营活动作出及时、有效决策的一种组织管理形式。

分权管理思想的发展，一方面使企业的日常经营决策权不断下放，从而达到决策的有效性；另一方面，企业经营管理的责任也随着经营决策权的下放一起层层落实到各级管理部门，使各级管理部门在充分享受经营决策权的同时，也对其经营管理的有效性承担经济责任。这种承担与其经营决策权相适应的经济责任的部门，被称为“责任中心”。责任中心是为完成某种责任而设立的特定部门，其基本特征是权、责、利相结合。责任中心根据其控制区域和权责范围的大小，一般可分为成本中心、利润中心和投资中心三种类型。成本中心、利润中心和投资中心彼此并非孤立存在的，每个责任中心都要承担相应的经营责任。最基层的成本中心应就经营的可控成本向其上层成本中心负责；上层的成本中心应就其本身的可控成本和下层转来的责任成本一并向利润中心负责；利润中心应就其本身经营的收入、成本和利润向投资中心负责；投资中心最终就其经管的投资利润率和剩余收益向总经理和董事会负责。

成本中心是指那些只能控制成本从而只对成本负责的责任中心。成本中心往往没有收入，或者可能有少量收入，但不成为主要的考核内容。成本中心的范围最为广泛，可以说只要企业内部有成本或费用发生的地方，或对成本或费用负有责任，并需要进行控制的地方，都可以建立成本中心。上至工厂一级，下至车间、工段、班组，甚至个人，都可以划分为一个成本中心。

成本中心有广义和狭义之分。狭义的成本中心是指对产品生产或劳务提供各种资源的耗费负责的责任中心，主要指生产产品或提供劳务的责任中心；广义的成本中心是指除狭义成本中心外还包括那些非生产性的以控制经营管理为主的责任中心，即费用中心，如总务部门、财会部门、人事部门等。

我们也可以按照它们所生产的产品是否可以度量、生产每单位产品的投入量是否可以确认，把成本中心分为标准成本中心和酌量性费用中心。标准成本中心，必须是所生产的产品稳定而明确，并且已经知道单位产品所需要的投入量的责任中心。任何一种重复性的活动都可以建立标准成本中心，只要这种活动能够计量产出的实际数量，并且能够说明投入和产出之间可望达到的函数关系。因此，各行业都可以建立标准成本中心。酌量性费用中心，适用那些产出物不能用财务指标来衡量，或者投入和产出之间没有密切关系的单位。这些单位一般包括行政管理部门、研究开发部门、某些销售部门。

（二）责任成本

尽管责任中心的规模大小不一，各责任中心控制的区域和权责范围也不一样，但是，不论层次高低、所负责任大小，责任中心都有成本发生，都要考核其责任成本。

责任成本是以具体的责任中心为对象，以其承担的责任为范围所归集的成本，也就是特定责任中心的全部可控成本。

责任成本和产品成本是不同的成本概念。产品成本是以产品为成本计算对象，归集产品生产耗费，归集的原则是“谁受益，谁承担”；而责任成本则是以责任中心为对象，归集生产或经营管理耗费，归集的原则是“谁负责，谁承担”。两者虽然有区别，但它们之间也有密切的联系：它们核算的原始成本信息是相同的，都是企业在生产经营过程中的耗费；责任成本控制的有效与否将直接影响产品成本的耗费水平，它们的总目标是一致的；全部责任中心的责任成本总和与全部产品的生产成本总和是相等的。

为正确计算各责任中心的责任成本，提高成本控制的有效性，首先必须将成本划分为可控成本和不可控成本。在特定时期，凡责任中心能够控制的各种耗费为可控成本，责任中心不能控制的成本就是不可控成本。可控成本有以下几个特征：

(1)责任中心能预知各种成本费用的发生；

(2)责任中心能确切计量发生的成本费用；

(3)责任中心能控制和调节各种成本费用。

不符合上述三个条件的，就是不可控成本。但可控成本与不可控成本的划分不是绝对的，而是相对的，是由特定责任中心、特定的期间和特定的权限决定的。一个责任中心的可控成本，对另一个责任中心而言就是不可控的。某些成本在短期内属于不可控成本，但在较长的时期内属于可控成本。另外，管理权限越大，责任中心的可控成本范围就越大，反之就越小。即有些成本对下一级责任中心是不可控成本，对于上一级责任中心来说，往往是可控的。所以，某责任中心的责任成本应该是属于该责任中心的所有可控成本之和。

三、成本考核工作

(一)编制责任成本预算

责任成本预算是以责任中心为主体，以其可控的成本为对象所编制的预算。通过编制责任成本预算，可以明确各责任中心的责任，并与企业的总预算保持一致，以确保企业目标的实现。责任成本预算既为各责任中心提供了努力目标和方向，也为控制和考核各责任成本中心提供了依据。在企业实践中，责任成本预算是企业总预算的补充和具体化。严格遵守和执行责任成本预算，是各责任中心应履行的职责。

责任成本预算可以运用弹性预算法进行编制，即在编制预算时，预先估计到预算期间业务量可能发生的变动，编制出一套能适应多种业务量的成本预算，以便分别反映各责任中心在不同业务量的情况下所应开支的责任成本，即责任成本预算应按各责任中心的预定业务量进行编制，并按实际发生的业务量对变动成本部分进行调整。

在编制责任成本预算时，为了正确评价各责任中心的经营业绩，还应随着企业和市场环境的变化，不断地修订产品生产消耗的标准成本。

(二)确定成本考核指标

对责任中心成本工作成绩的评价和考核，主要是通过一定期间责任中心实际发生的责任成本与其责任成本预算进行对比。责任成本预算编制完成后，应进行归口分级管理，层层分解至每一个有关部门，明确其经济责任和经济利益，定期考核兑现。成本考核的指标主要集中于预算目标成本完成情况，包括目标成本降低额和目标成本降低率两个指标。

1. 目标成本降低额

目标成本降低额是一个绝对数指标，它以绝对数形式反映目标成本的完成情况，可用如下计算公式表示：

$$目标成本降低额=预算目标成本-实际成本$$

其中，结果为正数表示节约额，负数表示超支额。

2. 目标成本降低率

目标成本降低率是一个相对数指标，它以相对数形式反映目标成本的完成情况，可用如下计算公式表示：

$$目标成本降低率=\frac{目标成本降低额}{目标成本}\times 100\%$$

【例 9－18】 已知某企业第一车间是一个成本中心，生产甲产品。其预算产量为5 000件，单位标准材料成本为 100 元(10 元/千克×10 千克/件)，实际产量为 6 000 件，实际单位材料成本为 96 元(12 元/千克×8 千克/件)。假定其他成本暂时忽略不计。

要求：计算该成本中心消耗的直接材料目标成本降低额和目标成本降低率，分析并评价该成本中心的成本控制情况。

解：目标成本降低额＝100×6 000－96×6 000＝24 000(元)(节约额)

目标成本降低率＝24 000/100×6 000×100%＝4%

计算结果表明，该成本中心的成本降低额为 24 000 元，降低率为 4%。其原因分析如下：

由于材料价格上升对成本的影响：(10－12)×8×6 000＝－96 000(元)

由于材料用量下降对成本的影响：10×(10×6 000－8×6 000)＝120 000(元)

该成本中心的直接材料节约了 24 000 元。

原因分析和评价：

(1)由于材料采购价格上升致使成本超支 96 000 元，这属于一车间的不可控成本，应将此超支责任由该车间转出，转由采购部门承担。

(2)由于材料用量降低使得成本节约了 120 000 元，这属于该成本中心取得的成绩。

目标成本降低额和目标成本降低率两个指标是相辅相成的，评价一个责任中心的经营业绩时必须综合考核两个指标的结果，同时还应综合考虑各个方面因素的影响，这样成本考核才能做到公正、合理，才能收到良好的效果。

(三)编制各责任中心的成本业绩报告

各责任中心可以通过编制成本业绩报告，使各责任中心责任人全面了解与其有关的责任成本，进而剖析成本差异形成的原因和责任，充分发挥信息的反馈作用。这将有助于各责任中心积极采取措施，巩固成绩，克服缺点，促使其可控成本不断降低，以最大限度地提高企业生产经营效益。责任中心是逐级设置的，成本业绩报告也必须逐级编制，通常采用自下而上的程序逐级编报。

成本业绩报告的基本格式如表 9－11 所示。

表 9－11　　**×公司成本业绩报告**

2015 年 12 月　　单位：万元

项　目	责任成本预算数	责任成本实际数	差　异
第一车间			
可控成本：			
直接材料	2 200	2 000	200
直接人工	1 080	1 200	(120)

续表

项　目	责任成本预算数	责任成本实际数	差　异
其他	440	400	40
可控成本合计	3 720	3 600	120
不可控成本	380	400	(20)
合计	4 100	4 000	100
……			
生产部			
可控成本：			
第一车间	4 100	4 000	100
第二车间	3 420	3 400	20
不可控成本	240	200	40
合计	7 760	7 600	160
……			
×公司			
可控成本：			
生产部	7 760	7 600	160
行政部	1 120	1 200	(80)
销售部	1 560	1 600	(40)
总计	10 440	10 400	40

成本业绩报告反映了实际偏离目标的差异，它指出了问题的线索。还应通过调查研究，找出原因，分清责任，才能采取措施纠正行为，收到降低成本的实效。

产生差异的原因很多，可以分为以下三类：

1. 执行人的原因，包括过错、没经验、技术水平低、责任心差、不协作等。

2. 目标不合理，包括原先制定的目标过高或过低，或者情况变化使目标不再适用等。

3. 实际成本核算有问题，包括数据的记录、加工和汇总有错误，故意造假等。

只有通过调查研究，才能找到具体原因，并针对原因采取措施，奖励或惩罚，纠正偏差等。

需要注意的是，企业内部各责任中心在生产经营过程中，常常会发生责任成本发生的责任中心与应承担责任成本的中心不一致的情况，如企业的生产车间与供应部门都是成本中心，如果生产车间所耗用的原材料是由于供应部门购入不合格的材料所致，则多耗的成本或相应的损失，应由生产车间成本中心转给供应中心负担，即进行责任成本结转。责任成本结转的目的是为了使不应承担损失的责任中心在经济上得到合理补偿。进行责任成本结转的依据是各种准确的原始记录和合理的成本费用定额。在合理计算出损失金额后，应编制责任成本转账表，作为责任成本结转的依据。

参考文献

1. 中华人民共和国财政部:《企业会计准则》,经济科学出版社 2006 年版。

2. 中华人民共和国财政部:《企业会计准则——应用指南》,中国财政经济出版社 2006 年版。

3. 陈轲:《成本会计学》,经济科学出版社 2007 年版。

4. 万寿义、任月君、李日昱:《成本会计》,东北财经大学出版社 2007 年版。

5. 谢培苏:《成本会计》,科学出版社 2006 年版。

6. 罗绍德:《成本会计学》,经济科学出版社 2007 年版。

7. 于富生、王俊生、黎文珠:《成本会计学》,中国人民大学出版社 2006 年版。

8. 潘飞:《管理会计》,上海财经大学出版社 2003 年版。

9. 曹雰霞、单昭祥:《成本会计学》,经济科学出版社 2003 年版。

10. 袁树民、丁小云:《会计学》,上海财经大学出版社 2008 年版。

11. 贺瑛、钱红华:《银行会计》,复旦大学出版社 2006 年版。

12. 万寿义、任月君、李日昱:《成本会计习题与案例》,东北财经大学出版社 2007 年版。

13. 于富生、王俊生、黎文珠:《成本会计学(教学辅导书)》,中国人民大学出版社 2006 年版。

14. 查尔斯·亨格瑞等著,王立彦等译:《成本与管理会计》,中国人民大学出版社 2004 年版。

15. 罗伯特·S.卡普兰等著,吕长江主译:《高级管理会计》,东北财经大学出版社 1999 年版。

16.林万祥:《成本会计研究》,机械工业出版社 2008 年版。

高等院校会计与财务管理系列教材

上海市教委重点课程

《成本会计》练习册

（第二版）

丁小云　王秀春　主编

上海财经大学出版社

前　言

本书是《成本会计》的配套练习册。全书主要包括练习和答案两大部分。本书不仅适用于高等院校会计学、财务管理等管理类和经济类专业本科学生使用，而且可作为从事成本会计实际工作的人员学习成本会计及成人高等教育的学员和教师作为复习备考、教师辅导的参考书。

本书按照《成本会计》教材的章节顺序，针对教材中的重点和难点，精心设计了各种类型的练习题，包括名词解释、单项选择题、多项选择题、判断题、简答题、实务题（或案例分析题）等。在编写过程中力求做到使各类练习题具有典型性、科学性、系统性和实用性。

本练习册由上海金融学院会计学院丁小云老师、王秀春老师主编，其中第一、五、六、八、九章由丁小云编写，第二、三、四、七章由王秀春老师编写，最后由丁小云修改、补充和定稿。

由于作者理论水平和业务能力有限，本练习册中的缺点乃至错误恐难避免，恳请读者批评指正，以便再版时修订。

作　者

2015年3月

目　录

第二部分 参考答案

第一部分

练习题

第一章　总　论

一、名词解释

1.制造成本　2.非制造成本　3.直接成本
4.间接成本　5.可控成本　6.固定成本
7.变动成本　8.成本预测　9.成本决策
10.成本计划　11.成本控制　12.成本核算
13.成本分析　14.成本考核　15.集中核算
16.非集中核算

二、单项选择题

1. 成本有广义和狭义之分，广义的成本指(　　)。
A. 企业为生产经营产品而发生的一切费用　B. 产品生产成本
C. 为生产经营产品而发生的经营管理费用　D. 财务费用
2. 成本会计最基本的环节是(　　)。
A. 进行成本预测，编制成本计划　B. 审核、控制各项成本费用
C. 准确计算成本，提供成本信息　D. 参与企业经营决策
3. 一般来说，实际工作中的成本开支范围与理论成本包括的内容(　　)。
A. 是有一定差别的　B. 是相互一致的
C. 是不相关的　D. 是可以相互替代的
4. 下列各项中属于产品成本项目的是(　　)。
A. 原材料　B. 外购燃料
C. 外购动力　D. 折旧费用
5. 按成本习性可将成本分为(　　)。
A. 直接成本和间接成本　B. 变动成本和固定成本
C. 可控成本和不可控成本　D. 机会成本和差别成本

三、多项选择题

1. 商品的理论成本是由生产商品所耗费的(　　)构成。
A. 生产资料转移的价值　B. 劳动者为自己劳动所创造的价值
C. 劳动者为社会劳动所创造的价值　D. 必要劳动
2. 生产过程中发生的各种耗费包括(　　)。
A. 劳动对象方面的耗费　B. 劳动手段方面的耗费
C. 活劳动方面的耗费　D. 对外投资的支出
3. 成本会计组织工作主要包括(　　)。
A. 设置成本会计机构　B. 配备成本会计人员
C. 建立成本会计制度　D. 正确进行成本核算

4. 成本会计的专门方法有(　　)。

A. 成本预测、决策　　B. 成本计划、控制

C. 成本核算、分析　　D. 成本考核

5. 一般来说,企业应根据(　　)来组织成本会计工作。

A. 本单位生产经营的特点　　B. 对外报告的需要

C. 本单位生产规模的大小　　D. 本单位成本管理的要求

四、判断题

1. 从理论上讲,商品价值中的补偿部分就是商品的理论成本。(　　)

2. 以已经发生的各项费用为依据,为经济管理提供真实的、可以验证的成本信息资料,是成本会计反映职能的基本方面。(　　)

3. 成本预测和计划是成本会计最基本的任务。(　　)

4. 企业某一时期实际发生的产品生产费用总和等于该期产品成本总和。(　　)

5. 企业的成本会计机构是独立于企业会计机构的职能部门。(　　)

6. 成本会计的任务是由企业经营管理要求决定的。(　　)

7. 成本会计的组织就是设置成本会计机构和配备成本会计人员。(　　)

8. 期间费用是企业在生产经营过程中发生的费用,应在其发生时计入产品成本。(　　)

9. 直接成本是为某一特定产品所消耗、可以直接计入产品成本的费用。(　　)

10. 成本按经济用途进行的分类是最基本的分类。(　　)

11. 变动成本是指在一定期间和一定业务量范围内,其总额不随业务量变动而变动的成本。(　　)

12. 将成本按其习性进行分类,是为了便于计算产品成本。(　　)

13. 成本会计工作的非集中核算方式有利于调动企业内部从事生产经营的有关单位和职工关心成本管理业绩的积极性。(　　)

14. 成本会计的基本职能是成本核算和成本监督。(　　)

五、简答题

1. 简述成本的含义。

2. 如何对成本进行分类?

3. 简述成本会计的职能。

4. 简述成本会计的任务。

5. 如何组织成本会计工作?成本会计工作的两种组织形式有何区别?

第二章　工业企业成本核算概述

一、名词解释

1.成本核算　　2.生产经营支出　　3.营业外支出

4.定额　　5.内部结算价格　　6.完工产品

7.在产品　　8.废品的报废损失

二、单项选择题

1. 成本核算的基本环节是(　　)。

A. 成本预测　　B. 成本计划

C. 成本核算　　D. 成本考核

2. 为防止在盈利产品与亏损产品之间任意增减生产费用,以盈补亏,应正确划分(　　)。

A. 生产费用与经营管理费用的界限　　B. 各个月份的费用界限

C. 各种产品的费用界限　　D. 完工产品与在产品的费用界限

3. 下列各项费用中,不属于生产费用的有(　　)。

A. 直接材料　　B. 直接人工

C. 销售费用　　D. 制造费用

4. 设置产品明细账、分配生产费用和计算产品成本的前提是(　　)。

A. 确定成本核算对象　　B. 确定成本项目

C. 确定定额成本　　D. 制定内部结算价格

5."辅助生产成本"明细账可按(　　)设置。

A. 成本计算对象　　B. 辅助生产车间

C. 要素费用　　D. 基本生产车间

三、多项选择题

1. 成本核算的各项基础工作主要有(　　)。

A. 制定合理的消耗定额,加强定额管理

B. 建立和健全原始记录工作和凭证制度

C. 建立和健全材料物资的计量、交接和盘存制度

D. 制定内部结算价格和内部结算制度

2. 一般在实际工作中,常以(　　)来确定内部结算价格。

A. 标准成本　　B. 计划成本

C. 成本加成　　D. 市场价格

3. 为正确进行成本核算,必须正确划分以下各种费用支出的界限(　　)。

A. 正确划分生产经营支出与营业外支出的界限

B. 正确划分产品成本与期间费用的界限

C. 正确划分不同产品成本的界限

D. 正确划分不同会计期间成本费用的界限

4. 对于制造企业，成本核算对象一般有（　　）。

A. 产品品种　　B. 产品批别

C. 产品生产步骤　　D. 产品产量

5. "生产成本"账户应当设置（　　）明细分类账户进行明细核算。

A. 基本生产成本　　B. 辅助生产成本

C. 在产品成本　　D. 制造费用

四、判断题

1. 成本核算是成本会计的核心内容。（　　）
2. 营业外支出与企业生产经营活动没有直接关系，不能作为企业的成本或费用。（　　）
3. 产品成本是指与产品生产有关的直接生产成本。（　　）
4. 将应计入产品成本的生产耗费计入期间费用，会造成企业当期利润虚增。（　　）
5. 定额的制定既要先进又要切合实际，应随着生产技术水平的提高而不断修订。（　　）
6. 一般情况下，成本核算对象都是产品。（　　）
7. 在成本核算的各项基础工作中，最重要的是建立定额管理制度，其他各项工作则不是同等重要的。（　　）
8. 工业企业为了正确计算各月损益，应将生产费用在各个月份之间划分，而经营管理费用不必按月划分。（　　）
9. 月末计算产品成本时，无论在什么情况下，都应采用适当方法在完工产品与在产品之间进行费用划分。（　　）
10. 生产成本核算实际上包括生产费用核算和产品成本计算两个相互联系的基本环节。（　　）

五、简答题

1. 简述工业企业成本核算的意义。
2. 在进行成本核算时应正确划分哪些成本费用的界限？
3. 工业企业进行定额管理的意义是什么？
4. 如何加强材料物资的计量、交接和盘存制度？
5. 工业企业成本核算的主要账户有哪些？
6. 简述工业企业成本核算的基本程序。

第三章　生产费用的核算

一、名词解释

1.要素费用	2.材料费用	3.重量分配法
4.定额耗用量比例分配法	5.系数分配法	6.包装物
7.低值易耗品	8.计时工资	9.计件工资
10.工时定额	11.定额工时	12.直接分配法
13.交互分配法	14.计划成本分配法	15.代数分配法
16.制造费用	17.生产工时比例法	18.年度计划分配率法
19.生产损失	20.废品	21.可修复废品
22.不可修复废品	23.废品损失	24.停工损失

二、单项选择题

1. 直接用于产品生产、专设成本项目的工艺用燃料费用，应计入(　　)账户。

A.“制造费用”　　B.“管理费用”

C.“生产成本——基本生产成本”　　D.“生产成本——辅助生产成本”

2. 在未设“燃料及动力”成本项目的企业里，分配用于产品生产的动力费用时，一般应借记(　　)账户。

A.“生产成本——基本生产成本”　　B.“生产成本——辅助生产成本”

C.“制造费用”　　D.“应付账款”

3. 辅助生产费用一次交互分配法第一次分配是在(　　)之间进行分配。

A. 辅助生产以外各受益单位　　B. 各受益单位

C. 各受益的基本生产车间　　D. 各受益的辅助生产车间

4. 辅助生产费用的直接分配法宜在(　　)的情况下采用。

A. 各辅助生产车间、部门之间相互受益程度有着明显顺序

B. 计算工作已经实现电算化

C. 企业的定额制度、各项计划管理比较健全

D. 辅助生产内部相互提供劳务或产品不多，且不进行交互分配，对成本核算的影响不大

5. 辅助生产车间完工入库的修理用备件，应借记(　　)账户，贷记“生产成本——辅助生产成本”账户。

A.“低值易耗品”　　B.“原材料”

C.“生产成本——基本生产成本”　　D.“自制半成品”

6. 直接分配法是将辅助生产费用(　　)的方法。

A. 直接计入“辅助生产成本”账户

B. 直接分配给所有受益单位

C. 直接分配给受益的辅助生产车间、部门

D. 直接分配给辅助生产以外的各受益单位

7. 辅助生产费用采用计划成本分配法时，辅助生产"实际"成本等于待分配的费用（　　）。

A. 加上分配转入的费用

B. 减去分配转入的费用

C. 加上分配转入的费用减去分配转出的费用

D. 加上分配转出的费用减去分配转入的费用

8. 在辅助生产车间较多且已实现电算化的情况下，分配辅助生产费用最适宜采用的方法是（　　）。

A. 直接分配法　　B. 交互分配法

C. 按计划成本分配法　　D. 代数分配法

9. 在辅助生产费用分配的各种方法中，最简便的方法是（　　）。

A. 直接分配法　　B. 顺序分配法

C. 交互分配法　　D. 代数分配法

10. 辅助生产费用采用按计划成本分配法时，其实际发生的费用如果小于按计划单位成本分配转出的费用，其差额应（　　）。

A. 用红字借记"管理费用"，贷记"生产成本——辅助生产成本"

B. 用红字借记"生产成本——辅助生产成本"，贷记"管理费用"

C. 用蓝字借记"管理费用"，贷记"生产成本——辅助生产成本"

D. 用蓝字借记"生产成本——辅助生产成本"，贷记"管理费用"

11. 下列各项中，不应列入制造费用的是（　　）。

A. 季节性或固定资产修理期间的停工损失　　B. 劳动保险费

C. 劳动保护费　　D. 机物料消耗

12. 特别适用于季节性生产性企业的制造费用分配方法是（　　）。

A. 生产工时比例法　　B. 生产工资比例法

C. 机器工时比例法　　D. 年度计划分配率分配法

13. 按年度计划分配率分配制造费用时，年末如果计划分配额大于实际发生额，其差额应在 12 月份（　　）。

A. 用蓝字借记"制造费用"，贷记"生产成本——基本生产成本"

B. 用蓝字借记"生产成本——基本生产成本"，贷记"制造费用"

C. 用红字借记"制造费用"，贷记"生产成本——基本生产成本"

D. 用红字借记"生产成本——基本生产成本"，贷记"制造费用"

14. 在不单独核算废品损失的企业中，回收废品残料时，应借记"原材料"账户，贷记（　　）账户。

A."废品损失"　　B."生产成本——基本生产成本"

C."制造费用"　　D."营业外支出"

15. 在单独核算停工损失的企业中，修理期间的停工损失，应在（　　）账户的借方进行归集。

A."生产成本——基本生产成本"　　B."生产成本——辅助生产成本"

C."制造费用"　　D."停工损失"

16. 不可修复废品的生产成本为2 800元，回收残料价值 400 元，应收赔款 300 元，则废品损失为( )元。

A. 2 800　B. 2 500　C. 2 400　D. 2 100

17. 结转废品净损失时,应借记的科目是( )。

A. "生产成本——基本生产成本"　B. "制造费用"

C. "废品损失"　D. "管理费用"

18. 下列属于废品报废损失的是( )。

A. 不可修复废品的生产成本

B. 不可修复废品的生产成本扣除残料价值

C. 可修复废品的修复费用

D. 可修复废品的修复费用扣除残料、赔款后的损失

19. 应该计入产品成本的停工损失是( )。

A. 由于地震造成的停工损失

B. 由于暴雨造成的停工损失

C. 可由保险公司赔偿的停工损失

D. 季节性和固定资产修理期间的停工损失

20. 实行"包退、包修、包换"的企业,在产品出售后发现废品所发生的一切损失,应计入( )。

A. 废品损失　B. 管理费用

C. 销售费用　D. 营业外支出

21. 产成品入库后,由于保管不善等原因而损坏变质的损失,应作为( )处理。

A. 管理费用　B. 销售费用

C. 废品损失　D. 营业外支出

三、多项选择题

1. 产量和工时记录的形式主要有( )。

A. 生产日报　B. 工作通知单

C. 工序进程单　D. 工作班产量记录

2. 企业辅助生产车间的制造费用不单独设置"制造费用"科目核算,是因为( )。

A. 辅助生产没有间接费用

B. 为了简化核算工作

C. 辅助生产车间规模较小,发生制造费用较少

D. 辅助生产车间不对外销售产品

E. "制造费用"科目只核算基本生产车间的间接费用

3. 辅助生产费用采用按计划成本分配法的优点是( )。

A. 简化成本计算工作　B. 分配结果最正确

C. 便于考核辅助生产成本计划完成情况　D. 便于考核各受益单位的成本

E. 有利于分清企业内部各单位的经济责任

4. 辅助生产车间分配转出的成本,可以借记( )科目。

A. "低值易耗品"　B. "原材料"

C. "生产成本——辅助生产成本"　D. "制造费用"

E."管理费用"

5. 辅助生产费用的交互分配法，具有下列特点(　　)。

A. 核算工作十分简便　　B. 核算工作量较大

C. 需计算两个分配率　　D. 核算结果最正确

E. 核算结果较正确

6. 采用计划成本分配法分配辅助生产费用，辅助生产车间实际发生的费用与按计划成本分配转出的费用之间的差额，可作如下处理(　　)。

A. 可以再在各辅助生产之间进行分配

B. 可以再在辅助生产与其他受益单位之间进行分配

C. 可以再分配给辅助生产以外的各受益单位

D. 可以全部计入管理费用

E. 可以不作分配，结转至下月

7. 分配辅助生产费用，贷记"生产成本——辅助生产成本"科目时，对应的借方科目可能有(　　)。

A."生产成本——基本生产成本"　　B."财务费用"

C."制造费用"　　D."销售费用"

E."管理费用"

8. 对辅助生产费用进行分配，可以采用的分配方法有(　　)。

A. 直接分配法　　B. 按计划成本分配法

C. 交互分配法　　D. 代数分配法

9. 在辅助生产车间(部门)的制造费用通过"制造费用"科目进行单独归集的企业中，发生辅助生产费用时，可能借记的科目有(　　)。

A."制造费用"　　B."生产成本——基本生产成本"

C."生产成本——辅助生产成本"　　D."原材料"

E."管理费用"

10. 分配制造费用常用的方法有(　　)。

A. 生产工人工时比例法　　B. 计划成本分配法

C. 机器工时比例法　　D. 按年度计划分配率分配法

11."制造费用"账户月末(　　)。

A. 可能没有余额　　B. 可能有余额

C. 余额一定在借方　　D. 余额可能在借方

E. 余额可能在贷方

12. 分配转出制造费用，可能借记(　　)账户，贷记"制造费用"账户。

A."生产成本——基本生产成本"　　B."生产成本——辅助生产成本"

C."销售费用"　　D."管理费用"

E."在建工程"

13."停工损失"账户借方的对应科目可能有(　　)。

A."原材料"　　B."应付职工薪酬"

C."低值易耗品"　　D."制造费用"

E."管理费用"

14. 与“停工损失”账户贷方对应的科目可能有(　　)。

A.“其他应收款”　　B.“营业外支出”

C.“生产成本——基本生产成本”　　D.“制造费用”

E.“管理费用”

15. 下列属于废品损失的是(　　)。

A. 降价出售的不合格品的降价损失

B. 产成品入库后,由于保管不善等原因而损坏变质的损失

C. 实行“包退、包修、包换”的企业,在产品出售以后发现的废品所发生的一切损失

D. 不可修复废品的生产成本,扣除回收的废品残料价值和应收赔款以后的损失

E. 可修复废品的修复费用,扣除回收的废品残料价值和应收赔款以后的损失

16.“废品损失”账户借方的对应科目可能有(　　)。

A.“原材料”　　B.“应付职工薪酬”

C.“低值易耗品”　　D.“制造费用”

E.“生产成本——基本生产成本”

17.“废品损失”账户贷方的对应科目可能有(　　)。

A.“原材料”　　B.“其他应收款”

C.“营业外支出”　　D.“基本生产成本”

E.“管理费用”

18. 在计算废品损失时,可能涉及的项目有(　　)。

A. 可修复废品返修前发生的生产费用　　B. 可修复废品的修复费用

C. 不可修复废品的生产成本　　D. 回收的废品残料价值

E. 应收过失人赔款

19. 企业发生废品会使企业产品(　　)。

A. 总成本可能降低　　B. 总成本可能提高

C. 单位成本提高　　D. 单位成本降低

E. 产量降低

四、判断题

1. 对于直接用于产品生产、专设成本项目的直接生产费用,应单独记入“生产成本——基本生产成本”账户。(　　)

2. 用于生产计入产品成本的低值易耗品摊销,应计入制造费用。(　　)

3. 直接生产费用不一定都专设成本项目。(　　)

4. 凡是间接生产费用都不能直接借记“生产成本——基本生产成本”账户。(　　)

5. 在原料和主要材料品种、规格繁多的情况下,可以按照产品的材料定额消耗量的比例或材料定额费用的比例进行分配。(　　)

6. 原材料费用的分配是通过原材料费用分配表进行的,这种分配表应根据领退料凭证和有关资料编制。(　　)

7. 工资费用都应计入产品成本或经营管理费用。(　　)

8. 在采用计件工资形式下,如果只生产一种产品,计件工资应直接计入产品成本明细账。(　　)

9. 辅助生产车间发生的各种生产费用都直接记入“生产成本——辅助生产成本”科目。（ ）

10. 辅助生产的制造费用应直接通过“生产成本——辅助生产成本”账户进行核算。（ ）

11. 辅助生产的制造费用可以先通过“制造费用”科目归集，然后转入“生产成本——辅助生产成本”科目；也可以直接记入“生产成本——辅助生产成本”科目。（ ）

12. 辅助生产的制造费用是不通过“制造费用”科目核算的。（ ）

13.“生产成本——辅助生产成本”科目月末如果有余额，余额一定在借方。（ ）

14. 专设成本项目的辅助生产费用，应单独地直接或间接记入“辅助生产成本”科目和所属的有关明细账。（ ）

15. 在分配辅助生产费用时，应在各辅助生产车间之间进行费用的交互分配。（ ）

16. 辅助生产费用采用直接分配法时，费用分配率计算公式中的分子是待分配的辅助生产费用，分母是该辅助生产提供的劳务总量。（ ）

17. 按计划成本分配辅助生产费用而算出的辅助生产成本差异，是完全正确的成本差异。（ ）

18. 辅助生产费用的直接分配法，就是将辅助生产费用直接计入各种辅助生产产品或劳务成本的方法。（ ）

19. 工业企业的辅助生产只为基本生产和经营管理服务而进行产品生产和提供劳务。（ ）

20. 辅助生产车间由于生产产品和劳务种类的不同，其费用转出分配的程序也不一样。（ ）

21. 直接分配法不考虑各辅助生产车间之间相互提供产品和劳务的情况。（ ）

22. 在按计划成本分配法分配辅助生产费用时，劳务实际成本＝辅助生产车间的待分配费用＋分配转入的费用，并不是“纯粹”的劳务实际成本。（ ）

23.“制造费用”账户的余额最终要归入“生产成本——基本生产成本”账户，故月末必然没有余额。（ ）

24. 如果生产工人工资是按照生产工时比例分配计入各种产品成本的，那么，按照生产工人工资比例分配制造费用，实际上也就是按照生产工时比例分配制造费用。（ ）

25. 生产工时比例法适用于各种产品生产的机械化程度相差不多的企业。（ ）

26. 按年度计划分配率分配法仅使用于机械化程度高的车间。（ ）

27. 工业企业辅助生产车间发生的制造费用，不能通过“制造费用”账户核算。（ ）

28. 基本生产车间发生的直接生产费用均应直接借记“生产成本——基本生产成本”账户。（ ）

29. 辅助生产车间发生的制造费用，如果不通过“制造费用”账户核算，均应直接借记“生产成本——辅助生产成本”账户。（ ）

30. 制造费用都应按实际发生额进行分配。（ ）

31. 制造费用都是间接生产费用。（ ）

32. 在季节性生产的企业中，采用年度计划分配率分配法分配制造费用比较适宜。（ ）

33. 按年度计划分配率分配法分配制造费用，有利于产品成本的预测和日常控制。 ( )

34. 在生产一种产品的车间中，制造费用都是直接计入费用。 ( )

35. 在生产多种产品的车间中，所有的制造费用都是间接计入费用。 ( )

36. 不可修复废品的生产成本可以按其所耗实际费用计算，也可以按其所耗定额费用计算。 ( )

37. 不单独核算停工损失的企业，停工期间发生的属于停工损失的各项费用，应直接记入“生产成本——基本生产成本”账户。 ( )

38. 可修复废品是指经过修理可以使用的废品。 ( )

39. 不可修复废品是指不能修复的废品。 ( )

40. 产生废品，只减少了产量，不影响合格品的单位成本。 ( )

41.“废品损失”账户与“制造费用”账户类似，期末要将废品净损失结转到“生产成本——基本生产成本”账户，结转后该账户无余额。 ( )

42. 可修复废品返修以前发生的生产费用，也属于废品损失。 ( )

43. 在没有应收赔款的情况下，废品的报废损失也就是废品的净损失。 ( )

44. 发生废品损失以后，可能会降低产品的总成本。 ( )

45. 不单独核算废品损失的企业，产品实际成本不包括废品损失。 ( )

46. 按废品所耗的定额费用计算不可修复废品的生产成本，不利于废品损失和产品成本的分析和考核。 ( )

47. 季节性和固定资产修理期间的停工损失，应计入管理费用。 ( )

五、简答题

1. 怎样分配原材料费用？
2. 直接进行产品生产的生产工人工资，如何在各种产品之间进行分配？
3. 如何计算和分配固定资产折旧费用？
4. 简述辅助生产费用(即辅助生产成本)的归集。
5. 简述辅助生产费用分配的特点。
6. 辅助生产费用的分配方法有哪些？
7. 辅助生产费用的交互分配法的分配程序和特点是什么？
8. 辅助生产费用按计划成本分配法的分配程序是什么？
9. 什么是制造费用？制造费用一般应包括哪些费用项目？
10. 怎样核算制造费用？制造费用有哪些分配方法？
11. 简要说明按年度计划分配率分配法的特点、适用范围和优缺点。
12. 怎样进行不可修复废品损失的归集和分配的核算？

六、实务题

1. 某企业生产 A、B 两种产品共耗用原材料14 350千克，计划单价 2 元。该类材料的成本差异率为-3%。本月生产 A 产品2 000件，每件消耗定额 3 千克；B 产品1 000件，每件消耗定额 4 千克。

要求：用定额消耗量比例法计算 A、B 产品耗用原材料的实际成本，并编制会计分录。

2. 某工业企业某月 27 日通过银行支付外购动力(电力)费用7 230元。该月各车间、部门实际耗电度数为:基本生产车间动力用电12 500度,辅助生产车间动力用电5 300度,基本生产车间照明用电2 700度,辅助生产车间照明用电1 200度,企业管理部门照明用电2 400度。该月应付外购电力费用共计7 230元。该企业设有"生产成本——基本生产成本"和"生产成本——辅助生产成本"账户以及"燃料及动力"成本项目,辅助生产的制造费用通过"制造费用"科目核算,外购电力费通过"应付账款"科目结算。

要求:

(1)按照用电度数分配计算各车间、部门动力和照明用电费(列出算式);

(2)编制支付和分配电力费用的会计分录(只列总账账户)。

3. 资料如上题,该企业的"生产成本——基本生产成本"和"生产成本——辅助生产成本"科目只设直接材料、直接人工和制造费用三个成本项目,辅助生产的制造费用不通过"制造费用"账户核算。

要求:

(1)按照用电度数分配计算各车间、部门动力和照明用电费;

(2)编制支付和分配电力费用的会计分录。

4. 某企业某工人的月工资标准为1 940元,8 月份 31 天,病假 2 天,事假 1 天,连星期日共休假 10 天,其病假工资按工资标准的 80%计算,病假期间无节假日。

要求:

(1)按 30 天计算日工资率,按出勤日数计算月工资;

(2)按 30 天计算日工资率,按缺勤天数计算月工资;

(3)按 20.83 天计算日工资率,按出勤日数计算月工资;

(4)按 20.83 天计算日工资率,按缺勤天数计算月工资。

5. 某企业设置供电、供水两个辅助生产车间。供电车间本月发生的费用为5 000元,供电25 000度,其中:为供水车间供电5 000度,为生产甲产品供电8 000度,为生产乙产品供电7 000度,为基本生产车间照明供电3 000度,为企业管理部门供电2 000度。供水车间本月发生费用3 000元,供水总量为12 000吨,其中为供电车间供水2 000吨,为基本生产车间供水7 000吨,为企业管理部门供水3 000吨。

要求:采用直接分配法分配供电、供水费用,并编制会计分录(辅助车间不设"制造费用"科目)。

6. 某工厂设置修理和运输两个辅助生产车间和部门,修理车间本月发生费用19 000元,提供修理劳务20 000小时,其中:为运输部门修理1 000小时,为基本生产车间修理16 000小时,为行政管理部门修理3 000小时。运输部门本月发生费用20 000元,提供运输劳务40 000公里,其中:为修理车间提供运输劳务1 500公里,为基本生产车间提供运输劳务30 000公里,为行政管理部门提供运输劳务8 500公里。

要求:采用交互分配法分配修理费用和运输费用,将分配结果填入下表,并编制相应会计分录(辅助生产费用不通过"制造费用"科目核算;分配率小数保留五位,第六位四舍五入,小数尾差记入"管理费用"科目)。

辅助生产费用分配表

项 目			交互分配			对外分配		
辅助生产车间名称			修理	运输	合计	修理	运输	合计
待分配辅助生产费用								
提供劳务数量								
费用分配率(单位成本)								
辅助生产车间耗用	修理车间	耗用数量 分配金额						
	运输车间	耗用数量 分配金额						
	小 计							
基本生产车间耗用	耗用数量分配金额							
行政管理部门耗用	耗用数量分配金额							
分配金额合计								

7. 宏光机械厂修理车间和运输部门本月有关经济业务汇总如下：修理车间发生费用12 500元，提供修理劳务10 000小时，其中：为运输部门提供1 000小时，为基本生产车间提供8 200小时，为管理部门提供 800 小时。运输部门发生费用31 200元，提供运输30 000公里，其中：为修理车间提供2 500公里，为基本生产车间提供18 000公里，为管理部门提供9 500公里。计划单位成本为：修理成本每小时 1.5 元，运输成本每公里 1.10 元。

要求：采用计划成本法分配修理、运输费用，并编制会计分录(辅助生产成本差异全部计入管理费用)。

8. 假定某工业企业有供电、锅炉两个辅助生产车间，本月供电车间直接发生的费用为88 000元，锅炉车间直接发生的费用为30 000元。本月供电车间共提供220 000度电，其中：锅炉车间耗用20 000度，基本生产车间生产产品耗用140 000度，照明用电44 000度，行政管理部门耗用16 000度。锅炉车间共提供5 000吨蒸汽，其中：供电车间耗用1 000吨，基本生产车间耗用3 400吨，行政管理部门耗用 600 吨。辅助生产成本设有“燃料与动力”成本项目，辅助生产费用不通过“制造费用”科目核算。

要求：采用代数分配法分配辅助生产费用，并编制相应的会计分录(单位成本精确到小数点后三位，尾差计入管理费用)。

9. 某企业生产车间本月共发生制造费用72 480元，其中折旧费为43 680元，其他费用为28 800元。该车间共生产 A、B 两种产品，A 产品机器工时为 480 小时，B 产品机器工时为 360 小时；A 产品生产工人工时为2 000小时，B 产品生产工人工时为1 600小时。

要求：

(1)分配转出本月制造费用，折旧费采用机器工时比例分配法，其他费用采用生产工时比例法；

(2)编制分配转出的会计分录。

10. 某工业企业设有一个基本生产车间和一个辅助生产车间。基本生产车间生产甲、乙两种产品，辅助生产车间提供一种劳务。9 月份发生有关经济业务如下：

(1)领用原材料：直接用于产品生产5 600元，用于基本生产车间机物料消耗1 510元；直接用于辅助生产2 620元，用于辅助生产车间机物料消耗 810 元；用于行政管理部门1 030元，共计11 570元。

(2)工资分配:基本生产车间生产工人薪酬3 200元,车间管理人员薪酬1 400元;辅助生产车间生产工人薪酬1 500元,车间管理人员薪酬 700 元;行政管理人员薪酬1 600元,计8 400元。

(3)计提固定资产折旧:基本生产车间计提折旧2 850元,辅助生产车间计提折旧1 320元,行政管理部门计提折旧1 970元,共计6 140元。

(4)用银行存款支付其他费用 4 020 元,其中基本生产车间1 980元,辅助生产车间 960 元,行政管理部门1 080元。

该企业辅助生产的制造费用要通过"制造费用"科目核算。基本生产车间的制造费用按产品生产工时比例分配,生产工时:甲产品 910 小时,乙产品 768.75 小时。辅助生产车间提供的劳务采用直接分配法分配,基本生产车间负担5 690元,行政管理部门负担2 220元。

要求:

(1)编制各项费用发生的会计分录,归集和分配辅助生产和基本生产的制造费用。

(2)计算基本生产车间甲、乙产品应分配的制造费用。

(3)登记"生产成本——辅助生产成本"、"制造费用——基本生产车间"和"制造费用——辅助生产车间"科目。

11. 某车间全年计划制造费用额为360 000元,各种产品全年定额工时为400 000小时。12月份甲产品实际产量的定额工时为26 000小时,乙产品实际产量的定额工时为11 000小时。年末核算时,该车间全年共发生制造费用378 000元。1～11 月份按计划分配率分配的制造费用甲产品为244 800元,乙产品为107 100元。

要求:

(1)采用年度计划分配率分配法分配 12 月份的制造费用。

(2)编制 12 月份分配转出制造费用以及年末结转制造费用差额的会计分录。

12. 某企业生产 A 产品 1 000 件,生产过程中发现其中有 40 件为不可修复废品。该产品成本明细账所记合格品和废品共同发生的生产费用为:直接材料160 000元,直接人工10 000元,制造费用15 200元,直接材料在生产开始时一次投入,全部生产工时4 000小时,其中废品工时 200 小时,废品回收残料计价 800 元,应收赔款 460 元。

要求:

(1)计算不可修复废品的报废损失和净损失;

(2)编制有关会计分录。

13. 某企业本月可修复废品的修复费用为:原材料1 700元,应付生产工人薪酬 480 元,制造费用 240 元。该企业不可修复废品按定额成本计价,本月不可修复废品 5 件,单件原材料费用定额 120 元,5 件产品的定额工时共为 100 小时,每小时费用定额为:工资薪酬 4 元,制造费用 6 元。全部废品残料做辅助材料入库,按计划成本计价 160 元,应由过失人赔偿 300 元。原材料在生产开始时一次投入。

要求:

(1)分别计算可修复废品和不可修复废品的废品损失费用;

(2)编制归集可修复废品和不可修复废品损失费用的分录;

(3)编制废品残料入库和应收责任人赔款的会计分录;

(4)编制结转废品净损失的会计分录。

第四章　在产品和完工产品成本的核算

一、名词解释

1.在产品　2.完工产品　3.半成品
4.约当产量比例法　5.在产品按所耗原材料费用计价法
6.在产品按定额成本计价法　7.定额比例法

二、单项选择题

1. 在产品成本按完工产品计算法的前提条件是(　　)。
A. 月末在产品数量很大　B. 在产品已接近完工
C. 在产品原材料费用比重大　D. 月末在产品数量稳定

2. 采用约当产量法计算完工产品和在产品成本时,若原材料不是在开始生产时一次投入的,而是随生产进度陆续投入,但在每道工序是一次投入的,原材料消耗定额第一道工序为30千克,第二道工序为60千克,则第二道工序在产品的完工率为(　　)。
A. 67%　B. 22%
C. 100%　D. 97%

3. 某企业生产产品经过两道工序,各工序的工时定额分别为30小时和40小时,则第二道工序在产品的完工率约为(　　)。
A. 68%　B. 69%
C. 70%　D. 71%

4. 对于月末在产品数量较大,各月末在产品数量变化也较大,产品成本中原材料费用和工资及福利费等加工费用的比重相差不多的产品,应采用(　　)。
A. 在产品按固定成本计价法　B. 在产品按定额成本计价法
C. 约当产量比例法　D. 在产品按所耗原材料费用计价法

5. 采用不计算在产品成本法在完工产品与在产品之间分配费用,适用于(　　)的产品。
A. 各月月末在产品数量很小　B. 各月月末在产品数量保持稳定
C. 各月月末在产品数量变化很大　D. 各月月末在产品数量很大

6. 采用约当产量法计算在产品成本时,影响在产品成本准确性的关键因素是(　　)。
A. 在产品的数量　B. 在产品的完工程度
C. 完工产品的数量　D. 废品的数量

7. 如果各月月末在产品数量很小,在完工产品与月末在产品之间分配费用时,应采用(　　)。
A. 在产品不计算成本法　B. 定额比例法
C. 在产品按所耗原材料费用计价法　D. 在产品按定额成本计价法

8. 若各月月末在产品数量较小,或者在产品数量虽大但各月之间变化不大,此时在完工产品与月末在产品之间分配费用,适合采用(　　)。
A. 在产品不计算成本法　B. 在产品按固定成本计价法

C. 定额比例法
D. 在产品按所耗原材料费用计价法

9. 在产品采用定额成本计价法计算时，其实际成本与定额成本之间的差异应计入(　　)。

A. 在产品成本
B. 营业外支出
C. 完工产品成本
D. 期间费用

10. 当各月月末在产品数量较大、各月在产品数量变化也较大，但原材料费用在成本中所占比重较大的产品，其在产品成本的计算可采用(　　)。

A. 在产品按固定成本计价法
B. 在产品按所耗材料费用计价法
C. 约当产量比例法
D. 在产品按定额成本计价法

11. 某产品耗用的原材料是随着生产进度陆续投入的，材料消耗定额为：第一道工序 40 千克，第二道工序 20 千克，第三道工序 20 千克，该种产品在第二道工序的完工率为(　　)。

A. 50%
B. 62.5%
C. 75%
D. 100%

12. 通过对在产品成本的计算，从而计算出完工产品的生产成本，然后将其转入(　　)科目。

A."库存商品"
B."原材料"
C."生产成本"
D."主营业务成本"

13. 如果月末在产品已经接近完工或者已经完工，只是尚未包装或尚未验收入库，则在完工产品与在产品之间分配费用，适合采用(　　)。

A. 在产品按定额成本计价法
B. 在产品按完工产品计算法
C. 约当产量比例法
D. 定额比例法

14. 如果企业定额管理基础较好，各项消耗定额或费用定额比较准确、稳定，而且各月月末在产品数量变动不大，则在完工产品与月末在产品之间分配费用，适合采用(　　)。

A. 在产品按定额成本计价法
B. 定额比例法
C. 在产品按固定成本计价法
D. 约当产量比例法

15. 如果企业定额管理基础较好，各项消耗定额或费用定额比较准确、稳定，但各月月末在产品数量变动较大，则在完工产品与月末在产品之间分配费用，适合采用(　　)。

A. 在产品按定额成本计价法
B. 定额比例法
C. 在产品按所耗原材料费用计价法
D. 约当产量比例法

16. 按完工产品与月末在产品数量比例，分配计算完工产品与月末在产品的原材料费用，必须具备的条件是(　　)。

A. 原材料在生产开始时一次投入
B. 原材料在生产开始时逐渐投入
C. 原材料分工序在每道工序开始时一次投入
D. 产品成本中原材料费用比重较大

17. 采用在产品按固定成本计价法在完工产品与在产品之间分配费用的适用条件是(　　)。

A. 各月月末在产品数量很小
B. 各月月末在产品数量变化较大
C. 原材料费用在在产品中比重较大

D. 各月月末在产品数量虽大，但各月之间变化不大

18. 基本生产车间的在产品盘盈，经过批准进行处理时，应贷记的科目是（　　）。

A.“生产成本——基本生产成本”　　B.“制造费用”

C.“管理费用”　　D.“待处理财产损溢”

19. 基本生产车间的在产品发生盘亏和毁损时，应贷记的科目是（　　）。

A.“生产成本——基本生产成本”　　B.“制造费用”

C.“库存商品”　　D.“管理费用”

三、多项选择题

1. 在产品发生盘亏和毁损后，经过批准应分别不同原因进行处理，可能借记的科目有（　　）。

A.“制造费用”　　B.“其他应收款”

C.“营业外支出”　　D.“生产成本——辅助生产成本”

E.“生产成本——基本生产成本”

2. 完工产品和月末在产品成本的计算模式主要有（　　）。

A. 先计算完工产品成本，再计算在产品成本

B. 先计算在产品成本，再计算完工产品成本

C. 先计算月初在产品成本，再计算月末在产品成本

D. 将费用在完工产品和在产品之间按一定比例分配

E. 先计算月末在产品成本，再计算月初在产品成本

3. 在产品完工率应考虑的因素有（　　）。

A. 所在工序工时定额　　B. 产品工时定额

C. 在产品数量　　D. 上道工序累计消耗定额

E. 完工产品数量

4. 在产品成本的计算方法主要有（　　）。

A. 约当产量法　　B. 定额比例法

C. 定额成本法　　D. 所耗直接材料费用计算法

E. 工时比例法

5. 采用约当产量比例法分配完工产品与月末在产品费用，适用于（　　）情况。

A. 月末在产品数量较大

B. 月末在产品数量较小

C. 各月月末在产品数量变化较大

D. 各月月末在产品数量变化不大

E. 产品成本中原材料费用和加工费用比重相差不大

6. 企业应根据（　　）等具体条件，采用适当方法进行完工产品与在产品之间费用的分配。

A. 在产品数量的多少　　B. 各月在产品数量变化的大小

C. 各项费用比重的大小　　D. 定额管理基础的好坏

E. 企业的管理要求

7. 采用约当产量法计算在产品成本时，一般适用于（　　）的分配。

A. 销售费用　　B. 一次投入的原材料费用
C. 管理费用　　D. 工资等加工费用
E. 随生产进度陆续投料的原材料费用

8. 采用定额比例法分配完工产品和在产品费用，应具备的条件是（　　）。
A. 消耗定额比较准确、稳定　　B. 各月月末在产品数量很小
C. 各月月末在产品数量较大　　D. 各月月末在产品数量变化不大
E. 各月月末在产品数量变化较大

9. 采用定额比例法计算在产品成本时，所使用的定额主要有（　　）。
A. 材料定额消耗量　　B. 材料定额费用
C. 工时定额消耗量　　D. 材料计划单位成本
E. 产品产量定额

10. 采用定额成本法计算在产品成本时，应具备下列条件（　　）。
A. 定额管理基础较好　　B. 消耗定额比较准确
C. 各月月末在产品数量变化不大　　D. 各月月末在产品数量变化较大
E. 产品产量较大

11. 采用按所耗材料费用计算在产品成本时，应具备的条件是（　　）。
A. 产品成本中材料费用所占的比重较大
B. 产品成本中材料费用所占的比重较小
C. 其他加工费用比重较小
D. 其他加工费用比重较大
E. 产品产量较小

12. "库存商品"账户的结构是（　　）。
A. 借方登记入库产品的成本　　B. 借方登记发出产品的成本
C. 贷方登记收入商品的成本　　D. 贷方登记发出商品的成本
E. 期末余额为库存商品的成本

四、判断题

1. 约当产量可以用产品所用各种资源的投入量表示。（　　）

2. 当企业完工产品入库时，所做的会计分录是借记"库存商品"科目，贷记"生产成本"科目。（　　）

3. 采用不计算在产品成本法在完工产品与月末在产品之间分配费用时，本月的生产费用之和就是本月完工产品成本。（　　）

4. 广义的在产品包括正在加工中的产品和加工告一段落留存在半成品库和以后各步骤的半成品。（　　）

5. 采用在产品按固定成本计价法在完工产品与月末在产品之间分配费用时，本月发生的生产费用之和就是本月完工产品成本。（　　）

6.采用约当产量法计算在产品成本时，如果原材料不是在开始生产时一次投入，而是随着加工进度陆续投入的，其投料程度与其加工进度完全一致，则计算材料费用的约当产量与计算加工费用的约当产量应是一致的。（　　）

7. 如果原材料分工序在每道工序开始时一次投入，则最后一道工序在产品的完工率均为

100%。 ( )

8. 完工产品与在产品之间分配费用的约当产量比例法只适用于工资和其他加工费用的分配，不适用于原材料费用的分配。 ( )

9. 在产品按定额成本计价法在完工产品与月末在产品之间分配费用时，每月生产费用脱离定额的差异都计入月末在产品成本。 ( )

10. 当企业的各项消耗定额或费用定额比较准确、稳定，而且各月月末在产品数量变化不大时，可采用定额比例法计算在产品的成本。 ( )

11. 采用在产品按所耗原材料费用计价法在完工产品与月末在产品之间分配费用时，月末在产品成本就是其所耗原材料费用、直接人工等加工费用全部由完工产品成本负担。 ( )

12. 各月月末在产品数量变化不大的产品，都可以不计算月末在产品成本。 ( )

13. 采用定额比例法计算完工产品和在产品成本时，各种费用应采用相同的分配标准。 ( )

14. 月末在产品数量较大，但各月月末在产品数量变化不大的产品，其月末在产品可按固定成本计价。 ( )

15. 按定额成本计算法计算在产品成本时，期末在产品按定额成本计算，定额成本与实际成本之间的差异额应在年末时采用适当的分配方法在各种产品当中进行分配。 ( )

16. 完工产品与在产品之间分配费用的约当产量比例法只适用于加工费用的分配，不适用于原材料费用的分配。 ( )

17. 在产品按定额成本计价时，在产品费用脱离定额的差异全部由完工产品成本负担。 ( )

18. 基本生产的在产品盘盈时，应按盘盈在产品的成本借记“制造费用”，贷记“待处理财产损溢”账户。 ( )

19. 在产品其所耗原材料费用计价时，在产品所耗其他费用全部由完工产品成本负担。 ( )

20. 采用在产品按固定成本计价法时，某种产品 12 月份发生的生产费用之和就是该月份该种完工产品成本。 ( )

21. 在产品按所耗原材料费用计价时，都应按完工产品与月末在产品的数量比例分配它们的原材料费用。 ( )

五、简答题

1. 加强在产品与完工产品成本的核算有什么重要意义？
2. 如何对在产品的数量进行控制？
3. 完工产品和月末在产品之间分配费用，一般采用哪几种分配方法？
4. 试述不计算在产品成本法的特点及其适用范围。
5. 试述按年初数固定计算在产品成本法的特点及其适用范围。
6. 试述在产品按所耗原材料费用计价的特点及其适用范围。
7. 试述约当产量法的特点及其适用范围。
8. 试述在产品按定额成本计价法的特点及其适用范围。
9. 试述定额比例法的特点及其适用范围。

六、实务题

1. 某企业甲产品的原材料在生产开始时一次投入，产品成本中的原材料费用所占比重很大，月末在产品按其所耗原材料费用计价。月初在产品费用为5 000元，该月生产费用为：原材料85 000元，直接人工4 200元，制造费用5 600元。该月完工产品1 100件，月末在产品 400 件。

要求：分配计算甲产品的完工产品成本和月末在产品成本。

2. 某企业生产的丙产品月初在产品的直接材料费用为5 500元，直接工资4 500元，制造费用6 000元。本月费用为：直接材料18 500元，直接工资16 300元，制造费用26 500元；完工产品的定额原材料费用为16 000元，定额工时为11 000小时。月末在产品的定额材料费为4 000元，定额工时为2 000小时。

要求：在完工产品与月末在产品之间，直接材料费用按定额费用比例分配，其他各项费用按定额工时比例分配，并将计算结果直接填入表 4—1 中。

表 4—1　　丙产品成本计算单　　单位：元

项　目		直接材料	直接人工	制造费用	合计
月初在产品成本					
本月生产费用					
费用合计					
费用分配率					
完工产品费用	定额				
	实际				
月末在产品费用	定额				
	实际				

3. 某企业生产 A 产品需顺序经过三道工序连续加工才能完成，在产品在各工序的完工程度均为 50%，具体资料如表 4—2 所示。

表 4—2

项　目	第一道工序	第二道工序	第三道工序	合计
工时定额(小时)	60	100	40	200
在产品数量(件)	80	50	70	200

要求：根据上列资料计算各工序的在产品完工率及全部在产品约当产量。

4. 某企业产品由两道工序制成，原材料随着生产进度分工序投入，在每道工序中则是一开始就投入。第一道工序投入原材料定额为 280 千克，月末在产品数量3 200件；第二道工序投入原材料定额为 220 千克，月末在产品数量2 400件。完工产品为8 400件，月初在产品和本月发生的原材料费用累计503 680元。

要求：

(1)分别计算两道工序原材料成本项目的在产品完工率；

(2)分别计算两道工序原材料成本项目的在产品约当产量;

(3)按约当产量比例分配完工产品和月末在产品原材料成本。

5. 某企业生产甲产品,原材料不是在开始时一次投入,而是随着生产进度陆续投入,其投料程度与工时的投入程度不一致,但原材料在每道工序是一次投入的,有关资料见表4—3。

表4—3 定额、工时、在产品数量表

工序	工序开始时每件在产品一次投入的原材料定额(千克)	工时定额(小时)	在产品数量(件)
1	50	8	600
2	30	4	800
合计	80	12	1 400

本月完工产品数量为2 000件,共发生直接材料费用269 875元,燃料及动力费37 271元,直接工资43 005元,制造费用22 936元。

要求:根据上述资料,采用约当产量法计算完工产品和在产品的成本,并将计算结果填入表4—4、表4—5中。

表4—4 约当产量计算表

工序	原材料			工时		
	消耗定额(千克)	完工率(%)	约当产量(件)	消耗定额(小时)	完工率(%)	约当产量(件)
1						
2						
合计						

表4—5 产品成本计算单 单位:元

摘 要	直接材料	燃料及动力	直接人工	制造费用	合 计
生产费用合计					
转出产成品成本					
产成品单位成本					
在产品成本					

6. 某企业生产乙产品,原材料不是在开始生产时一次投入,而是随着生产进度陆续投入,其投入程度与工时的投入程度不一致,各工序在产品在本工序的加工程度均为50%。有关资料见表4—6。

表 4—6　　定额、工时、在产品数量表

工序	本工序原材料消耗定额(千克)	工时消耗定额(小时)	在产品数量(件)
1	50	40	30
2	30	60	60
合计	80	100	90

生产该产品月初在产品和本月发生的费用合计为:直接材料40 320元,燃料及动力费3 160元,直接工资6 320元,制造费用2 528元。本月完工产品数量为 110 件。

要求:根据上述资料,采用约当产量法计算完工产品和在产品成本,并将计算结果填入表 4—7 中。

表 4—7　　产品成本计算单　　单位:元

摘　要	直接材料	燃料及动力	直接人工	制造费用	合计
生产费用合计					
转出产成品成本					
产成品单位成本					
在产品成本					

7. 某种产品经两道工序完成,原材料随加工进度陆续投入,其投入程度与加工进度完全一致。原材料在第一道工序投入 70%,在第二道工序投入 30%,月末在产品数量为:第一道工序 300 件,第二道工序 300 件,该月完工产品 140 件。各工序在产品在本工序的加工程度均为 50%,月初和本月发生的费用合计数为:原材料费用2 900元,直接人工1 350元,制造费用1 000元。

要求:

(1)计算各工序在产品完工率;

(2)计算各工序在产品约当产量;

(3)采用约当产量比例法分配计算本月完工产品与月末在产品成本。

8. 某产品由甲、乙两个零件组成。原材料在零件投产时一次投入,甲、乙两个零件所耗原材料定额分别为 5 元和 6 元。该产品各工序工时定额和某月在产品数量如表 4—8 所示。

表 4—8

零件名称	所在工序号	本工序工时定额	在产品数量
甲	1 2	3 2	100 80
	小计	5	180
乙	1 2	6 4	200 100
	小计	10	300

每道工序在产品累计工时定额，按上道工序累计工时定额加上本工序工时定额的 50%计算。每小时费用定额为燃料与动力 0.5 元，人工费用 0.6 元，制造费用 0.8 元。

要求：月末在产品按定额成本计价，计算完工产品成本（见表 4—9），并登记产品成本明细账（见表 4—10）。

表 4—9　　月末在产品定额成本计算表

零件号	所在工序	在产品数量（件）	原材料费用		工时		燃料与动力	直接人工	制造费用	合计
			单件定额	定额费用	单件累计定额	定额工时				
甲	1	100								
	2	80								
乙	1	200								
	2	100								
合　计										

表 4—10　　产品成本明细账

摘　要	直接材料	燃料与动力	直接人工	制造费用	合　计
月初在产品成本	4 500	1 630	1 728	2 400	10 258
本月生产费用	13 200	3 835	4 950	8 356	30 341
合计					
完工产品成本					
月末在产品成本					

9. 某产品消耗定额比较准确、稳定，各月月末在产品数量变化较大，采用定额比例法分配各项费用。该产品某月初在产品和该月发生的人工费用共计12 500元，当月完工2 000件，其工时定额为 100 小时。其各工序工时定额和该月月末在产品数量见表 4—11，各工序在产品在本工序的完工程度均按 50%计算。

表 4—11　　各工序工时定额与月末在产品

工　序	本工序工时定额	在产品数量
1	40	1 800
2	60	200
合　计	100	2 000

要求：

（1）计算各工序的在产品工时定额和定额工时；

（2）采用定额比例法，分配计算当月完工产品和月末在产品的人工费用。

第五章　产品成本核算的基本方法

一、名词解释

1.简单生产	2.复杂生产	3.连续式复杂生产
4.装配式复杂生产	5.大量生产	6.成批生产
7.单件生产	8.成本计算对象	9.成本计算期
10.品种法	11.分步法	12.分批法
13.定额法	14.分类法	15.变动成本法
16.标准成本法	17.作业成本法	18.成本计算程序
19.简化的分批法	20.逐步结转分步法	21.综合结转分步法
22.分项结转分步法	23.平行结转分步法	24.成本还原

二、单项选择题

1. 下列属于产品成本计算辅助方法的是(　　)。
A. 品种法　　B. 分批法
C. 定额法　　D. 分步法
2. 生产特点和管理要求对产品成本计算的影响主要表现在(　　)上。
A. 完工产品和月末在产品之间分配费用方法的确定
B. 成本计算对象的确定
C. 成本计算程序的确定
D. 成本计算期的确定
3. 区分各种成本计算基本方法的主要标志是(　　)。
A. 成本计算周期　　B. 成本计算工作的繁简
C. 成本计算对象　　D. 成本计算程序
4. 大量大批单步骤生产的企业,适合采用的产品成本计算方法是(　　)。
A. 品种法　　B. 分批法
C. 分步法　　D. 分类法
5. 小批单件单步骤生产的企业,适合采用的产品成本计算方法是(　　)。
A. 品种法　　B. 分批法
C. 分步法　　D. 分类法
6. 主要为了简化成本计算工作而采用的产品成本计算方法是(　　)。
A. 品种法　　B. 分批法
C. 分步法　　D. 分类法
7. 分批法适用的生产组织是(　　)。
A. 小批单件生产　　B. 大量大批生产
C. 单件成批生产　　D. 大量成批生产
8. 品种法的特点是(　　)。

A. 不分批计算产品成本
B. 不分步计算产品成本
C. 既不分批又不分步计算产品成本
D. 既不分批又不分步，只分品种计算产品成本

9. 产品成本计算的品种法就是（　　）。
A. 综合法
B. 单一法
C. 按照产品品种计算产品成本的方法
D. 按照产品品种和生产步骤计算产品成本的方法

10. 品种法适用的生产组织形式是（　　）。
A. 大量大批生产　　B. 大量成批生产
C. 小批单件生产　　D. 小批大量生产

11. 在所有的产品成本计算方法中，最基本的方法是（　　）。
A. 品种法　　B. 分批法
C. 分步法　　D. 分类法

12. 下列企业中，可采用品种法计算产品成本的是（　　）。
A. 船舶制造　　B. 重型机械
C. 发电、采掘　　D. 纺织、造纸

13. 无论什么工业企业，也不论什么类型的产品，最终都要求按照（　　）算出产品成本。
A. 产品批别　　B. 生产步骤
C. 产品品种　　D. 产品种类

14. 采用简化的分批法，在各该产品完工以前，产品成本明细账（　　）。
A. 只登记生产工时，不登记人工费用
B. 只登记材料费用，不登记人工费用
C. 只登记直接计入费用，不登记间接计入费用
D. 只登记人工费用，不登记材料费用

15. 采用分批法计算产品成本时，如果批内产品跨月完工的情况较多，月末批内完工产品的数量占全部批量的比重较大，则完工产品的成本可（　　）。
A. 按计划单位成本计算
B. 按定额单位成本计算
C. 按最近一期相同产品的实际单位成本计算
D. 根据具体条件采用适当的分配方法计算

16. 采用其他的成本计算方法可以不设立而采用简化的分批法必须设立的账簿是（　　）。
A. 辅助生产成本明细账　　B. 基本生产成本二级账
C. 基本生产成本总账　　D. 制造费用总账

17. 产品成本计算的分批法也称（　　）。
A. 不分批计算在产品成本的分批法　　B. 累计间接计入费用分配法
C. 订单法　　D. 定额法

18. 简化的分批法就是（　　）。

A. 不计算在产品成本的分批法
B. 不计算半成品成本的分批法
C. 不分批计算在产品成本的分批法
D. 不分批计算半成品成本的分批法

19. 简化的分批法的优点是(　　)。
A. 简化分批法的计算程序
B. 简化费用的分配和登记工作
C. 简化产品成本明细账的格式
D. 简化划分产品批别的程序

20. 在简化的分批法下,(　　)越多,核算工作就越简化。
A. 投产批数
B. 每批投产数量
C. 月末未完工产品的批数
D. 月末完工产品的批数

21. 在简化的分批法下,生产费用的横向分配工作和纵向分配工作,是利用(　　)到产品完工时合并在一起进行的。
A. 约当产量比例法
B. 定额比例法
C. 在产品按完工产品计算法
D. 累计间接计入费用分配率

22. 下列情况下,不宜采用简化的分批法的是(　　)。
A. 各个月份的间接计入费用水平相差不大
B. 各批产品的间接计入费用水平相差较大
C. 月末未完工产品的批数不多
D. 月末完工产品的批数不多

23. 分项结转分步法的缺点是(　　)。
A. 需要进行成本还原
B. 不能提供原始项目的成本资料
C. 成本结转工作比较复杂
D. 不便于加强厂部的成本分析

24. 采用逐步结转分步法,其在完工产品与在产品之间分配费用,是指在(　　)之间的费用分配。
A. 产成品与月末在产品
B. 完工半成品与月末加工中的在产品
C. 产成品与广义的在产品
D. 各个步骤(除最后步骤)的完工半成品与加工中的在产品、最后步骤的产成品与加工中的在产品

25. 对平行结转分步法,下列说法正确的是(　　)。
A. 需要进行成本还原
B. 不需要进行成本还原
C. 能提供完整的半成品成本资料
D. 能加强资金的有效管理

26. 成本还原的对象是(　　)。
A. 最终产成品成本
B. 各步骤半成品成本
C. 本月产品所耗半成品成本
D. 各步骤所耗上步骤半成品成本

27. 在平行结转分步法下,月初和本月生产费用总额是在(　　)之间进行分配。
A. 各步骤完工半成品与月末加工中的在产品
B. 各步骤完工半成品与广义在产品
C. 产成品与月末广义在产品
D. 产成品与月末狭义在产品

28. 在分步法下,有可能需进行成本还原的是(　　)。
A. 分项结转法
B. 综合结转法
C. 平行结转法
D. 以上三种均有可能

29. 在综合结转分步法中,关于"成本还原"说法正确的是(　　)。

A. 从第一个步骤起，向后逐步进行还原
B. 从最后一个步骤起，向前逐步进行还原
C. 成本还原没顺序上的要求
D. 成本还原时，生产步骤不能超过三步

30. 逐步综合结转分步法适用于(　　)。
A. 管理上要求计算各步骤完工产品所耗半成品费用，但不要求进行成本还原
B. 管理上不要求计算各步骤完工产品所耗半成品费用，而要求按原始成本项目计算产品成本
C. 管理上要求提供各生产步骤半成品成本
D. 管理上不要求提供各生产步骤半成品成本

31. 不计算列示半成品成本的分步法是(　　)。
A. 逐步结转法　　B. 平行结转法
C. 综合结转法　　D. 分项结转法

32. 管理上不要求计算各步骤完工产品所耗半成品费用和本步骤加工费用，而要求按原始成本项目计算产品成本的企业，应采用的成本计算方法是(　　)。
A. 综合结转分步法　　B. 平行结转分步法
C. 分项结转分步法　　D. 分类法

33. 成本还原的目的是为了求得按(　　)反映的产成品成本资料。
A. 计划成本项目　　B. 定额成本项目
C. 原始成本项目　　D. 生产步骤

34. 在逐步结转分步法下，如果半成品完工后不通过半成品库收发，而直接为下一步骤领用，则所做的账务处理是(　　)。
A. 借：生产成本——基本生产成本
　　贷：自制半成品
B. 借：自制半成品
　　贷：生产成本——基本生产成本
C. 借：自制半成品
　　贷：自制半成品
D. 半成品成本在各步骤的产品成本明细账中直接结转，不编制上述会计分录

35. 某产品采用逐步综合结转分步法分两个步骤计算成本，第一步骤本月发生生产费用60 000元，完工半成品成本75 000元，第二步骤本月生产领用第一步骤半成品41 400元，本月完工产品成本中半成品项目费用为69 000元，该种产品成本还原率为(　　)。
A. 0.60　　B. 1.15
C. 1.09　　D. 0.92

三、多项选择题

1. 产品成本计算的内容包括(　　)。
A. 确定产品成本计算的对象
B. 在各种成本计算对象之间归集费用
C. 在各种成本计算对象之间分配费用

D. 在完工产品和月末在产品之间分配和归集费用
E. 计算完工产品成本与在产品成本
2. 在确定产品成本计算基本方法时，应适应以下要求（　　）。
A. 生产组织特点
B. 产品消耗定额管理基础的好坏
C. 工艺过程特点
D. 月末是否有在产品
E. 成本管理要求
3. 属于产品成本计算基本方法的是（　　）。
A. 品种法
B. 分类法
C. 分步法
D. 分批法
E. 定额法
4. 工业企业的生产，按照生产组织划分，可分为（　　）。
A. 单步骤生产
B. 多步骤生产
C. 大量生产
D. 成批生产
E. 单件生产
5. 品种法的适用范围是（　　）。
A. 大量大批单步骤生产
B. 大量大批多步骤生产
C. 大量大批管理上不要求分步计算成本的多步骤生产
D. 小批单件单步骤生产
E. 小批单件管理上不要求分步计算成本的多步骤生产
6. 分批法的适用范围是（　　）。
A. 大量大批单步骤生产
B. 大量大批多步骤生产
C. 大量大批管理上不要求分步计算成本的多步骤生产
D. 小批单件单步骤生产
E. 小批单件管理上不要求分步计算成本的多步骤生产
7. 产品成本计算品种法的适用范围是（　　）。
A. 单步骤生产
B. 多步骤生产
C. 大量生产
D. 大批生产
E. 管理上不要求分步骤计算成本的多步骤生产
8. 产品成本计算品种法的特点是（　　）。
A. 分步计算产品成本
B. 不分步计算产品成本
C. 分批计算产品成本
D. 不分批计算产品成本
E. 只分品种计算产品成本
9. 下列关于品种法的说法中，正确的是（　　）。
A. 以产品品种为成本计算对象的成本计算方法
B. 最基本的成本计算方法
C. 产品成本计算最一般、最起码的要求
D. 适用于各种生产类型的生产
10. 采用简化分批法必须具备的条件是（　　）。

A. 月末未完工产品的批数较少
B. 月末未完工产品的批数较多
C. 各个月份的间接计入费用的水平相差不多
D. 各个月份直接计入费用的水平相差不多
E. 有完整工时消耗定额基础

11. 采用分批法计算产品成本时，如果批内产品跨月陆续完工的情况不多，完工产品数量占全部批量的比重很小，可以按(　　)计算完工产品成本，从产品成本明细账中转出。

A. 实际单位成本　　B. 计划单位成本
C. 定额单位成本　　D. 定额比例
E. 最近一期相同产品的实际单位成本

12. 在简化的分批法下，累计分配率是(　　)分配间接计入费用的依据。

A. 各批完工产品之间
B. 完工批别与月末在产品批别之间
C. 某批产品的完工产品与月末在产品之间
D. 各批在产品之间
E. 完工产品与月初在产品之间

13. 在下列企业里，可以采用分批法计算成本的是(　　)。

A. 造纸厂　　B. 发电厂
C. 重型机械厂　　D. 造船厂
E. 精密仪器厂

14. 在分批法下，基本生产成本二级账的作用在于(　　)。

A. 按月提供全部产品累计的生产费用和生产工时资料
B. 在有完工产品的月份，登记全部产品累计间接计入费用分配率
C. 分配、计算完工产品总成本
D. 分配、计算月末在产品总成本
E. 分配、计算每批完工产品成本

15. 采用分批法计算产品成本时，作为成本计算对象的某一批别可以是(　　)。

A. 一张订单多种产品中的同一种产品
B. 一张订单只一种产品分成数批
C. 一张订单只一件产品按组成部分分批
D. 几张订单中的同种产品
E. 几张订单中的不同产品

16. 在下列情况下，不宜采用简化的分批法的是(　　)。

A. 月末未完工产品的批数不多
B. 月末完工产品的批数不多
C. 各月间接计入费用的水平相差悬殊
D. 各月间接计入费用的水平相差不多
E. 各月投产的批数较多

17. 平行结转分步法一般只宜在(　　)情况下采用。

A. 半成品种类较多

B. 逐步结转半成品成本的工作量较大

C. 管理上不要求提供各步骤半成品成本资料

D. 半成品种类较少

E. 管理上要求提供各步骤半成品成本资料

18. 采用逐步结转分步法，按照结转的半成品成本在下一步骤产品成本明细账中的反映方法不同，可分为(　　)。

A. 综合结转法　　B. 分项结转法

C. 按实际成本结转　　D. 按计划成本结转

E. 平行结转分步法

19. 采用平行结转分步法不能提供(　　)。

A. 所耗上一步骤半成品成本的资料

B. 各步骤完工半成品成本的资料

C. 按原始成本项目反映的产成品成本资料

D. 各生产步骤在产品的实物管理和资金管理的资料

E. 本步骤应计入产成品成本份额的资料

20. 采用分项结转分步法结转半成品成本的优点是(　　)。

A. 便于进行加工车间的成本管理

B. 成本结转工作简单

C. 可以直接、正确地提供按原始成本项目反映的产品成本资料

D. 便于从整个企业的角度考核和分析产品成本计划的执行情况

E. 不需要进行成本还原

21. 逐步结转分步法的优点是(　　)。

A. 能够提供各个生产步骤的半成品成本资料

B. 能够为在产品的实物管理和资金管理提供资料

C. 能够较好地满足各个生产步骤成本管理的要求

D. 有利于简化和加速成本核算工作

E. 有利于从全厂的角度考核和分析产品的构成水平

22. 采用按计划成本综合结转分步法时，自制半成品明细账要反映半成品收发和结存的(　　)。

A. 数量　　B. 实际成本

C. 计划成本　　D. 成本差异额

E. 成本差异率

23. 采用按计划成本综合结转分步法时，如果在产品按定额成本计价，则下列说法正确的是(　　)。

A. 在产品定额成本就是在产品实际成本

B. 在产品定额成本可能大于在产品实际成本

C. 在产品定额成本可能小于在产品实际成本

D. 在产品成本差异额为零

E. 在产品成本差异额不一定为零

24. 在分步法中，按计划成本综合结转的优点是(　　)。

A. 不需进行成本还原
B. 简化和加速核算工作
C. 便于进行成本的考核和分析
D. 不需计算各步骤半成品成本
E. 不需要将生产费用在完工产品和在产品之间进行分配

25. 综合结转分步法的优点是( )。
A. 可以在各生产步骤的产品成本明细账中反映各该步骤所耗半成品费用的水平
B. 有利于各生产步骤的成本管理
C. 有利于从全厂的角度进行成本管理
D. 不需进行成本还原
E. 简化和加速核算工作

26. 平行结转分步法的优点是( )。
A. 各步骤可以同时计算产品成本,平行汇总计入产品成本
B. 不必逐步结转半成品成本
C. 能够直接提供按原始成本项目反映的产成品成本资料
D. 能够简化和加速成本计算工作
E. 能全面反映各该步骤产品生产耗费水平

27. 在综合结转分步法中,将各步骤所耗用的半成品成本,以( )项目综合记入其成本明细账中。
A. 原材料 B. 直接材料
C. 半成品 D. 在产品
E. 自制半成品

28. 半成品成本的综合结转可以( )。
A. 按实际成本结转 B. 按计划成本结转
C. 按定额成本结转 D. 按成本项目结转
E. 按生产步骤平行结转

29. 对平行结转分步法,下列说法正确的是( )。
A. 各步骤可同时计算产品成本
B. 不能提供各步骤半成品成本资料
C. 费用结转与半成品实物转移脱节
D. 不能全面反映各个生产步骤产品的生产耗费水平
E. 不能够直接提供按原始成本项目反映的产成品成本资料

30. 需要进行成本还原的方法有( )。
A. 逐步分项结转分步法
B. 按计划成本逐步综合结转分步法
C. 平行结转分步法
D. 按实际成本逐步综合结转分步法
E. 简化分批法

四、判断题

1. 区分产品成本计算基本方法的主要标志是间接生产费用分配和归集的方法。 （ ）
2. 大量大批多步骤生产的企业均应采用分步法计算产品成本。 （ ）
3. 分类法是产品成本计算的辅助方法。 （ ）
4. 产品成本的计算方法，按其对成本管理作用的大小，分为基本方法和辅助方法。 （ ）
5. 品种法是不分批、不分步，只按产品品种计算产品成本的方法。 （ ）
6. 品种法只适用于大量大批的单步骤生产。 （ ）
7. 分批法只适用于小批单件的单步骤生产。 （ ）
8. 工业企业生产按其生产组织的特点，可分为单步骤生产和多步骤生产两大类。（ ）
9. 工业企业生产按其工艺过程的特点，可分为大量生产、成批生产和单件生产三大类。 （ ）
10. 分步法适用于大量大批管理上要求分步骤计算产品成本的多步骤生产。 （ ）
11. 生产类型不同，管理要求不同，产品成本计算对象也就有可能不同。 （ ）
12. 生产特点和管理要求对产品成本计算的影响，主要表现在成本计算对象的确定上。 （ ）
13. 产品成本计算对象是区别各种成本计算方法的标志。 （ ）
14. 不论什么工业企业，不论什么生产类型，也不论管理要求如何，最终都必须按照产品品种算出产品成本。 （ ）
15. 大量大批的多步骤生产也可能采用品种法计算产品成本。 （ ）
16. 如果企业只生产一种产品，那么，发生的生产费用全部都是直接计入费用，没有在各个成本计算对象之间分配费用的问题。 （ ）
17. 产品成本计算实际上就是会计核算中成本、费用科目的明细核算。 （ ）
18. 品种法是产品成本计算最基本的方法，因而品种法的计算程序体现着产品成本计算的一般程序。 （ ）
19. 采用品种法计算产品成本时，不需要将生产费用在完工产品和在产品之间进行分配。 （ ）
20. 只要产品批数多，就应该采用简化的分批法计算产品成本。 （ ）
21. 在小批或单件生产的企业或车间中，如果各个月份的间接计入费用的水平相差不多，月末未完工产品的批数比较多，可采用简化的分批法。 （ ）
22. 分批法一般只能在自制零件种类不多或者成本计算工作已经实现电算化的情况下采用。 （ ）
23. 简化的分批法下，月末完工产品的批数越多，核算工作就越简化。 （ ）
24. 为了使同一批产品能够同时完工，避免跨月陆续完工的情况，在安排生产时，应尽量缩小产品的批量。 （ ）
25. 采用简化的分批法时，由于必须设立基本生产成本二级账，因而就不必再按产品批别设立产品成本明细账。 （ ）
26. 在分批法下，如果是单件生产，不存在在完工产品与在产品之间分配费用的问题。 （ ）

27. 简化的分批法，也称为累计间接计入费用分配法。（ ）

28. 简化的分批法，也称为不分批计算在产品成本的分批法。（ ）

29. 一张订单的产品可能作为一批生产，也可能分成几批生产。（ ）

30. 在有些情况下，也可以将几张订单的产品合为一批组织生产。（ ）

31. 采用分批法计算产品成本时，在某些情况下，完工产品成本也可以按计划单位成本或定额单位成本计算。（ ）

32. 简化的分批法不计算在产品成本。（ ）

33. 在简化的分批法下，只要产品尚未完工，其产品成本明细账就不登记生产费用。（ ）

34. 在简化的分批法下，只是在有完工产品时，产品成本明细账才登记分配间接计入费用标准的生产工时。（ ）

35. 企业新产品的试制一般可采用分批法进行成本计算。（ ）

36. 在平行结转分步法下，各步骤的生产费用（不包括所耗上一步骤的半成品费用）要在产成品与广义在产品之间进行分配，计算这些费用在产成品成本和广义在产品成本中所占的份额。（ ）

37. 采用综合结转分步法时，可以将各步骤所耗用的半成品成本以"原材料"、"直接材料"项目综合记入其成本明细账中。（ ）

38. 按逐步结转分步法计算的产品成本都要进行成本还原。（ ）

39. 在分步法下，产品成本计算的分步与实际的生产步骤完全一致。（ ）

40. 逐步结转分步法实际上就是品种法的多次连接应用。（ ）

41. 在按计划成本综合结转分步法下，如果在产品按定额成本计价，则在产品所耗半成品没有成本差异。（ ）

42. 在平行结转分步法下，不论半成品是在各生产步骤之间直接转移还是通过半成品库收发，都不通过"自制半成品"科目进行总分类核算。（ ）

43. 在逐步结转分步法下，后面生产步骤的在产品成本大于前面生产步骤的在产品成本。（ ）

44. 在平行结转分步法下，前面生产步骤的在产品成本大于后面生产步骤的在产品成本。（ ）

45. 在逐步结转分步法下，各步骤产品成本明细账中完工产品的数量都是最后一个步骤完工产品的数量。（ ）

46. 在平行结转分步法下，各步骤产品成本明细账中完工产品的数量都是最后一个步骤完工产品的数量。（ ）

47. 在逐步结转分步法下，半成品实物结转与半成品成本结转是一致的。（ ）

48. 在平行结转分步法下，半成品实物结转与半成品成本结转是一致的。（ ）

49. 在平行结转分步法下，最后一个生产步骤的在产品是狭义的在产品。（ ）

50. 采用综合结转分步法结转半成品成本时，各个生产步骤领用上一生产步骤的半成品等于领用原材料。（ ）

51. 采用逐步结转分步法时，不论是综合结转还是分项结转，第一个生产步骤生产成本明细账的登记方法均相同。（ ）

52. 按计划成本进行综合结转，由于既要计算半成品的计划成本、实际成本和成本差异，

还要计算半成品成本差异率，调整发出半成品的成本差异，因而核算工作量较大。（　　）

53. 产成品成本需要进行成本还原的次数是其计算成本的生产步骤数减1。（　　）

54. 按综合结转分步法结转半成品成本，不利于从整个企业的角度进行成本管理。（　　）

55. 采用分项结转分步法时，自制半成品明细账也应分项目登记。（　　）

56. 分项结转半成品成本，便于从整个企业的角度分析和考核产品成本的结构和水平。（　　）

57. 在分项结转分步法下，各生产步骤的完工产品成本看不出所耗上一步骤半成品费用是多少。（　　）

58. 采用平行结转分步法时，除了第一个生产步骤以外，其他各生产步骤都不会发生原材料费用。（　　）

59. 采用平行结转分步法，各步骤可以同时计算产品成本，但各步骤间不结转半成品成本。（　　）

60. 采用平行结转分步法，能够直接提供按原始成本项目反映的产成品成本，但不能简化和加速成本计算工作。（　　）

61. 平行结转分步法一般只宜在半成品种类较多、逐步结转半成品工作量较大、管理上不要求提供各步骤半成品成本资料的情况下采用。（　　）

62. 成本还原的对象是还原前的产成品成本。（　　）

63. 逐步结转分步法下的在产品一般是指广义在产品。（　　）

64. 成本还原分配率等于本月所产半成品成本合计，除以本月产成品所耗半成品成本合计。（　　）

五、简答题

1. 生产特点和管理要求对成本计算的影响主要表现在哪些方面？
2. 产品成本计算的基本方法和辅助方法各包括哪些？
3. 简单生产的特点是什么？其典型企业有哪些？
4. 连续式复杂生产的特点是什么？其典型企业有哪些？
5. 装配式复杂生产的特点是什么？其典型企业有哪些？
6. 大量生产的特点是什么？其典型企业有哪些？
7. 成批生产的特点是什么？其典型企业有哪些？
8. 单件生产的特点是什么？其典型企业有哪些？
9. 在计算产品成本时应如何确定产品成本计算对象？不同生产类型的企业成本计算对象应如何确定？
10. 在计算产品成本时成本计算期应如何确定？不同生产类型的企业成本计算期应如何确定？
11. 大量大批简单生产的企业应采用什么方法计算产品成本？
12. 大量大批复杂生产的企业应采用什么方法计算产品成本？
13. 单件小批复杂生产的企业应采用什么方法计算产品成本？
14. 企业成本管理的要求对成本计算方法有什么影响？
15. 产品成本计算的辅助方法有哪些？为什么要采用辅助成本计算方法？

16. 在企业里如何同时使用几种成本计算方法?
17. 品种法有哪些特点?
18. 应用品种法计算产品成本要经过哪些步骤?
19. 什么是分批法? 适用分批法计算成本的企业有哪几类?
20. 分批法有哪些特点?
21. 采用分批法计算产品成本应经过哪些步骤?
22. 在什么情况下可以采用简化的分批法?
23. 简化分批法的特点是什么? 成本计算程序有哪几步?
24. 分步法计算成本适用于什么样的企业?
25. 分步法有什么特点?
26. 逐步结转分步法有什么特点? 适用于何种类型的企业?
27. 试述逐步结转分步法的成本计算程序。
28. 试述综合结转分步法的成本计算程序。
29. 为什么要进行成本还原? 如何进行成本还原? 成本还原有哪两种方法?
30. 综合结转分步法有什么优缺点?
31. 分项结转法有什么特点和优缺点?
32. 试述逐步结转分步法的优缺点。
33. 试述平行结转分步法的特点和适用范围。
34. 试述平行结转分步法的成本计算程序。
35. 平行结转分步法下如何计算约当产量?
36. 试分析平行结转分步法的优缺点。
37. 试比较逐步结转分步法与平行结转分步法的区别。

六、实务题

1. 某工业企业产品成本计算采用品种法。2015 年 6 月份基本生产车间有关材料消耗、工时及工资费用、生产车间制造费用资料见表 5—1、表 5—2 和表 5—3。制造费用在各产品之间采用实际工时比例法进行分配。月末在产品按定额成本计算,产品定额成本资料见表 5—4。本月甲产品完工 80 件,月末在产品 20 件。在产品原材料已投足,完工程度平均为 50%。

表 5—1 **材料费用分配表**

2015 年 6 月 单位:元

项 目	直接计入	分配计入	合 计
甲产品	50 000	40 000	90 000
乙产品	30 000	70 000	100 000
车间一般消耗		2 000	2 000

表 5—2

工资费用分配表

2015 年 6 月

单位:元

项　目	直接计入		分配计入		合　计
			生产工时	分配额	
生产工人	甲产品	20 000	4 000		
	乙产品	18 000	2 000		
	小计	38 000	6 000	30 000	68 000
车间管理人员		21 000			21 000

表 5—3

其他费用

2015 年 6 月

单位:元

项目	办公费	水电费	折旧费	修理费	其他
金额	10 000	6 000	7 000	3 000	50 000

表 5—4

甲产品定额成本

2015 年 6 月

单位:元

项　目	直接材料	直接人工	制造费用
定额成本	980	695	510

要求:根据已知资料,计算并填列甲产品成本明细账有关项目(见表 5—5)。

表 5—5

甲产品成本明细账

2015 年 6 月

单位:元

2015 年		摘　要	直接材料	直接人工	制造费用	合　计
月	日					
5	1	在产品成本	29 400	10 425	7 650	47 475
	31	本月发生费用				
	31	生产费用累计				
	31	完工产品成本				
	31	在产品成本				

2. 某企业生产 A、B 两种产品,根据客户订单采用分批法计算成本,2015 年 2 月生产情况和生产费用资料如下:

(1)生产的产品批号有:

0211 批号 A 产品 5 件,1 月投产,本月完工。

0221 批号 A 产品 12 件,本月投产,完工 8 件,未完工 4 件。

0222 批号 B 产品 10 件,本月投产,完工 2 件,未完工 8 件。

(2)有关成本资料为:

0211 批号 A 产品月初在产品费用为:直接材料5 600元,直接人工2 500元,制造费用1 750

元。各批产品本月发生的生产费用如表 5－6 所示。

表 5－6

批 号	直接材料	直接人工	制造费用
0211		4 200	2 400
0221	8 400	3 480	2 720
0222	9 400	6 000	4 600

0221 批号 A 产品完工数量较大，完工产品与月末在产品之间采用约当产量比例法进行分配，在产品完工程度为 50%，原材料在生产开始时一次投入。

0222 批号 B 产品完工数量少，完工产品按计划单位成本结转，每件计划成本为：直接材料 950 元，直接人工 800 元，制造费用 700 元，合计2 450元。

要求：根据上述资料，完成下列产品明细账的登记。

表 5－7 **产品成本明细账**

产品批号：0211　订货单位：M 厂　投产日期：1 月

产品名称：A　投产批量：5 件　完工日期：2 月

月	日	摘 要	直接材料	直接人工	制造费用	合计
2	1	在产品成本				
2	28	本月生产费用				
2	28	累计生产费用				
2	28	完工产品成本				
2	28	完工产品单位成本				

表 5－8 **产品成本明细账**

产品批号：0221　订货单位：N 厂　投产日期：2 月

产品名称：A　投产批量：12 件　完工日期：2 月完工 8 件

月	日	摘 要	直接材料	直接人工	制造费用	合计
2	28	本月生产费用				
2	28	完工 8 件产品成本				
2	28	完工产品单位成本				
2	28	月末在产品成本				

表 5－9 **产品成本明细账**

产品批号：0222　订货单位：P 厂　投产日期：2 月

产品名称：B　投产批量：10 件　完工日期：2 月完工 2 件

月	日	摘 要	直接材料	直接人工	制造费用	合计
2	28	本月生产费用				
2	28	单件计划成本				
2	28	完工 2 件产品成本				
2	28	月末在产品成本				

3. 某工业企业产品成本计算采用简化分批法。7月投产的产品批号及本月产品完工情况如下：

3601号　10件　6月2日投产　7月20日完工　工时1 200小时

3602号　5件　6月5日投产　7月30日完工　工时300小时

3603号　4件　7月5日投产　尚未完工　工时500小时

要求：根据相关资料，计算A、B、C、D、E、F、G、H各为多少？

表5—10　　基本生产成本二级账

月	日	摘　要	直接材料	生产工时	直接人工	制造费用	成本合计
6	30	余额	13 500	500	8 000	9 500	31 000
7	31	本月发生	11 500	1 500	10 000	14 500	36 000
7	31	累计	25 000	2 000	18 000	24 000	67 000
		全部产品累计间接费用分配率			A	B	
7	31	本月完工转出	18 500	C	E	G	
7	31	在产品	6 500	D	F	H	

4. 某企业生产甲、乙、丙、丁四种产品，采用简化的分批法计算产品成本。该企业9月份各批产品成本资料如下：

(1)0871批号甲产品5件，8月投产，本月全部完工，见表5—12。

(2)0872批号乙产品10件，8月投产，本月完工2件，材料费用按完工产品与在产品数量分配，在产品工时按定额工时计算共9 250小时，见表5—13。

(3)0873批号丙产品5件，8月投产，本月全部未完工，见表5—14。

(4)0881批号丁产品12件，9月投产，本月全部未完工，见表5—15。

(5)设立的"基本生产成本二级账"见表5—11。

表5—11　　基本生产成本二级账

（各批全部产品总成本）

月	日	摘　要	直接材料	生产工时	直接人工	制造费用	成本合计
9	1	在产品成本			21 000	18 750	
9	30	本月发生生产费用			4 000	11 250	
9	30	累计生产费用			25 000	30 000	
9	30	全部产品累计间接费用分配率					
9	30	本月完工转出产品成本					
9	30	在产品成本					

表 5—12　　产品成本明细账

产品批号:0871　　订货单位:A 厂　　投产日期:8 月

产品名称:甲　　投产批量:5 件　　完工日期:9 月

月	日	摘　要	直接材料	生产工时	直接人工	制造费用	成本合计
9	1	在产品成本	7 000	8 250			
9	30	本月发生生产费用	8 000	875			
9	30	累计生产费用	15 000	9 125			
9	30	累计间接费用分配率					
9	30	本月完工转出产品成本					
9	30	完工产品单位成本					

表 5—13　　产品成本明细账

产品批号:0872　　订货单位:B 厂　　投产日期:8 月

产品名称:乙　　投产批量:10 件　　完工日期:9 月完工 2 件

月	日	摘　要	直接材料	生产工时	直接人工	制造费用	成本合计
9	1	在产品成本	9 250	8 750			
9	30	本月发生生产费用	12 500	3 700			
9	30	累计生产费用	21 750	12 450			
9	30	累计间接费用分配率					
9	30	本月完工转出产品成本					
9	30	完工产品单位成本					
9	30	在产品成本					

表 5—14　　产品成本明细账

产品批号:0873　　订货单位:C 厂　　投产日期:8 月

产品名称:丙　　投产批量:5 件　　完工日期:

月	日	摘　要	直接材料	生产工时	直接人工	制造费用	成本合计
9	1	在产品成本	14 250	11 500			
9	30	本月发生生产费用	17 500	4 250			

表 5—15　　产品成本明细账

产品批号:0881　　订货单位:D 厂　　投产日期:9 月

产品名称:丁　　投产批量:12 件　　完工日期:

月	日	摘　要	直接材料	生产工时	直接人工	制造费用	成本合计
9	30	本月发生生产费用	18 500	12 675			

要求：根据上述资料，采用简化的分批法进行成本计算，将有关数字填入二级账和明细账中。

5. 某企业大量生产甲产品。生产分为两个步骤，分别由第一、第二两个车间进行。第一车间为第二车间提供半成品，第二车间将半成品加工成为产成品。该企业为了加强成本管理，采用分步法按照生产步骤(车间)计算产品成本。

该企业本月(10 月)第一和第二车间发生的生产费用(不包括所耗半成品的费用)为：

第一车间：原材料费用 63 000 元，人工费用 30 000 元，制造费用 61 000 元。

第二车间：人工费用 37 000 元，制造费用 88 500 元。

本月初半成品库结存半成品 400 件，其实际总成本为103 000元。本月第一车间完工入库半成品 500 件，第二车间从半成品库领用半成品 700 件。出库半成品单位成本按加权平均计算。

本月完工入库产成品 350 件。

在产品按定额成本计价。

月初在产品定额总成本如下：

第一车间：原材料费用 19 000 元，人工费用 11 000 元，制造费用23 000元，合计53 000元。

第二车间：半成品费用 61 000 元，人工费用 12 000 元，制造费用25 000元，合计98 000元。

月末在产品定额总成本如下：

第一车间：原材料费用 28 000 元，人工费用 13 000 元，制造费用26 000元，合计67 000元。

第二车间：半成品费用 26 000 元，人工费用 5 000 元，制造费用14 000元，合计45 000元。

要求：

(1)根据上列资料，登记产品成本明细账和自制半成品明细账，按实际成本综合结转半成品成本，计算产成品成本。

(2)编制结转半成品成本和产成品成本的会计分录。

表 5—16 **产品成本明细账**

车间名称：第一车间

半成品名称：甲产品
产量：
单位：元

成本项目	月初在产品定额费用	本月费用	生产费用合计	完工半成品成本	月末在产品定额费用
原材料					
人工费用					
制造费用					
合计					
单位成本					

表 5—17 **自制半成品明细账**

半成品名称：甲产品　　单位：元

月份	月初余额		本月增加		合计		本月减少		
	数量(件)	实际成本	数量(件)	实际成本	数量(件)	实际成本	单位成本	数量(件)	实际成本
10									
11									

表 5－18 **产品成本明细账**

车间名称：第二车间 产品名称：甲产品

产量：

单位：元

成本项目	月初在产品定额费用	本月费用	生产费用合计	产成品成本		月末在产品定额费用
				总成本	单位成本	
半成品						
人工费用						
制造费用						
合计						

会计分录：

6. 资料：

(1)见习题 5。

(2)自制半成品的计划单位成本为 300 元。

要求：

(1)根据上列资料，登记产品成本明细账和自制半成品明细账，按计划成本综合结转半成品成本，计算半成品和产成品的实际成本。

(2)编制结转半成品成本和产成品成本的会计分录。

表 5－19 **产品成本明细账**

车间名称：第一车间 半成品名称：甲产品

产量：

单位：元

成本项目	月初在产品定额费用	本月费用	生产费用合计	完工半成品成本	月末在产品定额费用
原材料					
人工费用					
制造费用					
合计					
单位成本					

表 5－20 **自制半成品明细账**

半成品名称：甲产品 单位：元

月份	月初余额			本月增加			合计					本月减少		
	数量（件）	计划成本	实际成本	数量（件）	计划成本	实际成本	数量（件）	计划成本	实际成本	成本差异	差异率	数量（件）	计划成本	实际成本
10														
11														

表 5－21　　产品成本明细账

车间名称：第二车间　　产品名称：甲产品

产量：

单位：元

成本项目		月初在产品定额费用	本月费用	生产费用合计	产成品成本		月末在产品定额费用
					总成本	单位成本	
半成品	计划成本						
	成本差异						
	实际成本						
人工费用							
制造费用							
合计							

会计分录：

7. 资料：见习题 5 第一车间、第二车间产品成本明细账中完工半成品成本和产成品成本。

要求：编制产成品成本还原计算表，将第二车间产成品中所耗上一车间半成品的综合成本，按第一车间所产该种半成品成本的结构进行成本还原，计算按原始成本项目反映的产成品成本。

表 5－22　　产成品成本还原计算表

产品名称：甲产品　　单位：元

项　目	成本还原率	半成品	原材料	人工费用	制造费用	成本合计
还原前产成品成本						
本月所产半成品成本						
成本还原						
还原后产成品成本						

8. 资料：见习题 5。其中本月初库存半成品 400 件的实际总成本为：原材料费用45 000元，人工费用17 000元，制造费用41 000元，合计103 000元。第二车间月初、月末在产品的定额总成本各为：

月初在产品定额总成本：原材料费用 26 000 元，人工费用 25 000 元，制造费用47 000元，合计98 000元。

月末在产品定额总成本：原材料费用 13 000 元，人工费用 12 000 元，制造费用20 000元，合计45 000元。

要求：

(1)根据上列资料，登记产品成本明细账和自制半成品明细账，按实际成本分项结转半成品成本，计算产成品成本。

(2)编制结转半成品成本和产成品成本的会计分录。

表 5—23　　**产品成本明细账**

车间名称：第一车间　　半成品名称：甲半产品

产量：

单位：元

成本项目	月初在产品定额费用	本月费用	生产费用合计	完工半成品成本	月末在产品定额费用
原材料					
人工费用					
制造费用					
合计					
单位成本					

表 5—24　　**自制半成品明细账**

半成品名称：甲产品　　单位：元

月份	项目	数量(件)	原材料	人工费用	制造费用	成本合计
10						
10						
10						
10						
10						
10						

表 5—25　　**产品成本明细账**

车间名称：第二车间　　产品名称：甲产品

产量：

单位：元

成本项目	月初在产品定额费用	本月车间费用	本月耗用半成品费用	生产费用合计	产成品成本		月末在产品定额费用
					总成本	单位成本	
半成品							
人工费用							
制造费用							
合计							

会计分录：

9. 某企业生产 A 产品，经过两个步骤连续加工制成，所用原材料在生产开始时一次投入，各步骤计入产成品成本的费用采用约当产量比例法计算，有关产量、费用资料见下表及成本计算单。

要求：采用平行结转分步法计算 A 产品成本，完成成本计算单和成本计算汇总表的编制，并编制 A 产品完工入库分录。

表 5—26 产量资料

项目	月初在产品	本月投入	本月完工	月末在产品	完工程度
第一步骤	20	200	160	60	50%
第二步骤	60	160	180	40	50%

表 5—27 第一步骤产品成本计算单

年 月

项 目	直接材料	直接人工	制造费用	合 计
月初在产品成本	11 210	1 350	1 800	14 360
本月生产费用	35 830	5 150	7 200	48 180
合计				
约当总产量				
单位成本				
产成品成本中本步骤“份额”				
月末在产品成本				

表 5—28 第二步骤产品成本计算单

年 月

项 目	直接材料	直接人工	制造费用	合 计
月初在产品成本		720	860	1 580
本月生产费用		2 880	4 340	7 220
合计				
约当总产量				
单位成本				
产成品成本中本步骤“份额”				
月末在产品成本				

表 5—29 产品成本汇总计算表

年 月

产品名称:A 产品　　　　产品数量:180 件

项 目		直接材料	直接人工	制造费用	合 计
第一步骤成本“份额” 第二步骤成本“份额”					
完工产品	总成本				
	单位成本				

10. 某企业生产的甲产品，经过两个生产步骤连续加工制成。第一步骤为第二步骤提供

半成品，第二步骤将半成品加工成为产成品700件，各步骤计入产成品成本的费用采用定额比例法计算。有关资料见以下产品成本明细账：

表5－30　　第一步骤产品成本明细账

项　目	直接材料		定额工时	直接人工	制造费用	合　计
	定额	实际				
月初在产品费用	—	20 860	—	8 000	13 800	
本月生产费用	—	35 000	—	7 000	16 200	
合计						
分配率						
产成品成本中本步骤“份额”	17 400		30 000			
月末在产品费用	12 000		20 000			

表5－31　　第二步骤产品成本明细账

项　目	直接材料		定额工时	直接人工	制造费用	合　计
	定额	实际				
月初在产品费用			—	3 800	3 600	
本月生产费用			—	7 000	18 000	
合计						
分配率						
产成品成本中本步骤“份额”			22 000			
月末在产品费用			2 000			

表5－32　　甲产品成本汇总表

项　目	产　量	直接材料	直接人工	制造费用	合　计
第一步骤					
第二步骤					
合计					
单位成本					

要求：采用平行结转分步法计算甲产品成本，完成产品成本明细账和成本汇总表的编制，并编制完工产品入库的会计分录。

七、产品成本核算基本方法的综合运用

（一）资料

1. 企业概况：红光机器厂为单件小批生产的中型国有企业，生产过程分为铸工、加工（下设两个生产车间）和装配三个步骤，从事HG-3130磨床、HG-4 250钻床和HG-5 140铣床的生产。另外设有机修和供汽两个辅助生产车间。

生产工艺流程是：铸工车间根据生产计划浇铸各种铁铸件和铝铸件，经检验合格后送交自制半成品仓库；加工车间分别从仓库领用各种铸件，经不同工序加工制成各种不同的零部件，

直接递交装配车间;装配车间将收到的零部件连同由仓库领来的外购件等组装成各种机床,经检验合格后递交成品仓库。

2. 产品成本计算规程:该厂实行厂部和车间两级核算,成本计算方法以分步法为主,结合应用品种法和分批法。铸工车间以铁铸件和铝铸件作为成本计算对象,采用品种法计算铸件成本;铸工车间→半成品仓库→加工车间之间,采用逐步综合结转的方法结转各种铸件成本;加工车间和装配车间以磨床、钻床和铣床三种产品作为成本计算对象,采用分批法计算机床成本;加工车间和装配车间之间采用平行结转的方法结转产品成本。

铸工车间月末在产品数量很少,故不计算月末在产品成本。加工车间按定额比例法计算各产品应计入最终完工产品成本的份额,由于在产品的种类和生产工序繁多,计算月末在产品的原材料定额费用和定额工时工作量很繁重,因而采用简化的倒挤方法进行计算。装配车间按约当产量法计算各产品应计入最终完工产品成本的份额,由于直接材料费用数额较大,在产品只负担材料费用,而不负担加工费用。

为简化核算,成本项目只设直接材料、直接人工、制造费用三大项目。半成品(铸件)按实际成本计价,发出半成品成本采用月末一次加权平均法。

3. 各项间接费用分配方法:外购水电费按耗用数量比例分配;辅助生产费用按计划成本分配法分配,成本差异计入管理费用;铸工车间间接材料费用按铸件重量比例分配;装配车间间接材料费用按各产品本期直接材料实际费用比例分配;基本生产车间其他间接费用均按各产品实用工时比例分配。

4. 各项间接费用分配标准:铸工车间铸件重量:铸铁件 42 850 千克,铸铝件 2 950 千克。其他分配标准在业务中提供。

表 5—33 **生产工时情况统计表**

2015 年 5 月

铸件名称	铸工车间	车间 / 产品名称	加工(Ⅰ)车间	加工(Ⅱ)车间	装配车间
铁铸件	7 820	HG-3130 磨床	4 450	3 900	2 700
铝铸件	3 680	HG-4250 钻床	2 180	1 640	2 140
合计	11 500	HG-5140 铣床	1 870	7 360	1 860
		合　计	8 500	12 900	6 700

主管:王　键　　　　审核:张　涛　　　　制表:赵　力

表 5—34 **装配车间在产品数量及投料程序表**

产品名称	计量单位	月初在产品	本月投入	本月完工	月末在产品	投料程度
HG-3130 磨床	台	3	2	4	1	95%
HG-4250 钻床	台	1	5	4	2	90%
HG-5140 铣床	台	2	2	3	1	95%

主管:王　键　　　　审核:郑　民　　　　制表:刘　杰

表 5－35　　加工车间各产品有关定额资料

车间份额		月初广义在产品		本月投入		完工产品车间份额				
		定额直接材料费用（元）	定额工时	定额直接材料费用（元）	定额工时	单位定额 直接材料（元）	单位定额 工时	产量（台）	定额直接材料费用（元）	定额工时
加工（Ⅰ）车间	HG-3130 磨床	64 750	3 640	45 250	2 140	19 562.5	1 130	4	78 250	4 520
	HG-4250 钻床	21 240	600	102 760	2 800	20 712.5	550	4	82 850	2 200
	HG-5140 铣床	35 450	1 240	36 750	1 310	18 050.0	630	3	54 150	1 890
	合计	121 440	5 480	184 760	6 250	—	—	—	215 250	8 610
加工（Ⅱ）车间	HG-3130 磨床	110 245	3 750	72 075	2 650	35 070.0	980	4	140 280	3 920
	HG-4250 钻床	18 340	720	81 260	2 160	15 362.5	420	4	61 450	1 680
	HG-5140 铣床	32 370	1 260	34 130	1 320	16 250.0	620	3	48 750	1 860
	合计	160 955	5 730	187 465	6 130	—	—	—	250 480	7 460

5. 红光机器厂 5 月份各车间在产品成本资料如下：

表 5－36　　5 月初在产品成本表

车间及产品＼成本项目		直接材料	直接人工	制造费用	合　计
加工（Ⅰ）车间	HG-3130 磨床	80 486.64	20 382.97	15 022.00	115 891.61
	HG-4250 钻床	87 495.74	11 523.39	9 349.20	108 368.33
	HG-5140 铣床	59 462.42	11 277.57	11 872.80	82 612.79
	合计	227 444.80	43 183.93	36 244.00	306 872.73
加工（Ⅱ）车间	HG-3130 磨床	132 480.66	21 247.78	23 870.00	177 598.44
	HG-4250 钻床	81 237.29	11 821.53	13 316.00	106 374.82
	HG-5140 铣床	42 798.45	6 884.90	5 836.00	55 519.35
	合计	256 516.40	39 954.21	43 022.00	339 492.61
装配车间	HG-3130 磨床	42 943.00	—	—	42 943.00
	HG-4250 钻床	20 383.08	—	—	20 383.08
	HG-5140 铣床	15 534.57	—	—	15 534.57
	合计	78 860.65	—	—	78 860.65
合　计		562 821.85	83 138.14	79 266.00	725 225.99

6. 根据 5 月份领退料凭证，编制“发料凭证汇总表”如下：

表 5—37

发料凭证汇总表(一)

2015 年 5 月

应借账户 \ 应贷账户			原材料：原料及主要材料 计划成本	原料及主要材料 成本差异(差异率 2%)	辅助材料 间接材料计划成本	辅助材料 直接材料计划成本	辅助材料 计划成本小计	辅助材料 成本差异	外购半成品 计划成本	外购半成品 成本差异	修理用备件 计划成本	修理用备件 成本差异	燃料 间接材料计划成本	燃料 直接材料计划成本	燃料 计划成本小计	燃料 成本差异	合计 计划成本	合计 成本差异
基本生产	铸工车间	铁铸件	12 900			1 500	1 500	−15										
		铝铸件	30 000			500	500	−5										
		小计	42 900			2 000	2 000	−20					4 580		4 580	137.40		
	加工(Ⅰ)车间	HG-3130 磨床	25 600															
		HG-4250 钻床	19 950															
		HG-5140 铣床	8 450															
		小计	54 000															
	加工(Ⅱ)车间	HG-3130 磨床	24 800															
		HG-4250 钻床	20 600															
		HG-5140 铣床	9 800															
		小计	55 200															
	装配车间	HG-3130 磨床							69 850	−1 397.00								
		HG-4250 钻床							32 560	−651.20								
		HG-5140 铣床							26 840	−536.80								
		小计			3 838.33		3 838.33	−38.38	129 250	−2 585.00								
	合 计		152 100		3 838.33	2 000	5 838.33	−58.38	129 250	−2 585.00			4 580		4 580	137.40		
辅助生产	机修车间		1 690								387.10	3.87						
	供汽车间					500	500	−5						6 018	6 018	180.54		
	合 计		1 690			500	500	−5			387.10	3.87			6 018	180.54		
总 计																	300 363.43	749.23

表 5—38

发料凭证汇总表(二)

2015 年 5 月

单位：元

应借账户 \ 应贷账户		原材料(辅助材料) 计划成本	原材料(辅助材料) 成本差异(差异率−1%)	低值易耗品(劳保用品) 计划成本	低值易耗品(劳保用品) 成本差异(差异率+1%)	合计 计划成本	合计 成本差异
制造费用	铸工车间	260.00		26.59			
	加工(Ⅰ)车间	200.00		77.52			
	加工(Ⅱ)车间	250.00		64.90			
	装配车间	200.00		52.45			
	机修车间	400.00		21.95			
	供汽车间	250.00		18.80			
	小计	1 560.00		262.21			
管理费用		200.00		40.00			
合计		1 760.00		302.21		2 062.21	−14.57

7. 根据各车间、部门的工资结算凭证等资料，编制“职工薪酬汇总表”如表 5—39 所示。

表 5—39

职工薪酬汇总表

2015 年 5 月

单位:元

车间或部门		生产工人			管理人员			合 计
		工资	其他薪酬	小计	工资	其他薪酬	小计	
生产车间	铸工车间	11 436.00	1 601.04	13 037.04	1 540.00	215.60	1 755.60	
	加工(Ⅰ)车间	9 428.57	1 320.00	10 748.57	1 370.00	191.80	1 561.80	
	加工(Ⅱ)车间	9 842.80	1 377.99	11 220.79	1 150.00	161.00	1 311.00	
	装配车间	6 534.50	914.83	7 449.33	794.00	111.16	905.16	
	机修车间	5 218.40	730.58	5 948.98	325.00	45.50	370.50	
	供汽车间	4 765.20	667.13	5 432.33	480.00	67.20	547.20	
	小 计	47 225.47	6 611.57	53 837.04	5 659.00	792.26	6 451.26	
管理部门		—	—	—	13 540.00	1 895.60	15 435.60	
合 计		47 225.47	6 611.57	53 837.04	19 199.00	2 687.86	21 886.86	

8. 根据固定资产折旧的有关计算资料,编制“固定资产折旧计算表”,如表 5—40 所示。

表 5—40

固定资产折旧计算表

2015 年 5 月

单位:元

使用单位和固定资产类别		上月已提折旧额	上月增加的固定资产应计提的折旧额	上月减少的固定资产应计提的折旧额	本月应计提折旧额
铸工车间	厂房	1 202.32	160.00		
	机器设备	1 239.28	400.00	640.00	
	小计	2 441.60	560.00	640.00	
加工(Ⅰ)车间		4 510.99		1 000.00	
加工(Ⅱ)车间		4 004.94	140.00		
装配车间		2 781.52			
机修车间		2 034.11			
供汽车间		1 622.77			
厂部管理部门		5 550.38			
合 计		22 946.31	700.00	1 640.00	

主管: 审核: 制表:

9. 各车间、部门本月耗用的水电费如表 5—41 所示。

表 5—41

外购电费分配表

2015 年 5 月

车间或部门		动力用电		照明用电	
		用电度数	分配金额(分配率:)	用电度数	分配金额(分配率:)
生产车间	铸工车间	10 420		4 500	
	加工(Ⅰ)车间	15 340		4 700	
	加工(Ⅱ)车间	14 810		4 800	
	装配车间	11 230		4 400	
	机修车间	4 870		3 100	
	供汽车间	7 300		3 050	
厂部管理部门		—		23 950	
合 计		63 970	11 514.60	48 500	12 610.00

主管: 审核: 制表:

表 5—42

外购水费分配表

2015 年 5 月

车间或部门		用水数量(吨)	分配金额 (分配率：　　)
生产车间	铸工车间	2 100	
	加工(Ⅰ)车间	1 800	
	加工(Ⅱ)车间	1 950	
	装配车间	2 050	
	机修车间	1 200	
	供汽车间	1 350	
厂部管理部门		2 850	
合　计		13 300	7 980.00

主管：　　　　　　　　　　审核：　　　　　　　　　　制表：

10. 辅助生产车间供应劳务数量如表 5—43 所示。

表 5—43

辅助生产车间供应劳务数量汇总表

2015 年 5 月

耗用单位	劳务项目		备　注
	汽(吨)	修理(工时)	
供汽车间:一般耗用		190	计划单位成本:汽 4.50 元/吨,修理 2.40 元/工时
机修车间:一般耗用	130		
铸工车间:产品消耗	1 020		
一般耗用	440	1 200	
加工(Ⅰ)车间:产品耗用	1 020		
一般耗用	440	1 140	
加工(Ⅱ)车间:产品耗用	980		
一般耗用	450	1 260	
装配车间:产品消耗	1 000		
一般耗用	420	1 170	
企业管理部门	350	2 580	
小　计	6 250	7 540	

本表一式二份，经财会部门审核后留存一份，退有关车间各一份

主管：　　　　　　　　　　审核：　　　　　　　　　　制表：

11. 其他费用从略,假定已登记到有关账户之中。

(二)要求

1. 设置"基本生产成本"总账、二级账(按车间设置)和明细账(按各车间成本计算对象设置),登记期初余额。为简化核算手续,"辅助生产"、"自制半成品"、"制造费用"、"管理费用"等总账及明细账的设置和登记从略。

2. 分配材料费用,编制记账凭证,登记有关账户。

3. 分配职工薪酬,编制记账凭证,登记有关账户。

4. 计提固定资产折旧费,编制记账凭证,登记有关账户从略。

5. 分配水电费用,编制记账凭证,登记有关账户。

6. 分配辅助生产费用，编制记账凭证，登记有关账户。

7. 分配各基本生产车间间接材料费用，登记基本生产成本明细账。

8. 分配各基本生产车间间接加工费用，登记基本生产成本明细账。

9. 归集和分配基本生产车间制造费用（根据前列各项资料，已登记各基本生产车间制造费用明细账），编制记账凭证，登记有关账户。

10. 计算并结转铸工车间铸件成本。

11. 结转各加工车间本月领用半成品（铸件）成本。

12. 编制加工车间成本计算表，计算应计入产成品成本份额。

13. 编制装配车间成本计算表，计算应计入产成品成本份额。

14. 结转完工产品成本。

15. 基本生产成本总账、二级账和明细账期末余额相互核对。

表 5—44 辅助生产费用分配表

（计划成本分配法）

辅助生产车间名称			供汽车间	机修车间	合　计
待分配费用			28 089	17 161	45 250
供应劳务数量					
计划单位成本					
辅助生产	供汽	耗用数量			
		分配金额			
	机修	耗用数量			
		分配金额			
基本生产车间产品耗用	铸工车间	耗用数量			
		分配金额			
	加工（Ⅰ）车间	耗用数量			
		分配金额			
	加工（Ⅱ）车间	耗用数量			
		分配金额			
	装配车间	耗用数量			
		分配金额			
基本生产车间一般耗用	铸工车间	耗用数量			
		分配金额			
	加工（Ⅰ）车间	耗用数量			
		分配金额			
	加工（Ⅱ）车间	耗用数量			
		分配金额			
	装配车间	耗用数量			
		分配金额			
企业管理部门		耗用数量			
		分配金额			
按计划成本分配金额合计					
辅助生产实际成本					
辅助生产成本差异					

主管：　　　　审核：　　　　制表：

表 5—45　　基本生产车间材料费用分配表

车间：　　20　年　月

分配对象	分配标准	分配率	分配金额
合　计			

主管：　　审核：　　制表：

（铸工车间按铸件重量比例分配）

表 5—46　　基本生产车间材料费用分配表

车间：　　20　年　月

分配对象	分配标准	分配率	分配金额
合　计			

主管：　　审核：　　制表：

（装配车间按各产品本期直接材料比例分配）

表 5—47　　基本生产车间加工费用分配表

车间：　　20　年　月

分配对象（产品名称）	分配标准（实用工时）	间接加工费		
		动力费（分配率：　）	蒸汽费（分配率：　）	工资及福利费（分配率：　）
合　计				

主管：　　审核：　　制表：

（分配率精确到 0.0001，尾差由铝铸件和铣床负担，下同）

表 5—48　　基本生产车间加工费用分配表

车间：　　20　年　月

分配对象（产品名称）	分配标准（实用工时）	间接加工费		
		动力费（分配率：　）	蒸汽费（分配率：　）	工资及福利费（分配率：　）
合　计				

主管：　　审核：　　制表：

表 5－49

基本生产车间加工费用分配表

车间：　　　　　　　　　　　　20　　年　月

分配对象（产品名称）	分配标准（实用工时）	间接加工费		
		动力费（分配率：　）	蒸汽费（分配率：　）	工资及福利费（分配率：　）
合　计				

主管：　　　　　　　审核：　　　　　　　制表：

表 5－50

基本生产车间加工费用分配表

车间：　　　　　　　　　　　　20　　年　月

分配对象（产品名称）	分配标准（实用工时）	间接加工费		
		动力费（分配率：　）	蒸汽费（分配率：　）	工资及福利费（分配率：　）
合　计				

主管：　　　　　　　审核：　　　　　　　制表：

表 5－51

铸工车间制造费用明细账

月	日	办公费	工资	福利费	消耗材料	折旧费	修理费	照明费	水费	汽费	其他	合计	转出	余额
5	31	850	1 540	215.6	284.26	2 361.6	2 880	1 170	1 260	1 980	338.54	12 880	12 880	0

表 5－52

加工（Ⅰ）车间制造费用明细账

月	日	办公费	工资	福利费	消耗材料	折旧费	修理费	照明费	水费	汽费	其他	合计	转出	余额
5	31	440	1 370	191.8	276.3	3 510.99	2 736	1 222	1 080	1 980	452.91	13 260	13 260	0

表 5－53

加工（Ⅱ）车间制造费用明细账

月	日	办公费	工资	福利费	消耗材料	折旧费	修理费	照明费	水费	汽费	其他	合计	转出	余额
5	31	410	1 150	161	313.05	4 144.94	3 024	1 248	1 170	2 025	544.01	14 190	14 190	0

表 5－54

装配车间制造费用明细账

月	日	办公费	工资	福利费	消耗材料	折旧费	修理费	照明费	水费	汽费	其他	合计	转出	余额
5	31	560	794	111.16	250.97	2 781.52	2 808	1 144	1 230	1 890	155.35	11 725	11 725	0

表 5－55

制造费用分配表

车间：　　　　　　　　　　　　20　　年　月

分配对象（铸件名称）	分配标准（实用工时）	分配率	分配金额
合　计			

主管：　　　　　　　审核：　　　　　　　制表：

表 5－56

制造费用分配表

车间：　　　　20　　年　月

分配对象（产品名称）	分配标准（实用工时）	分配率	分配金额
合　计			

主管：　　　　审核：　　　　制表：

表 5－57

制造费用分配表

车间：　　　　20　　年　月

分配对象（产品名称）	分配标准（实用工时）	分配率	分配金额
合　计			

主管：　　　　审核：　　　　制表：

表 5－58

制造费用分配表

车间：　　　　20　　年　月

分配对象（产品名称）	分配标准（实用工时）	分配率	分配金额
合　计			

主管：　　　　审核：　　　　制表：

表 5－59

铸工车间铸件成本计算表

铸件名称：　　　　20　　年　月　　　　产量：

项　目		直接材料	直接人工	制造费用	合　计
月初在产品成本					
本月生产费用					
生产费用累计					
完工铸件	总成本				
	单位成本				
月末在产品成本					

表 5－60

铸工车间铸件成本计算表

铸件名称： 20　　年　月 产量：

项　目		直接材料	直接人工	制造费用	合　计
月初在产品成本					
本月生产费用					
生产费用累计					
完工铸件	总成本				
	单位成本				
月末在产品成本					

表 5－61

完工铸件成本汇总表

20　　年　月

铸件名称	计量单位	数量	直接材料	直接人工	制造费用	合　计
合　计						

表 5－62

半成品(铸件)发出汇总表

2015 年 5 月

领用单位	产品名称	铁铸件			铝铸件			合　计
		数量(千克)	单位成本	总成本	数量(千克)	单位成本	总成本	
加工(Ⅰ)车间	HG-3130 磨床	6 000		5 778	500		6 975	12 753
	HG-4250 钻床	5 000		4 815	500		6 975	11 790
	HG-5140 铣床	2 000		1 926	300		4 185	6 111
	小计	13 000	0.963	12 519	1 300	13.95	18 135	30 654
加工(Ⅱ)车间	HG-3130 磨床	7 000		6 741	600		8 370	15 111
	HG-4250 钻床	5 000		4 815	400		5 580	10 395
	HG-5140 铣床	3 000		2 889	200		2 790	5 679
	小计	15 000	0.963	14 445	1 200	13.95	16 740	31 185
合　计		28 000		26 964	2 500		34 875	61 839

主管：刘　明　　　审核：张　伟　　　制表：王　谦

表 5－63

加工车间产品成本计算表

车间： 20　　年　月 产品：

项　目	直接材料		定额工时	直接人工	制造费用	合　计
	定额	实际				
月初在产品成本						
本月生产费用						
生产费用累计						
费用分配率						
计入产成品成本的份额						
月末在产品成本						

表 5－64　　加工车间产品成本计算表

车间：　　20　年　月　　产品：

项　目	直接材料		定额工时	直接人工	制造费用	合　计
	定额	实际				
月初在产品成本						
本月生产费用						
生产费用累计						
费用分配率						
计入产成品成本的份额						
月末在产品成本						

表 5－65　　加工车间产品成本计算表

车间：　　20　年　月　　产品：

项　目	直接材料		定额工时	直接人工	制造费用	合　计
	定额	实际				
月初在产品成本						
本月生产费用						
生产费用累计						
费用分配率						
计入产成品成本的份额						
月末在产品成本						

表 5－66　　加工车间计入产成品成本份额汇总表

车间名称：　　20　年　月　　单位:元

产品名称	成本项目			
	直接材料	直接人工	制造费用	合　计
合　计				

表 5－67　　加工车间产品成本计算表

车间：　　20　年　月　　产品：

项　目	直接材料		定额工时	直接人工	制造费用	合　计
	定额	实际				
月初在产品成本						
本月生产费用						
生产费用累计						
费用分配率						
计入产成品成本的份额						
月末在产品成本						

表 5—68　**加工车间产品成本计算表**

车间：　20　年　月　产品：

项　目	直接材料		定额工时	直接人工	制造费用	合　计
	定额	实际				
月初在产品成本						
本月生产费用						
生产费用累计						
费用分配率						
计入产成品成本的份额						
月末在产品成本						

表 5—69　**加工车间产品成本计算表**

车间：　20　年　月　产品：

项　目	直接材料		定额工时	直接人工	制造费用	合　计
	定额	实际				
月初在产品成本						
本月生产费用						
生产费用累计						
费用分配率						
计入产成品成本的份额						
月末在产品成本						

表 5—70　**加工车间计入产成品成本份额汇总表**

车间名称：　20　年　月　单位：元

产品名称	成本项目			
	直接材料	直接人工	制造费用	合　计
合　计				

表 5—71　**装配车间产品成本计算表**

产品：　20　年　月　产量：

项　目	直接材料	直接人工	制造费用	合　计
月初在产品成本				
本月生产费用				
生产费用累计				
费用分配率				
计入产成品成本的份额				
月末在产品成本				

表 5—72　　装配车间产品成本计算表

产品：　　20　年　月　　产量：

项　目	直接材料	直接人工	制造费用	合　计
月初在产品成本				
本月生产费用				
生产费用累计				
费用分配率				
计入产成品成本的份额				
月末在产品成本				

表 5—73　　装配车间产品成本计算表

产品：　　20　年　月　　产量：

项　目	直接材料	直接人工	制造费用	合　计
月初在产品成本				
本月生产费用				
生产费用累计				
费用分配率				
计入产成品成本的份额				
月末在产品成本				

表 5—74　　装配车间计入产成品成本份额汇总表

车间名称：　　20　年　月　　单位：元

产品名称	成本项目			
	直接材料	直接人工	制造费用	合　计
合　计				

表 5—75　　产成品成本汇总表

产品名称　　20　年　月　　产量：

车　间	直接材料	直接人工	制造费用	合　计
加工（Ⅰ）车间				
加工（Ⅱ）车间				
装配车间				
总成本				
单位成本				

表 5－76　　产成品成本汇总表

产品名称　　20　　年　月　　产量：

车　间	直接材料	直接人工	制造费用	合　计
加工(Ⅰ)车间				
加工(Ⅱ)车间				
装配车间				
总成本				
单位成本				

表 5－77　　产成品成本汇总表

产品名称　　20　　年　月　　产量：

车　间	直接材料	直接人工	制造费用	合　计
加工(Ⅰ)车间				
加工(Ⅱ)车间				
装配车间				
总成本				
单位成本				

表 5－78　　产成品入库单

交库单位:装配车间　　2015 年 5 月 31 日　　编号 03456

产品名称	型号规格	单位	交付数量	检验结果		实收数量	金额
				合格	不合格		
磨床	HG-3130	台	4	4		4	
钻床	HG-4250	台	4	4		4	

车间主任:李彬　　检验:张向东　　仓库验收:王志华

表 5－79　　产成品入库单

交库单位:装配车间　　2015 年 5 月 31 日　　编号 03457

产品名称	型号规格	单位	交付数量	检验结果		实收数量	金额
				合格	不合格		
铣床	HG-5140	台	3	3		3	

车间主任:李彬　　检验:张向东　　仓库验收:王志华

表 5－80　　产成品入库汇总表

20　　年　　月份　　金额单位:元

产品名称	型号规格	计量单位	数量	单位成本	总成本
合　计					

第六章　产品成本核算的辅助方法

一、名词解释

1.系数法　2.定额比例法　3.副产品
4.联产品　5.等级品　6.定额法
7.定额成本　8.脱离定额差异　9.作业
10.作业链　11.价值链　12.成本动因
13.资源动因　14.作业动因　15.作业中心
16.作业成本库　17.业务职能活动分解法　18.过程定位法
19.价值链分析法　20.作业流程图分析法

二、单项选择题

1. 某企业采用分类法计算产品成本，类内三种产品的材料费用定额为：甲产品为80 000元，乙产品为100 000元，丙产品为120 000元，其中乙产品为标准产品，则甲产品的材料费用系数为(　　)。

A. 1.2　B. 1　C. 0.8　D. 1.25

2. 采用分类法的目的在于(　　)。

A. 分品种计算产品成本　B. 分类别计算产品成本
C. 简化各类产品成本的计算工作　D. 简化各种产品成本的计算工作

3. 产品成本计算的分类法适用于(　　)。

A. 品种、规格繁多的产品
B. 可以按照一定标准分类的产品
C. 大量大批生产的产品
D. 品种、规格繁多而且可以按照一定标准分类的产品

4. 适合采用分类法计算产品成本的企业是(　　)。

A. 制鞋厂　B. 小型水泥厂
C. 造纸厂　D. 精密仪器生产企业

5. 下列不能采用分类法计算产品成本的是(　　)。

A. 联产品
B. 等级产品
C. 同一品种不同规格的产品
D. 品种、规格多，数量少，费用比重小的零星产品

6. 分类法的成本计算对象是(　　)。

A. 产品品种　B. 产品类别
C. 产品规格　D. 产品加工步骤

7. 必须采用分类法计算产品成本的是(　　)。

A. 联产品　B. 等级产品

C. 副产品　　D. 主产品

8. 企业在生产过程中对同一原料进行加工，可以生产出几种主要产品，这些产品称为(　　)。

A. 联产品　　B. 等级产品

C. 同一品种不同规格的产品　　D. 同类产品

9. 联产品在分离前计算出的总成本称为(　　)。

A. 直接成本　　B. 间接成本

C. 联合成本　　D. 分项成本

10. 关于联产品，下列说法中正确的是(　　)。

A. 联产品中各种产品的成本应该相等

B. 可以按联产品中的每种产品归集和分配生产费用

C. 联产品的成本应该包括其所应负担的联合成本

D. 联产品的成本应该包括其所应负担的联合成本和分离后的继续加工成本，联产品分离前的联合成本的计算可采用分类法的原理进行

11. 联合成本在各种联产品之间分配的常用方法是(　　)。

A. 实际产量分配法　　B. 约当产量分配法

C. 标准产量分配法　　D. 计划产量分配法

12. 企业在主要产品的生产过程中附带生产出来的非主要产品称为(　　)。

A. 联产品　　B. 副产品

C. 等级产品　　D. 同一品种不同规格的产品

13. 副产品的计价可以根据不同情况分别采用不同方法，常见的方法是(　　)。

A. 按上期成本计价　　B. 按固定成本计价

C. 按定额成本计价　　D. 按实际成本计价

14. 副产品成本从联合成本中扣除的方法可以是(　　)。

A. 从"直接材料"成本项目中扣除　　B. 从"直接人工"成本项目中扣除

C. 从"制造费用"成本项目中扣除　　D. 由企业自行决定

15. 由于材料质量、工艺过程本身等特点造成的等级品，可按分类法计算类产品的联合成本，在各种等级品之间分配联合成本时可采用的方法是(　　)。

A. 约当产量比例法　　B. 实际产量比例法

C. 计划产量比例法　　D. 标准产量比例法

16. 在计算类内各种产品成本时，分配标准应选择与产品成本高低有着直接联系的项目，通常采用的分配标准是(　　)。

A. 定额成本　　B. 约当产量

C. 标准产量　　D. 固定成本

17. 采用分类法按系数分配计算类内各种产品成本时，对于系数的确定方法是(　　)。

A. 选择产量大的产品作为标准产品，将其分配标准数确定为1

B. 选择产量大、生产稳定的产品作为标准产品，将其分配标准数确定为1

C. 选择产量大、生产稳定或规格折中的产品作为标准产品，将其分配标准数定为1

D. 自行选择一种产品作为标准产品，将其分配标准数定为1

18. 产品成本计算定额法的特点是(　　)。

A. 对产品成本进行事前控制
B. 对成本差异进行日常核算、分析和控制
C. 在定额成本的基础上加减各种成本差异，计算产品的实际成本，并进行成本的定期分析和考核
D. 上列三点都具备

19. 采用定额法计算产品成本时，生产工资费用定额的计算公式是(　　)。
A. 产品实际工时×生产工资实际单价
B. 产品实际工时×生产工资计划单价
C. 产品生产工时定额×生产工资实际单价
D. 产品生产工时定额×生产工资计划单价

20. 为了核算原材料脱离定额差异，对于经过切割才能使用的材料，应该采用(　　)。
A. 限额法　　B. 切割核算法
C. 盘存法　　D. 上述三种方法必须同时具备

21. 在定额法下，当消耗定额降低时，月初在产品的定额成本调整数和定额变动差异数(　　)。
A. 都是正数　　B. 都是负数
C. 前者是正数，后者是负数　　D. 前者是负数，后者是正数

22. 采用定额法计算产品成本时，若差异额较大而且各月在产品数量变动也较大，差异额在完工产品和月末在产品之间进行分配的方法一般是采用(　　)。
A. 定额差异的比例　　B. 定额成本的比例
C. 脱离定额差异的比例　　D. 材料成本差异的比例

23. 在定额法下，当消耗定额提高时，月初在产品的定额成本调整数和定额变动差异数(　　)。
A. 都是正数　　B. 都是负数
C. 前者是正数，后者是负数　　D. 前者是负数，后者是正数

24. 定额法下的定额变动差异是指由于修订消耗定额或生产耗费的计划价格而产生的(　　)。
A. 计划价格与实际价格的差额　　B. 新旧定额的差额
C. 实际价格与计划价格的差额　　D. 月初定额与月末定额的差额

25. 在完工产品成本中，如果月初在产品定额变动差异是负数，则说明(　　)。
A. 本月定额管理和成本管理有成绩　　B. 本月定额管理和成本管理有缺点
C. 消耗定额降低了　　D. 消耗定额提高了

26. 采用定额法计算产品成本时，对于定额变动差异，若是定额降低，在月末计算产品成本时，(　　)。
A. 从当月的产品成本中扣除
B. 加到当月的产品成本中
C. 对当月产品成本没有影响
D. 应在月初产品成本中进行调整，月末在产品成本不进行调整

27. 能够有效地加强成本控制，发挥成本核算对于节约生产费用、降低产品成本作用的成本计算方法是(　　)。

A. 分批法　　B. 分步法
C. 分类法　　D. 定额法

28. 设某限额领料单规定的产品数量为100件，每件产品原材料消耗定额为2千克，领料限额为200千克，实际投产90件，领料195千克，若车间期初有余料8千克，期末余料4千克，则原材料脱离定额差异为(　　)千克。
A. 节约9　　B. 节约1
C. 超支19　　D. 超支6

29. 定额法的特点是(　　)。
A. 对产品进行事前控制
B. 对成本差异进行日常核算、分析和控制
C. 进行成本的定期分析和考核
D. 上述三点都具备

30. 原材料的计划价格费用等于(　　)。
A. 实际消耗量×计划单价　　B. 定额消耗量×计划单价
C. 计划消耗量×实际单价　　D. 计划消耗量×计划单价

31. 原材料脱离定额差异是(　　)。
A. 价格差异　　B. 数量差异
C. 定额变动差异　　D. 原材料成本差异

32. 定额成本与计划成本(　　)。
A. 完全是一回事
B. 毫无联系
C. 可以互相代替
D. 既有相同之处也有不同之处，两者不能互相替代

33. 产品成本计算的定额法，在适用范围上(　　)。
A. 与生产类型有直接关系　　B. 与生产类型没有直接关系
C. 只适用于大批大量生产的机械制造业　　D. 只适用于单件小批生产的企业

34. 定额法的主要缺点是(　　)。
A. 只适用于大量大批生产的机械制造业
B. 较其他成本计算方法核算工作量大
C. 不便于成本分析工作
D. 不能合理、简便地解决完工产品和月末在产品之间的费用分配问题

35. 在修订定额成本的月份，如果月初在产品定额变动差异为正数，说明(　　)。
A. 本月定额管理和成本管理不利
B. 本月定额管理和成本管理取得了成绩
C. 以前月份定额管理和成本管理不利
D. 以前月份定额管理和成本管理取得了成绩

36. 采用定额法计算产品成本时，生产工资费用定额的计算公式是(　　)。
A. 产品生产实际工时×生产工资实际单价
B. 产品生产实际工时×生产工资计划单价
C. 产品生产工时定额×生产工资实际单价

D. 产品生产工时定额×生产工资计划单价

37. 由修订消耗定额或生产耗费的计划价格而产生的新旧定额之间的差额称为(　　)。

A. 定额差异　　B. 材料成本差异

C. 定额变动差异　　D. 脱离定额差异

38. 某工业企业采用盘存法计算定额原材料费用,原材料随生产进度陆续投入,甲产品月初在产品 20 件,完工率 50%,本期完工 100 件,月末在产品 50 件,完工率 60 %,则本期投产产品数量是(　　)件。

A. 130　　B. 110

C. 120　　D. 100

39. 产品定额成本与计划成本的相同之处是(　　)。

A. 两者都是根据产品消耗定额和计划价格计算的

B. 两者的原材料消耗定额都是全年的平均消耗定额

C. 两者的工时消耗定额都是现行的消耗定额

D. 两者在年度内都是不变的

40. 甲产品的某些材料从本月 1 日起修订消耗定额,单位产品旧的材料费用定额为 24 元,新的材料费用定额为 30 元,该产品月初在产品按旧定额计算的原材料定额费用为80 000 元,则其月初在产品定额变动差异为(　　)元。

A. 16 000　　B. －16 000

C. 20 000　　D. －20 000

41. 某种产品成本明细账所记本月产成品成本资料为:定额成本51 000元,脱离定额差异(节约)110 元,材料成本差异(超支)50 元,定额变动差异(消耗定额降低)230 元,则在定额法下,产品的实际成本是(　　)元。

A. 50 710　　B. 51 170

C. 51 390　　D. 50 610

42. 某产品采用定额法计算成本,原材料在生产开始时一次投入,期初结存在产品 300 件,本期领料1 000件,本期完工1 200件,期末在产品 100 件,原材料计划单位成本每件 6 元,材料成本差异率为 2%,则原材料成本差异是(　　)元。

A. 120　　B. 144

C. 156　　D. 12

43. 在变动成本法下,构成产品成本的是(　　)。

A. 变动生产成本　　B. 生产成本

C. 变动成本总额　　D. 变动成本与固定生产成本之和

44. 在变动成本法下,本期销货成本等于(　　)。

A. 本期发生的产品成本　　B. 单位生产成本×本期销售量

C. 单位变动生产成本×本期销售量　　D. 期初存货成本＋本期发生的产品成本

45. 采用变动成本法和完全成本法分别确定的营业净利润(　　)。

A. 不等

B. 相等

C. 可能不等

D. 采用变动成本法确定的营业净利润小于采用完全成本法确定的营业净利润

46. 本期的销售量比上期减少时，如按变动成本法确定营业净利润，本期与上期相比将(　　)

A. 增加　　B. 减少
C. 可能增加也可能减少　　D. 没有变化

三、多项选择题

1. 副产品可以按照(　　)计价。
A. 售价减去按正常利润率计算的销售利润后的余额
B. 售价减去按当年的利润率计算的销售利润后的余额
C. 固定的单价
D. 成本加成法
E. 该种产品成本加税金加平均利润
2. 采用分类法计算产品成本时应注意以下问题(　　)。
A. 类内产品品种不能过多　　B. 类内产品品种不能太少
C. 分配标准可由企业自由选择　　D. 分配标准应有所选择
E. 类距要适当
3. 分类法是成本计算的一种辅助方法，它一般可以与(　　)结合应用。
A. 品种法　　B. 分批法
C. 定额法　　D. 逐步结转分步法
E. 平行结转分步法
4. 分类法的成本计算程序是(　　)。
A. 在同类产品中选择一种产量大、生产稳定或规格折中的产品作为标准产品
B. 把标准产品的分配标准系数确定为 1
C. 以其他产品的单位分配标准数据与标准产品相比，求出其他产品的系数
D. 用各种产品的实际产量乘上系数，计算出总系数
E. 再按各种产品总系数比例分配计算类内各种产品成本
5. 下列关于系数法说法不正确的是(　　)。
A. 一种成本计算的基本方法　　B. 分类法的一种
C. 一种期间费用分配法　　D. 一种简化的分类法
E. 完工产品与月末在产品之间分配费用的方法
6. 产品成本计算分类法的特点是(　　)。
A. 按产品的品种归集费用计算成本
B. 按产品的批别归集费用计算成本
C. 按产品的类别归集生产费用计算成本
D. 同一类产品内不同品种产品的成本采用一定的分配方法分配确定
E. 不同类产品之间的成本采用一定的分配方法分配确定
7. 在分类法下，将每类产品总成本在类内各种产品之间进行分配时所选择的分配标准通常可以是(　　)。
A. 定额消耗量　　B. 计划成本
C. 产品售价　　D. 定额成本

E. 产品的重量或体积

8. 采用系数法时，被选定作为标准产品的产品应具备下列条件(　　)。

A. 产量较小　　B. 成本较高

C. 产量较大　　D. 生产比较稳定

E. 规格折中

9. 分类法主要适用于产品品种较多的企业或车间，可以采用分类法计算产品成本的企业是(　　)。

A. 电子元件厂　　B. 针织厂

C. 造船厂　　D. 机床厂

E. 砖瓦厂

10. 分类法的适用范围是(　　)。

A. 副产品

B. 联产品

C. 等级品

D. 品种、规格繁多但可按规定标准分类的产品

E. 品种、规格多，数量少，费用比重小的一些零星产品

11. 分类法下对于类内产品成本的计算，一般可以采用以下方法(　　)。

A. 系数法　　B. 按定额成本计价法

C. 按定额比例法计算　　D. 分批法

E. 约当产量法

12. 按照系数比例分配同类产品中各种产品成本的方法是(　　)。

A. 一种单独的产品成本计算方法

B. 完工产品与月末在产品之间分配费用的方法

C. 分类法的一种

D. 一种简化的分类法

E. 产品成本计算的基本方法之一

13. 如果按单项系数进行类内产品成本分配，当直接材料成本项目按定额成本作为分配标准时，则在计算直接材料成本项目的系数时应考虑以下因素(　　)。

A. 标准产品的直接材料定额成本　　B. 某种产品的直接材料定额成本

C. 标准产品的其他成本项目定额成本　　D. 某种产品的其他成本项目定额成本

E. 标准产品定额成本总数

14. 下列可以按副产品成本计算方法计算产品成本的是(　　)。

A. "三废"利用形成的产品

B. 除了生产主要产品以外，有时为其他企业提供少量加工、修理等作业

C. 除了生产主要产品之外，有时为本企业其他车间和部门提供少量的加工和修理作业

D. 品种、规格多，数量少的产品

E. 品种、规格多而且数量少、费用比重小的产品

15. 联产品分离前的联合成本，在各种联产品之间进行分配的方法包括(　　)。

A. 计划产量分配法　　B. 实物计量分配法

C. 标准产量分配法　　D. 约当产量分配法

16. 采用分类法计算产品成本的优点是(　　)。

A. 各种产品成本计算结果准确

B. 费用分配标准长期不用修订

C. 简化成本计算工作

D. 能在产品品种、规格繁多的情况下分类掌握产品成本的水平

E. 有利于加强成本的事前控制

17. 按定额比例法进行类内产品成本分配时的具体做法是(　　)。

A. 材料费用可采用定额工时比例分配

B. 加工费用可采用材料定额工时比例分配

C. 材料费用可采用材料定额耗用量比例分配

D. 加工费用可采用定额工时比例分配

E. 各项费用均按材料定额消耗量比例分配

18. 采用分类法时,能否做到既简化成本计算工作又使成本计算相对正确的关键是(　　)。

A. 分类

B. 确定分配标准

C. 生产周期

D. 是否将生产费用在各类产品之间进行分配

E. 每类期末在产品数量多少

19. 采用系数法分配计算类内各种产品成本时,可以按单项系数进行分配。单项系数计算公式的分子和分母可以是(　　)。

A. 分子是某种产品直接材料定额成本,分母是标准产品直接材料定额成本

B. 分子是某种产品定额工时,分母是标准产品定额工时

C. 分子是某种产品定额制造费用,分母是标准产品定额制造费用

D. 分子是标准产品直接材料成本,分母是某种产品直接材料成本

E. 分子是标准产品定额制造费用,分母是某种产品定额制造费用

20. 可按分类法成本计算原理计算产品成本的等级品是(　　)。

A. 由于材料质量原因造成等级品　　B. 由于工艺过程本身原因造成等级品

C. 由于自然原因造成等级品　　D. 由于生产管理不当造成等级品

E. 由于操作失误造成等级品

21. 实际所耗材料应负担的材料成本差异是(　　)。

A. 材料实际消耗量乘以材料计划单价,再乘以材料成本差异率

B. 材料定额消耗量乘以材料计划单价,再乘以材料成本差异率

C. 材料定额费用乘以材料成本差异率

D. 材料计划价格费用乘以材料成本差异率

E. 材料定额费用与材料脱离定额差异之和乘以材料成本差异率

22. 核算脱离定额差异,是为了(　　)。

A. 确定和分析价差

B. 进行产品成本的事前控制

C. 进行产品成本的日常分析和事中控制

D. 为月末进行产品实际成本计算提供数据

E. 为月末进行产品成本定期分析提供数据

23. 在完工产品成本中，如果月初在产品定额变动差异是正数，说明(　　)。

A. 消耗定额降低了

B. 消耗定额提高了

C. 本月份定额管理和成本管理有成绩

D. 以前月份定额管理和成本管理取得了成绩

E. 以前月份定额管理和成本管理有缺点

24. 联产品的生产特点是(　　)。

A. 经过同一个生产过程进行生产　　B. 利用同一种原材料加工生产

C. 都是企业的主要产品　　D. 有的是主要产品，有的是非主要产品

E. 生产成本相同

25. 副产品是指企业在生产主要产品的过程中附带生产出来的一些非主要产品，副产品的计价方法是(　　)。

A. 副产品不计价

B. 按销售价格扣除销售税金、销售费用后的余额计算

C. 副产品按固定价格计价

D. 按计划单位成本计价

E. 按实际成本计价

26. 下列方法中，可用于计算原材料脱离定额差异的方法有(　　)。

A. 系数法　　B. 盘存法

C. 限额法　　D. 代数法

E. 切割核算法

27. 下列成本计算方法中，日常核算都是根据实际生产费用计算的是(　　)。

A. 品种法　　B. 分批法

C. 分步法　　D. 分类法

E. 定额法

28. 在定额法下，计算产品应分配的材料成本差异时，需要的指标是(　　)。

A. 产品原材料的定额费用　　B. 产品原材料的计划费用

C. 原材料脱离定额的差异　　D. 原材料定额变动差异

E. 原材料成本差异率

29. 定额法的特点是(　　)。

A. 能对产品成本进行事前控制

B. 能加强对成本差异的日常核算、分析和控制

C. 能为成本的定期考核和分析提供数据

D. 能简化产品成本的计算

E. 能直接根据实际生产费用计算产品成本

30. 在定额法下，下列属于差异凭证的是(　　)。

A. 限额领料单　　B. 定额发料单

C. 超额材料领料单　　D. 代用材料领料单

E. 退料单

31. 要控制产品的制造费用等间接计入费用不超过定额，需要(　　)。

A. 控制这些间接计入费用总额不超过计划

B. 控制生产工时总额不低于计划

C. 控制生产工时总额不高于计划

D. 控制单位产品的工时不超过定额

E. 控制废品损失不超过定额

32. 在定额法下，有关原材料说法正确的是(　　)。

A. 材料的日常核算既可以按实际成本也可以按计划成本进行

B. 材料定额费用=定额消耗量×计划单位成本

C. 材料脱离定额差异=消耗数量差异×计划单位成本

D. 材料计划价格费用=材料定额费用+材料脱离定额差异

E. 材料计划价格费用=实际消耗数量×计划单位成本

33. 下列关于原材料成本差异的计算公式，正确的是(　　)。

A. 实际成本−计划价格费用

B. 实际消耗数量×计划单位成本×成本差异率

C.(材料定额费用+脱离定额差异)×成本差异率

D. 计划价格费用×成本差异率

E. 定额消耗量×计划单位成本×成本差异率

34. 月初在产品定额变动差异等于(　　)。

A. 按旧定额计算的月初在产品费用−按新定额计算的月初在产品费用

B. 按新定额计算的月初在产品费用−按旧定额计算的月初在产品费用

C. 按旧定额计算的月初在产品费用×(1−定额变动系数)

D. 按新定额计算的月初在产品费用×(1−定额变动系数)

E. 按旧定额计算的月初在产品费用×定额变动系数

35. 定额法的优点主要表现在(　　)。

A. 能加强成本控制，及时有效地节约生产耗费，降低产品成本

B. 便于进行产品成本的定期分析

C. 有利于提高成本的定额管理和计划管理工作的水平

D. 能够比较合理和简便地解决完工产品和月末在产品之间分配费用的问题

E. 能够加速和简化成本的核算工作

36. 采用定额法必须具备的条件是(　　)。

A. 定额管理制度比较健全

B. 定额管理工作的基础比较好

C. 产品的生产已经定型，消耗定额比较准确、稳定

D. 大量大批生产

E. 单件小批生产

37. 与产品的生产类型没有直接联系的成本计算方法有(　　)。

A. 品种法　　　　B. 分批法

C. 分类法　　　　D. 定额法

E. 分步法

38. 在定额法下，计算产品应分配的材料成本差异时，需要的指标有(　　)。

A. 原材料的定额费用　　B. 原材料脱离定额的差异

C. 原材料定额变动差异　　D. 原材料的实际消耗量

E. 原材料成本差异率

39. 在定额法下，计算产品的实际成本时涉及到的因素有(　　)。

A. 按现行定额计算的产品定额成本　　B. 脱离现行定额差异

C. 原材料或半成品成本差异　　D. 原材料或半成品计划价格

E. 月初在产品定额变动差异

40. 在定额法下，当消耗定额降低以后，会使(　　)。

A. 月初在产品定额成本减少

B. 月初在产品定额变动差异增加

C. 月初在产品定额成本增加

D. 月初在产品定额变动差异减少

E. 月初在产品成本与本期发生费用之和不变

41. 采用定额法计算产品成本时，产品实际成本计算的指标(　　)。

A. 按现行定额计算的产品定额成本　　B. 按旧定额计算的产品定额成本

C. 脱离现行定额的差异　　D. 是原材料或半成品成本差异

E. 是月初在产品定额变动差异

42. 在完全成本法下，影响计入当期损益固定性制造费用数额的是(　　)。

A. 当期发生的全部固定性制造费用水平　B. 期末存货水平

C. 期初存货水平　　D. 当期营业收入水平

43. 变动成本法与完全成本法下共同的产品成本内容为(　　)。

A. 变动制造费用　　B. 直接人工

C. 直接材料　　D. 制造费用

44. 下列项目中，完全成本法和变动成本法在确定本期的营业净利润时都将其作为期间成本处理的是(　　)。

A. 销售费用　　B. 管理费用

C. 财务费用　　D. 固定性制造费用

45. 已知某企业本期期末存货量大于期初存货量(即产大于销)，该期发生的固定生产成本的水平与前期相同，但两期产量不同，则本期的完全成本法与变动成本法的营业净利润差额(　　)

A. 可能大于零　　B. 可能小于零

C. 可能等于零　　D. 一定不为零

四、判断题

1. 分类法下，按系数分配费用，实际上是按以产量加权的总系数分配费用。　(　　)

2. 采用分类法计算产品成本，不论选择什么作为分配标准，其产品成本的计算结果都有不同程度的假定性。　(　　)

3. 按照系数分配计算同类产品中各种产品成本的方法，是一种简化的分类法。　(　　)

4. 由于分类法是为了简化成本核算工作而采用的方法，因此只要能简化成本核算，产品可以随意进行分类。 ( )

5. 分类法的特点是按产品类别计算产品成本，不按产品品种计算产品成本。 ( )

6. 采用分类法计算产品成本，对类内产品成本的分配，各成本项目可采用相同的分配标准，也可采用不同的分配标准。 ( )

7. 在按消耗定额或费用定额计算系数的情况下，由于按系数比例分配费用与按定额消耗量或定额费用分配费用的分配率不同，其分配结果也不一定相同。 ( )

8. 副产品的计价方法与联产品相同。 ( )

9. 按标准产量比例分配费用，实际上也是按照系数分配成本的一种方法。 ( )

10. 分类法与生产的类型没有直接的关系，因而可以在各种类型的生产中应用。 ( )

11. 等级产品应按各该等级产品的售价或以售价为依据确定的系数为比例，采用分类法计算成本。 ( )

12. 分类法适用于产品品种、规格较多并可按一定标准进行分类的企业的成本计算，也是成本计算的一种基本方法。 ( )

13. 联产品既可以按分类法计算产品成本，也可以不采用分类法计算产品成本。 ( )

14. 联产品是企业在生产过程中，利用同一种原材料，经过同一个生产过程，同时生产出几种产品，这些产品有的是主要产品，有的则是非主要产品。 ( )

15. 由于产品内部结构、所用原材料或工艺技术不同而产生的同一品种不同质量的产品，可以采用分类法计算成本。 ( )

16. 副产品在与主产品分离以后，如果加工时间不长，所花费用不大，副产品成本可以按计划单位成本计价。 ( )

17. 工业企业的“三废”一经利用也就成了副产品，就应该按照副产品的成本计算方法计算成本。 ( )

18. 如果副产品的售价不能抵偿其销售费用，则副产品不应计价。 ( )

19. 联产品是指在生产过程中生产出来的主要产品以及附带生产出来的非主要产品。 ( )

20. 联产品的成本应该包括其所应负担的联合成本和分离后的继续加工成本。 ( )

21. 分类法是以产品类别为成本计算对象的基本方法。 ( )

22. 在实际工作中，副产品可以不负担分离前的成本，其成本可由主要产品负担，这种方法一般适用于副产品分离后不再加工而且其价值较低的情况。 ( )

23. 选择同类产品内各种产品之间分配费用的标准时，应考虑分配标准是否与产品成本的高低关系较大。 ( )

24. 凡是产品的品种、规格繁多又可以按一定要求划分为若干类别的企业或车间，均可采用分类法计算成本。 ( )

25. 等级品可与联产品和副产品一样采用分类法计算产品成本。 ( )

26. 在计算月初在产品定额变动差异时，如果是定额提高的差异，应加入月初在产品定额成本，同时减少定额变动差异。 ( )

27. 制定定额成本的过程也是进行成本事前控制的过程。 ( )

28. 定额法是在完工产品与在产品之间分配费用的方法。 ( )

29. 定额变动差异是指实际费用与定额费用之间的差额。 ( )

30. 定额法不仅是一种产品成本计算的方法，也是一种对产品成本进行直接控制、管理的方法。 （ ）

31. 定额成本与计划成本都是以产品生产耗费的消耗定额和计划价格为根据确定的目标成本。 （ ）

32. 计划成本在计划期内是变动的；定额成本在计划期内通常是不变的。 （ ）

33. 定额法与产品的基本成本计算方法的区别在于，前者根据定额成本加减各种成本差异算出实际成本，因而便于进行产品成本的定期分析。 （ ）

34. 定额成本一般是国家或上级公司等管理部门在计划期内对企业进行成本考核的依据。 （ ）

35. 定额成本和计划成本的制定过程都是对产品成本进行事前的反映和监督，实行事前控制的过程。 （ ）

36. 定额法采用的定额成本，不应该是长期特别是几年不变的定额成本。 （ ）

37. 生产任务完成后，退料单中所列的原材料数额和限额领料单中的原材料余额都是原材料脱离定额的节约差异。 （ ）

38. 限额领料单中的原材料余额是原材料脱离定额的节约差异。 （ ）

39. 对于经过切割(下料)才能使用的材料，只需采用切割核算法核算原材料脱离定额的差异，无需采用限额法。 （ ）

40. 余料不是实际消耗的材料，废料则是实际消耗材料的一部分。 （ ）

41. 在切割核算法中，不论实际切割成的毛坯数量是多少，超额回收废料的差异都是不利差异。 （ ）

42. 除了经过切割才能使用的材料以外，大部分原材料应采用盘存法核算和控制用料差异。 （ ）

43. 原材料定额费用及脱离定额差异汇总表中，材料的定额费用、计划价格费用和脱离定额差异都是按材料的计划单价核算的，其中包括材料的价格差异。 （ ）

44. 原材料脱离定额的差异，是指原材料实际费用与原材料定额成本之差。 （ ）

45. 制造费用差异的日常核算，通常是指脱离费用计划的差异核算。 （ ）

46. 在定额法下，材料的日常核算必须按计划成本进行。 （ ）

47. 在多步骤生产中采用定额法时，如果逐步结转半成品成本，半成品的日常核算也应按照计划成本或定额成本进行。 （ ）

48. 定额成本一般在月初、季初或年初定期进行修订。 （ ）

49. 在修订定额成本的月份，不论月初在产品定额变动差异是多少，都不会引起本月产品总额发生变化。 （ ）

50. 在定额法下，分配各种成本差异时，如果采用"在产品按定额成本计价法"分配，成本差异则完全由完工产品成本负担。 （ ）

51. 如果月初在产品定额变动差异为正数，说明本月车间工作取得了成绩。 （ ）

52. 在计算月初在产品定额变动差异时，如果是定额提高的差异，应加入月初在产品定额成本，并从本月产品成本中减去。 （ ）

53. 定额法与产品的生产类型没有直接的联系，因而适用于各种类型的生产。 （ ）

54. 完工产品成本中的定额差异是正数，一般说明本月成本管理工作做得不好。 （ ）

55. 定额法既可以单独使用，也可以与品种法、分批法或分步法结合起来应用。 （ ）

56. 在定额法下，在完工产品与月末在产品之间分配各种成本差异的原则是：差异不大或差异虽大但各月末在产品数量变化不大，差异全部由完工产品成本负担；差异较大而且各月月末在产品数量变化也较大，差异应在完工产品与月末在产品之间按定额成本比例进行分配。（ ）

57. 在定额法下，发生的废品损失通常作为脱离定额的差异处理。（ ）

58. 在计时工资制度下，生产工人工资脱离定额的差异能在平时按照产品直接进行计算。（ ）

59. 原材料脱离定额差异核算的限额法可以有效地控制用料，使之不超过定额。（ ）

60. 定额法应采用定额比例法或在产品按定额成本计价法，分配计算完工产品和月末在产品所应负担的成本差异。（ ）

61. 在定额法下，退料单不属于差异凭证。（ ）

62. 材料的定额费用与材料脱离定额差异的代数和，就是材料的实际费用。（ ）

63. 在计算月初在产品定额变动差异时，如果是定额提高的差异，应加入月初在产品定额成本，并从本月产品成本中减去。（ ）

64. 原材料的计划价格费用加上应负担的原材料成本差异，就是原材料的实际费用。（ ）

65. 定额成本是一种目标成本，是企业进行成本控制和考核的依据。（ ）

66. 定额法是一种单纯计算产品实际成本的成本计算方法。（ ）

67. 本期材料定额消耗量，就是本期完工产品数量与产品材料消耗定额的乘积。（ ）

68. 在完全成本法下，固定生产成本全部计入期末存货成本中。（ ）

五、简答题

1. 简述分类法的特点及适用范围。
2. 试述分类法的成本计算程序。
3. 如何进行类内产品成本的计算？
4. 副产品有什么特点？副产品成本计算的关键是什么？
5. 什么是联产品？联产品成本计算的关键是什么？
6. 简述定额法的特点和适用范围。
7. 试述定额法下产品实际成本的构成。
8. 定额法下产品成本的计算程序是什么？
9. 简述变动成本法与完全成本法的区别。
10. 试述变动成本计算法的优缺点。
11. 试述作业成本法的基本核算程序。
12. 试对作业成本法作一评价。

六、实务题

1. 某企业采用分类法进行产品成本计算，A类产品分为甲、乙、丙三个品种，甲为标准产品。类内费用分配的方法是原材料按定额费用系数为标准，其他费用以定额工时系数为标准。A类完工产品总成本为480 920元，其中直接材料为269 700元，直接人工为96 760元，制造费用为114 460元。产量及定额资料见表6－1。

表 6—1

品名	产量(件)	单位产品原材料费用定额(元)	单位产品工时定额(小时)
甲	400	240	20
乙	600	312	15
丙	300	216	22

要求：

(1)填制 A 类产品系数计算表，见表 6—2。

(2)填制 A 类产品成本计算单，见表 6—3。

表 6—2　　**A 类产品系数计算表**

品名	原材料费用		工　时	
	单位产品定额	系数	单位产品定额	系数
甲				
乙				
丙				

表 6—3　　**A 类产品成本计算单**

项目	产量	原材料费用系数	原材料费用总系数	工时系数	工时总系数	直接材料	直接人工	制造费用	成本合计	单位成本
合计										
分配率										
甲										
乙										
丙										

2. 某企业生产甲类产品，类内又有 A、B、C、D 四种产品，甲类产品的原材料费用按照各种产品的原材料费用系数进行分配，原材料费用系数按原材料费用定额确定。该企业规定 C 种产品为标准产品，采用分类法计算产品成本。其他费用按定额工时的比例进行分配。甲类产品的产量和产品成本计算单等资料见表 6—4、表 6—5。

表 6—4　　**甲类产品的产量、费用定额、工时定额资料**

产品名称	材料费用定额(元)	单位产品工时定额(小时)	产量(件)
A	615	150	400
B	492	145	300
C	410	130	650
D	369	120	800

表 6—5 甲类产品成本计算单 单位:元

项　目	原材料	燃料及动力	人工费用	制造费用	合　计
月初在产品成本	2 305	85	160	572	3 122
本月发生费用	835 067	230 115	270 000	235 819	1 571 001
合计	837 372	230 200	270 160	236 391	1 574 123
完工产品成本	834 140	230 040	269 800	235 720	1 569 700
月末在产品成本	3 232	160	360	671	4 423

要求:根据上述资料,采用分类法计算表内每种产品的成本,并将计算结果填入表 6—6 中。

表 6—6 甲类产品完工产品成本计算单

项目	产量	原材料费用系数	原材料费用总系数	单位产品定额工时	定额总工时	原材料	燃料及动力	人工费用	制造费用	成本合计
分配率										
A 产品										
B 产品										
C 产品										
D 产品										
合计										

3. 某工业企业的主产品——甲产品在生产过程中会生产出可以加工成为副产品——A 产品的原料。A 产品的原料按计划单价每千克 4 元计价,从甲产品的原材料费用中扣减。本月甲产品产量为7 200千克,A 产品 850 千克。生产甲产品本月领用原材料181 200元,在甲产品的生产过程中产出 A 产品的原料 820 千克,当月全部被 A 产品耗用。

该车间生产工人人工费用为12 175元,制造费用为24 350元,这些费用在甲、A 产品之间按生产工时比例分配。其中甲产品生产工时为4 560小时,A 产品生产工时为 310 小时。

由于原材料在生产费用中比重较大,因而甲、A 产品的在产品均按所耗原材料定额费用计价。甲在产品定额材料费用月初为63 400元,月末为54 600元;A 在产品定额材料费用月初为 430 元,月末为 301 元。

要求:

(1)编制人工和制造费用分配表。分配主、副产品应负担的加工费,将计算结果填入表 6—7 中。

(2)计算主、副产品的实际成本,并将计算结果填入表 6—8 中。

表 6—7 人工和制造费用分配表 单位:元

项　目	生产工时(小时)	人工费用	制造费用
本月发生额			
分配率			
甲产品(主产品)			
A 产品(副产品)			

表 6—8　　**A 产品明细账**　　单位:元

项　目	产量	原材料	人工费用	制造费用	成本合计
月初在产品成本					
本月生产费用					
生产费用累计					
产成品成本					
产成品单位成本					
月末在产品成本					

4. 某企业用同一种原材料在同一生产工艺过程中产出 A、B 两种联产品，这些联产品采用售价作为分配标准。A 产品分离后还要继续加工为甲产品，B 产品在分离后可直接对外销售，A 产品产量 720 件，单价 15 元，B 产品产量 400 件，单件 18 元。成本计算资料如表 6—9 所示。

表 6—9　　单位:元

项　目	直接材料	直接人工	制造费用	合　计
分离前的共同成本	27 000	14 400	21 600	63 000
A 产品继续加工费用	3 000	1 800	1 200	6 000

要求：

(1)填制联产品内各种产品成本计算表，见表 6—10。

(2)填制 A 产品成本汇总计算表，见表 6—11。

表 6—10　　**联产品内各种产品成本计算表**　　单位:元

项　目	产量(件)	单价	总售价	直接材料	直接人工	制造费用	成本合计
费用分配率							
A 产品							
B 产品							
合计							

表 6—11　　**A 产品成本汇总计算表**　　单位:元

成本项目	直接材料	直接人工	制造费用	成本合计
分离前共同成本				
继续加工成本				
完工产品总成本				

5. 某企业大量生产主要产品甲产品，生产过程中产生的废料经过加工处理可以成为副产品——乙产品。

本月甲产品领用材料 98 000 千克，单价 2 元，本月的生产工人工资12 800元，制造费用16 000元。本月甲产品产量2 000件，乙产品产量 500 件。

甲产品成本中材料费用占的比重很大，因而甲产品的在产品按所耗材料的定额费用计价，其月初在产品的定额材料费用为15 000元，月末在产品的定额材料费用为22 000元；乙产品的月末在产品很少，不计算月末在产品成本。

乙产品按计划单位成本计价，其计划单位成本为：材料费用 5 元，工资费用 1.5 元，制造费用 1.9 元，合计 8.4 元。

要求：填制甲产品成本明细账，见表 6—12。

表 6—12　　**甲产品成本明细账**　　单位：元

月	日	摘　要	产量(件)	直接材料	直接人工	制造费用	成本合计
6	30	在产品定额成本					
7	31	本月生产费用					
		生产费用累计					
		减：乙产品成本					
		本月产成品					
		产成品单位成本					
7	31	在产品定额成本					

6. 某企业生产丙产品，月初在产品 200 件，上月末在产品的直接材料消耗定额为每件 50 元，本月初调整直接材料消耗定额为每件 45 元，本月又投入丙产品 600 件，本月的直接材料脱离定额超支差异为2 500元，假定直接材料无成本差异，丙产品在月份内全部完工。

要求：根据上述资料，试计算本月份丙产品的：

(1)直接材料定额成本；

(2)直接材料定额变动差异；

(3)直接材料实际成本。

7. 某产品采用定额法计算成本，其原材料费用如表 6—13 所示。

表 6—13　　单位：元

成本项目	月初在产品		月初在产品定额调整	本月发生		本月完工产品定额费用
	定额费用	脱离定额差异		定额费用	脱离定额差异	
原材料	2 000	−98.44	−60	48 000	−1 200	44 000

本月原材料成本差异率为−2%，材料成本差异和定额变动差异均由完工产品成本负担，脱离定额差异在完工产品与月末在产品之间按定额费用比例分配。

要求：

(1)计算月末在产品原材料定额费用；

(2)计算原材料脱离定额差异分配率；

(3)计算本月原材料费用应分配的材料成本差异；

(4)计算本月完工产品原材料实际费用；

(5)计算月末在产品原材料实际费用(列出算式)。

8. A 产品采用定额法计算成本，该产品月初在产品定额原材料费用为27 000元，从该月 1 日起修订原材料消耗定额和材料计划单价：原消耗定额为 13.5 千克，现行消耗定额为 12.15 千克；原计划单价为 6.75 元，现行计划单价为 8.1 元。

要求：

(1)计算定额变动系数；

(2)计算月初在产品定额成本调整数和定额变动差异数。

9. B 产品采用定额法计算成本，原材料定额费用采用盘存法计算。该产品原材料在生产开始时一次投入，期初结存在产品 240 件，本期领料 800 件，本期完工 920 件，期末在产品 104 件，该产品原材料计划单位成本 4.8 元/件，材料成本差异率为－2%。

要求：

(1)计算原材料定额费用；

(2)计算原材料脱离定额差异；

(3)计算原材料成本差异。

10. 设其企业只生产一种 A 产品，A 产品售价为 5 元，存货计价采用先进先出法。2007 年：产量170 000件，销量140 000件；2008 年：产量140 000件，销量160 000件。两年生产成本资料如下：单位变动成本 3 元，其中：直接材料 1.30 元、直接人工 1.50 元、变动制造费用 0.20 元；年固定制造费用150 000元。两年销售与管理费资料如下：年固定销售与管理费用65 000 元，变动销售与管理费用为年销售收入的 5%。

要求：

(1)根据上述资料，分别采用变动成本计算法和全部成本计算法，确定 2007 年和 2008 年的利润。

(2)试说明 2007 年和 2008 年采用变动成本计算法和全部成本计算法产生利润差异的原因。

(3)试说明完全成本计算法所确定的 2007 年和 2008 年利润差异的原因。

(4)试说明变动成本计算法所确定的 2007 年和 2008 年利润差异的原因。

11. 大华公司专门制造和销售包装机，最近用 ABC 法取代了传统成本核算系统。改进后的产品成本由直接成本(直接材料)和 4 个作业中心成本构成。这 4 个作业中心及其作业动因资料如表 6—14 所示。

表 6—14　　4 个作业中心的作业动因资料

作业中心	作业动因	预算成本分配率
材料管理	部件数量	8 元/个
机械制造	机器小时	68 元/小时
组装	装配小时数	75 元/小时
检验	检验小时数	104 元/小时

大众公司从大华公司订购了 50 台包装机。每台机器直接材料成本为 3 000 元，需要 50 个部件、12 个机器小时、15 个装配小时和 4 个检验小时。

大华公司传统成本制度中只包含直接成本(直接材料)和间接成本(制造费用按装配小时为基础分配)。

要求：

(1)分别用 ABC 法、传统成本法计算大众公司订购的产品总成本及单位成本。

(2)为什么大华公司成本类型中没有直接人工成本？它被归入哪些项目了？

(3)简要比较传统成本法和 ABC 法提供的成本信息差异及准确性。

第七章　其他主要行业的成本核算

一、名词解释

1.毛利率法　2.售价金额核算法　3.开发经营费用
4.土地征用及拆迁补偿费　5.前期工程费　6.建筑安装工程费
7.基础设施费　8.公共配套设施费　9.开发间接费用
10.筹资成本　11.商业性建设场地　12.自用性建设场地
13.运输支出　14.装卸支出　15.堆存支出
16.辅助营运费用

二、单项选择题

1. 商业批发企业的毛利率法，适用于计算（　　）已销商品的进价成本。
A. 各个月份　B. 季末月份
C. 1～11 月份　D. 每季度前两个月份
2. 进口商品的成本是指进口商品按对外承付货款日国家外汇牌价结算的（　　）。
A. 到岸价　B. 离岸价
C. 到岸价加进口商品运费　D. 离岸价加商品佣金
3. 零售企业采用售价金额核算法核算时，其库存商品明细账（　　）。
A. 不记数量，只记金额　B. 按柜组设置
C. 按售价登记购进金额和销售金额　D. 月末调整登记进销差价
4. 已经完成销售手续并确认收入但购买单位在月末未提取的商品，应当作为（　　）。
A. 发出商品　B. 代管商品
C. 库存商品　D. 材料物资
5. 会计实务中，国内购进的商品采购成本是指其（　　）。
A. 进货原价　B. 进货原价及进货费用
C. 进货原价及入库后的清选整理费　D. 进货原价及进货手续费
6. 结转已销商品应分摊的商品进销差价时，应借记（　　）账户，贷记“主营业务成本”账户。
A.“商品采购”　B.“库存商品”
C.“商品进销差价”　D.“库存商品”或“商品进销差价”
7. 企业在开发项目现场设立的管理机构为组织和管理工程建设而发生的薪酬、办公费等费用应计入（　　）。
A. 前期工程费　B. 建筑安装工程费
C. 基础设施费　D. 开发间接费用
8. 企业采用支付手续费方式委托其他单位代销的商品，应在（　　）账户中核算。
A. 发出商品　B. 代管商品
C. 库存商品　D. 材料物资

三、多项选择题

1. 商品流通企业的成本包括(　　)。

A. 商品采购成本　　B. 商品加工成本

C. 商品销售成本　　D. 商品存货成本

2. 售价金额核算法下,已销商品进销差价的计算方法有(　　)。

A. 毛利率法　　B. 综合差价率法

C. 分类差价率法　　D. 实际差价法

3. 企业进口的商品,其采购成本包括(　　)。

A. 进口税金　　B. 进口关税和商品增值税

C. 委托代理进口费用　　D. 外汇价差

4. 商品流通企业的其他业务成本是指除了商品销售以外的其他销售或提供其他劳务等发生的(　　)。

A. 直接人工　　B. 直接材料

C. 其他直接费用　　D. 企业管理费用

5. 企业进口的商品应冲减商品采购成本的事项包括(　　)

A. 购货折让　　B. 购进商品的索赔收入

C. 能直接认定的进口佣金　　D. 购货退回

6. 商品进销差价率可以按(　　)计算。

A. 商品品种、规格　　B. 全部商品

C. 柜组　　D. 商品类别

7. 下列属于房地产开发产品成本的有(　　)。

A. 土地征用及拆迁补偿费　　B. 前期工程费

C. 公共配套设施费　　D. 筹资成本

8. 下列属于金融企业成本费用核算内容的有(　　)。

A. 利息支出　　B. 手续费及佣金支出

C. 业务及管理费用　　D. 汇兑损益

9. 下列属于交通运输业的成本计算对象的是(　　)。

A. 运输业务　　B. 装卸业务

C. 代理业务　　D. 运行线路

10. 交通运输企业的成本费用由(　　)构成。

A. 管理费用　　B. 运营成本

C. 期间费用　　D. 折旧费用

四、判断题

1. 零售企业商品的进销差价是随着商品的销售随时计算并转入“主营业务成本”账户的贷方。(　　)

2. 零售企业的商品无法采用数量金额核算法,只能采用金额核算法。(　　)

3. 毛利率法不是按商品的类别综合计算已销商品的进价成本,而是按商品的品种计算已销商品的进价成本。(　　)

4. 采用数量实际成本核算法时，企业可根据具体情况，采用个别计价法、毛利率法、先进先出法、实际差价法等方法确定已销商品的成本。 ( )

5. 售价金额核算法下，商品出售后，应以售价暂时反映商品销售成本，待计算出已销商品进销差价后，再对其进行调整。 ( )

6. 企业的商品进销差价率各月之间比较均衡的，也可以采用上月商品进销差价率计算分摊本月销售商品应分摊的商品进销差价。 ( )

7. 商品流通企业的商品成本分为商品采购成本、商品加工成本、商品销售成本和商品其他成本。 ( )

8. 数量金额核算法只能用于批发企业，无法用于零售企业。 ( )

9. 企业接受的代销商品如果做自购自销处理，也应通过“商品进销差价”账户核算，但因接受的代销商品不属企业的存货，所以在计算差价率时，月末结存商品售价就不应包括做自购自销业务处理的接受代销商品的售价。 ( )

10. 国内购进商品的采购成本包括进货原价、购进商品所发生的进货费用以及小规模纳税人购进商品、支付进货费用所包括的增值税进项税。 ( )

11. 为销售或有偿转让而开发的商业性建设场地，其开发过程中发生的各项费用应当全部计入土地开发成本。 ( )

12. 土地征用及拆迁补偿费，凡是能分清负担对象的，可直接计入房屋开发成本。( )

13. 沿海运输企业与远洋运输企业其成本计算期是一致的。 ( )

五、简答题

1. 简述商品流通企业成本的内容。
2. 简述房地产开发企业成本核算的内容。
3. 简述交通运输企业成本核算的特点。
4. 简述金融企业成本核算的内容。

六、实务题

1. 某批发企业采用毛利率法计算商品销售成本，该企业第二季度A类商品计划毛利率为18.5%，4月初该类“库存商品”账户余额为84 000元，二季度商品购销情况如表7—1所示。6月末对商品进行盘点，按个别计价法确定A类“库存商品”账户余额为209 250元。

表7—1

月份	购入该类商品进价金额	商品销售收入
4	127 500	165 000
5	258 000	285 000
6	142 500	180 000

要求：采用毛利率法计算并结转6月份A类商品销售成本。

2. 某零售企业B类商品7月初“库存商品”账户月初余额为20 000元，商品进销差价月初余额为4 240元。本月购进该类商品进价成本为56 000元，售价金额70 000元。本月该类商品销售收入为68 000元。

要求：计算 B 类商品 7 月份的进销差价率及已销商品进价成本。

3.(1)某房地产开发公司 2015 年开发商品性建设场地(甲)和自用性建设场地(乙)各一块。用银行存款支付土地征用费4 800 000元，其中甲场地2 850 000元，乙场地1 950 000元，支付甲场地拆迁补偿费750 000元，安置费510 000元。

(2)以银行存款支付水文地质勘察费84 000元，其中甲场地24 000元，乙场地60 000元。市政工程公司基础设施费480 000，其中甲场地225 000元，乙场地255 000元。

(3)应付建筑工程公司建筑安装费675 000元，其中甲场地375 000元，乙场地300 000元。

(4)分配开发间接费用 1 170 000 元，其中甲场地应负担720 000元，乙场地应负担450 000元。

(5)月末甲场地开发完工，结转其实际成本。

要求：对以上业务编制会计分录。

4. 某房地产开发公司 2015 年 6 月在甲工程(商品房)开发过程中发生下列经济业务：

(1)征用 1001# 土地 10 000 平方米，发生土地征用及拆迁补偿费3 600 000元，前期工程费900 000元，基础设施费1 800 000元，建筑安装费2 700 000元，所有费用均以银行存款支付。

(2)1001# 土地开发完工，结转土地开发成本。

(3)用银行存款支付甲工程建设场地的补偿费 210 000 元。

(4)委托设计部门对甲工程进行设计，应付设计费139 500元。

(5)第二建筑公司提出“工程价款结算账单”，要求支付工程进度款1 305 000元。

(6)用银行存款支付道路、绿化等基础设施费 948 000 元。

(7)分配公共设施配套费 427 500 元。

(8)分配开发间接费用 378 210 元。

(9)甲工程竣工，经验收合格，投入使用，结转其实际开发成本。

要求：对以上业务编制会计分录。

第八章　成本报表的编制和分析

一、名词解释

1.成本报表　　2.成本报表分析　　3.对比分析法
4.因素分析法　　5.连环替代法　　6.差额计算分析法
7.全部产品生产成本报表　　8.主要产品单位成本表　　9.等级系数

二、单项选择题

1. 企业按成本项目反映的生产成本表与按产品种类反映的生产成本表之间(　　)。
A. 各项指标均应核对相符
B. 各项指标之间均无核对关系
C. 本年实际产品成本总额指标应核对相符
D. 本年计划产品成本总额指标应核对相符

2. 在可比产品成本降低计划执行情况分析中,(　　)因素的变化会引起成本降低率的变化。
A. 产品单位成本　　B. 产品的质量
C. 产品的产量　　D. 产品的价格

3. 在成本报表的比率分析法中,属于越大越好的正指标是(　　)。
A. 产值成本率　　B. 销售收入成本率
C. 成本利润率　　D. 直接材料费用比率

4. 在工业企业中,产值成本率、销售收入成本率和成本利润率可以反映企业经济效益的好坏,这些指标属于成本报表分析的(　　)。
A. 对比分析法　　B. 相关指标比率分析法
C. 构成比率分析法　　D. 趋势分析法

5. 在工业企业中,直接材料费用比率、直接人工费用比率、制造费用比率属于成本报表分析的(　　)。
A. 对比分析法　　B. 相关指标比率分析法
C. 构成比率分析法　　D. 连环替代分析法

6. 对可比产品成本降低额和降低率都有影响的是(　　)。
A. 产品产量　　B. 产品产量、产品品种比重
C. 产品产量、产品单位成本　　D. 产品品种比重、产品单位成本

7. 工业企业的成本报表,总的来说,是反映工业企业的(　　)。
A. 生产费用
B. 经营管理费用
C. 生产经营管理费用
D. 生产经营管理费用和非生产经营管理费用

8. 下列各项中,不属于产品生产成本(按成本项目反映)表反映的内容是(　　)。

A. 在产品、自制半成品期初余额
B. 在产品、自制半成品期末余额
C. 上年实际产品生产成本
D. 按上年实际平均单位成本计算的本年累计总成本

9. 下列各项中，不属于产品生产成本（按产品种类反映）表反映的内容是（　　）。
A. 本年计划总成本
B. 按本年计划单位成本计算的本年累计总成本
C. 按上年实际平均单位成本计算的本年累计总成本
D. 本年累计实际平均单位成本

10. 成本报表是（　　）。
A. 对外报送的会计报表　　B. 企业内部使用的会计报表
C. 国家统一规定格式的会计报表　　D. 既是对外报表又是内部报表

11. 在产品品种比重和产品单位成本不变的情况下，单纯的产量增加会使（　　）。
A. 成本降低额增加　　B. 成本降低额减少
C. 成本降低率增加　　D. 成本降低率减少

12. 主要产品单位成本表的单位成本部分是按（　　）反映的。
A. 生产费用要求　　B. 成本项目
C. 消耗定额与费用定额　　D. 变动费用与固定费用

13. 某工业企业某年产品生产成本表全年可比产品成本按上年实际平均单位成本计算的总成本为80 000元，上年实际总成本为100 000元，本年实际总成本为84 000元，则成本（实际）降低率为（　　）。
A. 5%　　B. −5%　　C. 16%　　D. −16%

14. 成本报表属于内部报表，成本报表的种类、格式、项目、指标的设计和编制方法、编报日期、具体报送对象由（　　）。
A. 企业自行决定　　B. 国家统一规定
C. 国家做原则规定　　D. 上级主管机关规定

15. 比较分析法是指通过指标对比，从（　　）上确定差异的一种分析方法。
A. 质量　　B. 价值量
C. 数量　　D. 劳动量

16. 将两个性质不同但又相关的指标对比求出的比率，称为（　　）。
A. 构成比率　　B. 相关指标比率
C. 动态比率　　D. 效益比率

17. 可比产品成本降低额是指可比产品累计实际总成本比按（　　）计算的累计总成本降低的数额。
A. 本年计划单位成本　　B. 上年实际平均单位成本
C. 上年计划单位成本　　D. 国内同类产品实际平均单位成本

18. 技术经济指标变动对产品成本的影响主要表现为对（　　）的影响。
A. 产品总成本　　B. 产品产量
C. 产品单位成本　　D. 产品总成本和产品产量

19. 产量变动之所以影响产品单位成本，是由于（　　）。

A. 在产品全部成本中包括了一部分变动费用

B. 在产品全部成本中包括了一部分相对固定的费用

C. 是指在产品总成本不变的情况下

D. 是指在产品产量增长超过产品总成本增长的情况下

20. 连环替代法与差额计算法两者的关系是(　　)。

A. 两者没有任何联系　　B. 两者是一种分析方法

C. 后者是前者的一种简化形式　　D. 两者计算原理相同,但计算结果不同

21. 在可比产品成本降低计划完成情况的分析中,假定其他因素不变,单纯产量变动(　　)。

A. 只影响成本降低额

B. 只影响成本降低率

C. 既影响成本降低额又影响成本降低率

D. 不影响成本降低额

22. 可比产品成本降低额与可比产品成本降低率之间的关系是(　　)。

A. 成反比　　B. 成正比

C. 同方向变动　　D. 无直接关系

23. 填制全部产品生产成本表必须做到(　　)。

A. 可比、不可比产品须分别填列　　B. 可比、不可比产品可合并填列

C. 既可分别也可合并填列　　D. 填制时无须划分可比、不可比产品

24. 从狭义的角度说,成本分析主要是指(　　)。

A. 成本事前分析　　B. 成本事后分析

C. 成本事中分析　　D. 成本全过程分析

25. 指标对比分析法包括(　　)。

A. 趋势分析法　　B. 垂直分析法

C. 水平分析法　　D. 实际指标与计划指标对比

26. 为确定某一经济指标各个组成部分占总体的比重,以掌握该项经济活动的特点和变化趋势的方法是(　　)。

A. 因素分析方法　　B. 相关比率分析法

C. 趋势比率分析法　　D. 构成比率分析法

27. 以某个项目和其他有关但又不同的项目加以对比,求出比率,以便更深入地认识某方面的生产经营隋况的分析方法是(　　)。

A. 因素分析方法　　B. 相关比率分析法

C. 趋势比率分析法　　D. 构成比率分析法

28. 差额计算法的计算程序是(　　)。

A. 首先确定各因素对经济指标差异数的影响

B. 首先确定各因素的实际数与基数的差额

C. 首先确定各因素的分析方法

D. 首先替换各个基数指标

29. 某产品单位材料计划耗用量 10 千克,实际耗用量 9.5 千克,每千克计划价格 50 元,实际价格 55 元,则该产品单位成本的量差影响额是(　　)元。

A. 25　　B. －25　　C. 27.5　　D. －27.5

30. 影响可比产品成本降低率的因素有(　　)。

A. 产品产量　　B. 产品单位成本

C. 产品的规格和种类　　D. 产品数量

31. 通过成本指标在不同时期(或不同情况)的数据的对比,来揭示成本变动及其原因的一种方法是(　　)。

A. 对比分析法　　B. 趋势分析法

C. 比率分析法　　D. 因素分析法

32. 把综合性指标分解为各个因素,研究诸因素变动对综合性指标变动影响程度的分析方法是(　　)。

A. 对比分析法　　B. 趋势分析法

C. 比率分析法　　D. 因素分析法

33. 计算实际成本降低率时,应当用实际成本降低额除以(　　)。

A. 实际产量按上年单位成本计算的总成本

B. 计划产量按上年单位成本计算的总成本

C. 实际产量按计划单位成本计算的总成本

D. 实际产量按实际单位成本计算的总成本

34. 产品品种结构变动影响成本降低额和降低率,是因为各种产品的(　　)。

A. 成本降低额和降低率不同　　B. 单位成本和总成本不同

C. 计划成本降低率不同　　D. 实际成本降低率不同

三、多项选择题

1. 工业企业成本报表分析的方法有(　　)。

A. 比率分析法　　B. 对比分析法

C. 连环替换分析法　　D. 差额计算分析法

E. 趋势分析法

2. 按成本项目反映的产品生产成本表,主要作用表现在(　　)。

A. 反映报告期内产品生产费用的支出情况和各项费用构成情况

B. 考核和分析年度生产费用计划的执行结果及升降情况

C. 反映可比产品成本降低额和降低率

D. 正确计算产值成本率、销售收入成本率或成本利润率等指标

E. 考核分析年度产品总成本计划的执行结果和成本升降原因

3. 在成本分析连环替换分析法的运用中,各项因素排列顺序的基本原则有(　　)。

A. 先实物量因素后价值量因素　　B. 先质量因素后数量因素

C. 先主要因素后次要因素　　D. 先价值量因素后实物量因素

E. 先数量因素后质量因素

4. 成本报表一般包括(　　)。

A. 全部产品生产成本表　　B. 主要产品单位成本表

C. 制造费用明细表　　D. 产品销售费用明细表

E. 管理费用明细表

5. 在成本报表的对比分析法中，对比的基本数一般有(　　)。
A. 计划数或定额数　　B. 前期实际数或以往年度同期实际数
C. 企业的历史先进水平　　D. 国内外同行业的先进水平
E. 国家规定的成本指标
6. 在成本报表的比率分析法中，属于相关指标比率的是(　　)。
A. 产值成本率　　B. 销售收入成本率
C. 成本利润率　　D. 直接材料费用比率
E. 制造费用比率
7. 在成本报表的比率分析中，属于构成比率的是(　　)。
A. 产值成本率　　B. 销售收入成本率
C. 制造费用比率　　D. 直接材料费用比率
E. 直接人工费用比率
8. 反映工业企业在报告期内发生的经营管理费用及其构成情况的报表是(　　)。
A. 生产费用明细表　　B. 营业外支出明细表
C. 产品销售费用明细表　　D. 管理费用明细表
E. 财务费用明细表
9. 影响可比产品成本降低额变动的因素有(　　)。
A. 产品产量　　B. 产品价格
C. 产品品种构成　　D. 产品单位成本
10. 影响可比产品成本降低率变动的因素有(　　)。
A. 产品产量　　B. 产品品种构成
C. 产品价格　　D. 产品单位成本
11. 单纯产品产量变动对可比产品成本降低计划完成情况的影响是(　　)。
A. 使成本降低额增加或减少　　B. 成本降低额不变
C. 使成本降低率升高或降低　　D. 成本降低率不变
12. 主要产品单位成本表反映的单位成本包括(　　)单位成本。
A. 本月实际　　B. 同行业同类产品实际
C. 本年计划　　D. 上年实际平均
13. 影响单位产品原材料消耗数量变动的因素有(　　)。
A. 产品或产品零部件结构的变化
B. 材料质量的变化
C. 生产中产生废料数量和废料回收情况的变化
D. 材料价格的变化
14. 影响单位产品原材料费用变动的因素主要是(　　)。
A. 单位产品原材料消耗数量的变动　　B. 原材料采购方式的变化
C. 原材料库存保管的质量　　D. 原材料价格的变动
15. 影响产品单位成本中工资费用变动的因素主要是(　　)。
A. 单位产品工时消耗　　B. 产品工时定额
C. 工人出勤率　　D. 小时工资率
16. 下列指标中，属于产品生产成本表提供的有(　　)。

A. 按产品种类反映的上年实际平均单位成本

B. 按成本项目反映的本月实际生产费用

C. 按产品种类反映的本年累计实际总成本

D. 按产品种类反映的本月和本年累计的实际产量

17. 编报技术经济指标变动对产品成本影响分析表，应突出以下特点(　　)。

A. 及时性　　B. 全面性　　C. 针对性　　D. 灵活性

18. 从各项技术经济指标变动对产品单位成本的影响看，概括起来有以下几种情况(　　)。

A. 一些技术经济指标变动直接影响产品产量，通过产量影响产品单位成本

B. 一些技术经济指标变动直接影响产品总成本，进而影响产品单位成本

C. 一些技术经济指标变动既直接影响产品总成本，又直接影响产品产量，进而从两个角度影响产品单位成本

D. 一些技术经济指标变动直接影响产品单位成本

19. 全部产品生产成本表可以反映可比产品与不可比产品的(　　)。

A. 实际产量　　B. 单位成本

C. 本月总成本　　D. 本年累计总成本

20. 连环替代法的计算程序是(　　)。

A. 确定指标的组成因素和因素排列顺序

B. 依次以各因素的实际数值替换该因素的标准数值，直至最后计算出实际指标

C. 以每一个替换后计算出的新数据，减去前一个数据，其差额即为该因素的影响程度

D. 综合各因素的影响程度，其代数和应等于该指标实际数与标准数之差

E. 影响各指标的因素替换顺序可根据企业实际情况决定，没有什么规律

四、判断题

1. 企业产品生产成本表一般只要按产品种类反映，无须按产品的成本项目反映。(　　)

2. 企业成本报表与其他财务报表一样，应定期编制和对外公布。(　　)

3. 成本报表也要按照规定的种类、项目和格式进行编制，以便给国民经济管理提供统一和可比的有关成本数据。(　　)

4. 对比分析法只适用于同质指标的数量对比，不适用于两个性质不同而又相关的指标的对比。(　　)

5. 差额计算分析法是连环替换分析法的一种简化的计算方法。(　　)

6. 成本报表的各种分析方法，其实质都是对比分析法。(　　)

7. 在产品品种比重和产品单位成本不变的情况下，产量增减会使成本降低额发生反比例增减。(　　)

8. 在产品品种比重和产品单位成本不变的情况下，产量增减会使成本降低率发生同比例增减。(　　)

9. 主要产品单位成本表是按成本项目反映的产品生产成本表中某些主要产品成本的进一步反映。(　　)

10. 主要产品单位成本表可分为按成本项目反映的单位成本和有关的主要技术经济指标两部分。(　　)

11. 产品产量、产品品种比重和产品单位成本三个因素对可比产品成本的降低额和降低率都有影响。 ( )

12. 可比产品成本的实际降低额是可比产品本年实际成本比上年实际成本的降低额。 ( )

13. 按计划产量、计划品种比重和计划单位成本确定的成本降低率与按实际产量、计划品种比重和计划单位成本算出的成本降低率是一致的。 ( )

14. 产品销售费用明细表、管理费用明细表和财务费用明细表的结构、编制方法和分析方法基本相同。 ( )

15. 比较分析法的主要作用在于通过指标对比，从数量上揭示客观上存在的差距，并为进一步分析指明方向。 ( )

16. 比较分析法只适用于同质指标的数量对比。 ( )

17. 相关指标比率是指某项经济指标的各个组成部分占总体的比重。 ( )

18. 通过对比某一经济指标不同时期的构成比例变动，可以了解该项经济指标的增减速度和变动趋势。 ( )

19. 采用比率分析法，先要把对比的数值变成相对数，求出比率，然后再进行对比分析。 ( )

20. 成本利润率是相关指标比率。 ( )

21. 销售成本率是构成比率。 ( )

22. 采用连环替代法，在测定某一因素变动影响时，是以假定其他因素不变为条件的，即是在其他因素不变的条件下，确定这一因素变动的影响程度。 ( )

23. 影响可比产品成本降低额指标变动的因素有产品产量和产品单位成本。 ( )

24. 影响可比产品成本降低率指标变动的因素有产品产量、产品品种构成和产品单位成本。 ( )

25. 假定产品品种构成和产品单位成本不变，单纯产量变动只影响可比产品成本降低额，而不影响可比产品成本降低率。 ( )

26. 为了分清企业或车间在降低成本方面的主观努力和客观因素影响，在编制报表时，应从实际成本中扣除客观因素和相关车间、部门工作的影响。 ( )

27. 在分析各项费用计划执行情况时，应根据费用超支或节约做出评价。 ( )

28. 技术经济指标变动对产品成本的影响，主要表现为对产品单位成本的影响。 ( )

29. 产量变动之所以影响产品单位成本是因为部分变动费用发生了变化。 ( )

30. 成品率提高意味着用同样数量的原材料可以生产出更多的合格产品，既降低了单位产品的原材料消耗，又增加了产量。 ( )

31. 成品率提高意味着用同样数量的原材料可以生产出更多的合格产品。即是说，成品率的提高，虽然未降低单位产品的原材料消耗，却增加了产量，而产量增加反过来又降低了产品单位成本中的固定费用。 ( )

32. 期中成本预报就是对后期成本能否完成计划的一种预测分析。 ( )

33. 制造费用明细表只需列出"上年同期实际数"及"本年累计实际数"两栏数字。 ( )

34. 可比产品成本降低率等于可比产品成本降低额与本年累计的实际总成本之比。 ( )

35. 本年累计实际产量与本年计划单位成本之积称为按本年实际产量计算的本年累计总

成本。（　　）

36. 根据成本分析的内涵和目的，成本分析主要包括产品成本分析和成本效益分析。（　　）

37. 成本核算贯穿于成本会计的全过程，对充分发挥成本会计的积极作用具有重要意义。（　　）

38. 构成比率分析法是以某个项目和其他有关但又不同的项目加以对比，求出比率，以便更深入地认识某方面的生产经营情况的分析方法。（　　）

39. 因素分析法是依据分析指标与其影响因素之间的关系，按照一定的程序和方法，确定各因素对分析指标差异影响程度的一种技术分析方法。（　　）

40. 应用连环替代法时，经济指标体系的组成因素必须是确实能够反映形成该项指标差异的内在构成原因。（　　）

41. 应用连环替代法时，各因素对经济指标差异数的影响可根据需要选择替换顺序。（　　）

42. 成本分析报告没有固定格式，企业只要说明成本计划的完成情况，不必提出建议。（　　）。

43. 作为成本分析评价标准，行业标准应是体现全行业先进水平的成本指标，大多数企业可以达到这一标准。（　　）

44. 可比产品成本计划降低额是按上年实际平均单位成本计算的可比产品成本与本年可比产品实际总成本的差额。（　　）

45. 对本期产品成本报表的分析是一种事后分析。（　　）

46. 某企业可比产品成本计划上升率为2%，实际降低率为0.5%，因此该企业的可比产品成本计划降低任务没有完成。（　　）

47. 采用连环替代法，在测定某一因素变动影响时，是以假定其他因素不变为条件的，意即在其他因素均为计划数时，确定这一因素变动影响程度的。（　　）

48. 影响可比产品成本降低率指标变动的因素有产品品种构成和产品单位成本。（　　）

49. 产量变动之所以影响产品单位成本，是由于在产品全部成本中包括了一部分变动费用。（　　）

50. 运用连环替代法，各因素的单项影响值，即使采用不同的替代顺序计算的结果总是相同的。（　　）

51. 在任何情况下，产品产量的变动都会影响可比产品成本降低率。（　　）

52. 可比产品是指以前年度或上年度未正常生产过的产品。（　　）

53. 采用连环替代法进行产品成本分析时，替代顺序确定的一般原则是：先数量因素后质量因素。（　　）

54. 在生产多种可比产品的条件下，影响可比产品成本降低任务完成的因素有三个，即产品产量变动的影响、产品品种结构变动的影响和产品单位成本变动的影响。（　　）

55. 产品成本降低额和降低率指标、计划数和实际数都是与上年进行比较计算的。（　　）

56. 运用差额计算法不需要考虑影响经济指标各因素的排列顺序。（　　）

57. 单一产品成本降低率变动不受产品结构变动的影响。（　　）

五、简答题

1. 成本报表的作用是什么?
2. 与其他报表相比,成本报表的编制特点是什么?
3. 简述成本报表分析的意义。
4. 试述成本报表分析的基本程序。
5. 如何分析全部产品生产成本表?
6. 简述主要产品单位成本表分析的主要内容。
7. 试分析技术经济指标对产品单位成本的影响。
8. 如何对各类费用进行分析?

六、实务题

1. 假定A产品的直接材料费用定额为100 000元,实际为108 900元,超支8 900元。该种产品的有关数据如表8—1所示。

表8—1　A产品材料消耗表

项目	产品数量(件)	单位产品消耗量(千克)	材料单价(元)	材料费用(元)
定额	500	10	20	100 000
实际	550	9	22	108 900

要求:采用差额计算分析法分析各因素变动对材料费用定额执行结果的影响程度。

2. 大地公司生产甲、乙两种产品,均为可比产品,2015年11月末累计产量为:甲产品2 400件,乙产品1 650件;累计实际总成本为甲产品277 200元,乙产品96 300元。该企业12月份产品生产成本(按产品品种反映)表及部分资料如表8—2所示。

表8—2　产品生产成本表(按产品品种反映)

编制单位:大地公司　　2015年12月

产品名称	单位	实际产量		单位成本				本月总成本			本年累计总成本		
		本月	本年累计	上年实际平均	本年计划	本月实际	本年度累计实际平均	按上年实际单位成本计算	按本年计划单位成本计算	本月实际	按照上年平均单位成本计算	按照本年计划单位成本计算	本年实际
甲产品	件	600		120	114	123							
乙产品	件	750		63	60	54							
成本合计	—	—	—	—	—	—	—						

要求:

(1)完成上述产品生产成本表的编制;

(2)计算全年可比产品成本降低额和降低率。

3. 某工业企业2015年12月份产品生产成本(按产品种类反映)表所列全部可比产品的本年累计实际总成本为455 000元,按上年实际平均单位成本计算的本年累计总成本为500 000元,按本年度计划单位成本计算的本年度累计总成本为458 000元。该企业2015年可比产品成本的计划降低额为34 000元,计划降低率为8.5%。

要求：

(1)计算该企业 2015 年可比产品的实际降低额和实际降低率；

(2)确定可比产品成本降低计划的执行结果；

(3)采用连环替代分析法，计算产品产量、产品品种比重和产品单位成本对可比产品成本降低计划执行结果的影响程度。

4. 甲产品单位成本见表 8—3。

表 8—3　　主要产品单位成本表

产品名称：甲　　单位：元

成本项目	上年实际平均	本年计划	本期实际
原材料	1 862	1 890	2 047
人工费用	150	168	164
制造费用	248	212	209
合计	226	2 270	2 420
主要技术经济指标	用量	用量	用量
原材料消耗量(千克)	950	900	890
原材料单价	1.96	2.1	2.3

要求：

(1)分析甲产品单位成本变动情况。

(2)分析影响原材料费用变动的因素和各因素变动的影响程度。

第九章　成本管理

一、名词解释

1.成本预测　2.定量分析法　3.定性分析法
4.可比产品　5.不可比产品　6.高低点法
7.回归分析法　8.因素分析法　9.成本决策
10.固定预算　11.弹性预算　12.零基预算
13.成本控制　14.广义的成本控制　15.狭义的成本控制
16.标准成本　17.理想标准成本　18.正常标准成本
19.现实标准成本　20.成本差异　21.有利差异
22.不利差异　23.价格差异　24.数量差异
25.工资率差异　26.人工效率差异　27.作业成本控制
28.目标成本法　29.即时成本控制　30.质量成本

二、单项选择题

1. 影响原材料费用变动的因素有材料价格和(　　)。
A. 材料采购数量　B. 材料消耗定额
C. 设备折旧额　D. 劳动生产率
2. 工资费用变动对产品成本影响与下列哪项因素无关。(　　)
A. 平均工资增长　B. 生产工人工资占产品成本比重
C. 劳动生产率　D. 工资的内部构成
3. 下列哪种方法适用于可比产品成本费用预测。(　　)
A. 目标成本法　B. 因素分析法
C. 技术测定法　D. 类比分析法
4. 弹性预算的编制首先要确定适当的(　　)。
A. 变动成本　B. 固定成本
C. 业务量　D. 利润
5. 零基预算的特点是不考虑以往会计期间的业务情况,一切以(　　)为基数。
A. 基期的数据　B. 计划期的预计数
C. 零　D. 销售预算
6. 直接人工预算是以(　　)为基础进行编制的。
A. 机器小时数　B. 销售预算
C. 生产预算　D. 小时工资率
7. 按照成本差异的形成因素可以将成本差异分为(　　)。
A. 有利差异和不利差异　B. 可控差异和不可控差异
C. 价格差异和用量差异　D. 随机差异和模型差异
8. (　　)是在产品送达客户前,通过鉴定发现的质量低劣产品已发生的成本。

A. 预防成本　　B. 鉴定成本
C. 内部失败成本　　D. 外部失败成本

9. 成本差异分析中下列属于数量差异的是(　　)。
A. 直接人工工资率差异　　B. 直接材料价格差异
C. 直接材料用量差异　　D. 变动制造费用分配率差异

10. 成本差异分析中下列属于价格差异的是(　　)。
A. 直接人工效率差异　　B. 直接人工工资率差异
C. 直接材料用量差异　　D. 变动制造费用效率差异

11. 材料价格差异是根据实际数量与价格脱离标准的差额计算的，其中实际数量是指材料的(　　)。
A. 采购数量　　B. 入库数量
C. 领用数量　　D. 耗用数量

三、多项选择题

1. 经营预测的基本方法是(　　)。
A. 定量分析法　　B. 趋势预测分析法
C. 因果预测分析法　　D. 定性分析法
E. 专家调查法

2. 下列(　　)适用于不可比产品成本费用预测。
A. 目标成本法　　B. 回归分析法
C. 因素分析法　　D. 类比分析法
E. 技术测定法

3. 下列关于弹性预算正确的是(　　)。
A. 弹性预算是静态预算
B. 弹性预算能适应不同经营活动情况的变化
C. 弹性预算使预算执行情况的评价和考核更具有客观性
D. 弹性预算促使企业管理决策人员对各项经营活动长计划、短安排
E. 编制弹性预算首先要确定适当的业务量

4. 下列关于零基预算正确的是(　　)。
A. 零基预算是以零为基础的预算，它不考虑过去的经营情况
B. 零基预算从实际出发，根据企业总体目标提出各项业务所需要的开支
C. 零基预算根据可动用的资源落实预算
D. 零基预算的编制可能脱离实际
E. 零基预算可以充分发挥各部门人员的积极性和创造性

5. 关于制造费用预算，下列说法正确的是(　　)。
A. 制造费用预算通常分为变动制造费用预算和固定制造费用预算两部分
B. 编制制造费用预算的关键在于确认可变的具体项目
C. 固定制造费用应作为期间成本处理
D. 固定资产折旧费应在编制“预计现金支出计算表”时予以扣除
E. 预计变动制造费用＝预计业务量×变动制造费用分配率

6. 编制单位产品成本预算的主要依据是(　　)。

A. 销售预算　　B. 生产预算

C. 直接材料预算　　D. 直接人工预算

E. 制造费用预算

7. 编制直接材料采购预算的主要依据是(　　)。

A. 销售预算　　B. 生产预算

C. 预算期初直接材料存量　　D. 预算期末直接材料存量

E. 现金预算

8. 下列成本差异中,通常不属于生产部门责任的是(　　)。

A. 直接材料价格差异　　B. 直接人工工资率差异

C. 直接人工效率差异　　D. 变动制造费用效率差异

四、判断题

1. 当劳动生产率的增长速度超过平均工资的增长速度时,会增加产品成本中的工资费用。(　　)

2. 弹性预算不仅可用于成本费用的预算,也可用于利润的预算和考核。(　　)

3. 零基预算即增量预算,是以前期的实际执行结果为基础,根据预算期有关业务量预期的变化做适当的调整,从而确定预算期的预算数。(　　)

4. 直接材料采购预算中预计的现金支出数额是指预算期购料款的支付金额。(　　)

5. 对企业而言有利差异是节约差,因而差异额越大越好。(　　)

6. 目标成本管理强调以成本管理为出发点。(　　)

7. 机会成本并非实际支出,不记入会计账簿,因此在成本决策中也不必考虑。(　　)

8. 理想的标准成本是现有条件下最理想的成本的最低水平,在实际工作中被广泛采用。(　　)

9. 所有的成本费用预算都与生产预算有关。(　　)

10. 采用标准成本控制系统进行成本控制属于狭义成本控制。(　　)

五、简答题

1. 为什么要进行成本预测?

2. 简述成本预测的基本程序。

3. 如何对不可比产品进行预测?

4. 进行成本决策的基本方法有哪些?

5. 为什么要进行成本预算? 可运用哪些方法进行成本预算?

6. 进行成本控制有何意义?

7. 实行标准成本制度的主要意义是什么?

8. 如何进行作业成本控制?

9. 目标成本控制实施过程中应注意哪些问题?

10. 什么是质量成本? 它主要包括哪些内容?

六、实务题

1. 向阳公司2012年甲产品生产量和生产成本的资料摘录如下：

	高点	低点
生产量(件)	140 000	80 000
生产成本(元)	400 000	280 000

生产成本是由变动成本、固定成本与混合成本三部分组成的。公司对低点生产成本进行了分解：变动成本为120 000元，固定成本为80 000元，混合成本为80 000元。

要求：

(1) 用高低点法对混合成本进行分解，并建立数学方程。

(2) 当生产量为126 000件时，预测其生产成本。

2. 大华工厂2015年A产品成本及相关资料如表9—1所示。

表9—1

成本项目	成本金额(元)	成本比重(%)
直接材料	58 000	50
直接人工	32 000	27.59
制造费用	21 000	18.10
其中：变动制造费用	7 000	6.03
固定制造费用	14 000	12.07
废品损失	5 000	4.31
合计	116 000	100

该厂2016年将有如下因素发生变化：劳动生产率提高30%，可比产品产量增长60%，材料消耗定额降低20%，变动制造费用上升8%，固定费用不变，预计材料价格上升10%，生产工人平均工资增长5%，废品损失下降30%。

要求：预测2016年度的成本金额。

3. 华新公司生产落地电扇，年产量10 000台，单价200元，单位变动成本120元，年固定成本200 000元，今有××五金厂可供应电风扇底座，送到本厂仓库每只价格18元，原来自制底座成本如表9—2所示。

表9—2 自制底座成本

单位直接材料成本	6元
单位直接人工成本	5元
单位变动制造费用	3元
单位固定制造费用	8元
单位成本合计	22元

要求：根据下列情况分别作出决策：

(1)如该公司外购底座,原有设备别无他用,应否外购?

(2)如果外购底座,可将原有设备出租,每月租金收入1 000元,底座应否外购?

(3)如果外购底座,省下的人力和设备可以增产落地电扇1 000台,电扇供不应求,销路无问题,底座应否外购?

(4)如果外购底座,多余能力可以制造新型壁灯与壁扇的组合新产品,因而获得95 000元的边际贡献,但需另外开支10 000元试制费用,底座应否外购?

如果聘请您为公司的经理,让你对上述四个方案作出最后的决策,你认为何方案为优?说明你的理由。

4. 某厂产销一种 A 产品,正常产销量为 20 000 件,销售单价为 80 元。预计业务量范围是20 000件的 90%~110%,间距为 1 000 件。

(1)预算期预计制造费用有关资料如表 9—3 所示。

表 9—3

费用项目	单位变动制造费用(元/件)	固定制造费用(元)
间接材料	2	
间接人工	2.50	
水电费	0.50	
维护费	0.60	4 000
折旧费		4 800
保险费		2 000
管理费		1 500
其他	0.40	1 000
合　计	6.00	13 300

预算期直接材料和直接人工的单位变动成本为 35 元。预算期预计销售及管理费用总额136 500元,其中:变动性销售及管理费为每件 4 元,固定性销售及管理费用为58 000元。

要求:根据上述资料,编制弹性制造费用预算及弹性利润预算。

5. 假设某企业采用零基预算法编制下年费用预算。企业内部各有关部门根据企业总体目标和各部门的具体任务,提出预算期内应发生的具体费用及数额如下:

(1)工资福利费　　50 万元
(2)折旧费　　18 万元
(3)办公费　　15 万元
(4)差旅费　　16 万元
(5)水电费　　8 万元
(6)租赁费　　15 万元
(7)广告费　　15 万元
(8)招待费　　4 万元
(9)税金　　2 万元
(10)保险费　　5 万元
(11)其他费　　2 万元

该企业根据资金筹措情况,决定计划年度可动用资金为 130 万元。

要求：通过成本—效益分析，编制计划期的费用预算。

6. A 产品 7 月份实际产量 800 件，具体资料如表 9—4 所示。

表 9—4

项　目	实际数	标准数
单位产品材料耗用量（千克）	4	5
材料单价（元）	11	10
单位产品耗用直接人工小时（小时）	2.1	2
小时工资率（元）	3.2	3
变动制造费用分配率（元/小时）	0.8	1

要求：计算直接材料、直接人工、变动制造费用的成本差异，并分别指出是有利差异还是不利差异。

第二部分

参考答案

第一章　总　论

一、名词解释

1. 制造成本：是指产品在制造过程中所发生的各项耗费，也就是生产成本（或生产费用）。一般包括直接材料成本、直接人工成本和制造费用三个项目。

2. 非制造成本：是指与产品制造过程没有联系的非生产性成本耗费。它包括销售费用、管理费用和财务费用三类。

3. 直接成本：通常是指与某一特定产品的生产有直接联系，能够合理地确认成本发生与成本计算对象的明显联系，因而可将有关生产耗费直接计入该产品的成本，如产品的直接材料成本、直接人工成本等。

4. 间接成本：是指与某一特定产品的生产不具有明显的直接联系，不便于或不能合理确定其中有多少是由该种产品所发生的，因而必须先按其发生的地点或用途进行归集，然后再按适当的标准分配到各有关产品的成本。

5. 可控成本：是在一个会计期间内能合理地计量，而且为控制主体所能控制的，可以用来衡量负责该项成本的管理人员的业绩好坏的成本。

6. 固定成本：是指在一定的相关范围内，成本总额不受业务量增减变动的影响而保持固定不变的成本。

7. 变动成本：是指在一定的相关范围内，成本总额随着业务量的增减变化成正比例增减变动的成本。

8. 成本预测：是指依据成本的有关数据及其与各种技术经济因素之间的依存关系，结合企业发展前景及应采取的各种措施，通过一定程序、方法和模型，对未来成本水平及其变化趋势作出的科学估计。

9. 成本决策：是指在成本预测的基础上，按照既定目标要求，运用专门方法，对有关生产经营的成本方案进行计算分析，从中选择最优方案。

10. 成本计划：是指根据成本决策所确定的方案和目标，具体规定计划期内各种生产耗费水平和各种产品成本水平，并提出实现规定成本水平所应采取的具体措施。

11. 成本控制：是指预先制定成本标准作为各项费用消耗的限额，在生产经营过程中，将实际发生的费用严格控制在限额标准之内，随时揭示和及时反馈实际费用与限额标准之间的差异，并要系统分析成本差异原因，以便采取措施，消除生产中的损失和浪费。

12. 成本核算：是指对生产经营过程中所发生的各项费用进行审核，按照一定的程序，采用适当的方法，归集和分配各成本计算对象所应负担的成本费用，以计算出各该对象的总成本和单位成本。

13. 成本分析：是指利用成本核算资料和其他有关资料，全面分析成本水平与构成的变动情况，系统地研究影响成本变动的因素和原因，挖掘降低成本的潜力。

14. 成本考核：是指将报告期的成本、成本效益的各项实际完成指标同计划指标、定额指标和预算指标进行对比，评价企业成本管理工作的成绩及存在问题的一项工作。

15. 集中核算：是指企业的成本会计工作，主要由厂部成本会计机构集中进行，车间等其他单位的成本会计机构或人员只负责原始记录和原始凭证的填制以及初步的审核、整理和汇总，为厂部成本会计机构进一步工作提供基础资料。

16. 非集中核算：是指厂部成本会计部门主要负责组织、领导、协调企业内部各单位的成本会计工作，负责成本数据的汇总以及对各级成本会计部门的工作进行业务指导和监督。各级成本会计职能机构负责本单位、车间或部门的成本费用计划的编制、成本核算和分析等。

二、单项选择题

1. A　2. C　3. A　4. A　5. B

三、多项选择题

1. AC　2. ABC　3. ABC　4. ABCD　5. ACD

四、判断题

1.√　2.√　3.×　4.√　5.×　6.√　7.×　8.×　9.√　10.√
11.×　12.×　13.√　14.√

五、简答题

1. 在政治经济学中，成本属于价值范畴的一个概念，是一个在生产要素上耗费掉的资本价值的等价物或补偿价值，其经济内容包括三个方面：产品生产过程中消耗的劳动对象的转移价值，产品生产过程中劳动资料磨损转移的价值和劳动者的社会必要劳动转移的价值。

在会计学中，成本是指特定会计主体为了达到一定的目的而发生的可以用货币计量的代价。

2.(1) 在制造业中，成本按其经济用途划分，可以分为制造成本和非制造成本。

(2)成本按其对产品的可归属性，可以分为直接成本和间接成本两大类。

(3)成本按其可控性进行分类，可以分为可控成本与不可控成本。

(4)成本按其习性分类，可以分为固定成本、变动成本和混合成本。

(5)如按成本与决策的关系，可以将其分为相关成本与无关成本。

(6)如按成本的发生时间，可以将其分为历史成本和预计成本。

3. 成本会计的职能是成本会计在经济管理中的功能。同会计一样，成本会计具有核算和监督两大基本职能。但随着经济的发展，生产过程日趋复杂，成本会计核算和监督的内涵也在不断发展，其职能逐渐演变为包括成本预测、成本决策、成本计划、成本控制、成本核算、成本分析和成本考核在内的 7 项内容。

4. 成本会计的任务是成本会计职能的具体化，也是人们期望成本会计应达到的目的和对成本会计的要求。成本会计的具体任务包括以下几个方面：

(1)正确进行成本核算，及时提供成本信息；

(2)进行成本预测，参与成本决策；

(3)制定目标成本，加强成本控制；

(4)做好成本分析，严格成本考核。

5. 成本会计工作的组织主要包括建立健全成本会计机构，配备必要的成本会计师，制定和实施科学的成本会计制度。

成本会计机构的设置及业务分工与企业组织管理体制有密切的联系，通常有集中核算和非集中核算两种组织形式。所谓集中核算组织形式，是指企业的成本会计工作主要由厂部成本会计机构集中进行，车间等其他单位的成本会计机构或人员只负责原始记录和原始凭证的填制以及初步的审核、整理和汇总，为厂部成本会计机构进一步工作提供基础资料。所谓非集中核算组织形式，是指厂部成本会计部门主要负责组织、领导、协调企业内部各单位的成本会计工作，负责成本数据的汇总以及对各级成本会计部门的工作进行业务指导和监督。各级成本会计职能机构负责本单位、车间或部门的成本费用计划的编制、成本核算和分析等。

第二章　工业企业成本核算概述

一、名词解释

1. 成本核算：是对工业企业生产经营过程中生产费用的发生和产品成本的形成所进行的核算。

2. 生产经营支出：是指企业发生的与其生产经营活动直接相关的各项支出，包括资产购置支出、产品制造支出以及各种费用支出。

3. 营业外支出：是指企业发生的与其生产经营活动无直接关系的各项支出，包括固定资产盘亏、处置固定资产净损失、处置无形资产净损失、债务重组损失、罚款支出、公益性捐赠支出、非常损失等。

4. 定额：是在企业进行生产经营活动中，一定生产技术、组织管理条件下，对人力、物力、财力的配备、利用和消耗以及获得的成果等方面所应遵循的标准或应达到的水平。

5. 内部结算价格：是指由于相互提供产品和劳务，企业内部各责任单位之间进行相互结算或转账所采用的计价标准。

6. 完工产品：是指已经完成全部生产过程，随时可供销售的产成品和对外销售的自制半成品。

7. 在产品：是指正停留在生产车间进行加工制造的在制品，以及正在生产车间返修的废品和虽已完成了本车间生产但尚未送验入库的产品，已经完成一个或几个生产步骤但还需继续加工的半成品。

8. 废品的报废损失：是指不可修复的废品的实际成本减去回收材料和废料价值后的净损失。

二、单项选择题

1. C　2. C　3. C　4. A　5. B

三、多项选择题

1. ABCD　2. BCD　3. ABCD　4. ABC　5. AB

四、判断题

1. √　2. √　3. ×　4. ×　5. √　6. √　7. ×　8. ×　9. ×　10. √

五、简答题

1. (1)通过成本核算，提供成本信息资料，是确定企业盈利、制定产品价格和编制财务成本报表的依据。

(2)通过成本核算，反映和监督各项消耗定额及成本计划的执行情况，可以控制生产过程中人力、物力和财力的耗费，从而改善经营管理，促使企业进一步降低产品成本。

(3)通过成本核算，反映和监督在产品占用资金的增减变动和结存情况，为加强在产品资金的管理、提高资金周转速度和节约有效地使用资金提供资料。

2. (1)正确划分生产经营支出与营业外支出的界限；

(2)正确划分产品成本与期间费用的界限；

(3)正确划分不同产品成本的界限；

(4)正确划分不同会计期间成本费用的界限。

3. 定额是在企业进行生产经营活动中，一定生产技术、组织管理条件下，对人力、物力、财力的配备、利用和消耗以及获得的成果等方面所应遵循的标准或应达到的水平，如产品的材料消耗定额(生产每单位产品或完成每单位工作的材料消耗量)、工时消耗定额等。利用定额，可以查明生产过程中实际消耗量与定额的差异及其原因，明确责任人员，同时定额的制定有利于企业实行例外管理原则，对产生重大差异的重点管理，解决生产中发生差异的关键问题，从而加强成本的控制，进一步降低产品成本。定额既要先进，又要切合实际，并应随生产技术水平的提高而不断修订。

4. 建立和健全材料物资的计量、交接和盘存制度，是正确计算产品成本的首要环节。材料物资的收发、领退，在产品、半成品的内部转移，完工产品的入库等，均要配备齐全的计量设备、工具和仪表，填制相应的凭证，办理审批手续，严格进行计量和验收。库存的各种材料物资、车间的在产品、车间和仓库的半成品、完工产品均应按规定进行清查盘点。只有这样，才能保证成本核算的正确性，才能加强生产管理和物资管理。

5. (1)“生产成本”账户：是用来核算企业进行工业性生产，包括生产各种产品(包括产成品、自制半成品)、自制材料、自制工具、自制设备等所发生的各项生产费用。

(2)“制造费用”账户：是用来核算企业生产车间、部门为生产产品和提供劳务费而发生的各项间接生产费用。

(3)“销售费用”账户：是用来核算企业在销售产品、提供劳务过程中发生的各种费用。

(4)“管理费用”账户：是用来核算企业为组织和管理生产经营所发生的管理费用。

(5)“财务费用”账户：是用来核算企业为筹集生产经营所需资金等而发生的筹资费用。

(6)“长期待摊费用”账户：是用来核算企业已经发生但应由本期和以后各期负担的分摊期限在一年以上的各项费用。

(7)“废品损失”账户：是用来汇集和分配基本生产车间所发生的废品损失。

(8)“停工损失”账户：是用来汇集和分配基本生产车间因停工而发生的各种费用。

6. (1) 确定成本核算对象；

(2)确定成本项目；

(3)设置成本核算账户；

(4)归集和分配生产费用；

(5)计算完工产品成本和月末在产品成本。

第三章　生产费用的核算

一、名词解释

1. 要素费用:是指生产费用按照其经济内容不同进行分类的项目。企业在生产过程中所发生的生产费用按其经济内容或性质的不同,可以进一步划分为六个生产费用要素:外购材料、外购燃料、外购动力、职工薪酬、折旧费及其他费用。

2. 材料费用:包括企业生产经营过程中耗费原材料、燃料、低值易耗品、包装物等而发生的费用。

3. 重量分配法:是按照各种产品的重量为标准来分配材料费用的方法。

4. 定额耗用量比例分配法:是指按照各种产品的材料消耗定额为标准来分配材料费用的方法。它一般在材料消耗定额比较准确的情况下采用。

5. 系数分配法:是指将各种产品的产量按系数折算成标准产量,并按标准产品产量的比例分配材料费用的一种方法,又称标准产量法。这里的系数是标准产量与各种产品在量上的一种比例关系,如消耗定额、实际产量、体积的比例等。这种方法一般在各种产品的工艺过程基本相同的企业采用。

6. 包装物:是指为包装企业产品而储备、随同产品出售、出租或出借的各种包装容器,如箱、瓶、桶、坛、袋等。

7. 低值易耗品:是劳动手段中单位价值和使用年限在规定限额以下的物品,包括工具、管理用具、玻璃器皿以及在经营过程中周转使用的包装容器等。

8. 计时工资:是根据考勤记录登记的实际出勤日数和职工的工资标准计算的工资。

9. 计件工资:是根据产量记录登记的实际合格品数量,乘以规定的计件单价计算求得的工资。

10. 工时定额:是指单位产品可以耗用的劳动时间限额。

11. 定额工时:是指一定产量下按照工时定额计算的可以耗用的劳动时间。

12. 直接分配法:是一种不考虑辅助生产车间相互提供劳务的情况,而将辅助生产车间所发生的费用直接分配给辅助生产车间以外的各受益部门的方法。

13. 交互分配法:是指辅助生产车间的费用分两次进行分配,第一次在各个辅助生产车间之间交互分配,第二次是将各个辅助生产车间经交互分配以后的费用(即交互分配前的费用,加上交互分配转入费用,减去交互分配转出费用后的实际费用),再用直接分配法,分配给各个基本生产车间和企业管理部门的方法。

14. 计划成本分配法:是指先按辅助生产车间提供劳务的计划单位成本和受益单位的实际耗用量分配辅助生产费用,然后将计划分配额与实际发生费用进行调整的方法。

15. 代数分配法:是利用代数中多元一次联立方程组求解的原理,计算出劳务的单位成本,然后按受益单位的实际劳务受益量乘以单位成本计算出分配额的方法。

16. 制造费用:是产品成本的重要组成部分,它是指企业各个生产单位(分厂、车间)为生产产品或提供劳务而发生的各项间接费用,它包括产品制造成本中除直接材料费用和直接人工费用以外的其余一切费用。

17. 生产工时比例法:是按照各种产品所用生产工人工时的比例分配制造费用的一种方法。

18. 年度计划分配率法:是按照年度计划确定的计划分配率分配的一种方法。各月按计划分配率计算分配的制造费用与实际归集的制造费用的差额,年末一次按已分配数的比例进行调整。

19. 生产损失:是指企业在产品生产过程中或由于生产原因而发生的各种损失。

20. 废品:是指不符合技术文件规定的质量标准,不能按原用途使用或者需要经过修理加工的在产品、半成品和产成品。废品分可修复废品和不可修复废品。

21. 可修复废品：是指废品的修复在技术上是可能的、经济上是合算的、可以确定进行修复的废品。

22. 不可修复废品：是指废品从技术上而言不可能修复，或者技术上可以修复但从经济上分析是不合算的，确定不再修复的废品。

23. 废品损失：是指生产过程中以及入库后发现的各种废品的报废损失和修复费用。

24. 停工损失：是指生产车间或班组在停工期间内(非季节性停工期间)发生的各项费用，包括停工期内支付的人工费用和应负担的制造费用。

二、单项选择题

1. C	2. C	3. D	4. D	5. B	6. D	7. A	8. D	9. A	10. A
11. B	12. D	13. D	14. B	15. D	16. D	17. A	18. B	19. D	20. B
21. A									

三、多项选择题

1. ABCD	2. BCD	3. ACDE	4. ABCDE	5. BCE
6. CD	7. ACDE	8. ABCD	9. AC	10. ACD
11. ABD	12. AB	13. BD	14. ABC	15. DE
16. ABCDE	17. ABD	18. BCDE	19. ACE	

四、判断题

1. √	2. √	3. √	4. √	5. ×	6. √	7. ×	8. √	9. ×	10. ×
11. √	12. ×	13. √	14. √	15. √	16. ×	17. ×	18. ×	19. ×	20. √
21. √	22. √	23. ×	24. √	25. √	26. ×	27. ×	28. √	29. √	30. ×
31. ×	32. √	33. √	34. √	35. ×	36. √	37. ×	38. ×	39. ×	40. ×
41. √	42. ×	43. √	44. √	45. ×	46. ×	47. ×			

五、简答题

1. 直接用于产品生产、构成产品实体的原料及主要材料，如果分产品领用，属于直接费用，应根据领退料凭证直接计入各种产品成本的原材料成本项目。如果是几种产品共同耗用的原材料，不能分产品领用，则属于间接费用，应采用既合理又较简便的分配方法，分配计入各种产品成本的原材料成本项目。即所采用的分配标准与所应分配的费用有密切的联系，作为分配标准的资料比较容易取得。材料费用可以按产品的重量或产品的体积分配，也可以按材料的定额消耗量或定额费用比例分配。

2. 直接进行产品生产的计件工资，属于直接费用，应根据工资结算凭证直接计入各种产品成本的工资及福利费成本项目。如果实行计时工资制度，在生产一种产品的情况下，生产工人的计时工资也属于直接费用，直接计入该种产品成本。在生产多种产品的情况下，生产工人的计时工资则属于间接费用，应采用适当的分配方法，在各种产品之间进行分配，再计入各种产品成本。生产工人工资的分配通常采用生产工时(实际、定额)比例进行分配。

3. 固定资产折旧应用各车间、部门各类固定资产的原值乘以分类折旧率计算。从理论上说，固定资产折旧应从固定资产增加之日起开始计算，从减少之日起停止计算。但在实际工作中，每月的折旧额按月初在用固定资产原值计算，即月份内增加的固定资产不增计折旧，月份内减少的固定资产不减计折旧。这样处理，一是可以简化折旧的计算工作，二是可以在月初就计算出当月的折旧额，分配折旧费用，从而加速产品成本的计算工作。某月份的折旧费用也可以根据上月初在用固定资产原值计算的折旧额，加上月增加固定资产的折旧额，减上月减少的固定资产折旧额计算求得。固定资产折旧费是产品成本的组成部分，但不单设成本项目，一般应按固定资产的使用车间和部门分别记入“制造费用”、“管理费用”等科目和所属明细科目的借方(明细科目中“折旧费”费用项目)以及“累计折旧”科目的贷方。

4. 为基本生产等服务而进行的产品生产和劳务供应的辅助生产，有的只生产一种产品或提供一种劳务，有的则生产多种产品或提供多种劳务。辅助生产费用的归集与分配，是通过“生产成本——辅助生产成本”科目进行的，并按车间、产品及劳务设置明细账，账内按成本项目设专栏，汇总发生的各项直接费用；单独设置

“制造费用——辅助车间”科目，汇总发生的各项间接费用；然后再转入或分配转入“生产成本——辅助生产成本”科目的借方，以便计算辅助生产成本。如果辅助生产车间规模较小，各项间接费用少，为了简化核算工作，可以不设置“制造费用——辅助车间”科目，而将发生的间接费用直接记入“生产成本——辅助生产成本”科目及其明细账的借方，在计算辅助生产成本时，将产品成本项目与“制造费用——辅助生产费用”项目结合起来，设置简化的项目，辅助生产明细账则是按简化的项目归集费用，计算成本。

5. 辅助生产由于提供产品和劳务的种类不同，分配、转出的程序也不同。完工的工具、模具和备品备件等产品，应在完工入库时，从“生产成本——辅助生产成本”科目的贷方分别转入“原材料”、“低值易耗品”科目的借方，基本车间等领用时，再转入“制造费用——基本车间”科目的借方。辅助车间提供的电、水、汽、修理、运输等产品和劳务所发生的费用，在对外分配之前先要在各辅助生产车间之间进行费用的交互分配，然后才从“生产成本——辅助生产成本”科目贷方，分配转入“制造费用”等科目的借方。

6. 辅助生产费用的分配方法很多，通常采用的分配方法有：

(1)辅助生产费用的直接分配法；

(2)辅助生产费用的交互分配法；

(3)辅助生产费用的代数分配法；

(4)辅助生产费用的计划成本分配法。

7. 采用交互分配法的分配程序是，首先根据各辅助生产车间相互提供的产品或劳务的数量和交互分配前的费用分配率(单位成本)，进行一次交互分配；然后将各辅助生产车间交互分配后的实际费用(交互分配前的费用加交互分配转入的费用，减交互分配转出的费用)，再按提供产品或劳务的数量，在辅助生产车间以外的各受益单位之间进行分配。采用该种分配方法，各种辅助生产费用要计算两个费用分配率，进行两次分配，因而计算工作量较大，分配结果也不很正确。

8. 采用按计划成本分配法的分配程序是，先一律按劳务的计划单位成本分配辅助生产为各受益的车间、部门提供劳务的费用，再计算辅助生产车间实际发生的费用与按计划单位成本分配转出费用的差额，也就是辅助生产的成本差异，分配给辅助生产以外的各受益单位。为了简化分配工作，辅助生产的成本差异全部调整计入企业的管理费用。

9. 制造费用是指企业各生产单位为生产产品或提供劳务而发生的各项间接费用。制造费用的归集和分配是通过设置“制造费用”科目进行的，按照生产单位设置明细账，账内按费用项目汇总发生的费用。其费用项目一般有工资及福利费、折旧费、修理费、水电费、机物料消耗、劳动保护费、低值易耗品、取暖费、办公费、差旅费、运输费、保险费、设计制图费、试验检验费、季节性或修理期间的停工损失以及其他制造费用等。

10. 制造费用的汇总和分配是通过设置“制造费用”科目进行的，按不同车间、部门设置明细账，汇总与分配该车间、部门所发生的各项间接费用，如分别设置基本车间制造费用和辅助车间制造费用，汇总该车间、部门发生的间接费用时，记入该科目的借方，在各该车间生产的各种产品或提供劳务之间进行分配时记入该科目的贷方，该科目一般无余额。

在只生产一种产品的车间，制造费用应直接计入该种产品的生产成本，无须分配；在生产多种产品的车间中，制造费用则应采用既合理又简便的分配方法，分配计入各种产品成本。其分配方法一般有：(1)生产工时比例法；(2)生产工资比例法；(3)按计划年度分配率分配法。

11. 按年度计划分配率分配法，是按照年度开始前确定的全年度适用的计划分配率分配费用的方法。采用该种分配方法，不管各月实际发生的制造费用是多少，每月各种产品成本中的制造费用都按年度计划分配率分配。但在年度内如果发现全年的制造费用实际数和产品的实际产量与计划数可能发生较大的差额时，应及时调整计划分配率。

采用这一分配方法应以定额工时为基础。而且“制造费用”科目月末都有余额，贷方余额属于预提费用，是负债；借方余额属于待摊费用，是资产。年末时，其差额调整计入 12 月份产品成本后应无余额。

12. 为了归集和分配不可修复废品的损失，首先要计算不可修复废品的成本。不可修复废品的成本是指生产过程中截至报废时所耗费的一切费用。废品成本减去废品的残值和应收赔款，计算出不可修复废品的净损失，然后计入同种合格品的成本。由于不可修复废品的成本和合格品的成本是归集在一起同时发生的，因此需要采用一定的方法予以确定。确定不可修复废品成本有两种方法：一是按废品所耗实际费用计算；二是按废品所耗定额费用计算。不可修复废品损失的归集和分配，是通过设置"废品损失"科目进行的。不可修复废品成本(实际费用或定额费用)从生产成本转出时，记入该科目的借方；残值和应收赔款记入该科目的贷方，不可修复废品的净损失从"废品损失"科目的贷方转出，记入"生产成本——基本生产成本"科目的借方。

六、实务题

答案略。

第四章　在产品和完工产品成本的核算

一、名词解释

1. 在产品：是指没有完成全部生产过程、不能作为商品销售的产品，包括正在车间加工的在产品和已经完成一个或几个生产步骤但还需继续加工的在产品两部分。从狭义上说，在产品只包括在车间或某一生产步骤中正在加工的那部分产品。

2. 完工产品：是指加工完成并经验收的产品，也就是可供出售的产成品。

3. 半成品：是指完成一个或几个车间或加工步骤，但还没有完成全部工序并验收入库的产品。

4. 约当产量法：就是先把实际结存的在产品数量，按其完工程度折算为相当于完工产品的产量，然后把产品成本计算单上的生产费用，按照完工产品产量和在产品的约当产量的比例进行分配的方法。

5. 在产品按所耗原材料费用计价法：是指月末在产品只计算耗用的原材料费用，不计算所耗用的人工费用等加工费用，产品的加工费用全部计入完工产品成本的方法。

6. 在产品按定额成本计价法：是按照预先制定的定额成本计算月末在产品成本，即月末在产品成本按其数量和单位定额成本计算的方法。

7. 定额比例法：是产品的生产费用按照完工产品和月末在产品的定额消耗量或定额费用的比例，分配计算完工产品成本和月末在产品成本的方法。

二、单项选择题

1. B　2. C　3. D　4. C　5. A　6. B　7. A　8. B　9. C　10. B
11. C　12. A　13. B　14. A　15. B　16. A　17. D　18. B　19. A

三、多项选择题

1. ABC　2. ABD　3. ABD　4. ABCD　5. ACE
6. ABCD　7. BDE　8. ACE　9. ABC　10. ABC
11. AC　12. ADE

四、判断题

1. √　2. √　3. √　4. √　5. √　6. √　7. √　8. ×　9. ×　10. ×
11. √　12. ×　13. ×　14√　15. ×　16. ×　17. √　18. ×　19. √　20. ×
21. ×

五、简答题

1. 企业加强在产品与完工产品成本的核算，不但可以正确计算完工产品的成本，还可以保护在产品的安全完整；不但可以合理调节企业的生产进度，还可以提高企业销售产品的速度，不断降低产成品占用的资金，准确地计算出企业各期的损益，从而为管理者进行考核评价、经营决策提供可靠的依据。

2. 企业在产品的数量控制主要包括两方面的内容：

(1)做好在产品收入、发出和结存的控制工作，使在产品管理有完整的账面核算资料，以便从账面上随时掌握在产品的动态；企业可通过设置"在产品台账"来反映在产品的收、发、存数量情况。

(2)做好在产品定期和不定期的清查盘点，确定在产品的实际数量，及时查明盈亏的原因和责任，并进行账务处理。

3. 在完工产品和在产品之间分配生产费用通常采用的分配方法有：不计算在产品成本法、按年初数固定计算在产品成本法、在产品按所耗原材料费用计价法、约当产量比例法、在产品按定额成本计价法和定额比例法

4. 如果企业各月末在产品数量很少，所占用的费用额不大，是否计算在产品成本对完工产品成本的影响很小，为了简化成本核算工作，可以不计算在产品的成本，将发生的全部生产费用都由完工产品成本负担。这时，本月发生的生产费用就是完工产品的总成本，用总成本除以产量就是单位产品成本。自来水企业、发电企业一般可以采用这一方法。

5. 如果在产品数量较多，占用的费用也较大，但各月之间变化不大，为了简化成本核算工作，在产品成本可按年初数固定计算。这时，本月发生的生产费用也就是完工产品的总成本，用总成本除以产量，就是完工产品的单位成本。但年终时，必须根据实际盘点的在产品的数量计算年末的在产品的成本，作为下一年度年初在产品的固定成本，以保证下一年度在产品成本的准确性。一般炼铁企业、化工企业或其他用固定容器装置的在产品，数量都较稳定，可以采用这一方法。

6. 如果各月末在产品数量较大，而且各月末在产品数量变化也较大，同时原材料费用在成本中所占比重也较大时，在产品成本可采用按所耗原材料费用计价法计算。一般造纸、酿酒企业可采用这一方法。采用这一方法时，月末在产品只计算耗用的原材料费用，不计算所耗用的人工费用等加工费用，产品的加工费用全部计入完工产品成本。因此，某种产品的全部生产费用减去月末在产品的原材料费用，就是完工产品的成本。

7. 如果企业月末在产品数量较多、各月末在产品的数量变化较大、产品成本中直接材料和各项加工费用所占的比重相差不大时，可采用约当产量法。在产品约当产量是指按照月末在产品盘存数量和完工程度折算为完工产品的数量。约当产量法就是先把实际结存的在产品数量，按其完工程度折算为相当于完工产品的产量，然后把产品成本计算单上的生产费用，按照完工产品产量和在产品的约当产量的比例进行分配的方法。

8. 如果企业产品生产过程中各项消耗定额或费用定额比较准确、稳定，而且各月在产品数量变化不大时，在产品成本可按定额成本计价法计算。在产品按定额成本计价法是按照预先制定的定额成本计算月末在产品成本，即月末在产品成本按其数量和单位定额成本计算的方法。某种产品应负担的全部生产费用（月初在产品费用加本月生产费用）减去月末在产品的定额成本，就是完工产品成本。

9. 如果企业产品生产过程中各项消耗定额或费用定额比较准确、稳定，各月在产品数量变化较大时，在产品成本可按定额比例法计算。定额比例法是产品的生产费用按照完工产品和月末在产品的定额消耗量或定额费用的比例，分配计算完工产品成本和月末在产品成本的方法。其中，原材料费用按原材料定额消耗量或定额费用的比例分配，人工费用、制造费用按定额工时的比例分配。其中，原材料费用按原材料定额消耗量分配，如果所耗原材料品种较多，必须分别计算各种材料的耗用量及其单价，因此核算工作量较大。为了简化核算工作，可按定额费用比例分配。

六、实务题

答案略。

第五章　产品成本核算的基本方法

一、名词解释

1. 简单生产：是指生产工艺流程不能间断，不能分散在不同工作地点进行的生产。

2. 复杂生产：是指生产工艺流程中间是由可以间断的若干生产步骤所组成的生产，它既可以在一个企业或车间内独立进行，也可以由几个企业或车间在不同的工作地点协作进行生产。

3. 连续式复杂生产：是指从原材料投入生产以后，需经过许多相互联系的加工步骤才能最后生产出产成品，前一个加工步骤生产出来的半成品是后一个加工步骤的加工对象，直到最后加工步骤才能生产出产成品。

4. 装配式复杂生产：是指将原材料投入生产后，在各个步骤进行平行加工，制造成产成品所需的各种零件和部件，最后再将各生产步骤的零部件组装成为产成品。

5. 大量生产：是指不断地重复生产一种或几种产品的生产。

6. 成批生产：是指按照预先确定的产品批别和数量，轮番进行若干种产品的生产。

7. 单件生产：是根据各订货单位的要求，生产某种规格、型号、性能的特定产品。

8. 成本计算对象：是指企业为了计算产品成本而确定的归集和分配生产费用的各个对象，即成本费用的承担者。

9. 成本计算期：是指每次计算产品成本的期间。

10. 品种法：是以产品的品种为成本计算对象，归集费用，计算产品成本的一种方法。

11. 分批法：以产品的批别作为成本计算对象的成本计算方法。

12. 分步法：以产品和其所经过的生产步骤作为成本计算对象的成本计算方法。

13. 定额法：又称为定额成本法，是以产品定额成本为基础，加上（或减去）脱离定额的差异、材料成本差异和定额变动差异，来计算产品实际成本的方法。

14. 分类法：是指先按产品类别归集生产费用，计算各类完工产品的总成本，然后采用一定标准分配计算类内各种或各规格产品成本的一种成本计算方法。

15. 变动成本法：是指在企业成本计算过程中，以成本习性分析为前提条件，只将变动生产成本作为产品成本的构成内容，而将固定生产成本及非生产成本作为期间成本在当期全部转销的一种成本计算方法。

16. 标准成本法：是为了加强企业内部成本控制和分析，还采用一种只计算产品的标准成本，而将实际成本与标准成本的差异直接计入当期损益的方法。

17. 作业成本法：是分解企业所耗资源的多样性并合理地把它们追踪至产品、服务或顾客的方法。

18. 成本计算程序：是指对产品生产过程中所发生的各项费用，按照会计准则的规定，进行审核、归集和分配，计算完工产品成本和月末在产品成本的过程。

19. 简化的分批法：就是不分批计算在产品成本的分批法。

20. 逐步结转分步法：也称计算半成品成本法，是按照产品加工步骤的顺序，逐步计算并结转半成品成本，直至最后步骤计算出产成品成本的一种方法。

21. 综合结转分步法：是指上一生产步骤的半成品成本转入下一生产步骤时，不分成本项目而是以综合余额记入下一生产步骤成本明细账中的“自制半成品”项目的一种成本结转方法。

22. 分项结转分步法：是指上一步骤转入下一步骤的半成品成本，不是以“自制半成品”进行反映的，而是分别成本项目记入下一步骤成本计算单的有关成本项目中，进行分项反映的一种方法。

23. 平行结转分步法：是指各步骤不计算半成品成本，而只归集各步骤本身所发生的费用及各步骤应计入产成品成本的份额，将各步骤应计入产成品成本的份额平行加以汇总，即可计算出完工产品成本的一种方法。

24. 成本还原：是从最后步骤起，将其耗用上一生产步骤的“半成品”的综合成本，按照上一生产步骤本月完工半成品的成本项目的比例分解还原为原来的成本项目；如此自后向前逐步分解还原，直到第一生产步骤为止；然后再将各步骤还原后的相同项目加以汇总，即可求得按原始成本项目反映的产成品成本资料。

二、单项选择题

1. C	2. B	3. C	4. A	5. B	6. D	7. A	8. D	9. C	10. A
11. A	12. C	13. C	14. C	15. D	16. B	17. C	18. C	19. B	20. C
21. D	22. C	23. C	24. D	25. B	26. D	27. C	28. B	29. B	30. C
31. B	32. C	33. C	34. D	35. D					

三、多项选择题

1. ABCDE	2. ACE	3. ACD	4. CDE	5. AC
6. DE	7. ACDE	8. BDE	9. ABC	10. BC
11. BCE	12. ABC	13. CDE	14. ABCD	15. ABCD
16. AC	17. ABC	18. AB	19. ABD	20. CDE
21. ABC	22. ABCDE	23. AD	24. BC	25. AB

26. ABCD　27. ABC　28. ABC　29. ABCD　30. BD

四、判断题

1. ×	2. ×	3. √	4. ×	5. √	6. ×	7. ×	8. ×	9. ×	10. √
11. √	12. √	13. ×	14. √	15. √	16. √	17. √	18. √	19. ×	20. ×
21. √	22. √	23. ×	24. ×	25. ×	26. √	27. √	28. √	29. √	30. √
31. √	32. ×	33. ×	34. ×	35. √	36. √	37. √	38. ×	39. ×	40. √
41. √	42. √	43. √	44. √	45. ×	46. √	47. √	48. ×	49. √	50. √
51. √	52. ×	53. √	54. √	55. √	56. √	57. √	58. ×	59. √	60. ×
61. √	62. ×	63. ×	64. ×						

五、简答题

1. 生产类型的特点对产品成本计算方法的影响主要表现在三个方面，即成本计算对象、成本计算期、生产费用在完工产品和在产品之间的分配问题。这三个方面的有机结合决定了特定成本计算方法的主要特点。

一个企业究竟采用什么方法计算产品成本，除了受生产类型的特点影响外，还必须根据企业成本管理的要求，来选择适合于本企业的成本计算方法。例如，确定单件小批生产的成本计算对象时，可以根据合理地组织生产和便于管理的需要，对客户的定单作适当合并或再划小批别，按重新组织的生产批别作为成本计算对象。再如，确定大量大批多步骤生产的成本计算对象时，对管理上不要求计算半成品成本的，则以产品品种所经过的加工步骤作为成本计算对象。

2. 品种法、分步法和分批法是产品成本计算方法中的基本方法。定额法、分类法、变动成本法、标准成本法和定额成本法等是产品成本计算方法中的辅助成本计算方法。

3. 简单生产是指生产工艺流程不能间断，不能分散在不同工作地点进行的生产。属于简单生产的企业，其产品的生产周期一般比较短，通常没有自制半成品或其他中间产品，而且产品由于工艺流程的特点决定了只能由一个企业独立完成，而不能由几个企业协作进行生产。因此，这种类型的生产一般也称为单步骤生产。发电、采掘等企业就是简单生产的典型企业。

4. 连续式复杂生产是指从原材料投入生产以后，需经过许多相互联系的加工步骤才能最后生产出产成品，前一个加工步骤生产出来的半成品是后一个加工步骤的加工对象，直到最后加工步骤才能生产出产成品。属于这种连续式复杂生产的典型企业如钢铁、纺织企业等。

5. 装配式复杂生产，是指将原材料投入生产后，在各个步骤进行平行加工，制造成产成品所需的各种零件和部件，最后再将各生产步骤的零部件组装成为产成品。属于这种装配式复杂生产的典型企业如机床、汽车企业等。

6. 大量生产是指不断地重复生产一种或几种产品的生产，这种类型生产的主要特点是企业生产的产品品种较少，各种产品的产量较大，一般是采用专业设备重复进行生产，专业化水平较高。例如，纺织、采掘、冶金等企业就是大量生产的典型企业。

7. 成批生产是指按照预先确定的产品批别和数量，轮番进行若干种产品的生产。成批生产按照批量的大小，又可进一步划分为大批生产和小批生产。大批生产类似于大量生产，小批生产类似于单件生产。服装、机床等企业就是成批生产的典型企业。

8. 单件生产是根据各订货单位的要求，生产某种规格、型号、性能的特定产品。这种类型生产的主要特点是品种多，每一订单产品数量少，一般不重复或不定期重复生产，专业化程度不高，通常采用通用设备进行加工。例如，造船、重型机械等企业就是单件生产的典型企业。

9. 成本计算对象应根据生产的特点来确定，如在大量大批简单生产的企业里，一般产量较大，生产过程不能间断，所以，它是以产品品种作为成本计算对象的；在大量大批复杂生产的企业里，由于其生产过程是可以间断的，因而不仅可以计算出每种产品的成本，而且还可以计算出各个步骤半成品的成本。所以，它的成本计算对象就是每种产品和它所经过的生产步骤的成本；在单件小批生产的企业里，它一般是按客户的订单或批别来组织生产的，在进行成本计算时，要求计算每一订单产品或每批产品的成本。上面我们所说的按每种产品、产品生产经过的生产步骤、每一订单或每批产品，就是归集生产费用计算产品成本的承担者，也就是成本计算对象。当然，成本计算对象的确定除了要考虑企业的生产特点外，还应考虑成本管理的要求。

10. 成本计算期是指每次计算产品成本的期间。计算产品成本的期间并不完全与产品的生产周期或会计结算期一致。有时，产品成本计算期与会计结算期一致，有时并不一致，而与产品的生产周期一致。影响成本计算期的主要因素是生产类型的特点。在大量大批生产的企业里，在月内一般都有大量的完工产品，产品的生产周期较短，由于随时有完工产品，因此不能在产品完工的同时就计算它的成本，而是定期地在月末进行计算。这时，产品的成本计算期与会计结算期一致，而与产品的生产周期不一致。在单件小批生产的企业里，当每一订单产品或每批产品未完工时，全部是在产品的成本，只有产品全部完工时，才能计算完工产品的成本，故其成本计算期是不固定的，与产品的生产周期一致，但与会计结算期不一致。需要指出的是，成本计算期与会计结算期并不能相提并论。尽管在单件小批生产的企业里要在产品完工时才计算完工产品的成本，但企业与成本计算有关的经济业务(如费用的归集与分配)都应按月进行，并按月结账，据以考核企业内部各单位产品成本的发生情况。同时，也可积累资料，待产品完工时，便于及时进行成本计算。

11. 在简单生产的企业里，由于其生产工艺流程的不可间断，没有必要或不可能分生产步骤来计算产品成本，只能按每种产品的品种作为成本计算对象，计算每种产品的成本。简单生产的企业，从其生产组织的特点来看，一般大多属于大量生产，分不出批别来，经常有许多完工产品，因而不能在产品完工时就计算它的成本，只能以会计报告期作为成本计算期，定期在月末进行计算。这样，其产品的生产周期与成本计算期就不一致。简单生产的企业月末一般没有在产品或在产品数量很少，占用的在产品成本一般也较小或相对稳定，因而一般不需要将生产费用在完工产品和在产品之间进行分配，本月发生的生产费用就是完工产品成本，这种以产品的品种作为成本计算对象的成本计算方法，称为品种法。

12. 在大量大批复杂生产的企业，由于其生产工艺流程是由若干可以间断的、分散在不同地点进行的生产步骤所组成，因此，它不仅要计算出最终产品的成本，而且还要计算产品所经过的各加工步骤的成本。在大量大批多步骤生产的企业里，经常有大量的完工产品，不能于产品完工时就计算其成本，只能定期在月末计算。成本计算期与会计结算期相一致，而与产品的生产周期不一致。在这种类型生产的企业里，月末在产品数量很多，占用的成本额也很大。因此，应采用适当的成本计算方法，将生产费用在完工产品和期末在产品之间进行分配。这种以产品和其所经过的生产步骤作为成本计算对象的成本计算方法，称为分步法。

13. 在单件小批复杂生产的企业里，产品生产是按订单或批别组织，这一特点就要求计算每一订单或每批产品的成本。因此，它的成本计算对象就是每批产品(或每一订单)，在单件小批复杂生产的企业里，一批(或一件)产品往往同时投产又同时完工，在该批产品完工时，就应计算它的完工产品成本。未完工时，全部都是在产品。它的成本计算期是不定期的，与产品的生产周期相一致。所以一般不需要将生产费用在完工产品和月末在产品之间进行分配。这种以产品的批别作为成本计算对象的成本计算方法，称为分批法。

14. 一个企业究竟采用什么方法计算产品成本，除了受生产类型的特点影响外，还必须根据企业成本管理的要求，来选择适合于本企业的成本计算方法。例如，确定单件小批生产的成本计算对象时，可以根据合理地组织生产和便于管理的需要，对客户的定单作适当合并或再划小批别，按重新组织的生产批别作为成本计算对象。再如，确定大量大批多步骤生产的成本计算对象时，对管理上不要求计算半成品成本的，则以产品品种所经过的加工步骤作为成本计算对象。

15. 产品成本计算的辅助方法有定额法、分类法、变动成本法、标准成本法和定额成本法等方法。但这些成本计算方法都不是独立的成本计算方法，在进行成本计算时，必须结合使用三种基本成本计算方法当中的一种进行。这些方法是为了解决成本计算或成本管理过程中的某一方面的需要而采用的。

16. 由于企业生产产品的特点不同，所经过生产步骤的管理要求不同，所采用的成本计算方法也不一样，可同时结合使用几种成本计算方法。例如在小型机械厂，一般应采用分批法计算产品成本，但由于企业设置有不同的生产车间，如铸造、加工、装配等，因而应采用不同的成本计算方法。铸造车间应采用品种法计算铸铁件的成本，加工车间、装配车间应采用分批法计算成本，而铸造车间将其铸铁件转入加工和装配车间时，则应采用分步法进行结转。这样，在一个企业里，就结合使用了品种法、分步法和分批法三种成本计算方法。

17. (1)以产品品种作为成本计算对象；

(2)按月定期计算产品成本；

(3)计算月末在产品。

18.(1)根据产品的品种设置成本计算单(即基本生产成本明细账)。

(2)对生产过程中发生的各项费用进行审核、归集和分配,编制各种要素费用分配表,分配各要素费用。

(3)根据各要素费用分配表,登记"基本生产成本明细账"、"辅助生产成本明细账"、"制造费用明细账"。

(4)根据辅助生产成本明细账所归集的全月费用,编制辅助生产费用分配表,并据以登记有关成本明细账。根据制造费用明细账所归集的全月费用,编制制造费用分配表,并据以登记基本生产成本明细账。

(5)将基本生产成本明细账(或成本计算单)所归集的全部生产费用,在完工产品与月末在产品之间进行分配,计算出完工产品成本及月末在产品成本。

19. 分批法,是按照产品批别作为成本核算对象归集生产费用,计算产品成本的一种方法。分批法适用于小批生产和单件生产,例如精密仪器、专用设备、重型机械和船舶的制造,某些特殊或精密铸件的熔铸,新产品的试制和机器设备的修理,以及辅助生产的工具模具制造等。适用分批法计算成本的企业包括如下几类:

(1)按产品批别组织生产的企业;

(2)提供机械设备修理业务的工厂或企业的修理车间、分厂;

(3)新产品试制、自制设备、自制工具、磨具等生产任务车间、分厂,要按新产品的种类分别计算成本。

20.(1)按照产品批别作为成本计算对象;

(2)成本计算期通常与生产周期相同;

(3)生产费用一般不需要在完工产品与在产品之间分配。

21.(1)根据产品的批别设置成本计算单(即基本生产成本明细账)。

(2)按产品批别对生产过程中发生的各项费用进行审核、归集和分配,编制各种要素费用分配表。

(3)根据各要素费用分配表,登记"基本生产成本明细账"、"辅助生产成本明细账"、"制造费用明细账"。

(4)根据辅助生产成本明细账所归集的全月费用,编制辅助生产费用分配表,并据以登记有关成本明细账。

(5)计算完工产品成本。

22. 在小批单件生产的企业或车间中,同一月份内投产的产品批数往往很多,有的多达几十批甚至几百批。在这种情况下,各种间接费用在各批产品之间按月进行分配的工作就极为繁重。因此,在投产批数繁多而且月末未完工批数较多的企业(如机械修配厂)中,还可以采用一种简化的分批法,也就是不分批计算在产品成本的分批法。

23. 特点:(1)每月发生的各项间接计入费用,不是按月在各批产品之间进行分配,而是将这些间接计入费用先分别累计起来,到产品完工时,再按照完工产品累计生产工时的比例,在各批完工产品之间进行分配。(2)设立"基本生产"二级账。(3)在有产品完工的月份,计算登记全部产品累计间接计入费用分配率,以及完工产品总成本和月末在产品总成本。

简化分批法的成本计算程序:

(1)采用这种方法,仍应按照产品批别设立产品成本明细账,但在各批产品完工以前,账内只需按月登记直接费用(如原材料费用)和生产工时,不必按月分配、登记各项间接分配计入费用,计算各批在产品的成本。

(2)在有完工产品的月份,分配间接计入费用,计算、登记各批完工产品的成本。

(3)各批全部产品的在产品成本只分成本项目并以总数登记在专设的基本生产二级账中。从计算产品实际成本的角度来说,采用其他的成本计算方法,可以不设立基本生产二级账,但采用简化的分批法则必须设立这种二级账。

24. 分步法主要适用于大量大批多步骤生产的企业,如钢铁企业可分为炼铁、炼钢、轧钢等生产步骤,纺织厂可分为纺纱、织布等生产步骤。在这些企业里,生产过程是由若干个在技术上可以间断的生产步骤所组成的,每个生产步骤除了生产出半成品外,还有一些加工中的在产品。已经生产出来的半成品既可以用于下一生产步骤,进行进一步的加工,也可以对外销售。为了适应生产的这一特点,这类企业不仅要计算每一种产品的成本,还要按产品经过的生产步骤,计算各步骤的成本。

25.(1)分步法的成本计算对象是每种产品以及每种产品所经过的生产步骤。

(2)成本计算一般是定期于月末进行,其产品成本计算期与产品生产周期不一致,而与会计结算期相同。

(3)在大量大批复杂生产的企业里,月末经常存在一定数量的在产品,这时应采用适当的方法,将各步骤成本计算单上所归集的生产费用,在完工产品和期末在产品之间进行分配,从而计算出完工产品的成本和期末在产品的成本。

26. 逐步结转分步法也称计算半成品成本法,它是按照产品加工步骤的顺序,逐步计算并结转半成品成本,直至最后步骤计算出产成品成本的一种方法。逐步结转分步法主要适用于成本管理中需要提供各个生产步骤半成品成本资料的企业。

逐步结转分步法具有三个特点:(1)逐步结转分步法的成本计算对象是各步骤的半成品和最后步骤的产成品。(2)由于各加工步骤的半成品成本随实物转移而在各加工步骤之前顺序结转,如果上一步骤完工的半成品直接转入下一步骤继续加工,则半成品成本就在各步骤的产品成本明细账之间直接结转,不必编制会计分录;如果半成品完工后通过半成品仓库收发,则应设置"自制半成品"明细账,通过该明细账结转完工入库和生产领用的半成品成本。(3)由于在产品成本是按在产品实物所在地反映的,各步骤产品成本明细账中的期末余额反映了结存在该步骤在产品的全部成本。

27. (1)设置"产品成本计算单"

逐步结转分步法下产品成本计算对象是每种产品及其所经过生产步骤的半成品成本。因此,应按每种产品及其所经过的生产步骤设置"产品成本计算单","产品成本计算单"内按规定的成本项目设置专栏。这时,最后步骤生产出来的是产成品,其余各步骤均为半成品。

(2)归集生产费用

逐步结转分步法下生产费用的归集是按产品和生产步骤进行的。当发生费用时,能直接确认为某种产成品或每步骤半成品的成本,应直接计入;不能直接计入的,则应采用适当的方法分配计入。对于除第一步骤以外的其他各生产步骤,还应登记转入该步骤的上步骤生产的半成品的成本。

(3)在产品成本的计算

期末时,应将归集在各步骤"成本计算单"上的生产费用合计,采用适当的方法,在完工半成品和在产品之间进行分配。

(4)半成品成本的计算

当在产品成本计算出来之后,对于除最后步骤外的其余各步骤来说,将生产费用合计扣除在产品的成本,其余额就是完工半成品的成本。半成品实物可一次全部转入下步骤,也可通过半成品库收发。随着半成品实物的转移,其成本也从本步骤成本明细账上转出,转入下一步骤成本计算单(或半成品明细账)中。

(5)产成品成本的计算

逐步结转分步法下,产成品成本是在最后步骤产生的,因此,将最后步骤成本计算单上的生产费用扣除期末在产品的成本,其余额就是完工产品成本。

28. 综合结转法结转半成品成本的程序从成本计算的第一步骤开始计算出半成品成本,第二步骤将耗用的第一步骤转入的半成品成本转入"自制半成品"项目中,加上第二步骤发生的各项生产费用计算出第二步骤的半成品成本并向第三步骤结转,依此类推直至最后一个计算成本的步骤,计算出完工产品成本。

29. 按综合结转分步法计算出来的各步骤半成品成本和最后步骤计算出来的完工产品成本,不能真正体现各生产步骤半成品成本和最后步骤产成品成本的原始成本项目的结构。这样的成本结构资料不便于企业编制材料采购计划、工资计划和制造费用计划或预算。为了解决这一问题,需要对按逐步综合结转分步法计算出来的产品成本进行"成本还原"。

成本还原的方法是从最后步骤起,将其耗用上一生产步骤的"半成品"的综合成本,按照上一生产步骤本月完工半成品的成本项目的比例分解还原为原来的成本项目;如此自后向前逐步分解还原,直到第一生产步骤为止;然后再将各步骤还原后的相同项目加以汇总,即可求得按原始成本项目反映的产成品成本资料。

成本还原有两种方法:一种是通过计算成本还原率进行成本还原;另一种是通过计算前几步骤本月完工半成品的成本项目结构进行成本还原。

30. 逐步综合结转分步法可以在各生产步骤的产品成本计算单或产品成本明细账中反映各步骤所耗半

成品费用水平和各步骤加工费用水平，有利于各个生产步骤的成本管理；可以提供各步骤半成品成本资料。但是，逐步综合结转分步法计算出来的成本资料，不能真实地反映企业产品成本的原始构成情况，不便于企业编制材料采购成本计划和费用预算。为了从整个企业的角度反映产品成本项目的原始构成，加强企业综合的成本管理，需要对已计算出来的产品成本进行成本还原，这可能要增加成本核算工作量。

31. 分项结转分步法是指上一步骤转入下一步骤的半成品成本，不是以"自制半成品"进行反映的，而是分别成本项目记入下一步骤成本计算单的有关成本项目中，进行分项反映的一种方法。如果半成品通过仓库转发，相应的半成品成本明细账也要按照成本项目设置并登记。分项结转一般按照半成品的实际单位成本结转。采用分项结转分步法计算出来的产品成本，能提供按原始成本项目反映的产品成本结构，不需要进行成本还原。

采用分项结转分步法时，各生产步骤之间的成本结转比较复杂，特别是半成品经过半成品库收发的情况下更是如此。同时，在各步骤完工产品成本中看不出所耗上步骤半成品成本的数额，不便于进行成本分析和成本考核。

32. 逐步结转分步法的优点：采用逐步结转分步法计算产品成本，由于其实物结转与半成品的成本结转相一致，因而各成本计算单上月末在产品成本就是各步骤该产品实际占用的生产资金，将各步骤占用的生产资金进行汇总，就可以计算出企业实际占用的生产资金数额，便于考核生产资金的占用情况，有利于加强对生产资金的管理；同时，采用逐步结转分步法，还可以为各步骤消耗半成品、同行业进行半成品成本的对比、企业内部成本分析和考核等提供了半成品成本资料。

逐步结转分步法的缺点：采用综合结转法时，若需提供按原始成本项目反映的各产品成本项目的金额，还需进行成本还原，计算工作较为复杂。虽为避免进行成本还原可采用分项结转法，但转账手续比较麻烦。按实际成本计价结转虽比较准确，但影响了成本计算的及时性，不利于考核和分析各步骤成本的升降原因。按计划成本计价结转，虽能克服按实际成本计价的缺点，但要进行半成品成本差异的计算和调整。因此，采用逐步结转分步法时，企业应根据本单位的特点，选择采用具体的成本计算模式。

33.(1)平行结转分步法的成本计算对象是各生产步骤和最终完工产品。

(2)半成品成本不随实物转移而结转。在平行结转分步法下，在计算产品成本时，各生产步骤只归集本步骤所发生的费用，上一步骤的半成品转入下一步骤继续加工时，虽实物转入，但半成品成本并不予以结转。

(3)月末，生产费用要在完工产品与在产品之间进行分配。在平行结转分步法下，各步骤要将本步骤发生的费用选择合适的方法(约当产量法或定额比例法)分别计入完工产品成本和月末在产品成本；将各步骤应计入完工产品成本的份额平行加以汇总，即可计算出完工产品的成本。

平行结转分步法主要在半成品种类较多又很少对外销售的企业中采用。

34.(1)按每种产品的品种及其所经过的生产步骤设置产品成本计算单归集生产费用。

(2)采用一定的方法计算每一生产步骤应计入产成品成本中的份额。

(3)将各步骤产品成本计算单上归集的生产费用，扣除应计入产成品成本中的份额，其余额就是在产品成本。

(4)将各生产步骤中应计入产成品成本中的份额平行地加以汇总，就可计算出每种产成品的成本。

35. 在采用平行结转分步法计算产品成本时，月末各步骤应将本月累计的生产费用在最终的产成品与广义的在产品之间进行分配，从而确定出本步骤应计入产成品成本中的份额。常用的分配方法有约当产量法和定额比例法。

采用约当产量法分配费用时，各步骤计入产成品成本份额的计算公式为：

某步骤应计入产成品成本中的份额＝产成品数量×该步骤半成品单位成本

$$\text{某步骤半成品单位成本}=\frac{\text{该步骤月初在产品成本}+\text{该步骤本月发生的生产费用}}{\text{该步骤完工产品数量}}$$

上式中各步骤完工产品数量(约当产量)是由三部分组成的，即本月完工产成品数量、各步骤月末尚未完工的在产品数量以及本步骤已经加工完成转到半成品库和以后各步骤尚未制成为产成品的半成品数量，其计算公式如下：

某步骤完工产品数量(约当产量)＝本月完工产成品数量＋该步骤月末在产品约当产量＋该步骤已完工留存在半成品库和以后各步骤月末半成品数量

36. 平行结转分步法的优点:采用平行结转分步法计算产品成本,由于各步骤不计算所耗上一步骤半成品的成本,只计算本步骤所发生的费用应计入产成品成本中的份额,将这一份额平行汇总即可计算出产成品成本。因此,各生产步骤月末可以同时进行成本计算,不必等待上一步骤半成品成本的结转,从而加快了成本计算工作的速度,缩短了成本计算的时间;同时,采用平行结转分步法,能直接提供按原始成本项目反映的产品成本的构成,有助于进行成本分析和成本考核。

平行结转分步法的缺点:采用平行结转分步法时,半成品成本的结转同其实物结转相脱节,各步骤月末在产品成本不仅包括本步骤正在加工中的在产品,而且也包括转入下一步骤但尚未最后制成为产成品的那些半成品在本步骤中发生的费用。这样,各步骤成本计算单上的月末在产品成本与实际结存在该步骤的在产品成本就不一致,因而不利于加强对生产资金的管理。所以,平行结转分步法一般适用于不需提供各步骤半成品成本资料的企业。

37. 采用逐步结转分步法与平行结转分步法计算产品成本,虽然都属于分步法,但两者之间仍有许多不同之处,主要表现在如下几个方面:

(1)成本计算程序不同。逐步结转分步法在计算成本时是按产品的生产过程逐步计算并结转半成品及其成本,在最后步骤计算出完工产成品成本;而平行结转分步法各步骤只计算该步骤应计入产成品成本的份额,将各步骤应计入产成品成本的份额平行地加以汇总,才能计算出完工产成品的成本。

(2)各步骤所包括的费用不同。逐步结转分步法下,其每一步骤应分配的费用(第一步骤除外)既包括本步骤发生的费用,也包括上一步骤转入的半成品的成本;平行结转分步法下各步骤应分配的费用,只包括本步骤发生的费用,不包括上一步骤转入半成品的成本。

(3)完工产品和在产品的概念不同。逐步结转分步法下的完工产品不仅包括最后步骤完工的产成品,而且还包括各步骤完工的半成品;平行结转分步法下的完工产品只包括最后步骤的完工产成品。逐步结转分步法下的在产品是狭义在产品,而平行结转分步法下的在产品是广义在产品。

(4)提供的成本资料不同。逐步结转分步法下能提供各步骤所占用的生产资金数额。但在综合逐步结转分步法下不能提供按原始成本项目反映的成本结构,有时需要进行复杂的成本还原;平行结转分步法下不能提供各步骤所占用的生产资金数额,但它能直接提供按原始成本项目反映的产品成本构成,不需进行成本还原。

(5)半成品成本处理方法不同。在逐步结转分步法下,成本与实物是一致的,即半成品实物转入哪个步骤,其成本也转入哪个步骤;平行结转分步法下成本与实物是不一致的,当半成品转入下一步骤加工时,其成本并不转入下一步骤。

(6)成本计算的时间不同。逐步结转分步法除第一步骤外,其余步骤均需在上一步骤成本计算后才能进行,影响了成本计算的及时性。而平行结转分步法各步骤可以同时进行计算,加快了成本计算的速度。

六、实务题

答案略。

第六章　产品成本核算的辅助方法

一、名词解释

1. 系数法:是将分配标准折算成相对固定的系数,按照固定系数在类内各种产品之间分配费用,计算类内各种产品成本的一种方法。

2. 定额比例法:是指以类内各种产品的定额消耗指标比例作为分配标准,计算某类完工产品总成本的一种方法。

3. 副产品:是企业在利用同种原材料生产主要产品的同时附带生产出来的一些非主要产品。

4. 联产品：是使用同一种原材料，在同一生产过程中，同时生产出若干种使用价值不同的主要产品。

5. 等级品：是指用相同的原材料，经过相同的生产过程，生产出性质相同但品级或质量不同的产品。

6. 定额法：是以产品定额成本为基础，加上(或减去)脱离定额的差异、材料成本差异和定额变动差异，来计算产品实际成本的方法。

7. 定额成本：是根据企业某一时期所实行的各种消耗定额、当期费用预算和其他资料计算的一种预计产品成本，它是衡量生产费用节约或超支的尺度，是计算实际成本的基础。

8. 脱离定额差异：是指产品生产过程中各项实际发生的生产费用脱离现行定额的差异。

9. 作业：是企业为提供一定的产品或劳务所发生的、以消耗资源为重要特征的各项业务活动的统称。

10. 作业链：是将企业的生产经营管理活动按照业务活动的内在逻辑关系进行合理的连串，就会形成一条由此及彼、由内向外的作业链条。

11. 价值链：是指企业内部的价值活动，以及包括企业与供应商、企业与客户之间的价值联系。

12. 成本动因：是指导致企业成本发生的任何因素，也就是成本驱动因素。

13. 资源动因：是资源被各种作业消耗的原因和方式，它描述的是一项作业或一组作业对资源的消耗情况，是将资源成本分配到作业中去的基础。

14. 作业动因：是各项作业被最终产品消耗的原因和方式，它反映的是产品消耗作业的情况，是将作业成本分配到最终产品中去的基础。

15. 作业中心：是成本归集和分配的基本单位，它可由一项作业或一组作业组成。

16. 作业成本库：由于作业消耗资源，所以伴随作业的发生，作业中心也就成为一个资源成本库，即作业成本库。

17. 业务职能活动分解法：是将企业各业务职能部门(包括厂部、科室、车间以及班组等)的活动进行分解，确定每一个部门应完成的作业有几种、作业量有多大、多少人参与该项作业以及作业耗费的资源。

18. 过程定位法：是依据生产经营活动不同阶段对最终产品形成所发挥的作用，而将作业确认为过程作业、支援作业或产品线作业。

19. 价值链分析法：是把企业生产经营活动的每一部分看作基本的价值单位，最终产品的完成要借助这些价值单位的逻辑连接，而将作业分为研究与开发、设计、生产、营销、配送和售后服务等。

20. 作业流程图分析法：是通过绘制作业流程图来描述企业各部门的作业以及它们之间的相互联系，从而确定完成特定业务所要求的各项作业、各项作业所需要的人员以及所要消耗的时间。

二、单项选择题

1. C	2. D	3. D	4. A	5. B	6. B	7. A	8. A	9. C	10. D
11. C	12. B	13. B	14. A	15. D	16. A	17. C	18. D	19. D	20. B
21. D	22. B	23. C	24. B	25. D	26. C	27. D	28. C	29. B	30. A
31. B	32. D	33. B	34. B	35. D	36. D	37. C	38. C	39. A	40. D
41. B	42. A	43. A	44. C	45. C	46. B				

三、多项选择题

1. AC	2. DE	3. ABDE	4. ABCDE	5. ACE
6. CD	7. ABCDE	8. CDE	9. AB	10. BDE
11. ABC	12. CD	13. AB	14. ABC	15. CDE
16. CD	17. CD	18. AB	19. ABC	20. ABC
21. ADE	22. CDE	23. AD	24. ABC	25. ABCD
26. BCE	27. ABCD	28. ACDE	29. ABC	30. CDE
31. ABD	32. BCDE	33. ABCD	34. AC	35. ABCD
36. ABC	37. CD	38. ABE	39. ABCE	40. ABE
41. ACDE	42. ABC	43. ABC	44. ABC	45. ABC

四、判断题

1. √	2. √	3. √	4. ×	5. ×	6. √	7. ×	8. ×	9. √	10. √
11. ×	12. ×	13. ×	14. ×	15. √	16. √	17. √	18. √	19. ×	20. √
21. ×	22. √	23. √	24. √	25. ×	26. √	27. √	28. ×	29. ×	30. √
31. √	32. ×	33. √	34. ×	35. √	36. √	37. √	38. ×	39. ×	40. √
41. ×	42. √	43. ×	44. ×	45. √	46. √	47. √	48. √	49. √	50. √
51. ×	52. ×	53. √	54. ×	55. ×	56. √	57. √	58. ×	59. ×	60. √
61. ×	62. ×	63. √	64. √	65. √	66. ×	67. ×	68. ×		

五、简答题

1. 产品成本计算分类法，是指先按产品类别归集生产费用，计算各类完工产品的总成本，然后采用一定标准分配计算类内各种或各规格产品成本的一种成本计算方法。相对于品种法、分步法和分批法三种主要方法而言，作为成本计算的一种辅助方法，分类法主要满足了简化产品成本计算的需要。分类法不是一种独立的成本计算方法，一般必须结合品种法使用。

分类法适用于产品品种或规格繁多而且可以对产品进行合理分类的企业。如用同样原材料、经过同样工艺过程生产出来不同规格的产品的企业，例如钢铁企业生产的各种牌号和规格的生铁、钢锭和钢材；用同一种原材料进行加工而同时生产出几种主要产品（即联产品）的企业，例如原油经过提炼，可以炼出各种汽油、煤油和柴油等产品。某些企业生产除了生产主要产品以外，还可能生产一些零星产品，虽然内部结构、所耗原材料和工艺过程不一定完全相近，但是它们的品种、规格多，而且数量少，费用比重小。为了简化成本计算工作，这些零星产品也可以归为几类，采用分类法计算成本。

2.（1）先要根据产品的结构、所用原材料和工艺过程的不同，将产品划分为若干类，按照产品的类别设立产品成本明细账，归集产品的生产费用，计算各类产品成本。

（2）选择合理的分配标准，在每类产品的各种产品之间分配费用，计算每类产品内各种产品的成本。类内产品成本的计算一般采用系数法和定额比例法。

3. 类内产品成本的计算，一般采用系数法和定额比例法：

（1）系数法

系数法是将分配标准折算成相对固定的系数，按照固定系数在类内各种产品之间分配费用，计算类内各种产品成本的一种方法。

（2）定额比例法

定额比例法是指以类内各种产品的定额消耗指标比例作为分配标准，计算某类完工产品总成本的一种方法。一般适用于定额基础好，各项定额资料比较齐全、准确、稳定的企业。

4. 副产品通常具有以下两个特点：

（1）副产品与主要产品是在同一生产过程中产生的，副产品具有一定的使用价值，通常可以作为商品加以利用，但是价值较低。有些副产品在与主产品分离后可以直接对外出售，有些副产品则还需要经过进一步的加工后才能出售。

（2）无法单独归集副产品在分离点之前所发生的各项费用。副产品在与主产品分离之前，通常不单独发生费用，因此，在分离点之前无法区分副产品的生产费用与主产品的生产费用。

副产品成本计算的关键是如何将混在一起的完工产品成本分配给主产品和副产品。一般是先采用简单的方法计算出副产品的成本，完工产品总成本扣除副产品成本即为主产品成本。

5. 联产品是使用同一种原材料，在同一生产过程中，同时生产出若干种使用价值不同的主要产品。

联产品成本计算的关键是联产品之间各种产品成本的分配。归集和分配本月发生的生产费用以及分配完工产品和在产品成本的方法，可按照品种法进行；联产品之间分配成本的方法，一般按系数法进行分配，分配标准可用各种产品的销售价格。

6. 产品成本计算的定额法又称为定额成本法，它是以产品定额成本为基础，加上（或减去）脱离定额的差异、材料成本差异和定额变动差异，来计算产品实际成本的方法。定额法不是一种独立的成本计算方法，它与生产类型无直接关系，只是为了加强成本控制和简化成本核算而采用的一种辅助的成本计算方法，它必须与品种法、分批法或分步法结合使用。

定额成本法一般适用于已制定了一整套、较为完整的定额管理制度，产品生产已经定型，各项生产费用消耗定额比较稳定、健全、准确，以及财务会计人员的业务水平较高的大批大量装配式机械制造企业，如生产各种机床、车床、车辆等的企业。

7. 定额法下产品的实际成本是由定额成本、脱离定额差异、材料成本差异和定额变动差异四个部分组成。

(1)产品的定额成本，是根据企业某一时期所实行的各种消耗定额、当期费用预算和其他资料计算的一种预计产品成本，它是衡量生产费用节约或超支的尺度，是计算实际成本的基础。产品的定额成本主要是指产品的单位定额成本。

(2)脱离定额差异是指产品生产过程中各项实际发生的生产费用脱离现行定额的差异。脱离定额差异反映了企业各项生产费用支出的合理程度和执行现行定额的工作质量。

(3)在定额法下，为了便于控制与考核，材料的日常核算必须按计划成本进行。因此，直接材料的定额成本和定额差异等均以计划单位成本反映。为使材料消耗按实际成本反映，显然还必须分配材料成本差异，这一差异属于材料价格差异(材料定额差异属于材料数量差异)，通常由财会部门于月末一次分配计入产品成本。

(4)定额成本修订，一般是定期地在月初、季初或年初进行，当定额变动时，月初在产品的定额成本仍是按照旧定额计算的，为了使月初在产品定额成本和本月投入产品的定额成本水平一致起来，以计算产品实际成本，就应按新定额对月初在产品的定额成本进行调整，计算出月初在产品的定额变动差异以及月份内发生的定额变动。

8. (1)按产品(或批别、步骤)设置成本计算单，成本计算单按成本项目分设定额成本、定额差异、定额变动等专栏。

(2)根据产品实际产量和有关定额资料，计算产品的定额成本，根据各种定额差异凭证，汇总计算各种产品定额差异，并记入成本计算单。如果定额有变动，则要计算定额变动差异，并据以调整月初在产品定额成本。

(3)月末，根据产品成本计算单，分别算出定额成本和定额差异总数，并按成本项目分别计算定额差异分配率和定额变动差异分配率。

(4)根据完工产品通知单按成本项目计算完工产品定额成本，然后分别乘以定额差异分配率和定额变动分配率，计算出完工产品应负担的定额差异和定额变动差异。完工产品定额成本加减定额差异和定额变动差异，即求得完工产品车间实际制造成本。

(5)厂部财会部门将各车间产品成本计算单进行汇总，并分配材料价格差异，按产品类别汇编产品制造成本计算单即求得产成品的实际总成本和单位成本。

9. 成本计算法有以下主要区别：

(1)应用的前提条件不同

变动成本法，首先要求进行成本性态分析，把全部成本划分为变动成本和固定成本，尤其是要把属于混合成本性质的制造费用按生产量分解为变动性制造费用和固定性制造费用两部分。

完全成本法则要求把全部成本按其发生的领域或经济用途分为生产成本和非生产成本。凡在生产领域中为生产产品发生的成本就归于生产成本，发生在流通领域和服务领域由于组织日常销售或进行日常行政管理而发生的成本则归属于非生产成本。

(2)产品成本及期间成本的构成内容不同

在变动成本法下，产品成本全部由变动生产成本构成，包括直接材料、直接人工和变动性制造费用，期间成本由全部固定成本和全部非生产成本之和构成，即由固定性制造费用、销售费用、管理费用、财务费用构成。

在完全成本法下，产品成本包括全部生产成本，包括直接材料、直接人工、制造费用，期间成本则仅包括全部非生产成本。

(3)销售成本及存货成本水平不同

当期末存货量不为零时,在变动成本法下,固定性制造费用作为期间成本直接计入当期损益,因而没有转化为销货成本或存货成本的可能;在完全成本法下,固定性制造成本计入产品成本,当期末存货不为零时,本期发生的固定性制造费用需要在本期销货和期末存货之间分配,被销货吸收的固定性制造费用计入本期损益,被期末存货吸收的固定性制造费用递延到下期。这就将导致分别按两种成本法所确定的期末存货成本和销货成本的水平不同。

(4)损益确定程序不同

所谓贡献式损益确定程序,是指在损益计量过程中,首先用销售收入补偿本期实现销售产品的变动成本,从而确定贡献毛益,然后再用贡献毛益补偿固定成本以确定当期营业净利润的过程。传统式损益确定程序则是指在损益计量过程中,首先用销售收入补偿本期实现销售产品的销售成本,从而确定销售毛利,然后再用销售毛利补偿营业费用以确定当期营业净利润的过程。

(5)所提供信息的用途不同

这是变动成本法和完全成本法之间最本质的区别。变动成本法主要满足内部管理的需要,利润与销售量之间有一定规律性联系;完全成本法主要满足对外提供报表的需要,利润与销售量之间的联系缺乏规律性。

10. 变动成本法有以下优点:

(1)变动成本法能够揭示利润和业务量之间的正常关系,有利于促使企业重视销售工作,树立以市场和客户为中心的管理观念;

(2)变动成本法可以提供有用的成本信息,便于科学的成本分析和成本控制;

(3)采用变动成本法可以简化成本核算工作,并在一定程度上增强会计信息的客观性。

变动成本法有以下缺点:

(1)变动成本法所计算出来的单位产品成本不符合传统的成本概念的要求;

(2)变动成本法的成本分类有较大程度的假定性;

(3)变动成本法不能满足产品定价决策的需要;

(4)变动成本法不能适应长期决策的需要;

(5)采用变动成本法会对所得税产生一定的影响。

11.(1)确认和计量各种资源耗费,将资源耗费价值归集到各资源库;

(2)确认企业的主要作业;

(3)确认各项作业的成本动因;

(4)建立作业中心,形成作业成本库;

(5)依据作业中心成本动因,计算作业成本分配率;

(6)根据产品对作业的需要,将成本分配到产品中,汇集计算产品成本。

12.(1)作业观念的引入和作业成本计算法的出现是现代成本会计发展的必然,它拓展了成本会计的研究领域,并将处于核心地位。从一定意义上说,作业成本计算法是分解企业所耗资源的多样性并合理地把它们追踪至产品、服务或顾客的方法。

(2)当我们用作业的观念来对企业活动进行描述时,就会发现企业从研究开发到顾客服务的一系列活动就是一条作业链,同时也是一条价值链。信息技术的飞速发展已经能够满足人们针对每一项作业来实施管理和控制,将企业成本管理的重点由产品转为作业,这有助于成本管理者更好地分析资源消耗的合理性,寻找出降低企业整体运营成本的途径,从而更好地为实现成本管理的目标服务。

(3)作业成本计算法的产生与其在企业成本计算中的应用,不仅弥补了全部成本法和变动成本法的决策缺陷,而且扩展了成本行为分析和责任成本的范围,而这两方面正是成本管理的基础和核心。

(4)作业成本计算及其基础工作所提供的财务与非财务信息,对于加强企业的生产经营管理具有广泛的用途和极为重要的价值,是企业有效地进行成本控制和科学地进行决策的重要信息来源。作业成本计算法能为企业实施最优化的物流决策、改善企业作业管理、增强企业竞争优势提供更有价值的成本信息,从而使其具有广泛的适应性和旺盛的生命力。

六、实务题

答案略。

第七章　其他主要行业的成本核算

一、名词解释

1. 毛利率法：是根据本期销售收入乘以前期实际（或本月计划）毛利率匡算本期销售毛利，并计算发出存货成本的一种方法。

2. 售价金额核算法：是指平时商品存货的进、销、存均按售价记账，售价与进价的差额记入"商品进销差价"账户，期末通过计算进销差价率的办法计算本期已销商品应分摊的进销差价，并据以调整本期销售成本的一种方法。

3. 开发经营费用：是指企业在开发、建设和经营房地产业务的过程中发生的各种耗费。

4. 土地征用及拆迁补偿费：是指房地产开发企业按照城市建设总体规划进行土地开发而发生的各项费用，包括土地征用费、耕地占用税、劳动力安置费、有关地上地下附着物拆迁补偿的净支出、安置动迁用房支出等。

5. 前期工程费：是指开发项目前期工程所发生的各项费用，包括规划、设计、项目可行性研究、水文、地质、勘察、测绘、"三通一平"等支出。

6. 建筑安装工程费：是指房地产开发项目在开发过程中发生的各种建筑安装费用，包括企业以出包方式支付给承包单位的建筑安装工程费和以自营方式发生的建筑安装工程费。

7. 基础设施费：是指房地产开发项目在开发过程中发生的各项基础设施支出，包括开发小区内道路、供水、供电、供气、排污、排洪、通信、照明、环卫、绿化等工程发生的支出。

8. 公共配套设施费：是指必须由房地产开发项目负担的，不能有偿转让的开发小区内公共配套设施发生的支出，包括开发小区内属营业性的商店、银行、邮局等公共配套设施，以及非营业性的托儿所、幼儿园、车库、医院、派出所、居委会等公共配套设施发生的支出。

9. 开发间接费用：是指企业在开发项目现场设立的管理机构为组织和管理工程建设而发生的薪酬、折旧费、修理费、办公费、水电费、劳动保护费、周转房摊销等费用。

10. 筹资成本：是指房地产开发企业为开发土地而借入的资金所发生的利息等借款费用。

11. 商业性建设场地：是指为销售或有偿转让而开发的土地。

12. 自用性建设场地：是指直接为本企业建造商品房、出租房和周转房等开发的土地。

13. 运输支出：是指交通运输企业沿海、内河、远洋和汽车运输经营旅客、货物运输业务所发生的各项费用支出。

14. 装卸支出：是指交通运输企业江河湖海港口和汽车运输企业因经营装卸业务所发生的各相关费用支出。

15. 堆存支出：是指交通运输企业因经营仓库和堆场业务所发生的费用。

16. 辅助营运费用：是指运输、港口企业发生的辅助船舶费用，以及企业辅助部门为本企业主要营运单位生产产品和提供劳务所发生的辅助费用。

二、单项选择题

1. B　2. A　3. C　4. B　5. A　6. C　7. D　8. A

三、多项选择题

1. ABCD　2. BC　3. ACD　4. ABC　5. ABCD
6. ABCD　7. ABCD　8. ABCD　9. ABCD　10. BC

四、判断题

1. ×　2. ×　3. ×　4. ×　5. √　6. √　7. √　8. ×　9. ×　10. ×

11. √ 12. √ 13. √

五、简答题

1. 商品流通企业的成本可分为商品采购成本、商品存货成本、商品加工成本和商品销售成本等内容。

(1)商品采购成本。国内购进商品的采购成本是指国内购进商品的原始进价和购货环节缴纳的价内税金之和。出口商品退税款抵扣当期出口商品进价成本。

国外购进商品的采购成本指进口商品在到达目的港口以前发生的各种支出,具体包括进价、外汇价差、进口税金、委托代理进口费用。

(2)商品存货成本。它是指商品购进后至商品销售前储存阶段的商品成本,通常按商品采购成本核算,并根据存货计价方法确定其成本额。

(3)商品加工成本是指企业将原材料、商品进行加工制成商品的全部支出。加工过程中的有关收入应抵扣加工商品成本。

(4)商品销售成本。它是指已销商品的进价成本,通常依据已销商品的数量和单位进价成本予以确定。

2. 房地产开发企业成本核算的主要内容是开发产品成本。开发产品成本是指由成本计算对象即开发项目负担的开发经营费用。开发产品的成本项目大致可分为以下几个部分:

(1)土地征用及拆迁补偿费;

(2)前期工程费;

(3)建筑安装工程费;

(4)基础设施费;

(5)公共配套设施费;

(6)开发间接费用;

(7)筹资成本。

3. 根据交通运输企业的经营特点,交通运输企业成本核算的主要内容和特点包括以下几个方面:

(1)成本计算对象多样化。交通运输企业的成本计算对象是其运输的各类业务,以及构成各类业务的具体项目,如公路运输企业是以旅客运输和货物运输业务作为核算对象,对公路旅客运输和货物运输进行运输成本的计算;相应地,其成本计算对象既可以是承接运输的各类业务及构成各类业务的具体业务项目,如运输业务、装卸业务、代理业务等,又可以是承担运输任务的各类运输工具及具体运行情况,如客运大巴、远洋货轮、集装箱卡车、运行线路、班次等。

(2)运输成本的计算与产品制造成本计算基本相同。营运过程中发生的各项耗费先归集,然后再按照一定的方法分配计算各业务的营运成本。交通运输企业的成本费用由两部分构成,即运营成本和期间费用。运营成本是指经营运输过程中实际发生的与营运直接相关的各项耗费,包括三方面内容:①直接参与营业业务的各类消耗性机物料,如运输用燃油、润滑剂、备品配件、低值易耗品、材料、轮胎等;②直接从事营运业务人员的职工薪酬;③营运过程中发生的间接营运费,如运输工具及固定资产的折旧费、修理费、租赁费、保险费、劳动保护费、季节性和修理期间的停工损失及事故净损失等。交通运输企业的期间费用主要包括管理费用和财务费用,其基本内容与制造企业相同部分除外,还包括铁路线路绿化费、铁路线路灾害防止费、各种港口使用费(引水费、港务费、拖轮费、停泊费、代理费、理货费等)、公路运输管理费、路桥费、飞行训练费、乘客紧急救护费等。

(3)营运成本与应计入当期成本的耗费一致。交通运输企业的成本按月定期计算,并且生产经营与销售合二为一,无在产品,也没有储存环节,因此不存在运输成本与销售成本之分,实际发生的营运成本一般即是当期应计入的成本,运输过程发生的各项实际消耗支出便构成当期的运营成本,可以据此直接计算成本,并于期末结转入当期损益。

(4)成本计量单位采用复合计量。不同业务类别的交通运输企业由于运输工具、运输时间、运输距离的不同,在全面、综合反映运输成本时一般采用运输数量和距离相结合的复合计量单位进行成本计量,如吨公里(海里)、人公里(海里)及千人换算吨公里(海里)等。

4. 金融企业成本核算有以下内容:

(1)利息支出；
(2)手续费及佣金支出；
(3)业务及管理费用；
(4)汇兑损益。

六、实务题

答案略。

第八章　成本报表的编制和分析

一、名词解释

1. 成本报表:是会计报表体系的重要组成部分，它是根据日常成本核算资料及其他有关资料定期或不定期编制,用以反映企业产品成本水平、构成及其升降变动情况,考核和分析企业在一定时期内成本计划执行情况及结果的报告文件。

2. 成本报表分析:就是运用一定方法对成本报表的数据及有关资料进行加工处理,查明成本升降的各个因素及其相互作用,确定各因素对成本的影响程度,使用降低成本的手段。

3. 对比分析法:是通过成本指标在不同时期的数据对比,确定数量差异,揭示经济活动的成绩和问题的一种分析方法。

4. 因素分析法:是指某一综合指标分解为若干个相互联系的因素,按顺序分别计算和分析各因素影响程度的一种分析方法。

5. 连环替代法:是在影响综合指标的各因素中,顺序地把其中一个因素当作可变的,而暂时把其他因素看作不变的,进行替代,从而测定出各个因素对综合指标影响程度的一种分析方法。

6. 差额计算分析法:是连环替代法的一种简化形式。它是利用各个因素的实际数与基数之间的差额,计算出各个因素变动对综合经济指标影响程度的一种分析方法。

7. 全部产品生产成本报表:是反映企业在报告期内生产的全部产品(包括可比产品和不可比产品)的总成本以及各种主要产品的单位成本和总成本的报表。

8. 主要产品单位成本表:是反映企业在报告期内生产的各种主要产品单位成本水平及构成情况的成本报表,

9. 等级系数:是各等级产品产量折合成一等品的产量占折合前总产量的比重。

二、单项选择题

1. C	2. A	3. C	4. B	5. C	6. D	7. C	8. D	9. A	10. B
11. A	12. B	13. B	14. A	15. C	16. B	17. B	18. C	19. B	20. C
21. A	22. C	23. A	24. B	25. D	26. D	27. B	28. B	29. B	30. B
31. A	32. D	33. A	34. C						

三、多项选择题

1. ABCDE	2. ABDE	3. ACE	4. ABCDE	5. ABCD
6. ABC	7. CDE	8. CDE	9. ACD	10. BD
11. AD	12. ACD	13. ABC	14. AD	15. AD
16. ABCD	17. ACD	18. ABC	19. ABCD	20. ABCD

四、判断题

1. ×	2. ×	3. ×	4. √	5. √	6. √	7. ×	8. ×	9. ×	10. √
11. ×	12. ×	13. √	14. √	15. √	16. √	17. ×	18. ×	19. √	20. √
21. ×	22. √	23. ×	24. ×	25. √	26. ×	27. ×	28. √	29. ×	30. √
31. ×	32. √	33. ×	34. ×	35. ×	36. √	37. ×	38. ×	39. √	40. √

41. × 42. × 43. × 44. × 45. √ 46. × 47. × 48. √ 49. × 50. ×
51. × 52. × 53. √ 54. √ 55. √ 56. × 57. √

五、简答题

1. 成本报表作为向企业经营管理者提供信息进行成本分析的一种内部管理报表，是成本会计的工作结果和企业成本管理的工作质量的最终反映。编制成本报表是企业成本管理的一项重要工作，对加强企业内部经营管理和增强企业竞争力有着十分重要的作用。

(1)综合反映企业在一定时期内的产品成本水平及费用支出情况。

(2)可据以分析成本计划或预算的执行情况、考核成本计划的完成情况，并查明产品成本升降的原因等。

(3)为制定和修订成本计划提供重要的信息。

2. 成本报表作为对内报表，与会计报表编制时应数字真实、内容完整、编制及时的一般要求相比较，还应具有以下特点：

(1)内容更具有针对性。成本报表的编制目的主要是满足企业内部经营管理者的需要，满足企业领导以及各部门、车间和岗位责任人对成本信息的需求。因而成本报表的内容要有针对性，而不要泛泛地、千篇一律地提供情况。成本报表的设计必须满足成本管理对某一方面的需要，重点反映成本管理的关键问题。

(2)格式更具有灵活性。成本报表作为内部报表，其格式、编制方法均由企业自行决定、自己设计。格式可以灵活多样，内容、指标可多可少。但要注意应简明扼要，讲求实效。

(3)报告更注重时效性。作为对内报告的成本报表，除了为满足定期考核和分析计划的完成情况定期编报外，还可以对某一方面的问题不定期地进行编报反映，如日报、周报或旬报，尽可能使报表提供的信息与其反映的内容在时间上保持一致，以满足企业对生产经营进行全面控制的需要。

3. 通过成本报表分析，可以对企业成本计划的执行情况进行有效的控制，并对企业成本计划的执行结果进行评价；可以提示存在的问题和差距，促使企业寻求降低成本的途径和方法；可以认识和掌握成本变动的规律性，总结成本管理的经验和教训，提高企业成本管理水平，从而提高企业的经济效益，还可以为编制下期成本计划进行经营决策提供依据。

4. 通常成本报表分析的基本程序可归纳为以下几个步骤：

(1)制定成本报表分析计划

制定成本报表分析计划是为了保证成本分析工作有目的、有步骤地进行。成本报表分析计划应确定分析的目的、主要范围、分析标准及分析的主要问题等。

(2)进行成本报表分析

成本报表分析主要包括报表整体分析、成本指标分析以及基本因素分析三方面内容。首先要对成本报表整体进行分析。例如，对产品生产成本报表可按产品类别和成本项目对全部产品成本进行分析，将产品的实际成本与计划成本进行对比分析，对其中的可比产品还要将本期实际成本与上期实际进行比较。在已核实资料的基础上，对成本的各项指标的实际数进行各种形式、各个方面的比较，以便确定差异，揭示问题。在分析差异时，不能只看数量上、表面上的差异，还要相互联系地研究各项成本指标发生差异的原因，研究影响成本指标差异的各种因素。

(3)编写成本报表分析报告

通过成本指标分析和基本因素分析，抓住问题的关键，得出成本报表分析的结论，并对企业成本工作作出评价，提出改进措施和解决问题的方法，并对成本报表分析结果作出文字报告。

5.(1)产品生产成本报表的分析，主要是全部产品成本计划的完成情况分析和可比产品成本降低目标的完成情况分析。工业企业全部产品包括可比产品和不可比产品。由于不可比产品没有历史成本资料，所以产品成本分析只能将实际总成本同计划总成本对比。另外，总成本的升降受到产量变动的影响，为了使成本对比指标具有可比性，在分析全部产品成本计划完成情况时，应剔除产量变动对成本计划完成情况的影响，实际总成本和计划总成本均按实际产量计算。

全部产品成本计划完成情况的分析是一种总括性的分析。其中，按产品品种进行的分析，是以本年实际总成本与计划总成本相比较，从而确定全部产品成本的降低额和降低率。

（2）按照成本项目进行产品成本分析，将全部产品的总成本按成本项目分别比较其实际总成本与计划总成本，确定各成本项目的升降额和升降率，并比较分析各成本项目的变动对总成本的影响程度。

6. 主要产品单位成本分析的主要内容包括产品单位成本计划完成情况分析、产品单位成本各主要项目分析和技术经济指标对单位成本影响的分析三个方面。通过分析主要产品单位成本表，可以揭示各产品单位成本及其各个成本项目的变动情况，尤其是各项消耗定额的执行情况，确定产品结构、工艺和操作方法的改变以及有关技术经济指标变动对产品单位成本的影响，查明产品单位成本升降的具体原因。

（1）主要产品单位成本计划完成情况的分析

主要产品单位成本计划完成情况分析，应采用比较分析法，计算实际单位成本比计划、比上期、比历史先进水平的升降情况，以便对某些产品进一步按成本项目比较其成本变动情况，查明影响单位成本升降的原因。

（2）主要产品单位成本项目的分析

主要涉及直接材料项目的分析、直接人工费用的分析以及制造费用项目的分析。

（3）技术经济指标对产品单位成本影响的分析

技术经济指标是指与企业的生产技术特点有着内在联系的经济指标。由于不同企业的生产技术特点不同，因此，用来考核各企业的技术经济指标也各不一样，而且不同的技术经济指标影响单位成本的途径也不一致。在此，主要从产品产量、质量、材料利用率和劳动生产率等技术经济指标的变动对单位成本的影响进行分析。

7. 技术经济指标是指与企业的生产技术特点有着内在联系的经济指标。由于不同企业的生产技术特点不同，因此用来考核各企业的技术经济指标也各不一样，而且不同的技术经济指标影响单位成本的途径也不一致。在此，主要从产品产量、质量、材料利用率和劳动生产率等技术经济指标的变动对单位成本的影响进行分析。

（1）产量变动对单位成本的影响

产品成本中既有变动成本也有固定成本，当产量变动时，单位产品的变动费用没有变化，固定成本总额也不会发生变化，但是单位产品中的固定成本却会随产量的增加而减少或随产量的减少而增加。

（2）产品质量变动对单位成本的影响

企业在生产消耗水平不变的前提下，产品质量提高必然会使单位产品成本降低。产品质量的指标一般有反映本身质量如等级产品和反映工作质量的指标如合格品率、废品率等。产品质量对单位成本的影响可以从不同角度分析。

（3）劳动生产率变动对单位产品成本的影响

劳动生产率提高意味着单位产品工时消耗定额的降低，从而使产品负担的工资成本相应地减少。但在实际工作中，劳动生产率的提高往往伴随着工资率的增长，从而又会使单位产品成本提高。

8.（1）生产性费用，如制造费用中的折旧费、修理费、机物料消耗等。这些费用的变动与企业生产规模、生产组织、设备利用程度等有直接联系。这些费用的特点既不同于与产量增减成正比例变动的变动费用，又不同于固定费用，即在业务量一定的范围内相对固定，超过这个范围就可能上升。分析时应根据这些费用的特点，联系有关因素的变动评价其变动的合理性。

（2）管理性费用，如行政管理部门人员的工资、办公费、业务招待费等。管理性费用的多少主要取决于企业行政管理系统的设置和运行情况以及各项开支标准的执行情况。分析时，除按明细项目与限额指标相比分析其变动的原因外，还应从紧缩开支、提高工作效率的要求出发，检查企业对有关精简机构、减少层次、合并职能、压缩人员等措施的执行情况。

（3）发展性费用，如职工教育经费、设计制图费、试验检验费、研究开发费等。这些费用与企业的发展相关，实际上是对企业未来的投资。但是这些费用应当建立在规划合理、经济、可行的基础上，而不是盲目地进行研究开发或职工培训，应将费用的支出与取得的效果联系起来进行分析评价。

（4）防护性费用，如劳动保护费、保险费等。这类费用的变动直接与劳动条件的改善、安全生产等相关。显然，对这类费用的分析就不能认为支出越少越好，而应结合劳动保护工作的开展情况，分析费用支出的效果。

(5)非生产性费用，主要指材料、在产品、产成品的盘亏和毁损。分析这类费用发生的原因，必须从检查企业生产工作质量、各项管理制度是否健全以及库存材料、在产品和产成品的保管情况入手，并把分析与推行和加强经济责任制结合起来。

六、实务题

答案略。

第九章 成本管理

一、名词解释

1. 成本预测：是通过对成本构成的各要素及影响成本变动的有关因素进行分析测算，进而对企业未来一定时期内的成本水平及其发展趋势进行的科学规划。

2. 定量分析法：又称数量分析法，是指应用现代数学方法和各种现代化计算工具对与预测对象有关的各种经济信息进行科学的加工处理，建立预测分析的数学模型，揭示各变量之间的规律性联系，并做出预测结论的预测分析方法。

3. 定性分析法：又称非数量分析法，是指预测人员根据预测对象的特点、知识以及主观判断和分析能力，推断事物的性质和发展趋势的预测分析方法。

4. 可比产品：是指以往年度正常生产过的产品，其过去的成本资料比较健全和稳定。

5. 不可比产品：是指企业以往年度没有正式生产过的产品。

6. 高低点法：是求出一定时期历史资料中最高业务量的总成本与最低业务量的总成本之差与最高最低业务量之差的比值，确定为单位变动成本，然后再计算固定总成本额的方法。

7. 回归分析法：是指根据过去一定时期的业务量和成本资料，运用最小二乘法的原理建立反映成本和业务量之间关系的回归直线方程，并据此确定成本中的固定成本和变动成本的一种定量分析方法。

8. 因素分析法：是通过对影响成本的各项因素测算分析，预测计划期成本水平的方法。

9. 成本决策：是用成本决策理论，在成本预测的基础上，分析多个成本方案，确定最佳成本方案的过程。

10. 固定预算：是一种最基本的预算编制方法，是根据预算期内正常的可实现的某一业务量水平而编制的预算，该方法所涉及到的各项预定指标均为固定数据，这种方法也叫静态预算。

11. 弹性预算：是指按照预算期内可预见的多种业务量水平所编制的，能够适应不同业务量情况的预算。

12. 零基预算：即以零为基础的预算，是指在编制预算时，不考虑过去情况如何，对所有业务活动都重新进行评价，从根本上去考虑其必要性和规律的预算编制方法。

13. 成本控制：是指企业生产经营过程中，按照既定的成本目标，对构成产品成本的一切生产成本和经营管理费用进行严格的计算、分析、调节和监督，及时发现实际成本、费用与目标的偏差，并采取有效措施，保证产品实际成本和经营管理费用被限制在预定的标准范围之内的一种管理行为。

14. 广义的成本控制：是指实行全员、全过程、全方位的科学控制。

15. 狭义的成本控制：仅指事中成本控制，即在生产经营过程中，从投料开始，对产品成本的形成和经营管理费用的发生进行严格的控制。

16. 标准成本：是在充分调查、分析和技术测定的基础上，根据企业现已达到的技术水平所确定的企业在有效经营条件下生产某种产品所应当发生的成本。

17. 理想标准成本：是目前生产条件下，以现有生产技术和经营管理处于最好状态为基础制定的标准成本。

18. 正常标准成本：是根据企业自身已经达到的生产技术水平和有效经营条件的基础而制定的标准。

19. 现实标准成本：是根据最可能发生的生产要素耗用量及价格、生产经营能力利用程度制定的成本。

20. 成本差异：是指实际成本和成本标准的差异额。

21. 有利差异：是指实际成本小于成本标准的差异额，意味着成本的节约。

22. 不利差异：是指实际成本大于成本标准的差异额，意味着成本的超支。

23. 价格差异：是指由于价格因素变动而导致的成本差异额。

24. 数量差异：是指由于数量变动而导致的成本差异额。

25. 工资率差异：是指每单位时间标准工资率与实际工资率之间的差额。

26. 人工效率差异：是指标准工时与实际工时之间的差额。

27. 作业成本控制：是利用作业成本核算的有关信息，对企业的作业进行控制，分析作业成本产生的真正成本动因，并寻找降低成本的途径，不断优化经营过程，实现持续改善经营管理的目的。

28. 目标成本法：也叫价格驱动成本法，是以客户愿意支付的价格为基础确定企业产品或服务成本的方法，将这种成本确定的方法和目标管理方法相结合，用于成本控制就是目标成本控制。

29. 即时成本控制：是配合即时生产而施行的成本控制系统。

30. 质量成本：是指为了满足客户的特定需要，使产品或服务的质量达到特定水平所发生的耗费。

二、单项选择题

1. B　2. D　3. B　4. C　5. C　6. C　7. C　8. C　9. C　10. B　11. D

三、多项选择题

1. AD　2. ADE　3. BCE　4. ABCE　5. ABCDE　6. CDE　7. BCD　8. AB

四、判断题

1. ×　2. ×　3. ×　4. ×　5. ×　6. ×　7. ×　8. ×　9. ×　10. ×

五、简答题

1. 在现代企业管理中，成本是评价企业经济管理成效的一个重要指标。降低成本水平、提高产品质量是企业提高竞争力的重要方面。通过事前准确的成本预测，制定计划期的目标成本，可以提高企业生产经营的预见性，减少决策的盲目性，有利于企业规划成本，控制成本，从而有效地降低成本，并且有利于企业利润的目标管理。主要表现在以下几个方面：

(1)成本预测是确定目标成本和选择达到目标成本的最佳途径和重要手段。

(2)成本预测是正确进行成本决策的基础。

(3)成本预测是编制成本预算的依据。

(4)成本预测是改善企业经营管理的重要工具。

2. 成本预测的一般程序大体可分为以下七个步骤：

(1)确定预测目标；

(2)制定预测计划；

(3)收集、分析信息资料；

(4)选择预测方法；

(5)实际进行预测；

(6)分析预测误差，修正预测结果；

(7)报告预测结果。

3. 不可比产品是指企业以往年度没有正式生产过的产品，其成本水平无法与过去进行比较，因而不能像可比产品那样通过采用下达成本降低指标的方法控制成本支出。预测时主要采用以下三种方法：

(1)技术测定法

技术测定法是指根据产品设计结构、制作工艺和企业的生产技术条件对生产中所消耗的各种要素逐项进行技术测试，以计算出产品成本的方法。

(2)类比分析法

类比分析法是比照其他单位的同类产品，结合单位自身的生产技术条件和水平、市场供求、原材料来源渠道等情况，测算产品成本的一种方法。

(3)目标成本法

目标成本法是根据产品的价格构成来制定产品目标成本的一种方法。

4.(1)差异成本法

差异成本法一般是通过比较各备选方案的成本差额来进行决策的方法。

(2)成本平衡点法

当与成本相关的业务量不确定时,要作出正确的成本决策,必须先计算出各备选方案的成本平衡点,例如在零部件需要量未知情况下的决策。

(3)机会成本法

机会成本是指选择某一方案而放弃另一方案所丧失的被放弃方案的潜在收益。它可以理解为决定选择某种方案而付出的代价,或者说是由于放弃某一机会而失去的收益。这里应注意的是,机会成本并非实际支出,财务会计中会计核算是不予确认的。

将最优方案所要发生的其他成本与机会成本一并考虑,才能对决策方案的经济效益做出全面评价。尽管这种机会成本并没有实际发生货币支付,但它因选择最优方案而失去了选择次优方案的机会。

5. 所谓成本预算,就是用货币来计量,将成本决策目标所涉及的经济资源的配置,以计划的形式具体、系统地反映出来。简而言之,成本预算就是成本决策目标的具体化。

生产企业为避免盲目生产,应该"以销定产",因此首先应由销售部门根据已确定的目标利润,预测目标销售量;再通过市场调查进行销售预测,并设法更新产品品种,降低成本,以保证目标销售量的实现。其次,生产部门应根据销售部门确定的预计销售量,结合期初、期末库存量,计算出计划期的预计生产量。在保证销售的情况下,有合理的库存,以保证资金的合理、充分运用。同时,采购部门根据计划期的预计产量,结合期初、期末材料存量,购进适量的合格材料,以满足产品生产的需要;人事部门必须根据计划期的生产任务配备足够的工人和技术人员;财务部门要根据以上各业务部门在计划期间的经济活动,安排好资金,以保证各部门有足够的资金完成各自的工作计划。可见,通过编制成本预算可以把企业为完成目标成本所涉及到的各项经济活动有机地联系起来,为实现企业总的战略目标而努力。

6. 成本控制不仅仅是将实际成本消极地限制在成本标准范围之内,而是从人力、物力、财力等方面出发,来衡量、考核各项生产经营支出是否符合以最小的耗费取得尽可能大的效益的原则,从而达到降低成本、节约费用、提高经济效益的目的。成本控制的主要作用表现在如下几个方面:

(1)成本控制是企业成本管理的核心;

(2)成本控制是提高企业经济效益的后果和手段;

(3)成本控制是提高企业竞争力的保证。

7. 采用标准成本制度,产品标准成本已事先制定,它既可作为生产过程实际成本控制的标准,又可作为职工为之奋斗的目标。实行标准成本制度的主要意义在于:

(1)标准成本是以科学测定的定额为依据制定的成本水准,因而它是衡量和考核实际成本是超支还是节约的尺度,是评价各成本责任单位工作业绩的客观标准。实行标准成本制度,有利于职工增强成本意识,提高降低成本、节约费用的积极性。

(2)通过实际成本与标准成本的经常比较,并确定其差额,管理部门可借以考核企业成本计划的执行情况,以及产品成本是否在控制标准之内。运用成本差异的分析,可确定其有利的方面和不利的方面,并进一步找到不利差异产生的具体原因,以便及时采取有效的措施,达到控制成本的目的。

(3)实行标准成本制度有利于责任会计的推行。推行责任会计必须科学地编制责任预算,并且要对各成本责任中心业绩进行考核。而编制责任成本预算,又是以标准成本为依据,因此科学地制定标准成本是编制责任预算的基础。

8. 作业成本控制是利用作业成本核算的有关信息,对企业的作业进行控制,分析作业成本产生的真正成本动因,并寻找降低成本的途径,不断优化经营过程,实现持续改善经营管理的目的。

作业成本控制可分为事前控制、事中控制和事后控制三方面。

事前控制是要找出不必要的作业或者无效作业,并尽可能将其消除;对于确实需要且能带来效益的作业,要根据作业分析结果为各项作业制定消耗标准,包括产品消耗作业的标准和作业消耗资源的标准。编制作业成本的预算，以作为成本控制的标准和分析差异的依据。

事中控制就是认真监控各项标准的执行情况，及时揭示成本差异，并重点揭示成本差异产生的成本动因，进行信息反馈，可以及时地发现企业在生产经营过程中哪一个作业中心、在哪一种作业上发生了偏差及发生偏差的原因，以便及时排除不利影响，保证成本管理目标的实现。

事后控制是将实际执行情况与成本管理目标进行对比，全面分析差异，并落实作业责任，为作业中心的业绩考核和新作业标准制定及改进措施的选择提供依据。

9. 目标成本控制作为一种成本管理方法，可以将战略性利润目标和成本管理流程相结合，通过确保成本足够低来保证企业的竞争优势。实施过程要注意以下原则：

(1)价格导向成本

目标成本＝目标价格－目标利润，这个表达式强调了目标成本管理中首先要确定价格，它反映了"企业的利润来自于企业为客户提供的价值"的管理思想，强调了企业在管理实践中要更关注客户、更关注市场。

(2)关注产品设计

产品设计是实现目标成本的关键因素，因为产品成本的大部分在此阶段已经被锁定，生产阶段的成本控制空间相对较小，只能是成本改进。目标成本管理运用价值工程法，尽可能将成本与产品价值相匹配，将成本控制前置到源头。

(3)全员、全过程参与

要实现目标利润仅仅依靠生产部门控制制造成本是不可能完成的，需要生产以外的各职能部门的专家、工作人员的配合，需要全体员工参与及管理层的积极支持，确保每一作业流程以最有效率的方式进行。

(4)关注生命周期成本

产品处于不同的生命周期其成本是不相同的，成本控制手段也不相同。因此，细分产品目标成本时必须要与产品的生命周期成本相协调。

目标成本控制除了关注产品制造阶段的成本控制，还对产品的规划设计成本、测试成本、分销成本、售后服务成本等其他生命周期成本给予足够的关注，强调单位产品生命周期成本越低，成本消耗越少，产品性价比越高，越能满足用户的需求。

10. 质量成本是指为了满足客户的特定需要，使产品或服务的质量达到特定水平所发生的耗费。质量成本按其经济内容可以分为：预防成本、鉴定成本、内部损失成本、外部损失成本。

六、实务题

答案略。